시대고시 **국가전문자격 네이버카페**(https://cafe.naver.com/sdwssd)에서 시험과
관련된 모든 정보를 아낌없이 제공합니다. 지금 접속하세요!

국가전문자격 시대로~

http://cafe.naver.com/sdwssd

02 혜택 추록 및 피드백

도서가 출간된 후 바뀌는 정책, 시험
에서 중요하게 다뤄질 내용 등 항상
최신의 정보로 학습할 수 있도록 지속
적인 피드백을 약속드립니다. 합격하
는 그날까지!

01 혜택 최신 기출문제 제공

독자님들의 합격을 위해 도서가 출간된 후에
치러진 시험의 기출문제를 항시 제공합니다.
지금 접속해 최신의 기출문제를 확인하세요!

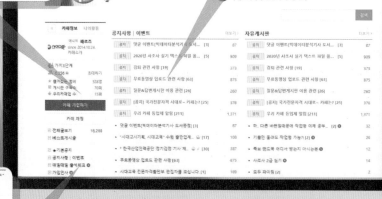

03 혜택

직업상담사의 모든 Q&A

학습하다가 모르는 게 있나요? 묻고 싶어 답답한 내용이 있나요? 언제나 카페에 접속해 글을 남겨주세요.
21년 연속 직업상담사 1등 시대고시기획 직업상담연구소가 속 시원하게 답변해드립니다!

Guide

도서구성

시대에듀 『직업상담사 1급 1차 필기 기출문제해설』은 시험 준비에 필수적인 기출문제를 완벽하게 수록하였습니다. 명쾌한 설명과 핵심 이론까지 담은 '알찬해설'과 보기와 지문을 철저히 파헤치는 '만점해설', 그리고 공부 방향을 잡아주는 '전문가의 한마디'를 통해 기출문제를 완벽하게 내 것으로 만들어 봅시다.

● 구성 2 알찬해설

● 구성 1 기출문제

2016~2020년, 최신 기출문제 7회를 수록하여 최근의 출제경향을 파악할 수 있으며, 시험 전 최종적으로 자신의 실력을 확인할 수 있습니다.

문제로 출제된 부분의 바탕 이론부터 출제 포인트까지 명쾌하게 설명했습니다. 틀렸다면 오답노트로, 맞았다면 복습으로 활용하세요.

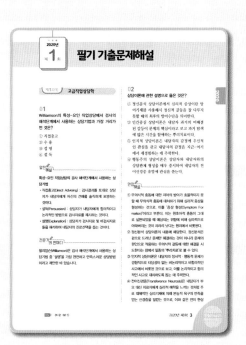

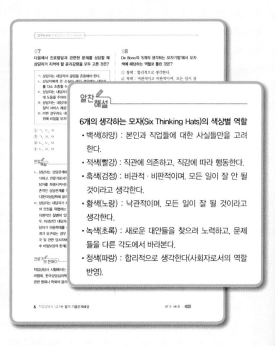

6개의 생각하는 모자(Six Thinking Hats)의 색상별 역할

• 백색(하양) : 본인과 직업들에 대한 사실들만을 고려한다.

• 적색(빨강) : 직관에 의존하고, 직감에 따라 행동한다.

• 흑색(검정) : 비관적 · 비판적이며, 모든 일이 잘 안 될 것이라고 생각한다.

• 황색(노랑) : 낙관적이며, 모든 일이 잘 될 것이라고 생각한다.

• 녹색(초록) : 새로운 대안들을 찾으려 노력하고, 문제들을 다른 각도에서 바라본다.

• 청색(파랑) : 합리적으로 생각한다(사회자로서의 역할 반영).

구성 4 전문가의 한마디

21년 전통의 시대교육 직업상담연구소 전문 저자
진의 보충설명을 추가했습니다. 전문가의 한마디
로 변형출제, 중복출제 등에 대비해보세요.

구성 3 만점해설

문제와 보기, 지문까지 철저하게 해부했습니다.
틀렸으면 왜 틀렸는지, 맞았으면 왜 맞았는지
하나하나 확인해보세요.

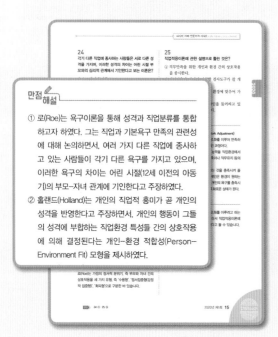

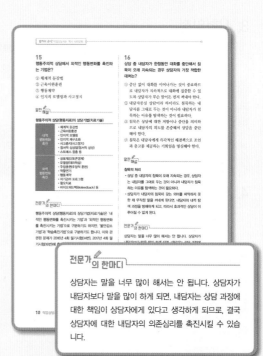

전문가의 한마디

상담자는 말을 너무 많이 해서는 안 됩니다. 상담자가
내담자보다 말을 많이 하게 되면, 내담자는 상담 과정에
대한 책임이 상담자에게 있다고 생각하게 되므로, 결국
상담자에 대한 내담자의 의존심리를 촉진시킬 수 있습
니다.

자격시험안내

1. 응시자격

- 직업상담사 2급 자격을 취득한 후 실무에 2년 이상 종사한 사람
- 실무에 3년 이상 종사한 사람

2. 실시기관 및 원서접수

한국산업인력공단(http://www.q-net.or.kr)

3. 시험일정

구분	필기원서접수	필기시험	필기합격발표	실기원서접수	실기시험	최종합격자 발표
정기기사 4회	8월 17일 ~ 8월 20일	9월 12일	10월 6일	10월 18일 ~ 10월 21일	11월 13일 ~ 11월 26일	12월 24일

※ 정확한 시험일정은 시행처인 한국산업인력공단의 확정공고를 **필히 확인**하시기 바랍니다.

4. 시험방법 및 과목

구 분	필 기	실 기
시험형식	객관식 4지 택일형	작업형 • 필기형(60점) • 작업형(40점)
출제범위	• 고급직업상담학 • 고급직업심리학 • 고급직업정보론 • 노동시장론 • 노동관계법규	직업상담실무 • 심층직업상담 • 직업상담연구 • 직업심리검사 • 직업상담 마케팅
문항 수	100문항	10~15문항
시험시간	2시간 30분	3시간 정도

5. 합격점수

- 필기 : 100점을 만점으로 하여 과목당 40점 이상, 전과목 평균 60점 이상
- 실기 : 100점을 만점으로 하여 60점 이상

6. 합격률

구분	필기			실기		
	응 시	합 격	합격률(%)	응 시	합 격	합격률(%)
2020년	406	291	71.7	325	72	22.2
2019년	584	328	56.2	352	247	70.2
2018년	340	165	48.5	198	66	33.3
2017년	362	172	47.5	256	91	35.5
2016년	276	117	42.4	220	51	23.2

출제기준

구분	과목명	주요항목
필기	고급직업상담학	• 직업상담의 개념 • 직업상담의 이론 • 직업상담 • 접근방법 • 직업상담의 기법 • 직업상담 행정 및 제반업무
	고급직업심리학	• 직업발달 이론 • 직업심리 검사 • 직무분석 및 평가 • 경력개발과 직업전환 • 직업과 스트레스 • 작업동기
	고급직업정보론	• 직업정보의 제공 • 직업 및 산업 분류의 활용 • 직업 관련 정보의 이해 • 직업정보의 수집, 분석
	노동시장론	• 노동시장의 이해 • 임금의 제개념 • 실업의 제개념 • 노사관계 이론
	노동관계법규	• 노동 기본권과 개별근로관계법규, 고용관련 법규 • 기타 직업상담 관련법규
실기	심층직업상담	• 초기면담하기 • 진단하기 • 상담기법 정하기 • 상담하기 • 상담진행변화 분석하기
	직업상담연구	• 검사도구 개발하기 • 직업상담 프로그램 개발하기
	직업심리검사	• 검사 선택하기 • 검사 실시하기 • 검사결과 해석하기
	직업상담 마케팅	• 직업상담 논점 분석하기 • 각종 기획서 작성하기

머리말

직업상담사 1급 시험을 준비하시는 분들 중 대다수가 가장 궁금해 하시는 부분은 바로 "어떻게 공부해야 할까요?" 라는 것입니다. 이 질문에 대해 저희는 항상 "가장 먼저 기출문제를 보십시오"라고 대답합니다. 본격적인 공부에 앞서 기출문제로 시험의 전체적인 흐름을 파악하는 과정은 직업상담사 1급 이론의 뼈대를 익히는 과정입니다. 이렇게 구조를 파악하게 되면 방대한 분량의 직업상담사 1급을 어떻게 공부해야 할지에 대한 맥락이 잡히고, 이는 빠른 합격으로 이어지게 됩니다.

또한 기출문제는 한 번 나오고 끝나는 것이 아니라, 반복해서 출제되고 있습니다. 그러므로 기출문제를 공부하실 때는 단순히 문제만 풀어본다고 생각하지 마시고, 정답 외의 다른 지문이 왜 틀렸는지에 대해서도 꼼꼼히 체크하셔야 합니다.

(주)시대고시기획의 '직업상담사' 관련 수험서들은 처음 출간된 이후 매년 독자 여러분들의 큰 사랑을 받으며 판매량 1위를 고수하고 있습니다. 그 사랑에 부응하기 위해 문제마다 꼼꼼한 해설과 기출표시는 물론, 최신내용에 맞게 문제를 수정해 학습에 도움이 되기 위해 노력하였습니다.

직업상담사 1급은 단기간에 공부해서 합격할 수 있는 시험이 아닙니다. 기출문제는 열심히 공부하시는 여러분께 수많은 팁을 제공해드릴 것입니다. 독자 여러분의 노력이 빛을 발할 수 있는 도서를 만들기 위해 더욱 정진하겠습니다.

집필진 일동

Contents

이 책의 목차

직업상담사 1급 합격 전략

국가전문자격 시대로~ (http://cafe.naver.com/sdwssd)
'국가전문자격 시대로~' 카페에서 직업상담사 관련 자료와 최신 정보를 다운받을 수 있습니다.

직업상담사 1급
1차 필기 기출문제해설

─────

2020년

2020년 제4회 필기 기출문제해설

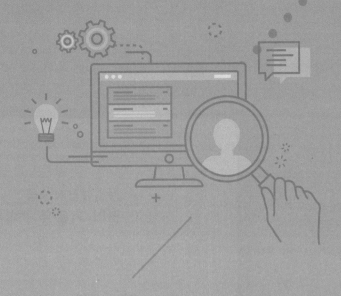

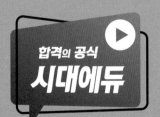

필기 기출문제해설

제1과목 | 고급직업상담학

01

Williamson의 특성-요인 직업상담에서 검사의 해석단계에서 사용하는 상담기법과 가장 거리가 먼 것은?

① 직접충고
② 수 용
③ 설 명
④ 설 득

알찬해설

특성-요인 직업상담의 검사 해석단계에서 사용하는 상담기법
- 직접충고(Direct Advising) : 검사결과를 토대로 상담자가 내담자에게 자신의 견해를 솔직하게 표명하는 것이다.
- 설득(Persuasion) : 상담자가 내담자에게 합리적이고 논리적인 방법으로 검사자료를 제시하는 것이다.
- 설명(Explanation) : 상담자가 검사자료 및 비검사자료들을 해석하여 내담자의 진로선택을 돕는 것이다.

전문가의 한마디

윌리암슨(Williamson)은 검사 해석단계에서 사용하는 상담기법 중 '설명'을 가장 완전하고 만족스러운 상담방법이라고 제안한 바 있습니다.

02

상담이론에 관한 설명으로 옳은 것은?

① 정신분석 상담이론에서 심리적 증상이란 방어기제를 사용해서 정신적 갈등을 잘 다루지 못할 때의 최후의 방어수단을 의미한다.
② 인간중심 상담이론은 내담자 과거의 미해결된 갈등이 문제의 핵심이라고 보고 과거 탐색에 많은 시간을 할애하는 뿌리치료이다.
③ 인지적 상담이론은 내담자의 감정에 우선적인 관심을 갖고 내담자의 감정을 지금-여기에서 재경험하는 데 주력한다.
④ 행동주의 상담이론은 상담자와 내담자와의 상담관계 형성을 매우 중시하여 내담자의 전이신경증 유발에 관심을 쏟는다.

만점해설

① 무의식적 충동에 대한 자아의 방어가 효율적이지 못할 때 무의식적 충동에 대처하기 위해 심리적 증상을 형성하는 것으로, 이를 '증상 형성(Symptom Formation)'이라고 부른다. 이는 원초아적 충동이 그대로 실현되었을 때 예상되는 위험에 비해 심리적으로 아파버리는 것이 차라리 낫다는 원리에서 비롯된다.
② 정신분석 상담이론의 내용에 해당한다. 정신분석은 겉으로 드러난 문제만 해결하는 것이 아니라 문제의 원인으로 작용하는 무의식적 갈등에 대한 해결을 시도한다는 점에서 일종의 '뿌리치료'로 볼 수 있다.
③ 인지적 상담이론은 내담자의 정서적·행동적 문제가 경험적으로 타당성이 없는 비논리적이고 비합리적인 사고에서 비롯된 것으로 보고, 이를 논리적이고 합리적인 사고로 대치하도록 돕는 데 주력한다.
④ 전이신경증(Transference Neurosis)은 내담자가 부모 대신 치료자에게 심리적 애착을 느끼는 것처럼 주로 대체적인 심리기제에 의해 본능적 욕구의 만족을 얻는 신경증을 일컫는 것으로, 이와 같은 전이 현상

에 주목하고 이를 치료에 활용하는 것은 정신분석 상담이론이다.

전문가의 한마디

부모에 대한 적개심으로 가득 차 있는 아이가 아무런 여과 없이 이를 마음껏 표출한다면 어떤 결과가 초래될까요? 아이는 방어기제를 동원하여 자신의 적개심에 대해 적절한 방어를 시도하지만, 그것마저도 실패하게 됩니다. 그렇다면 그 아이가 할 수 있는 것은 가슴 속 분노를 끌어안은 채 혼자 끙끙 앓는 방법밖에 없을 겁니다.

03

진로시간전망에 대한 설명으로 옳은 것은?

① 과거나 미래보다는 구체적인 현재에 초점을 둔 진로결정이 가장 이상적이다.
② Cottle의 원형검사에서 원의 크기는 시간차원들 간의 관련성을 나타낸다.
③ Cottle의 원형검사에 기초한 시간개입에는 방향성, 변별성, 통합성이라는 측면이 있다.
④ 주관적 진로는 생애주기 동안 가진 일련의 관찰가능한 지위로 구성된다.

만점해설

③ 원형검사에 기초한 진로시간전망 개입은 시간에 대한 심리적 경험의 세 가지 측면에 반응하는 세 가지 국면으로서 방향성, 변별성, 통합성을 제시한다.
① 진로시간전망은 미래지향성을 증가시키고, 가능한 사건과 개인적인 목적으로 미래를 가정하며, 현재의 행동을 미래의 결과에 연결시키기 위해 사용한다.
② 코틀(Cottle)의 원형검사에서 원의 크기는 시간차원에 대한 상대적 친밀감을 나타낸다.
④ 개인의 진로는 '객관적 진로'와 '주관적 진로'로 구분된다. 객관적 진로는 자신의 생애주기 동안 가졌던 일련의 지위로 구성되므로 외적으로 관찰이 가능한 반면, 주관적 진로는 직업의 과거, 현재, 미래에 대한 생각으로 구성되므로 외적으로 관찰이 불가능하다.

전문가의 한마디

지문 ④번에서 진로를 '객관적 진로'와 '주관적 진로'로 구분한 학자는 휴즈(Hughes)입니다. 그는 객관적 진로는 누구나 가지고 있지만 주관적 진로를 누구나 가지고 있는 것은 아니라고 보았으며, 사람들이 주관적 진로를 결정하기 위해 자신의 과거를 기억해야만 하고 미래를 예측할 수 있어야 한다고 강조하였습니다.

04

Bordin의 정신역동적 직업상담에서 직업상담사가 내담자의 검사결과를 사용하는 목적에 해당하지 않는 것은?

① 진단적 정보로 활용할 수 있다.
② 직업상담에 대해 현실적인 기대를 갖도록 도울 수 있다.
③ 평가자료에 대해서 전적으로 동의하게 한다.
④ 자기탐색을 보다 깊이 할 수 있도록 한다.

알찬해설

보딘(Bordin)의 정신역동적 직업상담에서 검사결과의 사용목적
• 첫째, 내담자에 대한 진단적 정보로 활용한다.
• 둘째, 내담자로 하여금 직업상담에 대해 현실적인 기대를 가지도록 돕는다.
• 셋째, 내담자로 하여금 평가자료에 대해 거부감을 가지지 않도록 한다.
• 넷째, 검사를 통해 내담자가 자기탐색을 보다 깊이 할 수 있도록 돕는다.

전문가의 한마디

보딘(Bordin)은 정신역동적 직업상담의 검사방법에 대해 중요한 공헌을 하였는데, 특히 내담자중심 접근법을 도입하여 내담자로 하여금 적극적으로 검사의 선택에 참여해야 한다고 제안하였습니다.

05

행동주의 상담에서 개인이 더 좋아하는 활동을 통해 덜 좋아하는 활동을 강화하는 방법은?

① 프리맥의 원리
② 상대성의 원리
③ 상호억제의 원리
④ 스키너의 원리

해설

프리맥의 원리(Premack's Principle)
프리맥에 따르면, 높은 빈도의 행동(선호하는 활동)은 낮은 빈도의 행동(덜 선호하는 행동)에 대해 효과적인 강화인자가 될 수 있다.

예 아이가 숙제를 하는 것보다 TV를 보는 것을 좋아하는 경우, 부모는 아이에게 우선 숙제를 마쳐야만 TV를 볼 수 있다고 말함으로써 아이로 하여금 숙제를 하도록 유도할 수 있다.

전문가의 한마디

강화물의 효과성은 사람에 따라 다릅니다. 다시 말해 아이가 TV를 보는 것보다 숙제를 하는 것을 좋아한다면, 강화물의 효과성은 역전될 것입니다. 따라서 어떠한 자극 또는 사건에 대한 강화의 효과성 여부를 결정하기 위해 우선 개인에 따른 행동의 위계를 설정할 필요가 있습니다.

06

교류분석적 상담에서 개인이 자신이 선택한 확립된 삶의 입장을 가지려는 욕구를 의미하는 것은?

① 자극갈망(Stimulus Hunger)
② 인정갈망(Cognition Hunger)
③ 구조갈망(Structure Hunger)
④ 입장갈망(Position Hunger)

해설

교류분석적 상담에서 가정하는 개인의 욕구
• 자극갈망(Stimulus Hunger) : 다른 사람들로부터 신체적 접촉을 받고 싶어 하는 욕구를 의미한다.
• 인정갈망(Cognition Hunger) : 누군가에게 관심을 받고자 하는 욕구를 의미한다.
• 구조갈망(Structure Hunger) : 인생을 어떻게 보낼 것인가의 방법을 스스로 찾고 발달시키려는 욕구를 의미한다.
• 입장갈망(Position Hunger) : 위의 세 가지 기본적인 욕구로부터 확립된 것으로, 개인이 자신의 선택에 따라 확립된 삶의 입장을 가지려는 욕구를 의미한다.

전문가의 한마디

자극갈망에서 자극(Stimulus)이 물리적인 접촉에 근접한다면, 인정갈망에서 인정 자극 혹은 스트로크(Stroke)는 심리적인 접촉에 근접한다고 볼 수 있습니다. 일부 교재에서는 인정 자극(스트로크)을 '어루만짐'으로 번역하는데, 이는 사회적 상호관계에서 타인에 대한 일종의 반응을 의미합니다.

07

다음에서 진로발달과 관련된 문제를 상담할 때 상담자가 지켜야 할 윤리강령을 모두 고른 것은?

> ㄱ. 상담자는 내담자의 결정을 존중해야 한다.
> ㄴ. 상담자에게 큰 손실이 생길 경우에는 내담자를 다소 조종할 수 있다.
> ㄷ. 상담자는 내담자의 건강과 복지를 향상시키는 데 도움을 주어야 한다.
> ㄹ. 상담자는 내담자에게 적절한 상담비용 책정, 질적 서비스 제공의 의무를 진다.
> ㅁ. 어떤 경우라도 내담자와 신뢰로운 관계형성을 위해 비밀을 유지한다.

① ㄱ, ㄷ, ㄹ
② ㄱ, ㄹ, ㅁ
③ ㄴ, ㄷ, ㅁ
④ ㄴ, ㄹ, ㅁ

만점해설

- ㄴ. 상담자는 상담관계에서 오는 친밀성과 책임감을 인식하고, 전문가로서의 개인적 욕구충족을 위해서 내담자를 희생시켜서는 안 되며, 내담자로 하여금 의존적인 상담관계를 형성하지 않도록 노력하여야 한다(한국상담학회 윤리강령 中 내담자 권리 보호).
- ㅁ. 상담자는 내담자가 자신이나 타인의 생명 혹은 사회의 안전을 위협하는 경우, 내담자가 감염성이 있는 치명적인 질병이 있다는 확실한 정보를 가졌을 경우, 미성년인 내담자가 학대를 당하고 있는 경우, 내담자가 아동학대를 하는 경우, 법적으로 정보의 공개가 요구되는 경우 내담자에 관한 정보를 사회 당국 및 관련 당사자에게 제공해야 한다(동 윤리강령 中 비밀보장의 한계).

전문가의 한마디

직업상담사 시험에서는 한국직업상담협회, 한국카운슬러협회, 한국상담심리학회, 한국상담학회 등 상담심리 관련 협회나 학회의 윤리강령을 다루고 있습니다.

08

De Bono의 '6개의 생각하는 모자기법'에서 모자색에 해당하는 역할로 틀린 것은?

① 청색 : 합리적으로 생각한다.
② 적색 : 비관적이고 비판적이며, 모든 일이 잘 안 될 것이라 생각한다.
③ 백색 : 본인과 직업들에 대한 사실들만을 고려한다.
④ 황색 : 낙관적이며 모든 일이 잘 될 것이라고 생각한다.

알찬해설

6개의 생각하는 모자(Six Thinking Hats)의 색상별 역할
- 백색(하양) : 본인과 직업들에 대한 사실들만을 고려한다.
- 적색(빨강) : 직관에 의존하고, 직감에 따라 행동한다.
- 흑색(검정) : 비관적·비판적이며, 모든 일이 잘 안 될 것이라고 생각한다.
- 황색(노랑) : 낙관적이며, 모든 일이 잘 될 것이라고 생각한다.
- 녹색(초록) : 새로운 대안들을 찾으려 노력하고, 문제들을 다른 각도에서 바라본다.
- 청색(파랑) : 합리적으로 생각한다(사회자로서의 역할 반영).

전문가의 한마디

'6개의 생각하는 모자기법'에서 직업상담사는 "창의적 의사결정자가 6가지 색깔의 생각하는 모자를 쓰고 있다"는 이야기를 들려주고, 내담자로 하여금 각각의 모자를 쓰고 역할을 수행하도록 요구합니다.

09

상담의 기본방법 중 해석을 사용할 때 고려할 내용과 가장 거리가 먼 것은?

① 해석은 시기(Timing)가 중요하며, 내담자가 받아들일 준비가 되어 있다고 판단될 때 하는 것이 바람직하다.
② 내담자의 저항을 줄이기 위해 암시적이고 부드러운 표현을 사용한다.
③ 해석 때문에 내담자가 자신의 문제를 주지화하는 경향을 주의해야 한다.
④ 해석 과정에서 질문을 사용하는 것은 바람직하지 못하므로 피해야 한다.

만점해설

④ 해석(Interpretation)은 내담자를 관찰하여 얻은 예감이나 가설을 바탕으로 하는 것이므로 가능하면 사실적으로 표현하기보다 질문 형태로 제시하며, 내담자 스스로 해석을 하도록 하는 것이 바람직하다.

전문가의 한마디

해석의 질문 형태는 '선도적 질문', '의미탐색적 질문', '해석적 질문', '직면적 질문' 등을 포함합니다.

10

다음 중 직업상담의 원리에 관한 설명으로 틀린 것은?

① 효과적인 직업상담은 직업상담자와 내담자 간의 신뢰관계가 형성될 때 이루어진다.
② 직업상담에서는 개인의 진로나 직업 결정이 핵심요소이므로 효과적인 직업상담에는 진로의사결정 과정이 포함되어야 한다.
③ 효과적인 직업상담은 변화하는 사회구조와 직업세계에 대한 이해를 바탕으로 이루어져야 한다.
④ 심리검사의 결과가 내담자에 대한 이해를 제한하는 경우가 많아 효과적인 직업상담을 위해 가능하면 사용을 자제해야 한다.

알찬해설

진로 및 직업상담의 기본 원리
• 진학과 직업선택, 직업적응에 초점을 맞추어 전개되어야 한다.
• 상담자와 내담자 간의 라포(Rapport)가 형성된 관계 속에서 이루어져야 한다.(①)
• 인간의 성격 특성과 재능에 대한 이해를 토대로 진행되어야 한다.
• 내담자의 전 생애적 발달과정을 반영할 수 있어야 한다.
• 직업상담에 있어서 가장 핵심적인 요소는 개인의 진로 혹은 직업의 결정이므로, 직업상담 과정 속에 개인의 의사결정에 대한 상담(지도) 과정이 포함되어야 한다.(②)
• 진로발달이론에 근거하여 진로발달이 진로선택에 영향을 미친다는 사실을 인식해야 한다.
• 변화하는 사회구조와 직업세계에 대한 이해를 토대로 이루어져야 한다.(③)
• 각종 심리검사 결과를 기초로 합리적인 판단을 이끌어낼 수 있도록 도와주는 역할을 해야 한다.(④)
• 내담자에 대한 차별적 진단(분류) 및 차별적 지원(처치)의 자세를 견지해야 한다.
• 상담윤리강령에 따라 전개되어야 한다. 즉, 윤리적인 범위 내에서 상담을 전개하여야 한다.

11

다음 설명에 해당하는 상담적 접근은?

> 상담 성과의 중요 결정요인은 상담자의 태도, 인간적 특성 그리고 내담자와 상담자 간의 관계 질이며, 상담이론과 기법에 관한 상담자의 지식은 부차적인 것으로 본다.

① 정신분석적 상담
② 인지적-정서적 상담
③ 인간중심 상담
④ 행동주의 상담

인간중심 상담의 내담자 중심적 접근법

- 인간중심 상담은 인간이 스스로 자신의 문제를 해결해 나갈 수 있는 힘을 가지고 있다는 인간관에 근거한다.
- 인간중심 상담의 내담자 중심적 접근법은 상담자가 허용적이고 비간섭적인 분위기를 형성하여 내담자 스스로 성장할 수 있도록 동기화할 수 있는 최적의 환경을 제공하여야 한다는 점을 역설한다.
- 따라서 상담자의 이론적 지식이나 기법보다는 상담자의 태도, 인간적 특성, 그리고 내담자와 상담자 간 관계의 질이 강조된다.

전문가의 한마디

인간중심 상담을 주창한 로저스(Rogers)는 인간의 본능적 욕구를 지나치게 강조하면서 상담자로 하여금 진단적 · 해석적 · 지시적인 태도를 취하도록 한 정신분석이론에 반대하였습니다. 또한 인간의 행동을 자극에 대한 반응으로 지나치게 단순화한 행동주의이론에 대해서도 반발하였습니다. 로저스는 이 두 이론을 대체할 새로운 이론으로서 인본주의에 기반을 둔 비지시적인 상담방법을 고안한 것입니다.

12

내담자가 자신의 경험에 초점을 맞춤으로써 자신에 대해 살펴보고 이야기할 수 있도록 해 주는 구조화된 면접방법은?

① 생애진로사정
② 직업카드분류
③ 진로가계도
④ 투사적 방법

생애진로사정(LCA ; Life Career Assessment)

- 상담자가 내담자와 처음 만났을 때 이용할 수 있는 구조화된 면접기법으로서, 내담자에 대한 가장 기초적인 직업상담 정보를 얻는 질적인 평가절차이다.
- 내담자로 하여금 자기 자신의 경험에 초점을 맞춤으로써 자신에 대해 살펴보고 이야기할 수 있도록 해 주는 사람과 사람 사이에 이루어지는 과정이다.
- 아들러(Adler)의 개인심리학(개인차 심리학)에 기초를 둔 것으로서, 내담자와 환경과의 관계를 이해할 수 있는 정보를 제공한다.
- 아들러는 개인과 세계의 관계를 '일(직업)', '사회(사회적 관계)', '성(사랑)'의 세 가지 인생과제로 구분하였으며, 이 세 가지 인생과제가 서로 긴밀히 연결되어 있다고 보았다.
- 내담자로 하여금 자신의 신념, 태도, 가치관에서 비롯되는 생활양식을 포착하도록 하여, 내담자의 생애에 대한 근본적인 접근이 명백히 밝혀지도록 돕는다.

전문가의 한마디

생애진로사정(LCA)은 '비구조화된 면접기법'도 '반구조화된 면접기법'도 아닌 '구조화된 면접기법'에 해당합니다. 생애진로사정(LCA)의 구조는 '진로사정', '전형적인 하루', '강점과 장애', '요약' 등 네 가지 부분으로 이루어져 있습니다.

전문가의 한마디

직업상담(진로상담)의 기본 원리는 교재마다 약간씩 다르게 제시되고 있으나 내용상 큰 차이는 없습니다.

13

Harren이 분류한 의사결정 양식에 해당하지 않는 것은?

① 주관적 양식
② 합리적 양식
③ 직관적 양식
④ 의존적 양식

 알찬해설

하렌(Harren)의 의사결정 양식(유형)

합리적 양식 (Rational Style)	• 자신과 상황에 대해 정확한 정보를 수집하고, 신중하면서 논리적으로 의사결정을 수행해 나가며, 의사결정에 대한 책임을 자신이 진다. • 의사결정 과업에 대해 논리적이고 체계적으로 접근하며, 결정에 대한 책임을 수용하는 유형이다.
직관적 양식 (Intuitive Style)	• 의사결정의 기초로 상상을 사용하며, 현재의 감정에 주의를 기울이면서 정서적 자각을 사용한다. • 개인 내적인 감정적 상태에 따라 의사결정을 내리는 유형으로, 결정에 대한 책임은 수용하지만 미래에 대한 논리적 예견이나 정보수집을 위한 활동을 거의 하지 않는다.
의존적 양식 (Dependent Style)	• 합리적 양식 및 직관적 양식과 달리 의사결정에 대한 개인적 책임을 부정하고 그 책임을 외부로 돌리는 경향이 있다. • 의사결정 과정에서 타인의 영향을 많이 받고 수동적·순종적이며, 사회적 인정에 대한 욕구가 높은 유형이다.

전문가의 한마디

하렌(Harren)의 의사결정 양식에서 '합리적 양식'은 의사결정 과업에 대해 논리적이고 체계적으로 접근하는 것을, '직관적 양식'은 의사결정에 있어서 개인 내적인 감정적 상태에 의존하는 것을, 그리고 '의존적 양식'은 결정에 대한 자신의 책임을 거부하고 이를 타인에게 전가하는 것을 의미합니다.

14

직업상담 중 '진로자서전'과 '의사결정일기' 등의 기법을 활용하여 내담자의 직업선택능력을 향상시키고자 하는 것은?

① 행동주의 직업상담
② 발달적 직업상담
③ 내담자중심 직업상담
④ 특성-요인 직업상담

 알찬해설

발달적 직업상담에서 직업상담사가 사용할 수 있는 기법으로서 '진로자서전'과 '의사결정일기'

진로자서전	• 내담자로 하여금 대학 및 학과선택, 학교교육 외의 교육훈련, 아르바이트 경험, 그 외의 다른 일상적인 결정들에 대해 자유롭게 기술하도록 하는 것이다. • 내담자가 과거에 어떻게 자신의 진로에 대해 의사결정을 해 왔고 의사결정에 영향을 미치는 중요한 타인들(예 부모, 교사, 친구 등)이 누구인지를 알아보기 위한 자료로서 뿐만 아니라, 직업상담 동안 토론을 촉진시켜 주는 자료로서 유용성을 가진다.
의사결정일기	• 내담자가 일상생활 속에서 매일 어떻게 결정을 내리고 있는가를 알아보기 위한 것이다. • 내담자는 자신의 일상적인 의사결정(예 무엇을 할 것인가? 무슨 옷을 입을 것인가? 무슨 음식을 먹을 것인가? 등)에서 세세한 부분의 결정을 어떤 방식으로 내리고 있는가를 글로 작성해 본다. 이를 통해 내담자는 자신의 의사결정 유형을 이해하고 의사결정 방식에 대한 자각과 민감성을 향상시키게 되며, 결과적으로 직업 의사결정 과정에서 보다 분명하게 자신의 의견을 표현할 수 있게 되고 더욱 참여적이게 된다.

전문가의 한마디

진로자서전이 주로 내담자의 과거에 초점을 둔다면, 의사결정일기는 지금·현재에 초점을 둡니다.

15

행동주의적 상담에서 외적인 행동변화를 촉진하는 기법은?

① 체계적 둔감법
② 근육이완훈련
③ 행동계약
④ 인지적 모델링과 사고정지

알찬 해설

행동주의적 상담(행동치료)의 상담기법(치료기술)

내적 행동변화 촉진	• 체계적 둔감법 • 근육이완훈련 • 인지적 모델링 • 인지적 재구조화 • 사고중지(사고정지) • 정서적 심상법(정서적 상상) • 스트레스 접종 등
외적 행동변화 촉진	• 상표제도(토큰경제) • 모델링(대리학습) • 주장훈련(주장적 훈련) • 역할연기 • 행동계약 • 자기관리 프로그램 • 혐오치료 • 바이오피드백(Biofeedback) 등

전문가의 한마디

행동주의적 상담(행동치료)의 상담기법(치료기술)은 '내적인 행동변화를 촉진시키는 기법'과 '외적인 행동변화를 촉진시키는 기법'으로 구분하기도 하지만, '불안감소기법'과 '학습촉진기법'으로 구분하기도 합니다. 이와 관련된 문제가 2016년 4회 필기시험(14번), 2017년 4회 필기시험(16번)에 출제된 바 있습니다.

16

상담 중 내담자가 한참동안 대화를 중단해서 침묵이 오래 지속되는 경우 상담자의 가장 적합한 대처는?

① 중단 없이 대화를 이어나가는 것이 중요하므로 내담자가 지속적으로 대화에 집중할 수 있도록 상담자가 무슨 말이든 먼저 꺼내야 한다.
② 내담자중심 상담이라 하더라도 침묵하는 내담자를 그대로 두는 것이 아니라 내담자가 침묵하는 이유를 탐색하는 것이 필요하다.
③ 침묵은 상담에 대한 저항이나 중단을 의미하므로 내담자의 의도를 존중해서 상담을 중단해야 한다.
④ 침묵은 내담자에게 즉각적인 해결책으로 조언과 충고를 제공하는 기회임을 명심해야 한다.

알찬 해설

침묵의 처리

• 상담 중 내담자의 침묵이 오래 지속되는 경우, 상담자는 내담자를 그대로 두는 것이 아니라 내담자가 침묵하는 이유를 탐색하는 것이 필요하다.
• 상담자가 내담자의 침묵이 갖는 의미를 파악하지 못한 채 무작정 말을 꺼내게 된다면, 내담자의 내적 탐색 과정을 방해하게 되고, 따라서 효과적인 상담이 이루어질 수 없게 된다.

전문가의 한마디

상담자는 말을 너무 많이 해서는 안 됩니다. 상담자가 내담자보다 말을 많이 하게 되면, 내담자는 상담 과정에 대한 책임이 상담자에게 있다고 생각하게 되므로, 결국 상담자에 대한 내담자의 의존심리를 촉진시킬 수 있습니다.

17

정신분석학자인 Jung이 제안한 4단계 치료 과정이 아닌 것은?

① 고백 단계
② 명료화 단계
③ 교육 단계
④ 전이 단계

알찬 해설

융(Jung)의 분석심리학적 치료 과정

- 제1단계 – 고백 단계
  - 내담자는 자신의 개인사를 고백함으로써 정화를 경험하며, 의식적 및 무의식적 비밀을 치료자와 공유한다.
  - 고백을 통해 내담자와 치료자 간의 치료적 동맹관계가 이루어지면서, 내담자는 전이를 형성하게 된다.
- 제2단계 – 명료화 단계
  - 내담자가 정서적 혹은 지적으로 자신의 문제에 대한 통찰을 얻도록 하는 것을 목표로 한다.
  - 내담자가 갖는 증상의 의미, 현재 생활상황과 고통 등이 명료화되며, 현재 경험하는 정서적 어려움이 아동기에 어떻게 시작되었는가에 대한 해석이 이루어진다.
  - 특히 전이에 대한 탐색이 이루어지는 단계로, 내담자는 치료자가 명료화하는 무의식적인 내용을 표면으로 이끌어낼 수 있게 된다.
- 제3단계 – 교육 단계
  - 내담자가 사회적 존재로서 부적응이나 삶의 불균형을 초래한 발달 과정의 문제에 초점이 맞춰진다.
  - 고백과 명료화 단계에서는 내담자의 개인무의식(Personal Unconscious)에 초점이 맞추어지는 반면, 교육 단계에서는 내담자의 페르소나(Persona)와 자아(Ego)에 초점을 맞추어 현실적인 사회적응이 이루어지도록 한다.
- 제4단계 – 변형 단계
  - 내담자와 치료자 간의 역동적인 상호작용을 통해 단순히 사회에 대한 적응을 넘어서 자기실현에로의 변화를 도모하게 된다.
  - 내담자의 의식과 무의식을 포함한 전체 성격의 주인으로서 자기(Self)의 실현을 이루기 위한 과정, 즉 개성화(Individuation)의 과정에 초점이 맞춰진다.

전문가의 한마디

2020년 3회 직업상담사 2급 필기시험에서는 융(Jung)이 제안한 4단계 치료 과정을 순서대로 올바르게 나열한 것을 고르는 방식으로 문제가 출제된 바 있습니다.

18

다음 설명에 해당하는 집단상담의 치료적 요인은?

> 집단구성원들이 비슷한 문제를 가지고 있음을 자각하고 깊은 관심사를 나누게 됨에 따라 정서적 정화와 수용의 경험을 하게 된다.

① 응집성
② 모방행동
③ 보편성
④ 교정적 정서체험

만점 해설

③ 보편성(Universality)은 참여자 자신만 심각한 문제, 생각, 충동을 가진 것이 아니라 다른 사람들도 자기와 비슷한 갈등과 생활경험, 문제를 가지고 있다는 것을 알고 위로를 얻는다는 것이다.

① 집단응집력 또는 응집성(Group Cohesiveness)은 집단 내에서 자신이 인정받고, 수용된다는 소속감이 그 자체로 참여자의 긍정적인 변화에 영향을 미친다는 것이다.

② 모방행동(Imitative Behavior)은 참여자에게 있어서 집단상담자와 집단성원이 새로운 행동을 배우는 데 좋은 모델이 될 수 있다는 것이다.

④ 1차 가족집단의 교정적 재현(The Corrective Recapitulation of the Primary Family Group)은 집단상담자는 부모, 집단성원은 형제자매가 되어 집단 내에서 상호작용을 재현함으로써 그동안 해결되지 못한 갈등상황에 대해 탐색하고 도전할 수 있도록 한다는 것이다.

얄롬(Yalom)은 집단상담의 치료적 요인을 11가지로 제시한 바 있습니다.
- 희망의 고취
- 보편성
- 정보전달
- 이타심
- 1차 가족집단의 교정적 재현
- 사회기술의 발달
- 모방행동
- 대인관계학습
- 집단응집력(응집성)
- 정화(카타르시스)
- 실존적 요인들

19

다음 내용에 해당하는 집단상담자의 역할은?

> - 지금−여기에 초점을 두고 말하게 한다.
> - 자기 느낌에 강조를 두게 한다.
> - 솔직한 피드백을 교환하게 한다.
> - 다른 집단원의 말을 경청하게 한다.

① 집단원을 보호한다.
② 집단 규준의 발달을 돕는다.
③ 집단의 방향을 제시한다.
④ 집단 활동의 시작을 돕는다.

집단상담자의 역할로서 집단 규준의 발달

- 집단 규준(Group Norms)은 집단원들이 그 집단에서 느끼고 행동해야 할 표준으로서, 이는 집단의 목표 달성을 돕고, 집단 자체의 유지 및 발전을 돕는 기능을 한다.
- 집단은 스스로 그 자체의 규준을 발달시키게 되는데, 이때 지도자로서 집단상담자가 그 집단에서 느끼고 행동해야 할 어떤 표준을 제시하여 이를 발달시키고 유지시키기 위해 솔선해서 힘쓴다면, 그 집단은 많은 도움을 얻게 된다.
- 예를 들어, 집단상담자가 집단원들에게 '지금−여기에 초점을 두기', '자기 느낌에 강조를 두기', '솔직한 피드백을 교환하기', '다른 집단원의 말을 경청하기' 등을 시사하고 이를 스스로 행동하며, 집단이 채택한 규준에서 빗나갔을 때 그 사실을 지적해 준다면, 집단의 규준을 유지 및 발전시킬 수 있다.

집단상담자(집단지도자)의 일반적인 역할은 다음과 같습니다.
- 집단 활동의 시작을 돕는다.
- 집단의 방향을 제시하고 집단 규준의 발달을 돕는다.
- 집단의 분위기 조성을 돕는다.
- 행동의 모범을 보인다.
- 의사소통 및 상호작용을 촉진시킨다.
- 집단원을 보호한다.
- 집단 활동의 종결을 돕는다.

20

진로상담 프로그램에서 내담자의 인지적 명확성 평가 및 증진에 관한 설명과 가장 거리가 먼 것은?

① 내담자가 인지적 명확성에 문제가 없다면, 진로상담 과정은 특성-요인 지향적 접근과 유사하다.
② 경미하거나 심각한 정신건강의 문제나 정보 결핍, 고정관념 등은 낮은 인지적 명확성의 원인이 된다.
③ 내담자의 인지적 명확성과 동기를 평가하여 문제가 있을 때에는 심리적인 상황에 대한 프로그램을 먼저 실시한다.
④ 미결정자나 우유부단자 등 인지적 명확성에 문제가 있는 내담자에게는 미래사회 이해 프로그램이 도움이 된다.

만점해설

④ 진로미결정이나 우유부단과 같이 인지적 명확성에 문제가 있는 내담자에게 가장 필요한 진로상담 프로그램은 '자신에 대한 탐구 프로그램'이다. 자신에 대한 탐구 프로그램은 진로탐색 및 취업준비를 하는 내담자를 대상으로 진로상담 프로그램을 구성할 때 그 시발점이 되는 프로그램이다. 개인이 가진 능력, 즉 성격, 흥미, 적성, 가치, 역할 등에 대한 탐구와 함께 타인의 역할 및 생애형태 등을 탐색하여 자신과 비교하는 과정 등을 포함한다.

전문가의 한마디

'자신에 대한 탐구 프로그램'은 진로 및 직업상담 프로그램에서 가장 중요하고 기본적인 프로그램입니다. 이 프로그램에는 내 자신이 생각하는 나, 타인이 생각하는 나, 나의 흥미ㆍ성격ㆍ적성ㆍ가치관 등의 하위 프로그램들이 포함되며, 특히 자신의 능력을 탐색하는 내용으로 구성되어 있습니다.

제2과목 **고급직업심리학**

21

직무분석 기법과 가장 거리가 먼 것은?

① 실험법
② 면접법
③ 설문지법
④ 관찰법

알찬해설

직무분석 방법(기법)
- 최초분석법 : 면접법(면담법), 관찰법, 체험법, 설문지법(질문지법), 녹화법, 중요사건 기법(결정적 사건법)
- 비교확인법
- 그룹토의법 : 데이컴법(DACUM), 브레인스토밍법 등

전문가의 한마디

실험법(Experimentation)은 연구자가 가상의 상태를 임의로 만들고서 의도적으로 일정한 자극(→ 독립변수)을 가하여 이러한 상황에서 발생하는 피험자의 행동이나 태도 등의 변화(→ 종속변수)를 측정하는 방법으로, 특히 변수들 간의 인과관계를 파악하는 것을 목적으로 합니다.

22

표준화 검사 제작 시 규준(Norm) 자료의 수집에 앞서 예비검사를 실시하는 목적과 가장 거리가 먼 것은?

① 수정을 필요로 하는 문항을 확인한다.
② 각 문항의 곤란도와 변별도를 확인한다.
③ 최종검사에 쓰일 적당한 문항 수를 결정한다.
④ 측정하고자 하는 특성의 조작적 정의를 결정한다.

알찬해설

예비검사를 실시하는 목적(이유)

- 불량한 문항, 수정을 필요로 하는 문항을 확인한다. (①)
- 각 문항의 곤란도와 변별도를 확인한다.(②)
- 최종검사에 쓰일 적당한 문항 수를 결정한다.(③)
- 최종검사의 적합한 실시시간을 결정한다.
- 수검자에게 하는 지시, 수검 절차상의 문제들, 연습문제, 인쇄양식 등 수정을 가할 필요가 있는 부분들을 확인한다.

전문가의 한마디

불량한 문항 혹은 수정을 필요로 하는 문항으로는 모호한 문항, 오답 구실을 못하는 오답지를 가진 문항, 지나치게 어렵거나 쉬운 문항, 잘하는 수검자와 못하는 수검자를 잘 변별해 내지 못하는 문항 등이 있습니다.

23

직무만족에 대한 허즈버그의 이요인이론에 관한 설명으로 옳은 것은?

① 직무불만족을 해결하면 직무만족이 나타난다.
② 개인들은 직무로부터 가치 있는 성과들을 얼마나 얻을 수 있는지를 생각함으로써 만족을 얻는다.
③ 직무만족과 직무불만족은 별도의 독립된 차원을 이룬다.
④ 사람들은 유사한 직무에 있는 타인을 관찰하고 타인들의 만족을 추론함으로써 자신의 만족수준을 결정한다.

만점해설

③ 허즈버그(Herzberg)의 이요인이론(2요인이론)은 직무만족과 직무불만족이 단일한 연속체상의 양극에 있는 것이 아니라 별도의 독립된 차원을 이룬다고 주장한다. 따라서 한 개인은 자신의 직무에 대해 만족과 불만족을 동시에 지닐 수 있다고 본다.

① 직무만족과 직무불만족은 서로 별개의 연속선을 갖고 있는 서로 다른 차원의 2요인이다. 따라서 불만족요인이 충족되더라도 직무만족은 이루어지지 않으며, 직무만족을 이루기 위해서는 먼저 불만족요인을 충족한 다음 만족요인을 충족시켜야 한다.

② 개인들이 그 직무로부터 가치 있는 성과들을 얼마나 얻을 수 있는지를 생각해 봄으로써 그 직무가 어느 정도 만족스러울 것인가를 계산한다고 보는 것은 도구성이론에 해당한다.

④ 작업자들이 직무에 만족하거나 불만족스러워하는 자신과 유사한 타인들을 돌아보고, 그 관찰을 통해 자신들의 직무만족 수준을 결정한다고 보는 것은 사회적 영향이론에 해당한다.

전문가의 한마디

허즈버그(Herzberg)의 이요인이론(2요인이론)은 '동기-위생이론'으로도 불립니다. 여기서 동기요인(Motivator Factor)은 만족요인으로, 직무만족에 직접적인 영향을 미치는 요인에 해당하며, 위생요인(Hygiene Factor)은 불만족요인으로, 주로 직무 외적인 환경요인이 대부분을 차지합니다.

24

각기 다른 직업에 종사하는 사람들은 서로 다른 성격을 가지며, 이러한 성격의 차이는 어린 시절 부모와의 심리적 관계에서 기인한다고 보는 이론은?

① Roe의 욕구이론
② Holland의 성격유형이론
③ Osipow의 의사결정이론
④ Lent의 사회인지이론

만점해설

① 로(Roe)는 욕구이론을 통해 성격과 직업분류를 통합하고자 하였다. 그는 직업과 기본욕구 만족의 관련성에 대해 논의하면서, 여러 가지 다른 직업에 종사하고 있는 사람들이 각기 다른 욕구를 가지고 있으며, 이러한 욕구의 차이는 어린 시절(12세 이전의 아동기)의 부모-자녀 관계에 기인한다고 주장하였다.

② 홀랜드(Holland)는 개인의 직업적 흥미가 곧 개인의 성격을 반영한다고 주장하면서, 개인의 행동이 그들의 성격에 부합하는 직업환경 특성들 간의 상호작용에 의해 결정된다는 개인-환경 적합성(Person-Environment Fit) 모형을 제시하였다.

③ 오시포(Osipow)는 진로상담과 진로지도에 있어서 의사결정을 핵심적인 요소로 간주하고, 진로결정 상태에 관한 연구를 통해 진로결정척도(CDS ; Career Decision Scale)와 진로미결정척도(CDDQ ; Career Decision-Making Difficulties Questionnaire)를 개발하였다.

④ 렌트(Lent)는 브라운(Brown), 헥케트(Hackett) 등과 함께 진로개발과 관련하여 자기효능감(Self-efficacy)의 개념을 도입함으로써 진로선택에 있어서 개인의 평가와 믿음의 인지적 측면을 강조한 사회인지적 조망을 제안하였다.

전문가의 한마디

로(Roe)는 가정의 정서적 분위기, 즉 부모와 자녀 간의 상호작용을 세 가지 유형, 즉 '수용형', '정서집중형(감정적 집중형)', '회피형'으로 구분한 바 있습니다.

25

직업적응이론에 관한 설명으로 틀린 것은?

① 직무만족을 위한 개인과 환경 간의 상호작용을 중시한다.
② 직업적응과 관련된 다양한 검사도구가 잘 개발되어 있다.
③ 직업적응은 개인이 주어진 환경에 맞추어 가는 과정이다.
④ 강화요인은 대체적으로 개인을 둘러싸고 있는 환경으로부터 제공받는다.

알찬해설

직업적응이론(TWA ; Theory of Work Adjustment)
• 직업적응은 개인이 직업환경과 조화를 이루어 만족하고 유지하도록 노력하는 역동적인 과정이다.
• 직업적응이론은 개인의 욕구와 능력을 직업환경에서의 요구사항과 연관지어 직무만족이나 직무유지 등의 진로행동에 대해 설명한다.
• 개인과 직업환경은 서로가 원하는 것을 충족시켜 줄 때 조화롭다고 할 수 있다. 즉, 개인은 환경이 원하는 기술을 가지고 있고, 직업환경은 개인의 욕구를 충족시켜 줄 강화인을 가지고 있을 때 조화로운 상태가 된다.

전문가의 한마디

직업적응이론에서 직업은 개인이 조화를 이루려고 하는 가장 주된 환경에 해당합니다. 따라서 직업적응이론에서 '환경'은 곧 '직업환경'을 의미한다고 볼 수 있습니다.

26

다음 사례를 가장 잘 나타내는 동기이론은?

> 체중이 100kg인 뚱뚱한 사람이 음식조절과 운동을 통해 몸무게를 20kg 빼려는 목표를 세웠다. 매주 2kg씩 10주에 걸쳐 20kg을 빼고자 한다. 이 사람은 수시로 몸무게를 재보면서 매주 목표를 달성했는지를 확인해 보는데 생각한 만큼 빠지지 않았다. 그래서 목표를 10주에서 20주로 변경하든지 아니면 10주 동안 10kg만 빼는 것으로 변경할지를 두고 고민하다가 20주 동안 20kg을 빼는 것으로 목표를 바꾸었다.

① 목표설정이론
② 자기조절이론
③ 기대이론
④ 강화이론

알찬 해설

자기조절이론(Self-regulation Theory)

- 개인이 목표 달성 가능성을 높이기 위해 자기 스스로 목표를 설정하고 정확한 피드백을 받고자 한다는 이론이다.
- 자기조절(Self-regulation)은 개인이 자신의 행동을 스스로 관찰하고 피드백을 얻음으로써 미래에 자신이 성공할 가능성에 대해 스스로 의견을 형성하는 데 있어서 적극적인 역할을 한다는 것을 시사한다.
- 피드백(Feedback)은 개인이 목표성취를 위해 목표에 얼마나 성공적으로 다가가고 있는지를 알려주는 정보로, 개인으로 하여금 목표 달성에 요구되는 바람직한 상태와 개인의 현재 상태 간의 차이를 알 수 있도록 해 준다.
- 만약 목표 달성을 위한 바람직한 상태와 현재 상태 간의 차이가 거의 또는 전혀 없다면, 개인은 자신의 능력에 대한 믿음으로서 자기효능감(Self-efficacy)을 얻게 된다. 그러나 그 차이가 큰 경우 자기효능감을 상실하게 되며, 최초의 목표를 덜 어렵거나 덜 도전적인 수준으로 조정하거나 수정하는 과정을 통해 목표를 변경하기도 한다.

전문가의 한마디

사실 자기조절이론은 어떤 단일 이론이라기보다는 기본적으로 공통점을 가지고 있는 이론들의 집합으로 볼 수 있습니다. 이 이론들은 피드백이 행동에 대한 자기조절 기제로 작용한다는 점을 공통적으로 강조합니다.

27

직무설계 과정에서 조직구성원에게 요구되는 "KSAO"에 대한 설명으로 옳은 것은?

① 지식, 기술, 능력, 기타 특성
② 지식, 사회성, 능력, 기타 특성
③ 지식, 사회성, 적성, 기타 특성
④ 지식, 기술, 적성, 기타 특성

알찬 해설

직무설계 과정에서 조직구성원에게 요구되는 인적 속성(KSAO)

- 지식(Knowledge) : 직무수행을 성공적으로 하기 위해 필요한 사실적·과정적 정보를 의미한다.
- 기술(Skill) : 특정 과업을 수행할 때 필요한 개인차원의 숙련도로서, 특정 업무를 잘 수행할 가능성을 의미한다.
- 능력(Ability) : 작업수행 과정에서 필요한 개인의 일반적인 자질로서, 신체적·정신적 능력을 의미한다.
- 기타 특성(Other Characteristics) : 성격, 개성, 관심, 태도, 인내력, 성취동기 등 개인적 속성을 비롯하여 면허, 증명서 등 법적 자격요건을 포함한다.

전문가의 한마디

작업을 성공적으로 수행하는 데 요구되는 인적 속성으로서 역량의 구성차원에 대해서는 학자에 따라 다양하게 제시되고 있습니다. 그중 실무적으로 많이 활용되는 것으로 미라블(Mirable)의 'KSAO'와 스페로(Sparrow)의 'KSA'가 있습니다. 참고로 'KSA'는 '지식(Knowledge)', '기술(Skill)', '태도(Attitude)'를 의미합니다.

28
직장 내에서 일어날 수 있는 다음과 같은 수행은?

> • 자신의 과업을 성공적으로 완수하는 데 필요한 열정과 추가적인 노력을 지속적으로 유지한다.
> • 공식적으로 자신의 업무가 아닌 과업활동을 자발적으로 수행한다.
> • 다른 사람들을 돕고 협조한다.
> • 조직의 목표를 따르고, 지지하고, 방어한다.

① 과업수행
② 맥락수행
③ 적응수행
④ 성실수행

해설

직무수행의 3가지 차원
• 과업수행(Task Performance) : 조직 구성원의 공식적 역할행동으로, 직무기술서에 명시된 직무 요구를 규정과 절차에 따라 이행하는 행동이다.
• 맥락수행(Contextual Performance) : 개인의 공식적 과업과 관련된 행동은 아니지만 과업이 이루어지는 핵심적 활동이 효율적·효과적으로 이루어지는 데 기여하는 자발적 행동이다.
• 적응수행(Adaptive Performance) : 조직 환경의 변화에 따라 비일상적 과업을 수행하기 위해 창의성을 발휘하여 업무를 처리하는 행동이다.

전문가의 한마디

맥락수행은 '시민행동(Citizenship Behavior)'과 유사한 개념입니다. 시민행동은 개인이 자신의 직무에서 요구되는 의무 이상의 행동을 함으로써 조직의 전반적 복리에 기여하는 행동을 일컫습니다.

29
직업활동과 관련하여 평균수명 연장과 같은 미래 사회의 변화에 대비하여 세워야 할 계획으로 가장 적합한 것은?

① 진로형성과 직업전환
② 평생직장 유지하기
③ 노령화를 막고, 평균수명 연장하기
④ 직업활동 최소화하기

해설

미래사회의 변화에 따른 직업활동의 변화 양상
• 평균수명의 연장은 생애주기의 변화를 야기하며, 이는 직업생활이 더 길어지는 방향으로 유도한다.
• 인간은 미래사회의 변화에 대비하여 진로형성, 직업전환, 은퇴 후 생활 등을 계획하여야 한다.
• 하나의 직업을 위해서는 일정한 준비기간이 필요하며, 변화된 생활에서 자신의 여가시간을 적절히 배분하는 것도 필요하다. 또한 예기치 못한 실업의 위기에 적응할 수 있는 능력을 배양하고, 은퇴 후 가치 있는 여생을 보내기 위한 대비책도 마련하여야 한다.

전문가의 한마디

65세 인구가 7% 이상이면 '고령화사회', 14% 이상이면 '고령사회', 20% 이상이면 '초고령사회'로 분류됩니다. 《2020 한국의 사회지표》에 따르면, 2020년 기준 우리나라의 65세 이상 인구 비중은 15.7%이며, 2025년쯤 초고령사회로 접어들 것으로 예측하고 있습니다.

2020

안심Touch

30

동기의 개념적 성질에 관한 설명으로 가장 적합한 것은?

① 과학적 심리학에서 사용하는 동기는 직접 관찰 및 측정이 가능한 것이다.
② 동기는 행동의 가장 직접적인 원인요인이므로 동기는 곧 행동이다.
③ 동기는 가설적 구성체로서 행동주의 심리학의 입장에서는 연구 불가능한 주제이다.
④ 추동이론의 견해에서 볼 때, 동기가 행동에 영향을 미치는 과정은 순환적이다.

만점해설

① · ③ 행동주의 심리학은 직접 관찰 및 측정이 가능한 외적인 행동으로 연구대상을 제한하는 경향이 있으므로, 동기와 같은 가설적 구성체 혹은 구성개념(Hypothetical Construct)을 직접적으로 다루지 않는다. 여기서 구성체(구성개념)는 인간의 행동을 설명하기 위한 이론을 만들어 내기 위해 사회과학자들이 상상 속에서 만들어 낸 추상적이고 가설적인 개념을 일컫는다.
② 행동주의 심리학의 스키너(Skinner)는 학습(Learning)을 곧 행동으로 간주하였다. 행동 변화는 기본적으로 환경 조건들과 사태의 변화와 관련이 있다는 것이다.
④ 추동이론에서 추동(Drive)은 생물적 욕구가 박탈되었을 때 유기체에게 일어나는 일종의 각성이나 에너지를 일컫는다. 동기는 그와 같은 추동에 의해 촉발된 긴장 상태를 일컫는데, 유기체의 모든 행동은 추동을 감소시키려는 시도로 해석할 수 있다.

전문가의 한마디

동기(Motivation)와 같은 심리적 구성개념은 행동을 통해 간접적으로 측정할 수밖에 없기 때문에 측정에 있어서 항상 오차를 포함하게 됩니다. 심리적 구성개념이 조작적 정의에 의해 관찰 가능한 행동으로 정의되었다고 해서 완전한 것은 아니라는 것입니다.

31

다음 사례와 같은 스트레스 관리법은?

> 서비스 조직에서 무례한 고객 때문에 나는 화가 많이 났다. 이 스트레스를 벗어나기 위하여 나는 고객이 왜 그런 무례한 행동을 했는지에 대해서 심사숙고하였다. 결국 나는 고객의 행동이 내 책임이 아니라 고객 자신의 성격 때문이라고 결론을 내렸다.

① 감정이입법
② 감정왜곡법
③ 인지재구성
④ 분노관리법

알찬해설

인지재구성(Cognitive Restructuring or Reframing)
• '상황에 대한 재정의(Situational Redefinition)'라고도 부르는 것으로, 상황을 다시 구성하여 스트레스를 받지 않는 방향으로 생각을 바꾸는 것이다.
• 어떤 사건을 다양한 관점에서 바라보는 것으로, 이를 통해 보다 자유롭게 새로운 해결책을 가지고 당면한 문제를 재검토하게 된다.

전문가의 한마디

인지재구성은 부정적인 생각을 긍정적인 생각으로 대치시키는 인지기법으로, 특히 자신이 통제할 수 있는 것에만 주의를 기울이는 방식입니다.

32

다음 사례에서 '기계원리'는 무엇인가?

> 기계수리공을 선발하기 위해서 기계통찰력검사와 기계원리검사를 사용했다. 기계통찰력은 직무성공과 r=0.22의 상관을 보였고, 기계원리는 직무성공과 전혀 상관이 없어서 r=0.00이었다. 그런데 두 검사의 상관은 r=0.71이었다. 기계통찰력검사 하나만 사용하는 것보다 두 검사를 함께 사용하면 전체적인 직무수행 예언력이 높아진다.

① 억압변수
② 예언변수
③ 조절변수
④ 준 거

알찬해설

억압변수 혹은 억제변수(Suppressor Variable)

- 독립변수와 종속변수 중 하나의 변수와는 정적으로 상관되어 있고, 다른 하나의 변수와는 부적으로 상관되어 있어서, 독립변수와 종속변수 간에 마치 아무런 관계가 없는 것처럼 보이게 만드는 변수이다.
- 실제로 두 변수 간에 어떠한 관계가 존재하나 제3의 변수의 방해로 그 관계가 나타나지 않는 경우가 있는데, 이를 '가식적 영관계(Spurious Zero Relationship)'라 한다. 억압변수는 이러한 가식적 영관계를 초래하는 변수라고 할 수 있다.

전문가의 한마디

기계원리가 직무성공과 부적으로 상관되어 있다고 해서 기계원리검사가 종업원의 잠재적 직무수행능력을 평가하는 데 있어서 아무런 쓸모가 없다고 단정할 수는 없습니다. 기계원리검사와 기계통찰력검사를 함께 사용하면 전체적인 직무수행 예언력이 높아지기 때문입니다.

33

Krumboltz의 사회학습이론에서 진로결정에 영향을 주는 요인이 아닌 것은?

① 학습경험
② 인간관계
③ 환경적 조건과 사건
④ 유전적 요인과 특별한 능력

알찬해설

크롬볼츠(Krumboltz)의 사회학습이론에서 진로결정에 영향을 주는 요인

유전적 요인과 특별한 능력	개인의 진로기회를 제한하는 타고난 특질을 말한다. 예 인종, 성별, 신체적 특징, 지능, 예술적 재능 등
환경조건과 사건	환경에서의 특정한 사건이 기술개발, 활동, 진로 선호 등에 영향을 미친다. 예 취업 가능 직종의 내용, 교육훈련 가능 분야, 정책, 법, 기술의 발달 정도 등
학습경험	• 도구적 학습경험 : 주로 어떤 행동이나 인지적 활동에 대한 정적·부적 강화에 의해 이루어진다. • 연상적 학습경험 : 이전에 경험한 감정적 중립 사건이나 자극을 정서적으로 비중립적인 사건이나 자극과 연결시킴으로써 이루어진다.
과제접근기술	개인이 환경을 이해하고 그에 대처하며, 미래를 예견하는 능력이나 경향과 관련된다. 예 문제해결기술, 일하는 습관, 정보수집 능력, 감성적 반응, 인지적 과정 등

전문가의 한마디

'Krumboltz'는 교재에 따라 '크롬볼츠' 혹은 '크럼볼츠'로도 제시되고 있습니다.

34

다음 사례는 경력관리와 관련하여 어떤 유형에 해당하는가?

> "홍길만씨는 32세이며 제약회사의 영업사원으로 근무하고 있다. 대학에서 경영학을 전공하고 졸업 후 5년 동안 직장을 네 군데나 옮겨 다녔다. 그는 스스로 경력에 대한 목표를 설정하기 힘들어하고 어떤 경력유형을 추구해야 할지도 잘 모르는 상태이다. 그는 언제나 자신의 경력에 대해 걱정하지만 스스로 결정을 내리지 못한다. 현재 일하고 있는 제약회사 영업직도 자신에게 잘 안 맞는다고 생각하고 있다."

① 성급형
② 만성적 미결정형
③ 신중형
④ 발달상 미결정형

진로미결정의 주요 유형(Fuqua & Hartman)

발달적 미결정형	• 발달 과정상 제한된 경험과 제한된 지식에서 비롯되는 단순한 미결정 상태이다. • 진로결정에 대한 확실성이 부족하지만 시간이 지남에 따라 진로에 대해 결정하고, 이를 위해 필요한 행동을 수행한다.
만성적 미결정형	• 성격적 결함에서 비롯된 것으로 보다 지속적이고 심각하며, 만성적인 진로결정의 곤란을 수반하는 상태이다. • 진로결정이 필요한 시기에 반복적으로 진로결정을 미루거나 회피하는 모습을 보이는 등 의사결정과 문제해결에 어려움을 겪는다.

전문가의 한마디

만성적 미결정형은 성격적 결함에서 비롯되는 만큼 단순한 정보부족에서 비롯되는 발달적 미결정형보다 더욱 심각하며, 통상적인 진로상담의 범위를 벗어난 장기적인 개입을 필요로 합니다.

35

생애발달에 따른 진로발달의 단계를 성장기-탐색기-확립기-유지기-쇠퇴기로 구분한 학자는?

① 수퍼(Super)
② 긴즈버그(Ginzberg)
③ 타이드만(Tiedman)
④ 고트프레드슨(Gottfredson)

알찬 해설

① 수퍼(Super)는 진로선택을 자기개념(자아개념)의 실행과정으로 보며, 이와 같은 자기개념이 유아기에서부터 형성되어 평생 발달한다고 보았다. 그에 따라 직업발달의 과정을 '성장기', '탐색기', '확립기', '유지기', '쇠퇴기'로 구분하였다.
② 긴즈버그(Ginzberg)는 직업선택 과정을 바람(Wishes)과 가능성(Possibility) 간의 타협(Compromise)으로 보며, 그와 같은 타협을 선택의 본질적인 측면으로 간주하였다. 그에 따라 직업발달 및 직업선택의 과정을 '환상기', '잠정기', '현실기'로 구분하였다.
③ 타이드만과 오하라(Tiedeman & O'Hara)는 직업선택을 결정하는 기간에 대해 연구하였으며, 이를 크게 '기대의 기간(예상기)'과 '실행 및 조정의 기간(실천기)'으로 구분하였다.
④ 고트프레드슨(Gottfredson)은 개인의 성(性), 인종, 사회계층 등 사회적 요인과 함께 개인의 언어능력, 추론능력 등 인지적 요인을 통합하여 직업포부의 발달에 관한 이론을 개발하였다. 그리고 직업포부 발달단계를 '힘과 크기 지향성', '성역할 지향성', '사회적 가치 지향성', '내적, 고유한 자기(자아) 지향성'으로 구분하였다.

전문가의 한마디

지문 ③번의 'Tiedman'은 'Tiedeman'의 오기로 보입니다.

36

직업적응과 관련하여 조직 내 갈등에 대한 설명으로 틀린 것은?

① 조직 내 갈등의 수준은 낮을수록 조직의 효과성이 증가한다.
② 갈등에 대한 다원주의적 관점에서는 갈등을 불가피한 것으로 본다.
③ 고충처리는 조직 내 갈등을 발견하는 방법 중 하나이다.
④ 갈등관리 훈련프로그램에 문제와 사람을 분화시키는 프로그램이 포함될 수 있다.

만점해설

① 조직 내 갈등이 항상 조직의 효과성을 저하시키고 리더십의 발휘를 방해하는 것은 아니다. 조직갈등에 관한 최근의 연구는 일정한 수준의 갈등이 오히려 조직의 혁신과 조직성과를 진작시키는 것으로 보고하고 있다.

전문가의 한마디

조직 내 갈등은 다음과 같은 긍정적 효과를 가지기도 합니다.
• 핵심적 문제의 표출
• 변화의 원동력
• 타인에 대한 이해의 개선
• 의사결정의 개선
• 감정의 고양
• 비판적 사고의 촉진 등

37

진로발달에 대한 인지적 정보처리 접근의 가정과 가장 거리가 먼 것은?

① 진로선택은 인지적 및 정의적 과정들의 상호작용 결과이다.
② 전로선택 및 결정은 일종의 문제해결 활동이다.
③ 진로문제 해결자의 능력은 지식뿐 아니라 인지적 조작 가능성에 달려있다.
④ 진로결정 과정에서 가치는 원하는 최종상태에 대한 방향을 결정한다.

알찬해설

인지적 정보처리 관점의 주요 전제(Peterson, Sampson & Reardon)

• 진로선택은 인지적, 정의적 과정들의 상호작용에 의한 결과이다.(①)
• 진로를 선택한다는 것은 하나의 문제해결 활동이다.(②)
• 진로문제 해결자의 잠재력은 지식뿐 아니라 인지적 조작의 가용성(가능성)에 의존한다.(③)
• 진로문제의 해결은 고도의 기억력을 요하는 과제이다.
• 동기의 근원을 앎으로써 자신을 이해하고 만족스런 진로선택을 하려는 욕망을 갖는다.
• 진로발달은 지식구조의 끊임없는 성장과 변화를 포함한다.
• 진로정체성(Career Identity)은 자기지식에 의존한다.
• 진로성숙은 진로문제를 해결할 수 있는 개인의 능력에 의존한다.
• 진로상담의 최종 목표는 정보처리 기술을 향상시킴으로써 달성된다.
• 진로상담의 최종 목표는 진로문제 해결자이자 의사결정자인 내담자의 잠재력을 증진시키는 것이다.

전문가의 한마디

가치(Values)가 원하는 최종상태에 대해 방향을 제공하고 목표설정에서 중심적인 역할을 한다고 주장하면서, 진로결정 과정에서 가치의 중요성을 강조한 것은 '가치 중심적 진로접근 모형'입니다.

38

진로성숙도검사에 관한 설명으로 틀린 것은?

① 태도척도와 능력척도로 구성되어 있다.
② Super의 진로발달모델에 기초한다.
③ 진로계획의 과정변인에 초점을 둔다.
④ 객관적으로 점수화되고 표준화된 최초의 진로발달 측정도구이다.

만점해설

② 수퍼(Super)의 진로발달모델에 기초하여 진로발달 및 직업성숙도, 진로결정을 위한 준비도, 경력관련 의사결정에 대한 참여 준비도 등을 측정하는 검사도구는 진로개발검사(경력개발검사) 또는 진로발달검사(CDI ; Career Development Inventory)이다.

전문가의 한마디

진로성숙도검사(CMI ; Career Maturity Inventory)는 크라이티스(Crites)가 개발한 것으로, 진로탐색 및 직업선택에 있어서 태도 및 능력이 얼마나 발달하였는지를 측정하는 표준화된 진로발달 검사도구입니다.

39

Holland 이론의 주요 개념에 관한 설명으로 가장 적합한 것은?

① 정체성 : 자신의 목표, 흥미, 재능에 대한 명확하고 견고한 청사진을 가지고 있다.
② 계측성 : 특정 유형에 속하는 특성들은 다른 유형에서는 별로 나타나지 않는다.
③ 일관성 : 사람들은 자신의 특성과 비슷한 환경에서 능력을 최대한 발휘한다.
④ 일치성 : 여섯 유형 중 어떤 유형들 간에는 다른 유형들보다 더 많은 공통점이 있다.

알찬해설

홀랜드(Holland) 육각형 모델의 해석적 차원

• 일관성(Consistency) : 어떤 유형의 쌍들은 다른 유형의 쌍들보다 더 많은 공통점을 가지고 있다.
• 변별성(Discrimination) 또는 차별성(Differentiation) : 어떤 사람은 특정 유형과 매우 유사한 반면, 다른 유형과 차별적인 모습을 보인다.
• 정체성(Identity) : 개인의 성격은 그의 목표, 흥미, 재능에 의해 명확해지며, 환경유형은 조직의 투명성, 안정성, 목표 · 일 · 보상의 통합에 의해 확고해진다.
• 일치성(Congruence) : 어떤 사람은 자기 자신의 인성유형(흥미유형)과 동일하거나 유사한 환경에서 일하고 생활한다.
• 계측성 또는 타산성(Calculus) : 육각형 모델에서의 유형들 간의 거리는 그 이론적인 관계에 반비례한다.

전문가의 한마디

지문 ②번은 '변별성(차별성)', 지문 ③번은 '일치성', 지문 ④번은 '일관성'에 해당합니다.

40

어느 축구선수가 슛을 할 때마다 매번 공이 우측 골대를 맞고 나온다면, 그 선수의 슛 기술 정도를 측정할 때 적합한 설명은?

① 신뢰도와 타당도 모두 높다.
② 신뢰도는 높으나 타당도는 낮다.
③ 타당도는 높으나 신뢰도는 낮다.
④ 신뢰도와 타당도 모두 낮다.

 알찬해설

측정의 신뢰도와 타당도

- '타당도(Validity)'는 조사자가 측정하고자 한 것을 실제로 정확히 측정했는가의 문제로서, 측정한 값과 실제 값 간의 일치 정도를 말한다.
- '신뢰도(Reliability)'는 측정도구가 측정하고자 하는 현상을 일관성 있게 측정하는 능력에 관한 것으로서, 측정을 반복했을 때 동일한 결과를 얻게 되는 정도를 말한다.
- 만약 축구선수가 슛을 할 때마다 매번 일관성 있게 한쪽 골대를 맞힌다면, 이는 신뢰도는 높지만 타당도는 낮은 것으로 볼 수 있다.

전문가의 한마디

만약 체중계로 몸무게를 측정할 때 실수로 초기설정을 5kg 낮게 설정하였다면, 체계적 오차로 인해 모든 측정 대상의 체중이 5kg 낮게 측정될 겁니다. 그와 같은 결과는 검사의 신뢰도에는 영향을 주지 않지만 타당도에는 부정적인 영향을 미치게 됩니다.

제3과목 **고급직업정보론**

41

워크넷(직업·진로)에서 제공하는 성인 대상 심리검사가 아닌 것은?

① 성인용 직업적성검사
② 직업선호도검사 L형
③ 영업직무 기본역량검사
④ 직업가치관검사

 알찬해설

워크넷(직업·진로) 제공 직업심리검사

청소년 대상 심리검사	• 청소년 직업흥미검사 • 고등학생 적성검사 • 직업가치관검사 • 청소년 진로발달검사 • 대학 전공(학과) 흥미검사 • 초등학생 진로인식검사 • 청소년 인성검사
성인 대상 심리검사	• 직업선호도검사 S형 • 직업선호도검사 L형 • 구직준비도검사 • 창업적성검사 • 직업가치관검사 • 영업직무 기본역량검사 • IT직무 기본역량검사 • 준고령자 직업선호도검사 • 대학생 진로준비도검사 • 이주민 취업준비도 검사 • 중장년 직업역량검사 • 성인용 직업적성검사

전문가의 한마디

이 문제는 출제오류로 인해 전항정답 처리되었습니다. 문제상의 4가지 선택지는 모두 성인 대상 심리검사에 해당합니다. 참고로 워크넷(직업·진로) 제공 직업심리검사의 종류는 수시로 변경되는 경향이 있습니다. 예를 들어, 최근 청소년 대상 심리검사 중 '청소년 적성검사 (중학생용)'가 제외되었습니다.

42

제10차 한국표준산업분류의 분류기준에 해당하지 않는 것은?

① 산출물의 특성
② 투입물의 특성
③ 생산활동의 일반적인 결합형태
④ 소비활동의 일반적인 형태

알찬 해설

한국표준산업분류(KSIC) 제10차 개정(2017)의 분류기준

• 산출물(생산된 재화 또는 제공된 서비스)의 특성
  – 산출물의 물리적 구성 및 가공 단계
  – 산출물의 수요처
  – 산출물의 기능 및 용도
• 투입물의 특성
  원재료, 생산 공정, 생산기술 및 시설 등
• 생산활동의 일반적인 결합형태

전문가의 한마디

이 문제는 2017년 7월 1일부로 시행된 한국표준산업분류(KSIC) 제10차 개정을 토대로 하고 있습니다. 참고로 직업상담사 시험에서는 '제10차 한국표준산업분류', '한국표준산업분류(제10차)', '한국표준산업분류(2017)', '제10차 한국표준산업분류(2017)', '한국표준산업분류(KSIC 10)' 등으로 제시되고 있습니다.

43

한국직업사전(2019)의 직무기능에 대한 설명으로 옳지 않은 것은?

① 직무기능은 해당 직업 종사자가 직무를 수행하는 과정에서 자료, 사람, 사물과 맺는 관련된 특성을 나타낸다.
② 자료와 관련된 기능은 정보, 지식, 개념 등 세 가지 종류의 활동으로 배열되어 있다.
③ 사람과 관련된 기능은 위계적 관계가 많다.
④ 사물기능은 작업자의 업무에 따라 사물과 관련되어 요구되는 활동수준이 달라진다.

알찬 해설

한국직업사전 부가 직업정보의 직무기능 (출처 : 2020 한국직업사전)

자 료 (Data)	자료와 관련된 기능은 정보, 지식, 개념 등 세 가지 종류의 활동으로 배열되어 있는데 어떤 것은 광범위하며 어떤 것은 범위가 협소하다. 또한 각 활동은 상당히 중첩되어 배열 간의 복잡성이 존재한다.
사 람 (People)	사람과 관련된 기능은 위계적 관계가 없거나 희박하다. 서비스 제공이 일반적으로 덜 복잡한 사람관련 기능이며, 나머지 기능들은 기능의 수준을 의미하는 것은 아니다.
사 물 (Thing)	사물과 관련된 기능은 작업자가 기계와 장비를 가지고 작업하는지 혹은 기계가 아닌 도구나 보조구를 가지고 작업하는지에 기초하여 분류된다. 또한 작업자의 업무에 따라 사물과 관련되어 요구되는 활동수준이 달라진다.

전문가의 한마디

한국고용정보원(KEIS)은 1986년부터 우리나라 전체 직업에 대한 표준화된 직업명과 수행직무 등 기초 직업정보를 수록한 『한국직업사전』을 발간하고 있습니다. 가장 최신의 통합본은 5판에 해당하는 『2020 한국직업사전』이며, 매해 새로운 통합본 발간을 위한 준비과정으로 『직종별 직업사전』을 발간하고 있습니다.

44

제10차 한국표준산업분류의 산업분류 결정방법에 관한 설명으로 틀린 것은?

① 생산단위 산업활동은 그 생산단위가 수행하는 주된 산업활동에 따라 결정한다.
② 계절에 따라 정기적으로 산업활동을 달리하는 사업체의 경우에는 조사시점에 경영하는 사업에 의하여 분류한다.
③ 설립 중인 사업체는 개시하는 산업활동에 따라 결정한다.
④ 단일사업체 보조단위는 그 사업체의 일개 부서로 포함한다.

알찬 해설

산업 결정 방법 [출처 : 한국표준산업분류(2017)]

• 생산단위의 산업활동은 그 생산단위가 수행하는 주된 산업활동(판매 또는 제공하는 재화 및 서비스)의 종류에 따라 결정된다. 이러한 주된 산업활동은 산출물(재화 또는 서비스)에 대한 부가가치(액)의 크기에 따라 결정되어야 하나, 부가가치(액) 측정이 어려운 경우에는 산출액에 의하여 결정한다.(①)
• 상기의 원칙에 따라 결정하는 것이 적합하지 않을 경우에는 그 해당 활동의 종업원 수 및 노동시간, 임금 및 급여액 또는 설비의 정도에 의하여 결정한다.
• 계절에 따라 정기적으로 산업을 달리하는 사업체의 경우에는 조사시점에서 경영하는 사업과는 관계없이 조사대상 기간 중 산출액이 많았던 활동에 의하여 분류한다.(②)
• 휴업 중 또는 자산을 청산 중인 사업체의 산업은 영업 중 또는 청산을 시작하기 이전의 산업활동에 의하여 결정하며, 설립 중인 사업체는 개시하는 산업활동에 따라 결정한다.(③)
• 단일사업체의 보조단위는 그 사업체의 일개 부서로 포함하며, 여러 사업체를 관리하는 중앙 보조단위(본부, 본사 등)는 별도의 사업체로 처리한다.(④)

전문가의 한마디

한국표준산업분류(KSIC)의 산업 결정 방법은 제9차 개정(2008)과 제10차 개정(2017)에서 내용상 차이가 없습니다.

45

제10차 한국표준산업분류의 산업분류 적용원칙에 관한 설명으로 틀린 것은?

① 공식적 생산물과 비공식적 생산물, 합법적 생산물과 불법적인 생산물은 구분한다.
② 생산단위는 산출물뿐만 아니라 투입물과 생산공정 등을 함께 고려하여 그들의 활동을 가장 정확하게 설명한 항목에 분류한다.
③ 산업활동이 결합되어 있는 경우에는 그 활동단위의 주된 활동에 따라 분류한다.
④ 법령 등에 근거하여 전형적인 공공행정 부문에 속하는 산업활동을 정부기관이 아닌 민간에서 수행하는 경우에는 공공행정 부문으로 포함한다.

만점 해설

① 공식적 생산물과 비공식적 생산물, 합법적 생산물과 불법적인 생산물을 달리 분류하지 않는다.

전문가의 한마디

"복합적인 활동단위는 우선적으로 최상급 분류단계(대분류)를 정확히 결정하고, 순차적으로 중, 소, 세, 세세분류 단계 항목을 결정하여야 한다"는 점을 반드시 기억해 두시기 바랍니다.

46

한국표준직업분류(2017)의 대분류 5에 해당되는 것은?

① 서비스 종사자
② 판매 종사자
③ 기능원 및 관련 기능 종사자
④ 단순노무 종사자

알찬 해설

한국표준직업분류(KSCO) 제7차 개정(2018)의 대분류

- 대분류 1 : 관리자
- 대분류 2 : 전문가 및 관련 종사자
- 대분류 3 : 사무 종사자
- 대분류 4 : 서비스 종사자
- 대분류 5 : 판매 종사자
- 대분류 6 : 농림 · 어업 숙련 종사자
- 대분류 7 : 기능원 및 관련 기능 종사자
- 대분류 8 : 장치 · 기계 조작 및 조립 종사자
- 대분류 9 : 단순노무 종사자
- 대분류 A : 군인

전문가의 한마디

이 문제는 2018년 1월 1일부로 시행된 한국표준직업분류(KSCO) 제7차 개정을 토대로 하고 있습니다. 참고로 직업상담사 시험에서는 '제7차 한국표준직업분류', '한국표준직업분류(제7차)', '한국표준직업분류(제7차 개정, '18.1.1. 시행)', '한국표준직업분류(2017)', '한국표준직업분류(2018)' 등으로 제시하고 있습니다. 주의해야 할 것은 '한국표준직업분류(2017)'와 '한국표준직업분류(2018)'가 동일한 제7차 개정을 지칭한다는 것인데, 이는 고시일(2017년 7월 3일)과 실제 시행일(2018년 1월 1일)의 차이에서 비롯됩니다. 직업상담사 시험에서는 두 가지 표기방식이 모두 통용되고 있는 바, 본 교재에서는 '한국표준직업분류(2018)'로 통일하여 해설을 제시합니다.

47

직업훈련포털(HRD-Net)에서 제공하는 정보가 아닌 것은?

① 훈련정보
② 국가기술자격정보
③ 구인정보
④ 고용보험통계

알찬 해설

직업훈련포털(HRD-Net) 제공 주요 정보

훈련과정	• 국민내일배움카드 훈련과정 • 디지털 신기술 훈련과정 • K-디지털 크레딧 • 기업 훈련과정 • 일학습병행과정 • 정부부처별 훈련과정 • 유관기관 훈련과정
지원제도	• 정부지원사업안내 • 범부처 신기술 훈련사업 • 정부부처별 지원사업안내 • 법령/서식/규정 • 일학습병행 등
일자리 · 직업 정보	• 구인정보 • 자격정보 • 직업사전 • 학과정보 • NCS 분류체계 등
지식정보센터	• 인재뱅크 • 스타훈련교사 • 훈련기관평가정보 • 훈련/고용통계 등

전문가의 한마디

고용보험통계는 고용노동부 고용보험 사업으로 생성되는 행정통계 자료를 집계한 것으로, 그 결과물인 《고용보험통계 현황》을 한국고용정보원(www.keis.or.kr)이 통계 간행물로 발간하고 있습니다. 참고로 HRD-Net 홈페이지의 내용은 수시로 변경되는 경향이 있으므로, 해당 홈페이지(www.hrd.go.kr)를 반드시 살펴보시기 바랍니다.

48

고용정보의 주요 용어의 개념 설명으로 틀린 것은?

① 실업률 : 실업자가 경제활동인구에서 차지하는 비율
② 입직률 : 입직자 수를 전월 말 근로자 수로 나누어 계산
③ 유효구인인원 : 구인신청인원 중 해당 월말 현재 알선 가능한 인원수의 합
④ 취업률 : (신규구직자 수 / 취업건수) × 100

만점 해설

④ 취업률(%) = $\dfrac{\text{취업건수}}{\text{신규구직자 수}} \times 100$

① 실업률(%) = $\dfrac{\text{실업자수}}{\text{경제활동인구 수}} \times 100$

② 입직률(%) = $\dfrac{\text{당월 총 입직자 수}}{\text{전월 말 근로자 수}} \times 100$

③ 유효구인인원 = 모집인원 수−채용인원 수

전문가의 한마디

고용통계관련 용어가 반드시 어느 하나의 공식으로만 이루어지는 것은 아닙니다. 예를 들어, 취업률은 "취업자가 경제활동인구에서 차지하는 비율"로 나타내기도 합니다.

49

한국표준직업분류(2017)의 대분류 항목과 직능 수준과의 관계가 틀린 것은?

① 관리자 − 제4직능 수준 혹은 제3직능 수준 필요
② 농림 · 어업 숙련 종사자 − 제3직능 수준 필요
③ 기능원 및 관련 기능 종사자 − 제2직능 수준 필요
④ 군인 − 제2직능 수준 이상 필요

알찬 해설

한국표준직업분류(KSCO) 제7차 개정(2018)의 대분류별 직능 수준

분류	대분류	직능 수준
1	관리자	제4직능 수준 혹은 제3직능 수준 필요
2	전문가 및 관련 종사자	제4직능 수준 혹은 제3직능 수준 필요
3	사무 종사자	제2직능 수준 필요
4	서비스 종사자	제2직능 수준 필요
5	판매 종사자	제2직능 수준 필요
6	농림 · 어업 숙련 종사자	제2직능 수준 필요
7	기능원 및 관련 기능 종사자	제2직능 수준 필요
8	장치 · 기계 조작 및 조립 종사자	제2직능 수준 필요
9	단순노무 종사자	제1직능 수준 필요
A	군 인	제2직능 수준 이상 필요

전문가의 한마디

한국표준직업분류(KSCO) 제7차 개정(2018)은 대분류 명칭에 있어서 제6차 개정(2007)과 차이가 없습니다. 그러나 대분류별 직능 수준에 있어서 'A 군인'이 기존 "직능수준과 무관"에서 "제2직능 수준 이상 필요"로 변경되었습니다.

50

직업정보 수집 시의 유의점과 가장 거리가 먼 것은?

① 정확한 목표를 세운다.
② 직업정보수집에 필요한 도구를 확인하여야 한다.
③ 항상 최신 자료 여부를 확인한다.
④ 직업정보는 다양한 형태의 자료를 망라하나, 잡지나 지역정보 신문기사의 자료는 제외된다.

알찬해설

직업정보 수집 시 가공 여부에 따른 자료의 분류

1차 자료	정보를 조사하는 사람이 직접 자료를 수집, 분석, 가공한 자료로, 설문조사를 통한 직접조사나 특정 그룹이나 사물을 관찰하고 경험하는 경험자료 등이 해당한다.
2차 자료	이미 누군가에 의해 자료가 수집, 분석, 가공된 자료로, 사전, 편람, 데이터베이스 자료를 비롯하여 각종 책, 잡지, 인쇄된 전단지 등 대부분의 자료들이 해당한다.

전문가의 한마디

1차 자료는 그 자료를 생산 · 가공한 사람이나 집단에게만 1차 자료가 되며, 그 자료와 관련 없는 사람이 다른 목적을 위해 사용하는 경우 2차 자료가 됩니다. 이러한 1차 자료나 2차 자료 모두 직업정보 수집의 대상이 되는 자료에 포함됩니다.

51

국민내일배움카드의 지원대상에 해당하지 않는 것은?

① 15세 이상의 실업자
② 「한부모가족지원법」에 따른 지원대상자
③ 「사립학교교직원연금법」을 적용받고 현재 재직 중인 사람
④ 「제대군인지원에 관한 법률」에 따라 직업능력개발훈련 대상자로 추천을 받은 군(軍) 전역예정자

알찬해설

국민내일배움카드(직업능력개발계좌) 발급의 지원제외 대상(국민내일배움카드 운영규정 제4조 제2항 참조)

- 「공무원연금법」 및 「사립학교교직원연금법」을 적용받고 현재 재직 중인 사람
- 만 75세 이상인 사람
- 「외국인근로자의 고용 등에 관한 법률」을 적용받는 외국인(단, 고용보험법령을 적용받는 고용보험 피보험자는 지원대상에 포함)
- 근로자직업능력개발법규에 따른 지원 · 융자 · 수강 제한의 기간이 종료되지 않은 사람
- 고용보험법령에 따라 부정행위에 따른 지원금 등의 반환 명령을 받고 그 납부의 의무를 이행하지 아니하는 사람
- 중앙행정기관 또는 지방자치단체로부터 훈련비를 지원받는 훈련(또는 사업)에 참여하는 사람
- HRD-Net을 통하여 직업능력개발훈련 동영상 교육을 이수하지 아니하는 사람
- 이 규정 시행일 이전에 「실업자 등 직업능력개발훈련 실시규정」에 따라 직업능력개발훈련을 3회 지원받았음에도 불구하고, 훈련개시일 이후 취업한 기간이 180일 미만이거나 자영업자로서 피보험기간이 180일 미만인 사람
- 「국민기초생활보장법」에 따라 생계급여를 수급받는 사람(단, 조건부수급자는 지원대상에 포함)
- 초 · 중등교육법령 및 고등교육법령에 따른 학교의 재학생(단, 최종 학년에 재학 중인 졸업예정자는 지원대상에 포함)
- 고용보험법령에 따른 대규모기업에 고용된 만 45세 미만인 사람으로서 최근 3개월간 월평균 임금이 300만원 이상인 사람(단, 기간제 · 파견 · 단시간 · 일용근로자는 지원대상에 포함)
- 소득세법령에 따른 과세표준확정신고의 예외 사업자 또는 영리를 목적으로 자기의 계산과 책임하에 근로를 제공하는 사람으로서 최근 3개월간 월평균 소득이 300만원 이상인 사람
- 「부가가치세법」에 따라 사업자등록증을 발급받은 사람으로서 사업 기간이 1년 미만(사업자등록증의 개업 연월일 기준)이거나, 최근 1년간 매출과세표준(수입금액)이 1억 5천만원 이상인 사람[다만, 부동산 임대사

업자의 경우 사업 기간이 1년 미만(사업자등록증의 개업연월일 기준)이거나, 「부가가치세법」에 따라 신고한 부동산임대공급가액이 4천 8백만원 이상인 사람]
• 기타 직업훈련의 필요성이 인정되지 않는 사람

전문가의 한마디

위의 해설은 「국민내일배움카드 운영규정」(고용노동부 고시 제2021-58호)을 토대로 작성하였습니다. 참고로 개정 전 규정(제2019-109호)에서는 계좌발급의 지원대상을 일일이 명시하였으나, 최근 개정된 규정에서는 국민내일배움카드의 도입취지에 보다 부합하고자 지원대상을 포괄적으로 규정한 반면, 지원제외 유형을 명확화하고 있습니다.

52
국가기술자격 종목에 해당하지 않는 것은?

① 게임그래픽전문가
② 국제의료관광코디네이터
③ 전자상거래운용사
④ 이미지컨설턴트 1급

만점해설

④ 이미지컨설턴트는 (사)한국대학평생교육원협의회, (사)이미지컨설턴트협회 등 약 30여개 기관에서 주관하는 등록민간자격 종목에 해당한다.
① 게임그래픽전문가는 서비스 분야 국가기술자격 종목으로서 단일등급으로 분류되며, 직무상 '21 정보통신' 분야에 해당한다.
② 국제의료관광코디네이터는 서비스 분야 국가기술자격 종목으로서 단일등급으로 분류되며, 직무상 '06 보건·의료' 분야에 해당한다.
③ 전자상거래운용사는 서비스 분야 국가기술자격 종목으로서 단일등급으로 분류되며, 직무상 '10 영업·판매' 분야에 해당한다.

전문가의 한마디

국가기술자격은 국가자격 중 산업과 관련이 있는 기술·기능 분야의 자격과 서비스 분야의 자격으로 구분됩니다. 일반적으로 "국가기술자격 종목"이라고 하면, 이 두 분야가 모두 포함됩니다.

53
다음은 어떤 훈련 프로그램에 관한 설명인가?

사업주가 근로자 또는 채용예정자 및 구직자 등을 대상으로 직업능력개발훈련을 실시할 경우 훈련비 등의 소요비용을 지원함으로써 훈련지원 및 근로자의 능력개발 향상을 도모하는 제도

① 청년취업아카데미
② 일학습병행제
③ 국가인적자원개발컨소시엄
④ 사업주훈련

만점해설

① 청년취업아카데미는 기업, 사업주 단체, 대학 또는 민간 우수훈련기관이 직접 산업현장에서 필요한 직업능력 및 인력 등을 반영하고 청년 미취업자에게 대학 등과 협력하여 연수과정 또는 창조적 역량 인재과정(창직과정)을 실시한 후 취업 또는 창직, 창업활동과 연계하는 제도이다.
② 일학습병행제는 산업현장의 실무형 인재양성을 위하여 기업이 취업을 원하는 청년 등을 학습근로자로 채용하여 맞춤형 체계적 훈련을 제공하고, 훈련종료 후 학습근로자 역량평가 및 자격인정을 통한 노동시장의 통용성을 확보하기 위한 제도이다.
③ 국가인적자원개발컨소시엄은 중소기업 재직근로자의 직업훈련 참여 확대와 신성장동력분야, 융복합분야 등의 전략산업 전문인력육성, 산업계 주도의 지역별 직업훈련기반 조성 등을 위해 다수의 중소기업과 훈련 컨소시엄(협약)을 구성한 기업 등에게 공동훈련에 필요한 훈련 인프라와 훈련비 등을 지원하는 제도이다.

사업주훈련은 사업주(=사업장 대표)가 소속근로자 등의 직무수행능력을 향상시키기 위하여 훈련을 실시할 때, 이에 소요되는 비용의 일부를 지원해 주는 제도로, '사업주 직업능력개발훈련'이라고도 합니다.

54

다음 중 민간직업정보의 특성과 가장 거리가 먼 것은?

① 국제적으로 인정되는 객관적인 기준에 근거하여 직업을 분류한다.
② 특정한 목적에 맞게 해당 분야 및 직종을 제한적으로 선택한다.
③ 시사적인 관심이나 흥미를 유도할 수 있도록 해당 직업을 분류한다.
④ 필요한 시기에 최대한 활용되도록 한시적으로 신속하게 생산되어 운영된다.

만점해설

① 공공직업정보의 일반적인 특성에 해당한다.

민간직업정보의 일반적인 특성

- 필요한 시기에 최대한 활용되도록 한시적으로 신속하게 생산되어 운영된다.(④)
- 노동시장환경, 취업상황, 기업의 채용환경 등을 반영한 직업정보가 상대적으로 단기간에 조사되어 집중적으로 제공된다.
- 특정한 목적에 맞게 해당 분야 및 직종이 제한적으로 선택된다.(②)
- 정보생산자의 임의적 기준 또는 시사적인 관심이나 흥미를 유도할 수 있도록 해당 직업을 분류한다.(③)
- 정보 자체의 효과가 큰 반면, 부가적인 파급효과는 적다.
- 객관적이고 공통적인 기준에 따라 분류되지 않았기 때문에 다른 직업정보와의 비교가 적고 활용성이 낮다.
- 민간이 특정 직업에 대해 구체적이고 상세한 정보를 제공하기 위해서는 조사 · 분석 및 정리와 제공에 상당한 시간 및 비용이 소요되므로 해당 직업정보는 유료로 제공된다.

전문가의 한마디

민간직업정보와 공공직업정보의 대략적인 차이점은 다음과 같습니다.

구 분	민간직업정보	공공직업정보
정보제공 속성	한시적	지속적
직업 분류 · 구분	생산자의 자의성	기준에 의한 객관성
조사 직업 범위	제한적	포괄적
정보의 구성	완결적 정보체계	기초적 정보체계
타 정보와의 관계	관련성 낮음	관련성 높음
비 용	보통 유료	보통 무료

55

제10차 한국표준산업분류의 주요 용어에 대한 설명으로 틀린 것은?

① 산업이란 유사한 성질을 갖는 산업활동에 주로 종사하는 생산단위의 집합이다.
② 산업활동은 각 생산단위가 노동, 자본, 원료 등 자원을 투입하여, 재화 또는 서비스를 생산 또는 제공하는 일련의 활동과정이다.
③ 산업활동 범위는 영리적 활동만 국한되며 가정 내 가사 활동은 제외된다.
④ 산업분류는 경제적 특성이 동일하거나 유사성을 갖는 산업활동의 집합(Group)이다.

만점해설

③ 산업활동의 범위에는 영리적, 비영리적 활동이 모두 포함되나, 가정 내의 가사 활동은 제외된다.

전문가의 한마디

산업분류는 생산단위가 주로 수행하는 산업활동을 분류 기준과 원칙에 맞춰 그 유사성에 따라 체계적으로 유형화한 것입니다.

56

내용분석법을 통해 직업정보를 수집할 때의 장점이 아닌 것은?

① 조사대상의 반응성이 높다.
② 장기간의 종단연구가 가능하다.
③ 필요한 경우 재조사가 가능하다.
④ 역사연구 등 소급조사가 가능하다.

만점해설

① 내용분석법은 조사자의 관여에 따른 조사대상자(정보제공자)의 반응성을 유발하지 않는 장점이 있다.

전문가의 한마디

'내용분석법(Content Analysis)'은 여러 가지 문서화된 매체들을 중심으로 연구대상에 필요한 자료들을 수집하는 방법입니다. 문헌연구의 일종으로서, 서적, 신문, 문서 등 기록된 정보의 내용을 분석하기 위해 양적 분석방법은 물론 질적 분석방법을 사용하며, 메시지의 현재적인 내용뿐만 아니라 잠재적인 내용도 분석대상으로 합니다.

57

2019 한국직업전망의 향후 10년간 직업별 일자리 전망 결과 '증가'에 해당하는 직업명은?

① 미용사
② 안경사
③ 약 사
④ 한의사

알찬해설

2021 한국직업전망의 향후 10년간 직종별(직업별) 일자리 전망 결과(일부)

전 망	직업명	
증 가	• 변호사 • 심리상담전문가 • 내과의사 • 한의사 • 수의사 • 반려동물미용사	• 사회복지사 • 청소년지도사 • 성형외과의사 • 치과의사 • 간호사 • 요양보호사 및 간병인 등
다소 증가	• 경영 · 진단 전문가 • 회계사 • 상품기획자 • 산부인과의사 • 임상심리사 • 연예인매니저 • 음식배달원	• 노무사 • 세무사 • 직업상담사 • 약 사 • 안경사 • 미용사 • 방역원 등
유 지	• 관세사 • 회계사무원 • 비 서 • 보육교사 • 사 서 • 가사도우미	• 감정평가사 • 경리사무원 • 취업알선원 • 보건교사 • 이용사 • 장례지도사 및 장례상담원 등
다소 감소	• 손해사정사 • 대학교수 • 방송작가 • 웨딩플래너	• 은행사무원 • 일반의사 • 개그맨 및 코미디언 • 바텐더(조주사) 등
감 소	사무보조원	

전문가의 한마디

위의 해설은 『2021 한국직업전망』을 토대로 작성하였습니다. 요컨대, 한국직업전망의 일자리 전망 결과는 수시로 변경되고 있습니다. 예를 들어, '손해사정사'는 한국직업전망(2019)에서 '다소 증가'였으나, 한국직업전망(2021)에서는 '다소 감소'로 분류되고 있습니다. 또한 한국직업전망(2019)에서 '의사'는 '증가'로 분류되었으나, 한국직업전망(2021)에서 보다 세분화된 '일반의사'는 '다소 감소'로 분류되고 있습니다.

58

고용정보 수집을 위해 집단조사를 사용할 때의 장점이 아닌 것은?

① 비용과 시간을 절약하고 동일성을 확보할 수 있다.
② 조사자와 응답자 간 직접 대화할 수 있는 기회가 있어 질문지에 대한 오해를 최소로 줄일 수 있다.
③ 면접 방식과 자기기입의 방식을 조합하여 실시할 수 있다.
④ 중립적인 응답의 가능성을 높일 수 있고, 집단을 위해 바람직하다고 생각되는 응답을 할 수 있다.

 알찬 해설

집단조사의 단점

• 응답의 왜곡 가능성 : 집단상황에서의 묵시적인 집단 압력은 "잘 모르겠다", "그저 그렇다" 등 중립적인 응답의 가능성을 높일 수 있고, 집단을 위해 바람직하다고 생각되는 응답을 할 수 있다.
• 응답자들에 대한 통제의 어려움 : 응답자들 간 의사교류의 기회가 마련되므로 조사자가 집단을 통제하기 어려우며, 일부 응답자들의 조사자에 대한 적대감이 집단 전체의 분위기에 부정적인 영향을 미칠 수도 있다.
• 조사 결과 활용에 있어서 부정적 인식 : 응답자들 중에는 집단조사를 승인해 준 당국이 조사 결과를 이용할 가능성이 있다고 인식할 수 있다. 이 경우 응답결과에 대한 비밀유지가 안 될 것이라는 염려 때문에 집단의 규범이나 이상 쪽으로 응답하여 자료를 왜곡시킬 수 있다.

✎ 전문가 의 한마디

집단조사는 '집합조사'라고도 부릅니다. 이는 자기기입식 조사의 일종으로, 연구대상자를 개별적으로 만나서 면접하는 것이 아니라 집단적으로 모아놓고 질문지를 교부하여 응답자로 하여금 직접 기재하도록 하는 방식입니다.

59

한국표준직업분류(2017)에서 직업활동에 해당하는 경우는?

① 예·적금 인출, 보험금 수취, 차용 또는 토지나 금융자산을 매각하여 수입이 있는 경우
② 명확한 주기는 없으나 계속적으로 동일한 형태의 일을 하여 수입이 있는 경우
③ 이자, 주식배당, 임대료(전세금, 월세) 등과 같은 자산 수입이 있는 경우
④ 연금법, 국민기초생활보장법, 국민연금법 및 고용보험법 등의 사회보장이나 민간보험에 의한 수입이 있는 경우

 알찬 해설

직업으로 보지 않는 활동 [출처 : 한국표준직업분류(2018)]

• 이자, 주식배당, 임대료(전세금, 월세) 등과 같은 자산 수입이 있는 경우(③)
• 연금법, 국민기초생활보장법, 국민연금법 및 고용보험법 등의 사회보장이나 민간보험에 의한 수입이 있는 경우(④)
• 경마, 경륜, 경정, 복권 등에 의한 배당금이나 주식투자에 의한 시세차익이 있는 경우
• 예·적금 인출, 보험금 수취, 차용 또는 토지나 금융자산을 매각하여 수입이 있는 경우(①)
• 자기 집의 가사 활동에 전념하는 경우
• 교육기관에 재학하며 학습에만 전념하는 경우
• 시민봉사활동 등에 의한 무급 봉사적인 일에 종사하는 경우
• 사회복지시설 수용자의 시설 내 경제활동
• 수형자의 활동과 같이 법률에 의한 강제노동을 하는 경우
• 도박, 강도, 절도, 사기, 매춘, 밀수와 같은 불법적인 활동

전문가의 한마디

직업은 유사성을 갖는 직무를 지속적으로 수행하는 계속성을 가져야 하는데, 일의 계속성이란 일시적인 것을 제외한 다음에 해당하는 것을 말합니다.

- 매일, 매주, 매월 등 주기적으로 행하는 것
- 계절적으로 행해지는 것
- 명확한 주기는 없으나 계속적으로 행해지는 것
- 현재 하고 있는 일을 계속적으로 행할 의지와 가능성이 있는 것

60

한국표준직업분류(2017)에서 포괄적인 업무에 대한 직업분류 원칙에 해당되지 않는 것은?

① 주된 직무 우선 원칙
② 최상급 직능수준 우선 원칙
③ 취업시간 우선 원칙
④ 생산업무 우선 원칙

알찬해설

직업분류 원칙 [출처 : 한국표준직업분류(2018)]

직업분류의 일반원칙	• 포괄성의 원칙 • 배타성의 원칙
포괄적인 업무에 대한 직업분류 원칙	• 주된 직무 우선 원칙 • 최상급 직능수준 우선 원칙 • 생산업무 우선 원칙
다수 직업 종사자의 분류원칙	• 취업시간 우선의 원칙 • 수입 우선의 원칙 • 조사 시 최근의 직업 원칙
순서배열 원칙	• 한국표준산업분류(KSIC) • 특수-일반분류 • 고용자 수와 직능수준, 직능유형 고려

전문가의 한마디

한국표준직업분류(KSCO)에서 포괄적인 업무에 대한 직업분류 원칙은 〈주된 직무 → 최상급 직능수준 → 생산업무〉 순서로 적용합니다.

제4과목 **노동시장론**

61

고임금경제가 존재할 때의 노동수요에 대한 설명으로 틀린 것은?

① 노동의 수요곡선이 보다 가파른 모습을 띠게 된다.
② 노동의 한계생산력이 임금의 영향을 받는 것으로 가정한다.
③ 임금 상승 시의 고용 감소폭이 고임금경제가 존재할 때 더 크다.
④ 임금이 상승하면 노동의 한계생산력이 상승하게 된다.

알찬해설

고임금경제(The Economies of High Wages)

- 고임금경제는 개선된 임금으로 인해 근로자들의 근로의욕이 높아짐으로써 노동의 한계생산력이 향상되는 것을 말한다.
- 보통 노동의 한계생산물가치(VMP_L ; Value of Marginal Product of Labor)로써 노동의 수요곡선을 표시하는 경우 노동의 한계생산력이 임금과 독립적인 것으로 가정하나, 이는 현실적으로 약간 다르다고 볼 수 있다.
- 아래의 도표상 임금률(W)이 W_1일 때 노동수요곡선은 한계생산물가치인 VMP_1의 A지점에서 고용량 결정이 이루어진다. 만약 이러한 상황에서 임금률이 W_2로 상승하고 그로 말미암아 노동의 한계생산력이 상승한다고 가정하는 경우 한계생산물가치인 VMP_2의 B지점에서 고용량 결정이 이루어지게 된다. 이는 임금상승이 생산성에 영향을 미치지 않았을 경우 예상되는 b지점보다 노동수요(L)의 감소폭이 상대적으로 작은 것이다.

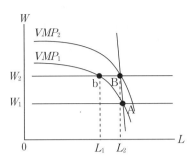

고임금경제에서 임금상승에 따른 고용효과

전문가의 한마디

고임금경제가 존재할 경우 노동수요는 보다 비탄력적이 되므로 임금 상승에 따른 노동수요 감소 효과가 상대적으로 작아지는 반면, 고임금경제가 존재하지 않을 경우 노동수요는 보다 탄력적이 되므로 임금 상승에 따른 노동수요 감소 효과가 상대적으로 커집니다.

62

노동조합이 비노조부문의 임금에 미치는 영향에 관한 옳은 설명을 모두 고른 것은?

> ㄱ. 노조부문에서 해고된 노동자들이 비노조부문으로 이동하여 비노조부문의 임금을 하락시킨다.
> ㄴ. 비노조부문의 노동자들이 노동조합 결성을 사측에 위협함으로써 임금을 인상시켜 노조부문과의 임금격차를 줄인다.
> ㄷ. 비노조부문으로부터 유입되어온 노동자들이 노조부문에 대기상태로 있는 동안, 비노조부문의 임금이 상승한다.

① ㄱ
② ㄱ, ㄴ
③ ㄴ, ㄷ
④ ㄱ, ㄴ, ㄷ

만점해설

ㄱ. 노동조합이 노동공급을 제한함으로써 노동조합 조직부문(노조부문)에서의 상대적 노동수요가 감소하고, 그 결과 실업노동자들이 비조직부문(비노조부문)으로 내몰려 비조직부문의 임금을 하락시키게 되는 것을 노동조합의 '파급효과 또는 이전효과(Spillover Effect)'라고 한다.

ㄴ. 비조직부문의 기업주들이 노동조합이 결성될 것을 두려워하여 미리 임금을 올려주는 것을 노동조합의 '위협효과(Threat Effect)'라고 한다.

ㄷ. 조직부문과 비조직부문 간 임금격차가 클 경우 노조의 조직화에 따라 상대적으로 높은 임금을 지불하는 조직부문에 취업하기를 희망함으로써 비조직기업을 사직하고 조직기업으로 재취업하기 위해 기다리는 것을 '대기실업효과(Wait Unemployment Effect)'라고 한다.

전문가의 한마디

파급효과(이전효과)는 노동조합 조직부문과 비조직부문 간의 임금격차를 확대하는 경향이 있는 반면, 위협효과와 대기실업효과는 노동조합 조직부문과 비조직부문 간의 임금격차를 축소하는 경향이 있습니다.

63

후방굴절 노동공급곡선이 나타나는 이유에 관한 설명으로 옳은 것은?

① 임금이 상승하는 경우, 소득효과가 대체효과를 압도하면 노동시간은 증가하고 대체효과가 소득효과를 압도하면 노동시간이 감소하기 때문이다.

② 임금이 상승하는 경우, 대체효과가 소득효과를 압도하면 노동시간은 증가하고 소득효과가 대체효과를 압도하면 노동시간이 감소하기 때문이다.

③ 임금이 상승하면 대체효과와 소득효과와 상관없이 노동시간을 늘리기 때문이다.

④ 임금이 상승하면 대체효과와 소득효과와 상관없이 노동시간을 줄이기 때문이다.

알찬 해설

대체효과와 소득효과에 따른 노동공급곡선의 변화

• 대체효과는 임금 상승에 따라 근로자가 여가시간을 줄이는 동시에 노동시간을 늘리는 것인 반면, 소득효과는 임금 상승에 따라 근로자가 노동시간을 줄이는 동시에 여가시간과 소비재 구입을 늘리는 것이다.

• 대체효과가 소득효과보다 클 경우 임금의 상승은 노동공급의 증가(혹은 노동시간의 증가)를 유발하며, 그에 따라 노동공급곡선이 우상향하는 양상을 보이게 된다. 그러나 소득효과가 대체효과보다 클 경우 임금의 상승은 노동공급의 감소(혹은 노동시간의 감소)를 유발하며, 그에 따라 노동공급곡선이 후방굴절하는 양상을 보이게 된다.

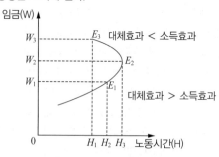

후방굴절형 노동공급곡선

전문가의 한마디

후방굴절형 노동공급곡선은 임금 변화의 대체효과가 소득효과보다 클 때 임금과 노동시간 사이에 정(+)의 관계가, 소득효과가 대체효과보다 클 때 임금과 노동시간 사이에 부(−)의 관계가 성립된다는 이론적 추론을 가능하게 합니다.

64

시장균형 수준보다 임금이 현실적으로 높게 유지되는 이유가 아닌 것은?

① 강력한 노동조합의 존재
② 정부에 의해 강제되는 최저임금제
③ 공급을 초과하는 노동에 대한 수요
④ 시장균형 수준보다 높은 임금을 지불하고자 하는 일부 기업

알찬 해설

시장균형 수준보다 임금이 높게 유지되는 이유

• 화폐환상(Money Illusion) : 화폐환상은 노동자가 명목임금을 실질임금보다 중시하는 현상에서 비롯된다. 노동자는 명목임금의 하락에 저항하게 되며, 이러한 명목임금의 하방경직으로 인해 불완전고용이 일반화된다.

• 장기노동(근로)계약 : 사용자와 노동자 간 장기노동계약은 노동자에 대한 임금의 조정을 어렵게 함으로써 명목임금의 하방경직성을 야기한다.

• 강력한 노동조합의 존재 : 노동조합은 노동자들의 해고를 어렵게 하고 임금 계약을 장기로 체결하도록 하며, 임금을 노동생산성보다는 연공서열과 연계시키고자 하는 경향이 있다.

• 노동자의 역선택 발생 가능성 : 기업이 임금을 삭감하는 경우 생산성이 가장 높은 노동자들이 우선적으로 기업을 떠나게 된다. 그들은 시장에서의 기회를 사용자보다 잘 알고 있으므로 임금이 하락하는 경우 보다 높은 임금을 제시하는 기업으로 전직할 것이며, 그로 인해 기업은 우수한 노동자들을 잃지 않기 위해 임금을 삭감하지 않게 된다.

- 최저임금제의 시행 : 최저임금제는 일정한 임금수준 이하로는 노동자를 고용할 수 없도록 하는 제도로서, 정부가 법을 통해 명목임금의 하방경직성을 도입하는 경우이다. 이러한 최저임금제는 노동시장에서 균형임금이 최저임금보다 낮은 미숙련 노동자나 청소년, 여성, 고령자의 고용에 부정적인 영향을 미치기도 한다.
- 대기업의 효율성 임금정책에 따른 고임금 지급 : 대기업은 상대적으로 높은 지불능력을 토대로 우수한 노동자를 채용하여 근로의 질을 향상시키는 것은 물론 노동자의 사직 감소에 따라 노동자 신규채용 및 훈련에 드는 비용을 감소시키기 위해 의도적으로 고임금을 지급하는 경향이 있다.

전문가의 한마디

시장균형 수준보다 임금이 현실적으로 높게 유지되는 경우는 곧 임금이 하방경직적인 경우를 말합니다. 즉, 이 문제는 임금이 하방경직적인 이유에 대해 묻고 있습니다.

65

다음 표는 근로자 수가 증가할 때 볼펜 생산량의 변화가 나타나 있다. 임금이 시간당 5,000원이고 볼펜 가격이 개당 2,000원이라면, 이윤극대화 기업은 몇 명의 근로자를 고용할 것인가?

근로자 수 (명)	0	1	2	3	4	5
시간당 총생산량(개)	0	6	13	18	21	23

① 2명
② 3명
③ 4명
④ 5명

알찬 해설

이윤극대화 노동수요의 조건

- 단기에 기업은 노동을 추가함으로써 생산물을 증가시키고자 하는데, 이때 생산되는 생산물의 총수량을 '총생산량(TP ; Total Product)', 노동의 투입이 한 단위 증가함으로써 얻어지는 총생산량의 증가분을 '노동의 한계생산량(MP_L ; Marginal Product of Labor)', 그리고 이를 통해 얻을 수 있는 총수입의 증가분을 '노동의 한계생산물가치(VMP_L ; Value of Marginal Product of Labor)'라고 한다.
- 기업은 노동을 1단위 추가로 고용했을 때 얻게 되는 노동의 한계생산물가치(VMP_L)와 기업이 노동자에게 지급하는 한계비용으로서의 임금률(W ; Wage)이 같아질 때까지 고용량을 증가시킬 때 이윤을 극대화할 수 있다. 이를 공식으로 나타내면 다음과 같다.

노동의 한계생산물가치($VMP_L = P \cdot MPL$)=임금율(W)
(단, P는 생산물가격, MP_L은 노동의 한계생산량)

- 문제상에서 근로자 수와 시간당 총생산량이 주어졌으므로, 이를 토대로 노동의 한계생산량(MP_L)과 한계생산물가치(VMP_L)를 구할 수 있다.

노동의 한계생산량(MP_L) = $\dfrac{\text{총 생산량의 증가분}(\varDelta TP)}{\text{노동투입량의 증가분}(\varDelta L)}$

노동투입량	0	1	2	3	4	5
총생산량	0	6	13	18	21	23
한계생산량	0	6	7	5	3	2
한계생산물 가치	0	12,000	14,000	10,000	6,000	4,000

위의 자료에서 근로자 수가 4명일 때 노동의 한계생산물가치(VMP_L)는 6,000원이고, 근로자 수가 5명일 때 노동의 한계생산물가치(VMP_L)는 4,000원이다. 이는 노동의 한계생산물가치(VMP_L)와 임금률(W)이 같아지는 구간, 즉 노동자 수 4명과 5명 사이에서 이윤극대화가 이루어짐을 보여준다. 다만, 문제상에서 이윤극대화 기업이 몇 명의 근로자를 고용할 것인지를 물었으므로 임금률($W=5,000$원)이 노동의 한계생산물가치(VMP_L)를 초과하지 않는 수준, 즉 근로자 수 4명을 고용할 것이다.

전문가의 한마디

완전경쟁시장에서 기업의 균형 고용 조건, 즉 이윤극대화 노동수요 조건은 노동의 한계생산물가치(VMP_L)와 임금률(W)이 일치하는 수준에 해당합니다. 이때 노동의 한계생산물가치(VMP_L)는 넓은 의미에서 노동의 한계수입생산(물)(MRP_L)로도 볼 수 있습니다. 다만, 완전경쟁시장에서는 한계수입(MR)이 생산물가격(P)과 같으므로 '$VMP_L = MP_L \cdot P(=MR)$'의 공식이 성립하지만, 독점시장의 경우 한계수입(MR)이 생산물가격(P)과 같지 않으므로 '$MRP_L = MP_L \cdot MR$'로 나타냅니다.

66

다른 모든 자격과 조건이 동일하다는 전제하에, 성차별에 해당되는 것으로 가장 적합한 것은? (단, 교육이나 근속연수가 높을수록 생산성도 커진다)

① 대졸 남성근로자의 임금이 고졸 여성근로자보다 높다.
② 근속연수가 높은 남성근로자의 임금이 근속연수가 적은 여성근로자보다 높다.
③ 대졸 남성근로자의 임금이 대졸 여성근로자보다 높다.
④ 대졸 여성근로자의 임금이 고졸 남성근로자보다 높다.

알찬해설

성별 임금격차의 전제조건

성별 임금격차에서 순수한 성별 차이를 알기 위해서는 근로자들의 여타의 속인적 노동특성의 차이에서 비롯되는 임금격차를 제거 내지 조정해 주어야 한다. 즉, 남녀 간의 진정한 임금격차를 살펴보기 위해서는 같은 수준의 학력, 같은 연령, 같은 경력연수를 가진 남녀의 임금을 비교해야만 한다.

전문가의 한마디

성별 임금격차는 학력·연령·경력연수 등의 차이에서 비롯되는 노동생산성의 차이에서 발생하기도 하지만 교육투자 대비 낮은 투자수익률에서 비롯되는 저임금이나 여성에게 불리한 고용관행 등 소위 차별대우에서 발생하기도 합니다.

67

다음 중 기업노조주의(Business Unionism)에 대한 설명으로 틀린 것은?

① 노조원의 경제적 이익을 가장 중요한 목표로 설정한다.
② 개혁적 노동운동세력과 제휴하여 노동문제를 해결한다.
③ 단체교섭을 통하여 노조원의 권익을 증진시킨다.
④ 제도학파 경제학자의 기여가 컸으며, 미국 노동조합의 주요 이념이다.

알찬해설

기업노동조합주의 혹은 기업노조주의(Business Unionism)

- '실리적 노동조합주의(실리적 노조주의)'로도 불리며, 미국 노동조합의 주요 이념으로서 자유주의에 기반을 둔다.
- 노동자를 개인적 이익선호를 갖는 개인들로 보고, 노동조합을 공통의 이익을 주장하기 위한 이익집단으로 이해한다.
- 노조원의 경제적 이익을 가장 중요한 목표로 설정하며, 임금과 노동조건에 대한 단체교섭을 통하여 노조원의 권익을 증진시키는 것을 노동조합의 중요한 기능으로 간주한다.
- 조합원들에 대한 배타적 이익을 추구하는 과정에서 다른 사람들을 배제하는 경향이 있으며, 특히 고용문제와 조합원의 이익에 몰두하면서 노동조합의 역할을 한정하는 양상을 보인다.

전문가 의 한마디

기업노동조합주의(기업노조주의)는 경제적 조합주의
(Economic Unionism)에 포함되는 것으로서, 간혹 이를
동일한 개념으로 간주하기도 합니다. 다만, 경제적 조합
주의는 실리추구형과 정책지향형으로 구분되며, 그중
실리추구형이 바로 기업노동조합주의를 가리킨다는 점
을 기억해 두세요.

68
연령이 많은 근로자들의 임금이 높은 현상을 정보
의 불완전성을 이용하여 잘 설명하고 있는 것은?

① 종업원지주제에 의해 많은 주식을 보유하고
 있기 때문이다.
② 이연임금으로 한계생산물보다 높은 임금이
 지급되기 때문이다.
③ 개수제임금 적용으로 숙련이 향상되어 생산
 성이 향상되기 때문이다.
④ 인적자본이론에 의하면 학력이 높아져 생산
 성이 높아지기 때문이다.

알찬 해설

이연임금이론(이연보수이론)
- 정보의 불완전성 혹은 비대칭적 정보의 상황에서 기
 업의 합리적 선택의 결과로 참되고 성실한 근로자와
 의 장기적 고용계약이 이루어진다.
- 입직구에서 근로자의 임금은 개인의 생산성보다 낮게
 책정되며, 이때 작업능력이 좋지 못한 근로자는 고용
 관계 초기에 해고된다. 그러나 작업능력이 뛰어난 근
 로자가 일정한 근속기간을 지나게 되면, 임금이 자신
 의 생산성보다 높게 책정되어 초기의 낮은 임금을 보
 상하게 된다.

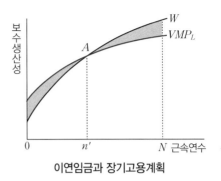
이연임금과 장기고용계획

전문가 의 한마디

근속연수가 짧은 근로자에게는 생산성 이하의 임금을
지급하는 반면, 근속연수가 일정 기간을 초과하는 근로
자에게는 생산성 이상의 임금을 지급하는 것을 '이연임
금계약' 혹은 '이연보수계약'이라고 합니다.

69
다음 표는 A기업의 노동공급(근로시간), 임금 및
한계수입생산을 나타내고 있다. 이에 관한 설명
으로 옳은 것은?

노동공급	임 금	한계수입생산
5	6	–
6	8	50
7	10	38
8	12	26
9	14	14
10	16	2

① 노동공급 7일 때 한계노동비용은 20이다.
② 이윤을 극대화하기 위한 노동공급은 7이다.
③ 노동공급이 7일 때 임금탄력성은 0.5이다.
④ 이윤을 극대화하기 위한 한계노동비용은 26
 이다.

알찬 해설

이윤극대화 노동공급

- 한계노동비용(MC_L ; Marginal Cost of Labor)은 노동을 한 단위 추가할 때 드는 총노동비용의 변화분(증가분)을 나타내는 것으로, 다음의 공식으로 나타낼 수 있다.

$$MC_L = \frac{\Delta C}{\Delta L}$$

(단, ΔC는 총노동비용의 증가분, ΔL은 노동투입량의 증가분)

- 노동의 한계수입생산 또는 노동의 한계수입생산물(MRP_L ; Marginal Revenue Product of Labor)은 기업이 부가적 생산물을 판매하여 얻는 총수입의 변화, 즉 생산요소 한 단위를 더 투입함으로써 발생하는 한계수입의 변화분을 말하는데, 기업의 이윤극대화의 이해타산은 다음과 같이 나타낼 수 있다.

$MRP_L > MC_L$ 일 때 노동을 한 단위 추가로 고용하면 이윤 증가
$MRP_L < MC_L$ 일 때 노동을 한 단위 추가로 고용하면 이윤 감소
$MRP_L = MC_L$ 일 때 이윤극대화

- 이와 같이 노동의 한계수입생산(MRP_L)이 한계노동비용(MC_L)과 같은 지점에서 이윤극대화가 이루어지므로, 노동공급 단위당 한계노동비용을 구함으로써 이윤극대화 노동공급(노동투입량)을 알 수 있다.

노동공급	시간당 임금		한계노동비용	한계수입생산
5	6		–	–
6	8	$\rightarrow \dfrac{(6\times8)-(5\times6)}{6-5}$	18	50
7	10	$\rightarrow \dfrac{(7\times10)-(6\times8)}{7-6}$	22	38
8	12	$\rightarrow \dfrac{(8\times12)-(7\times10)}{8-7}$	26	26
9	14	$\rightarrow \dfrac{(9\times14)-(8\times12)}{9-8}$	30	14
10	16	$\rightarrow \dfrac{(10\times16)-(9\times14)}{10-9}$	34	2

전문가의 한마디

지문 ①번에서 노동공급 7일 때 한계노동비용은 '22', 지문 ②번에서 이윤을 극대화하기 위한 노동공급은 '8', 지문 ③번에서 노동공급이 7일 때 임금탄력성은 '약 0.67'에 해당합니다.

70

다음과 같은 인구와 노동력 구성을 가진 국가의 경제활동참가율(ㄱ)과 실업률(ㄴ)은? (단, 소수점 둘째 자리에서 반올림)

[단위 : 만명]

- 총인구 4,700
- 여자 2,330
- 생산가능인구 3,500
- 비경제활동인구 1,100
- 남자 2,370
- 군복무자 65
- 취업자 2,300

① ㄱ : 60.7% ㄴ : 4.8%
② ㄱ : 68.6% ㄴ : 4.8%
③ ㄱ : 68.6% ㄴ : 4.2%
④ ㄱ : 60.7% ㄴ : 4.2%

알찬 해설

경제활동참가율과 실업률

- 경제활동참가율은 다음의 공식으로 나타낼 수 있다.

$$경제활동참가율(\%) = \frac{경제활동인구 \ 수}{15세 \ 이상 \ 인구 \ 수} \times 100$$

15세 이상 인구는 생산가능인구를 의미하며, 경제활동인구 수는 15세 이상 인구 수(생산가능인구 수)에서 비경제활동인구 수를 뺀 수치이다. 이를 위의 공식에 대입하면,

$$경제활동참가율(\%) = \frac{3,500(만명)-1,100(만명)}{3,500(만명)} \times 100$$

$$= \frac{2,400(만명)}{3,500(만명)} \times 100$$

$$\fallingdotseq 68.57142\cdots(\%)$$

∴ 약 68.6%(소수점 둘째 자리에서 반올림)

• 실업률은 다음의 공식으로 나타낼 수 있다.

$$실업률(\%) = \frac{실업자\ 수}{경제활동인구\ 수} \times 100$$

앞서 경제활동인구 수는 2,400만명이었으며, 실업자 수는 경제활동인구 수에서 취업자 수를 뺀 수치이다. 이를 위의 공식에 대입하면,

$$실업율(\%) = \frac{2,400(만명)-2,300(만명)}{2,400(만명)} \times 100$$

$$= \frac{100(만명)}{2,400(만명)} \times 100 \fallingdotseq 4.16666\cdots(\%)$$

∴ 약 4.2%(소수점 둘째 자리에서 반올림)

전문가의 한마디

질문 고용통계에서 '생산가능인구(노동가능인구)'는 '(만) 15세 이상 인구'라고도 합니다. 그렇다면 실제 연령상 15세 이상인 사람은 모두 생산가능인구에 해당할까요?

답변 그건 아닙니다. 여기서 생산가능인구란 노동 투입이 가능한 (만) 15세 이상 인구를 말합니다. 따라서 군인이나 제소자 등은 생산가능인구에서 아예 제외되며, 경제활동인구와 비경제활동인구는 생산가능인구 내에서 따지게 됩니다. 즉, 고용통계 용어상 '(만) 15세 이상 인구'라고 하여 실제 해당 연령상의 모든 사람을 포함하는 것은 아닙니다.

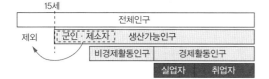

71

지식기반경제에서 나타나는 특징으로 볼 수 없는 것은?

① 다품종 소량생산
② 대립적 노사관계
③ 기업 내 의사결정과정의 분권화
④ 숙련노동자의 다능공화

만점해설

② 지식기반경제에서는 고기술 확보를 위한 연구개발투자의 확대, 창의성과 고숙련을 갖춘 지식노동력의 창출, 유연하고 분권화된 작업조직, 그리고 참여적 · 협력적 노사관계 등이 중시된다.

전문가의 한마디

1990년대 중반 이후 OECD를 필두로 한 서구의 주요 선진국들은 새로운 정보통신기술(ICT ; Information and Communications Technology)의 발달을 배경으로 기존의 포디즘적 대량생산체제를 대체할 새로운 경제 패러다임으로서 '지식기반경제(Knowledge-based Economy)'를 천명한 바 있습니다.

72

실업률과 물가상승률 간에 상충관계에 있다는 필립스 곡선에 대한 설명 중 옳은 것은?

① 총수요를 증가시키면 물가상승률과 실업률을 동시에 낮출 수 있다.
② 총수요를 감소시키면 물가상승률과 실업률을 동시에 낮출 수 있다.
③ 총수요를 증가시키면 물가상승률은 낮출 수 있지만 실업률이 높아진다.
④ 총수요를 증가시키면 물가상승률은 높아지지만 실업률을 낮출 수 있다.

알찬 해설

필립스 곡선(Phillips Curve)

- 영국의 경제학자 필립스(Phillips)가 제시한 것으로, 그는 영국의 인플레이션율(임금 또는 물가의 상승률)과 실업률에 관한 통계자료 분석을 통해 인플레이션율과 실업률 간에 역의 상충관계(상관관계)가 있음을 설명하였다.
- 필립스 곡선은 정부가 낮은 인플레이션율과 낮은 실업률을 동시에 달성할 수 없음을 보여준다.
- 정부가 총수요를 증가시키는 경우, 경기부양을 통해 실업률을 단기적으로 줄일 수 있으나 그 결과 물가가 상승함으로써 인플레이션율은 증가하게 된다(→ 그래프상의 A).
- 정부가 총수요를 감소시키는 경우, 물가 안정을 통해 인플레이션율을 단기적으로 줄일 수 있으나 경기침체로 인해 실업률은 증가하게 된다(→ 그래프상의 B).

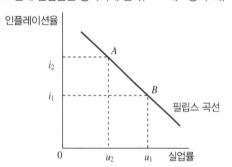

전문가의 한마디

직업상담사 시험에서는 문제의 지문으로 필립스 곡선이 '물가상승률'과 '실업률' 간의 관계를 설명하는 것으로 제시하고 있으나, 간혹 '물가상승률' 대신 '임금상승률'로 표현하기도 한다는 점을 유의하시기 바랍니다. 참고로 보통 '인플레이션(Inflation)'은 '물가상승'을 의미하며, 그로 인해 '인플레이션율(Inflation Rate)'을 '물가상승률'로 번역합니다. 필립스(Phillips)는 임금상승률이 생산성 증가율과 물가상승률을 반영한다고 생각했는데, 따라서 생산성에 큰 변화가 없다면 임금상승률은 곧 물가상승률과 일치한다고 보았습니다.

73

임금이 당초 120만원에서 144만원으로 변함에 따라 고용인원이 110명에서 98명으로 변했을 경우 노동수요의 탄력성은?

① 0.2
② 0.45
③ 0.5
④ 2

알찬 해설

노동수요의 (임금)탄력성

노동수요의 (임금)탄력성은 임금 1%의 증가에 의해 유발되는 고용(노동수요량)의 변화율을 말하는 것으로서, 다음의 공식으로 나타낼 수 있다.

$$\text{노동수요의 (임금)탄력성(\%)} = \frac{\text{노동수요량의 변화율(\%)}}{\text{임금의 변화율(\%)}}$$

- 노동수요량의 변화율(%) $= \dfrac{98-110}{110} \times 100$

$$\fallingdotseq -10.91\%$$

- 임금의 변화율(%) $= \dfrac{1,440,000-1,200,000}{1,200,000} \times 100$

$$= 20\%$$

- 노동수요의 (임금)탄력성(%) $= \left| \dfrac{-10.91(\%)}{20(\%)} \right| \fallingdotseq 0.5$

∴ 0.5(단, 절댓값 적용)

전문가의 한마디

위의 계산식은 다음과 같이 번분수를 이용하여 풀 수도 있습니다. 소숫점 이하의 계산식이 복잡한 경우 번분수를 이용한 방식이 보다 편리하므로, 두 가지 풀이방식을 모두 기억해 두세요.

$$\left| \frac{\frac{(98-110)}{110} \times 100}{\frac{(1,440,000-1,200,000)}{1,200,000} \times 100} \right| = \left| \frac{-14,400,000}{26,400,000} \right|$$

$$\fallingdotseq 0.5$$

74

자연실업률이 4%로 알려져 있는데, 현재의 실업률은 3% 수준에 머무르고 있을 때의 설명으로 가장 적합한 것은?

① 경기적 실업이 존재한다.
② 물가의 상승이 예견된다.
③ 부가노동자효과가 나타나고 있다.
④ 잠재실업이 존재한다.

자연실업률(Natural Rate of Unemployment)

• 단기적인 경기변동과 관계없이 정상적인 경제 상태에서 발생하는 실업으로서, 장기적으로도 사라지지 않는 실업률을 말한다.
• 현재의 실업률이 자연실업률보다 낮은 경우는 구인자 수가 구직자 수보다 많은 경우로 볼 수 있다. 이는 현행 임금상승률을 증대시키는 힘으로 작용하여 현재 수준의 인플레이션율을 상승시키는 방향으로 작용할 것이다.
• 현재의 실업률이 자연실업률보다 높은 경우는 구직자 수가 구인자 수보다 많은 경우로 볼 수 있다. 이는 현행 임금상승률을 둔화시키는 힘으로 작용하여 현재 수준의 인플레이션율을 하락시키는 방향으로 작용할 것이다.

전문가의 한마디

경기 호황기에 총수요의 증가에 따라 실업률이 자연실업률보다 낮아지면 물가상승이 유발되는데, 이를 '수요견인 인플레이션(Demand-pull Inflation)'이라 합니다.

75

동일노동에 동일임금이 지급되는 임금체계는?

① 자격급
② 직능급
③ 연공급
④ 직무급

직무급 임금체계

• 직무급은 직무분석과 직무평가를 기초로 하여 직무의 중요성과 난이도 등 직무의 상대적 가치에 따라 개별 임금을 결정하는 직무중심형 임금체계로서, 노동의 양뿐만 아니라 노동의 질을 동시에 평가하는 임금결정 방식이다.
• 동일가치의 직무에는 동일한 임금이라고 하는 원칙을 명확히 함으로써 임금배분의 공평성을 기할 수 있는 방식이다.
• 생활급과는 차이가 있기 때문에 경영의 합리화, 근로 의욕의 제고, 노동생산성의 향상을 기할 수 있는 방식이다.

전문가의 한마디

질문 직무급과 직능급은 어떤 차이가 있을까요?
답변 직무급은 직무평가에 의거하여 각각의 직무에 대해 등급을 매겨서 임금을 결정하는 방식인 반면, 직능급은 종사하는 직무를 수행할 능력을 판정하여 그 결과에 따라 임금을 결정하는 방식입니다. 한마디로 직무급은 '동일직무(동일가치노동)·동일임금'의 원칙을 기준으로 하는 반면, 직능급은 '동일능력·동일임금'의 원칙을 기준으로 합니다.

76

다음 중 성과급제의 장점과 가장 거리가 먼 것은?

① 생산성 향상에 기여한다.
② 근로 중 사고의 위험을 줄인다.
③ 노동자의 소득증대에 기여한다.
④ 직접적인 감독의 필요성을 줄인다.

만점해설

② 성과급은 기본적으로 종업원의 업적 향상을 보수와 연관시킴으로써 근로의 능률을 자극하려는 능률급제 임금형태에 해당한다. 이러한 성과급 제도는 근로자의 동기유발은 물론 보상의 형평성을 기할 수 있는 장점이 있다. 그러나 근로자가 임금액을 올리고자 무리하게 노동한 결과 심신의 과로를 가져오고 근로 중 사고의 위험을 높이며, 작업량에만 치중하여 제품 품질이 조악해지는 단점도 있다.

전문가의 한마디

임금형태는 고정급제와 능률급제로 구분됩니다. 성과급은 능률급의 대표적인 형태이므로 성과급을 곧 '능률급'으로, 성과급제를 '능률급제'로 부르기도 합니다. 그로 인해 교재에 따라 임금형태를 고정급제와 성과급제로 구분하기도 합니다.

77

다음은 어떤 노동조합 유형에 관한 설명인가?

> 기업은 조합원이 아닌 노동자를 채용할 수 있고 채용된 노동자가 노동조합에 가입하건 안 하건 기업의 종업원으로 근무하는 데 아무 제약이 없는 제도

① 오픈 숍
② 에이전시 숍
③ 클로즈드 숍
④ 유니온 숍

만점해설

① 오픈 숍(Open Shop)은 고용주가 노동조합에 가입한 조합원이나 가입하지 않은 비조합원이나 모두 고용할 수 있는 제도이다. 근로자의 노동조합 조합원 가입 여부가 고용이나 해고의 조건에 아무런 영향을 미치지 않으므로, 노동조합 조직의 확대에 가장 불리하다.
② 에이전시 숍(Agency Shop)은 조합원이 아니더라도 모든 종업원에게 단체교섭의 당사자인 노동조합이 조합회비를 징수하는 제도이다. 근로자들이 비조합원으로서 조합비 납부를 회피하는 반면 타 조합원들과 동일한 혜택을 향유하려는 심리를 줄일 수 있으며, 동시에 노동조합은 조합원 수를 늘리게 됨으로써 안정을 가져올 수 있는 방법이다.
③ 클로즈드 숍(Closed Shop)은 노동조합 가입이 고용조건의 전제가 됨으로써 노동조합 측에 가장 유리한 제도이다. 회사와 노동조합 간의 단체협약으로 노동조합이 고용에 직접 관여함으로써 노동조합의 조직 안정성 확보 및 조직의 확대를 기대할 수 있다.
④ 유니온 숍(Union Shop)은 오픈 숍과 클로즈드 숍의 중간 형태이다. 고용주가 노동조합의 조합원 가입 여부와 관계없이 신규인력 채용이 가능하나 채용 후 일정기간 중 반드시 노동조합에 가입하도록 해야 하는 제도이다.

전문가의 한마디

오픈 숍(Open Shop)은 노동조합의 조합원 확대와 사용자와의 교섭에서 가장 불리하다고 볼 수 있습니다.

78

총수요의 부족에서 나타난 경기적 실업의 원인과 가장 거리가 먼 것은?

① 기업의 투자 위축
② 가계소비 성향의 감소
③ 낮은 이자율
④ 화폐보유 성향의 증대

알찬 해설

총수요 부족에 따른 경기적 실업의 원인

- 기업의 투자 위축 : 기업은 장래가 불안정하고 장래예상수익률이 낮다고 판단할 때 투자지출을 크게 줄이게 되는데, 그로 인해 총수요가 감소하게 된다.
- 가계소비 성향의 감소 : 소비자는 경기침체를 예상하여 소비를 억제하고 저축을 증가시킴으로써 불안한 장래에 대비하게 되는데, 그로 인해 총수요가 감소하게 된다.
- 화폐보유 성향의 증대 : 재산소유자들은 경기침체나 물가하락 등 장래가 불안정하다고 판단할 때 자신들이 보유한 채권과 주식을 현금으로 대체하려는 양상을 보이게 되는데, 이는 이자율을 상승시키고 기업의 자금조달을 어렵게 함으로써 기업의 투자를 더욱 위축시킨다.

전문가의 한마디

케인즈(Keynes)는 기업투자 심리, 소비자 심리, 투자자(투기꾼) 심리 등 심리적 요인으로 1930년대 경제대공황을 해명하였습니다. 그는 소비지출, 투자지출의 경색으로 경제가 불경기일 때 정부가 적극적인 재정지출을 통해 소비심리와 투자심리를 안정시킴으로써 불황을 극복할 수 있다고 보았습니다.

79

필립스 곡선이 이동하는 요인과 가장 거리가 먼 것은?

① 기대인플레이션의 증가
② 노동인구 구성비율의 변화
③ 부문 간 실업률 격차 심화
④ 실업률의 증가

알찬 해설

필립스 곡선이 이동하는 요인

- 기대인플레이션의 증가(예상인플레이션율의 상승) : 노사 양측이 높은 인플레이션율을 예상하여 임금상승폭을 정하게 되고, 임금협상을 주기적으로 행하게 되는 경우, 동일한 노동력의 수급사정, 즉 동일한 실업률하에서도 보다 높은 물가상승률이 대응하게 되는 경제로 나아가게 된다.
- 노동인구 구성비율의 변화(노동력의 연령 및 성별 구성의 변화) : 청소년이나 여성근로자의 비중이 증가할 때 동일한 인플레이션율 또는 동일한 정도의 경기부양대책에 대응되는 실업률은 그렇지 않았던 때보다 더욱 높아지게 되며, 그로 인해 필립스 곡선이 원점에서 멀어지게 된다.
- 부문 간 실업률 격차 심화(노동시장의 분단화) : 국민경제 내에는 각 부문별 또는 근로자 속성별로 분단되어 있는 다수의 노동시장이 존재하는데, 서로 다른 노동시장에서의 실업률의 차이가 크면 클수록 필립스 곡선은 원점에서 멀어지게 된다.

전문가의 한마디

필립스 곡선(Phillips Curve)에 대해서는 앞선 72번 문제 해설을 살펴보시기 바랍니다.

80

다음 중 고정적 임금에 해당되지 않는 것은?

① 기본급
② 가족수당
③ 직책수당
④ 초과근무수당

임금의 구성

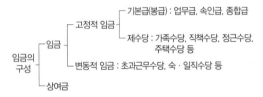

(단, 상여금 중 고정적 상여금은 고정적 임금으로, 변동적 상여금은 변동적 임금으로 분류하기도 함)

전문가의 한마디

임금의 구성에 대해서는 교재마다 약간씩 다르게 제시되고 있으나, 일반적으로 〈기본급 + 제수당 + 고정적 상여금〉을 고정적 임금으로 간주합니다.

제5과목 **노동관계법규**

81

남녀고용평등과 일·가정 양립 지원에 관한 법령상 명시된 남녀고용평등 실현과 일·가정의 양립에 관한 기본계획에 포함되어야 할 사항으로 명시되지 않은 것은?

① 여성취업의 촉진에 관한 사항
② 국내·외의 직업소개에 관한 사항
③ 남녀의 평등한 기회보장 및 대우에 관한 사항
④ 동일 가치 노동에 대한 동일 임금 지급의 정착에 관한 사항

알찬해설

남녀고용평등 실현과 일·가정의 양립에 관한 기본계획에 포함되어야 할 사항(남녀고용평등과 일·가정 양립 지원에 관한 법률 제6조의2 제2항)
• 여성취업의 촉진에 관한 사항(①)
• 남녀의 평등한 기회보장 및 대우에 관한 사항(③)
• 동일 가치 노동에 대한 동일 임금 지급의 정착에 관한 사항(④)
• 여성의 직업능력 개발에 관한 사항
• 여성 근로자의 모성 보호에 관한 사항
• 일·가정의 양립 지원에 관한 사항
• 여성 근로자를 위한 복지시설의 설치 및 운영에 관한 사항
• 직전 기본계획에 대한 평가
• 그 밖에 남녀고용평등의 실현과 일·가정의 양립 지원을 위하여 고용노동부장관이 필요하다고 인정하는 사항

전문가의 한마디

고용노동부장관은 남녀고용평등 실현과 일·가정의 양립에 관한 기본계획을 5년마다 수립하여야 합니다(법 제6조의2 제1항).

82

채용절차의 공정화에 관한 법률에 관한 설명으로 틀린 것은?

① 심층심사자료란 학위증명서 등 기초심사자료에 기재한 사항을 증명하는 일체의 자료를 말한다.

② 이 법은 지방자치단체가 공무원을 채용하는 경우에는 적용하지 아니한다.

③ 구인자는 정당한 사유 없이 채용광고의 내용을 구직자에게 불리하게 변경하여서는 아니 된다.

④ 구인자는 그 직무의 수행에 필요하지 아니한 구직자 본인의 직계 존비속의 학력을 기초심사자료에 기재하도록 요구하여서는 아니 된다.

만점해설

① '심층심사자료'란 작품집, 연구실적물 등 구직자의 실력을 알아볼 수 있는 모든 물건 및 자료를 말한다(채용절차의 공정화에 관한 법률 제2조 제5호).

② 이 법은 상시 30명 이상의 근로자를 사용하는 사업 또는 사업장의 채용절차에 적용한다. 다만, 국가 및 지방자치단체가 공무원을 채용하는 경우에는 적용하지 아니한다(동법 제3조).

③ 동법 제4조 제2항

④ 구인자는 구직자에 대하여 그 직무의 수행에 필요하지 아니한 구직자 본인의 용모 · 키 · 체중 등의 신체적 조건, 구직자 본인의 출신지역 · 혼인여부 · 재산, 구직자 본인의 직계 존비속 및 형제자매의 학력 · 직업 · 재산 등의 정보를 기초심사자료에 기재하도록 요구하거나 입증자료로 수집하여서는 아니 된다(동법 제4조의3).

전문가의 한마디

학위증명서, 경력증명서, 자격증명서 등 기초심사자료에 기재한 사항을 증명하는 모든 자료는 '입증자료'에 해당합니다(법 제2조 제4호).

83

남녀고용평등과 일 · 가정 양립 지원에 관한 법령상 직장 내 성희롱 예방 교육에 관한 설명으로 틀린 것은?

① 사업주는 성희롱 예방 교육을 분기별로 실시하여야 한다.

② 사업주는 성희롱 예방 교육의 내용을 근로자가 자유롭게 열람할 수 있는 장소에 항상 게시하거나 갖추어 두어 근로자에게 널리 알려야 한다.

③ 사업주는 성희롱 예방 교육기관에 위탁하여 실시할 수 있다.

④ 고용노동부장관은 성희롱 예방 교육기관이 정당한 사유 없이 강사를 3개월 이상 계속하여 두지 아니한 경우 그 지정을 취소할 수 있다.

만점해설

① 사업주는 직장 내 성희롱 예방을 위한 교육을 연 1회 이상하여야 한다(남녀고용평등과 일 · 가정 양립 지원에 관한 법률 시행령 제3조 제1항).

② 동법 제13조 제3항

③ 사업주는 성희롱 예방 교육을 고용노동부장관이 지정하는 기관(성희롱 예방 교육기관)에 위탁하여 실시할 수 있다(동법 제13조의2 제1항).

④ 고용노동부장관은 성희롱 예방 교육기관이 거짓이나 그 밖의 부정한 방법으로 지정을 받은 경우, 정당한 사유 없이 강사를 3개월 이상 계속하여 두지 아니한 경우, 2년 동안 직장 내 성희롱 예방 교육 실적이 없는 경우 그 지정을 취소할 수 있다(동법 제13조의2 제5항).

전문가의 한마디

'분기(分期)'는 일 년을 4등분한 3개월씩의 기간을 말합니다.

2020

84

근로자직업능력개발법상 직업능력개발기본계획의 수립에 관한 설명으로 틀린 것은?

① 고용노동부장관은 직업능력개발기본계획을 5년마다 수립·시행하여야 한다.
② 직업능력개발기본계획에는 직업능력개발사업의 평가에 관한 사항이 포함되어야 한다.
③ 고용노동부장관은 직업능력개발기본계획을 수립하는 경우에는 사업주단체 등 관련 기관·단체 등의 의견을 수렴하여야 한다.
④ 고용노동부장관이 직업능력개발기본계획을 수립한 때에는 지체 없이 국무총리에게 보고하여야 한다.

만점해설

④ 고용노동부장관이 직업능력개발기본계획을 수립한 때에는 지체 없이 국회 소관 상임위원회에 보고하여야 한다(근로자직업능력개발법 제5조 제4항).
① 고용노동부장관은 관계 중앙행정기관의 장과 협의하고 「고용정책기본법」에 따른 고용정책심의회의 심의를 거쳐 근로자의 직업능력개발 촉진에 관한 기본계획(직업능력개발기본계획)을 5년마다 수립·시행하여야 한다(동법 제5조 제1항).
② 동법 제5조 제2항 제10호
③ 고용노동부장관은 직업능력개발기본계획을 수립하는 경우에는 사업주단체 및 근로자단체 등 관련 기관·단체 등의 의견을 수렴하여야 하며, 필요하다고 인정할 때에는 관계 행정기관, 지방자치단체 및 공공단체의 장에게 자료의 제출을 요청할 수 있다(동법 제5조 제3항).

전문가의 한마디

2018년부터 2022년까지 '혁신과 포용적 성장을 위한 제3차 직업능력개발기본계획'이 추진 중에 있습니다.

85

파견근로자 보호 등에 관한 법령에 관한 설명으로 틀린 것은?

① 건설공사현장에서 이루어지는 업무에 대하여는 일시적으로 인력을 확보하여야 할 필요가 있는 경우 근로자파견사업을 행할 수 있다.
② 사용사업주는 파견근로자를 사용하고 있는 업무에 근로자를 직접 고용하려는 경우에는 해당 파견근로자를 우선적으로 고용하도록 노력하여야 한다.
③ 사용사업주는 파견근로자의 정당한 노동조합의 활동 등을 이유로 근로자파견계약을 해지하여서는 아니 된다.
④ 근로자파견사업 허가의 유효기간은 3년으로 한다.

알찬해설

근로자파견의 금지업무(파견근로자 보호 등에 관한 법률 제5조 및 시행령 제2조 참조)

- 건설공사현장에서 이루어지는 업무(①)
- 「항만운송사업법」에 따른 항만하역사업, 「한국철도공사법」에 따른 철도여객사업, 화물운송사업, 철도와 다른 교통수단의 연계운송사업, 「농수산물 유통 및 가격안정에 관한 법률」에 따른 하역업무, 「물류정책기본법」에 따른 물류의 하역업무로서 「직업안정법」에 따라 근로자공급사업 허가를 받은 지역의 업무
- 「선원법」에 따른 선원의 업무
- 「산업안전보건법」에 따른 유해하거나 위험한 업무
- 「진폐의 예방과 진폐근로자의 보호 등에 관한 법률」에 따른 분진작업을 하는 업무
- 「산업안전보건법」에 따른 건강관리카드의 발급대상 업무
- 「의료법」에 따른 의료인의 업무 및 간호조무사의 업무
- 「의료기사 등에 관한 법률」에 따른 의료기사의 업무
- 「여객자동차 운수사업법」에 따른 여객자동차운송사업에서의 운전업무
- 「화물자동차 운수사업법」에 따른 화물자동차운송사업에서의 운전업무

전문가의 한마디

파견근로자 보호 등에 관한 법률 시행령 제2조 제1항 관련 별표1에 근로자파견 대상업무가 구체적으로 열거되어 있습니다. 다만, 관련 내용이 비교적 방대하므로, 위의 해설로 제시된 근로자파견의 금지업무를 기억해 두시기 바랍니다.

86

고용보험법령상 피보험자의 관리에 관한 설명으로 틀린 것은?

① 피보험자가 사망한 경우에는 사망한 날의 다음 날에 피보험자격을 상실한다.

② 보험관계 성립일 전에 고용된 근로자의 경우에는 그 보험관계가 성립한 날에 피보험자격을 취득한 것으로 본다.

③ 피보험자가 고용보험의 적용 제외 근로자에 해당하게 된 경우에는 그 적용 제외 대상자가 된 날에 피보험자격을 상실한다.

④ 적용 제외 근로자이었던 자가 이 법의 적용을 받게 된 경우에는 그 적용을 받게 된 날의 다음 날에 피보험자격을 취득한 것으로 본다.

알찬 해설

고용보험법상 피보험자격의 취득일 및 상실일(고용보험법 제13조 및 제14조 참조)

취득일	• 근로자인 피보험자가 고용보험법이 적용되는 사업에 고용된 경우 : 그 고용된 날 • 적용 제외 근로자였던 사람이 고용보험법의 적용을 받게 된 경우 : 그 적용을 받게 된 날(④) • 고용산재보험료징수법에 따른 보험관계 성립일 전에 고용된 근로자의 경우 : 그 보험관계가 성립한 날(②) • 자영업자인 피보험자의 경우 : 그 보험관계가 성립한 날
상실일	• 근로자인 피보험자가 적용 제외 근로자에 해당하게 된 경우 : 그 적용 제외 대상자가 된 날(③) • 고용산재보험료징수법에 따라 보험관계가 소멸한 경우 : 그 보험관계가 소멸한 날 • 근로자인 피보험자가 이직한 경우 : 이직한 날의 다음 날 • 근로자인 피보험자가 사망한 경우 : 사망한 날의 다음 날(①) • 자영업자인 피보험자의 경우 : 그 보험관계가 소멸한 날

전문가의 한마디

'고용산재보험료징수법'은 「고용보험 및 산업재해보상보험의 보험료징수 등에 관한 법률」의 약칭입니다.

2020

87

근로자퇴직급여보장법에 대한 설명으로 옳지 않은 것은? (단, 기타 사항은 고려하지 않음)

① 이 법은 상시 5인 이상 근로자를 사용하는 사업 또는 사업장에 적용한다.
② 사용자는 근로자가 퇴직한 경우에는 그 지급 사유가 발생한 날부터 14일 이내에 퇴직금을 지급하여야 한다.
③ 퇴직연금제도의 급여를 받을 권리는 양도하거나 담보로 제공할 수 없다.
④ 이 법에 따른 퇴직금을 받을 권리는 3년간 행사하지 아니하면 시효로 인하여 소멸한다.

만점해설

① 이 법은 근로자를 사용하는 모든 사업 또는 사업장에 적용한다. 다만, 동거하는 친족만을 사용하는 사업 및 가구 내 고용활동에는 적용하지 아니한다(근로자퇴직급여보장법 제3조).
② 사용자는 근로자가 퇴직한 경우에는 그 지급사유가 발생한 날부터 14일 이내에 퇴직금을 지급하여야 한다. 다만, 특별한 사정이 있는 경우에는 당사자 간의 합의에 따라 지급기일을 연장할 수 있다(동법 제9조).
③ 동법 제7조 제1항
④ 동법 제10조

전문가의 한마디

「근로기준법」의 경우 원칙적으로 "상시 5명 이상의 근로자를 사용하는 모든 사업 또는 사업장"에 적용하도록 명시되어 있습니다(근로기준법 제11조 제1항).

88

남녀고용평등과 일·가정 양립 지원에 관한 법령상 육아휴직에 관한 설명으로 틀린 것은?

① 육아휴직의 기간은 1년 이내로 한다.
② 사업주는 사업을 계속할 수 없는 경우 육아휴직 기간에 그 근로자를 해고할 수 있다.
③ 육아휴직 기간은 근속기간에 포함한다.
④ 기간제근로자의 육아휴직 기간은 기간제 및 단시간근로자 보호 등에 관한 법률에 따른 사용기간에 산입한다.

만점해설

④ 기간제근로자 또는 파견근로자의 육아휴직 기간은 「기간제 및 단시간근로자 보호 등에 관한 법률」에 따른 사용기간 또는 「파견근로자 보호 등에 관한 법률」에 따른 근로자파견기간에서 제외한다(남녀고용평등과 일·가정 양립 지원에 관한 법률 제19조 제5항).
① 동법 제19조 제2항
② 사업주는 육아휴직을 이유로 해고나 그 밖의 불리한 처우를 하여서는 아니 되며, 육아휴직 기간에는 그 근로자를 해고하지 못한다. 다만, 사업을 계속할 수 없는 경우에는 그러하지 아니하다(동법 제19조 제3항).
③ 사업주는 육아휴직을 마친 후에는 휴직 전과 같은 업무 또는 같은 수준의 임금을 지급하는 직무에 복귀시켜야 한다. 또한 육아휴직 기간은 근속기간에 포함한다(동법 제19조 제4항).

전문가의 한마디

현행 육아휴직 관련 규정(법 제19조 제1항)에서는 육아휴직의 대상을 만 8세 이하 또는 초등학교 2학년 이하의 자녀(입양한 자녀를 포함)를 양육하는 근로자로 명시하고 있으나, 2021년 5월 18일 법 개정에 따라 2021년 11월 19일부터는 임신 중인 여성 근로자에게도 모성보호 차원에서 육아휴직이 허용됩니다.

89

헌법 제32조에서 명시적으로 보장하고 있는 내용이 아닌 것은?

① 근로조건의 기준은 인간의 존엄성을 보장하도록 법률로 정한다.
② 연소자의 근로는 특별한 보호를 받는다.
③ 국가는 법률이 정하는 바에 의하여 최저임금제를 시행하여야 한다.
④ 장애인의 근로는 특별한 보호를 받으며, 고용·임금 및 근로조건에 있어서 부당한 차별을 받지 아니한다.

알찬 해설

헌법 제32조(근로의 권리)

• 모든 국민은 근로의 권리를 가진다. 국가는 사회적·경제적 방법으로 근로자의 고용의 증진과 적정임금의 보장에 노력하여야 하며, 법률이 정하는 바에 의하여 최저임금제를 시행하여야 한다.(③)
• 모든 국민은 근로의 의무를 진다. 국가는 근로의 의무의 내용과 조건을 민주주의원칙에 따라 법률로 정한다.
• 근로조건의 기준은 인간의 존엄성을 보장하도록 법률로 정한다.(①)
• 여자의 근로는 특별한 보호를 받으며, 고용·임금 및 근로조건에 있어서 부당한 차별을 받지 아니한다.
• 연소자의 근로는 특별한 보호를 받는다.(②)
• 국가유공자·상이군경 및 전몰군경의 유가족은 법률이 정하는 바에 의하여 우선적으로 근로의 기회를 부여받는다.

전문가의 한마디

헌법상 근로의 특별한 보호 또는 우선적인 근로기회 보장의 대상자로 명시되어 있는 자는 여자, 연소자, 국가유공자·상이군경 및 전몰군경의 유가족에 해당합니다. 주의해야 할 것은 고령자, 실업자, 재해근로자, 장애인 등은 그 대상으로 명시되어 있지 않다는 점입니다.

90

고용상 연령차별금지 및 고령자고용촉진에 관한 법령상 고령자 기준고용률이 틀린 것은?

① 제조업 : 그 사업장의 상시근로자의 100분의 2
② 운수업 : 그 사업장의 상시근로자의 100분의 3
③ 부동산 및 임대업 : 그 사업장의 상시근로자의 100분의 6
④ 건설업 : 그 사업장의 상시근로자의 100분의 3

알찬 해설

고령자 기준고용률(고용상 연령차별금지 및 고령자고용촉진에 관한 법률 시행령 제3조 참조)

• 제조업 : 그 사업장의 상시근로자 수의 100분의 2
• 운수업, 부동산 및 임대업 : 그 사업장의 상시근로자 수의 100분의 6
• 그 외의 산업 : 그 사업장의 상시근로자 수의 100분의 3

전문가의 한마디

'고령자 기준고용률'이란 사업장에서 상시 사용하는 근로자를 기준으로 하여 사업주가 고령자의 고용촉진을 위하여 고용하여야 할 고령자의 비율을 말합니다(법 제2조 제5호).

91

근로기준법령상 상시근로자 수를 산정하는 경우 연인원에 포함되지 않는 근로자는?

① 통상 근로자
② 파견근로자 보호 등에 관한 법률에 따른 파견 근로자
③ 외국인근로자의 고용 등에 관한 법률에 따른 외국인근로자
④ 기간제 및 단시간근로자 보호 등에 관한 법률에 따른 기간제근로자

알찬 해설

근로기준법령상 상시근로자 수를 산정하는 경우 연인원에 포함되는 근로자(근로기준법 시행령 제7조의2 제4항)
상시 사용하는 근로자 수의 산정에서 연인원에는 「파견 근로자 보호 등에 관한 법률」에 따른 파견근로자를 제외한 다음의 근로자 모두를 포함한다.

• 해당 사업 또는 사업장에서 사용하는 통상 근로자, 「기간제 및 단시간근로자 보호 등에 관한 법률」에 따른 기간제근로자, 단시간근로자 등 고용형태를 불문하고 하나의 사업 또는 사업장에서 근로하는 모든 근로자
• 해당 사업 또는 사업장에 동거하는 친족과 함께 위에 해당하는 근로자가 1명이라도 있으면 동거하는 친족인 근로자

전문가의 한마디

상시근로자 수 산정에 있어서 임시·일용·상용직 여부 등과 관계없이 사용자가 직접 고용하고 있는 모든 근로자를 포함하나 파견근로자나 하도급업체 근로자는 제외합니다.

92

고용보험법령상 수급권 보호에 관한 내용이다. ( )에 들어갈 내용은?

> 실업급여를 받을 권리는 양도 또는 압류하거나 담보로 제공할 수 없으며, 실업급여수급계좌의 예금 중 ( ) 이하의 금액에 관한 채권은 압류할 수 없다.

① 월보수총액
② 월보험료액
③ 3개월 평균임금
④ 실업급여수급계좌에 입금된 금액 전액

알찬 해설

수급권의 보호(고용보험법 제38조 및 시행령 제58조의 3 참조)

• 실업급여를 받을 권리는 양도 또는 압류하거나 담보로 제공할 수 없다.
• 실업급여수급계좌의 예금 중 실업급여수급계좌에 입금된 금액 전액에 관한 채권은 압류할 수 없다.

전문가의 한마디

2017년 12월 26일 시행령 개정 이전에는 실업급여수급계좌 예금의 압류금지 실업급여 액수가 '150만원'으로 한정되어 있었으나 법 개정에 따라 '전액'으로 변경되었습니다.

93

근로기준법령상 근로계약 체결 시 근로조건의 의무적 명시사항이 아닌 것은?

① 근로계약기간
② 소정근로시간
③ 임 금
④ 연차 유급휴가에 관한 사항

알찬해설

근로조건의 의무적 명시사항(근로기준법 제17조 및 시행령 제8조 참조)
- 임금(구성항목 · 계산방법 · 지급방법)(③)
- 소정근로시간(②)
- 휴일(주휴일)
- 연차 유급휴가(④)
- 취업의 장소와 종사하여야 할 업무에 관한 사항
- 취업규칙에서 정한 사항
- 기숙사 규칙에서 정한 사항(사업장의 부속 기숙사에 근로자를 기숙하게 하는 경우)

전문가의 한마디

근로기준법령상 사용자가 근로계약 체결 시 명시하여야 할 사항과 이를 서면으로 명시하여 교부하여야 할 사항은 동일하지 않습니다. 참고로 '명시+교부'하여야 할 사항은 다음과 같습니다.
- 임금(구성항목 · 계산방법 · 지급방법)
- 소정근로시간
- 휴일(주휴일)
- 연차 유급휴가

94

고용정책기본법령상 다음 (   ) 안에 들어갈 알맞은 것은?

> 실업대책사업을 적용할 때에 실업자로 보는 무급휴직자는 (   )개월 이상 기간을 정하여 무급으로 휴직하는 사람을 말한다.

① 3
② 6
③ 9
④ 12

알찬해설

실업대책사업을 적용할 때에 실업자로 보는 무급휴직자의 범위(고용정책기본법 제34조 제3항 및 시행령 제36조 참조)
실업대책사업을 적용할 때에 실업자로 보는 무급휴직자는 6개월 이상 기간을 정하여 무급으로 휴직하는 사람을 말한다.

전문가의 한마디

사실 무급휴직자는 코로나19와 같은 국가재난 상황의 사각지대에 놓인 근로자로 볼 수 있습니다. 이에 중앙정부 및 각 지방자치단체에서는 현실적으로 유급휴직이 어려운 소상공인 및 소기업 근로자의 무급휴직을 지원하기 위한 제도(예 고용유지지원금 등)를 마련하고 있습니다.

95

직업안정법령상 근로자공급사업에 관한 설명으로 틀린 것은?

① 국내 근로자공급사업은 노동조합만 사업의 허가를 받을 수 있다.
② 연예인을 대상으로 하는 국외 근로자공급사업은 금지된다.
③ 제조업자의 경우 국외 근로자공급사업 허가를 받을 수 있다.
④ 국외 근로자공급사업을 하고자 하는 경우 일정한 자산 및 시설을 갖추어야 한다.

만점해설

②·③ 국외 근로자공급사업의 허가를 받을 수 있는 자는 국내에서 제조업·건설업·용역업, 그 밖의 서비스업을 하고 있는 자로 한다. 다만, 연예인을 대상으로 하는 국외 근로자공급사업의 허가를 받을 수 있는 자는 「민법」에 따른 비영리법인으로 한다(직업안정법 제33조 제3항 제2호).
① 국내 근로자공급사업의 허가를 받을 수 있는 자는 「노동조합 및 노동관계조정법」에 따른 노동조합으로 한다(동법 제33조 제3항 제1호).
④ 법령에 따라 국외 근로자공급사업을 하려는 자는 대통령령으로 정하는 자산과 시설을 갖추어야 한다(동법 제33조 제5항).

전문가의 한마디

'근로자공급사업'은 「직업안정법」에 따른 사업이고, '근로자파견사업'은 「파견근로자 보호 등에 관한 법률」에 따른 사업입니다.

96

고용보험법령상 취업촉진 수당에 해당하지 않는 것은?

① 조기재취업 수당
② 구직급여
③ 직업능력개발 수당
④ 이주비

알찬해설

취업촉진 수당의 종류(고용보험법 제37조 제2항 참조)
• 조기재취업 수당
• 직업능력개발 수당
• 광역 구직활동비
• 이주비

전문가의 한마디

'구직급여', '훈련연장급여', '특별연장급여', '여성고용촉진장려금' 등은 고용보험법령상 취업촉진 수당에 해당하지 않습니다. 이를 틀린 지문으로 제시하여 문제를 출제하고 있습니다.

97

근로자직업능력개발법령상 근로자에게 작업에 필요한 기초적 직무수행능력을 습득시키기 위하여 실시하는 직업능력개발훈련은?

① 향상훈련
② 양성(養成)훈련
③ 전직(轉職)훈련
④ 혼합훈련

만점해설

① 향상훈련은 양성훈련을 받은 사람이나 직업에 필요한 기초적 직무수행능력을 가지고 있는 사람에게 더 높은 직무수행능력을 습득시키거나 기술발전에 맞추어 지식·기능을 보충하게 하기 위하여 실시하는 직업능력개발훈련이다(근로자직업능력개발법 시행령 제3조 제1항 제2호).
③ 전직훈련은 근로자에게 종전의 직업과 유사하거나 새로운 직업에 필요한 직무수행능력을 습득시키기 위하여 실시하는 직업능력개발훈련이다(동법 시행령 제3조 제1항 제3호).
④ 혼합훈련은 집체훈련, 현장훈련, 원격훈련 중 2가지 이상 병행하여 실시하는 방법이다(동법 시행령 제3조 제2항 제4호).

전문가의 한마디

직업능력개발훈련은 다음과 같이 구분됩니다(시행령 제3조).

훈련의 목적	양성훈련, 향상훈련, 전직훈련
훈련의 실시방법	집체훈련, 현장훈련, 원격훈련, 혼합훈련

98

근로기준법령상 평균임금의 계산에서 제외되는 기간이 아닌 것은?

① 업무상 질병으로 요양하기 위하여 휴업한 기간
② 출산전후휴가 기간
③ 사용자의 귀책사유로 휴업한 기간
④ 근로자의 무단결근 기간

알찬해설

평균임금의 계산에서 제외되는 기간(근로기준법 시행령 제2조 제1항 참조)
• 근로계약을 체결하고 수습 중에 있는 근로자가 수습을 시작한 날부터 3개월 이내의 기간
• 사용자의 귀책사유로 휴업한 기간(③)
• 출산전후휴가 기간(②)
• 업무상 부상 또는 질병으로 요양하기 위하여 휴업한 기간(①)
• 「남녀고용평등과 일·가정 양립 지원에 관한 법률」에 따른 육아휴직 기간
• 「노동조합 및 노동관계조정법」에 따른 쟁의행위기간
• 「병역법」, 「예비군법」 또는 「민방위기본법」에 따른 의무를 이행하기 위하여 휴직하거나 근로하지 못한 기간(단, 그 기간 중 임금을 지급받은 경우는 평균임금의 계산에 포함)
• 업무 외 부상이나 질병, 그 밖의 사유로 사용자의 승인을 받아 휴업한 기간

전문가의 한마디

질문 평균임금의 계산에서 특정 기간을 제외하도록 한 이유는 무엇일까요?
답변 일정한 사유로 인해 근로자의 임금이 평상시보다 감소하는 경우가 발생할 수 있습니다. 만약 이를 무시한 채 평균임금의 산정에 감소한 임금을 그대로 반영한다면 근로자에게 불리할 수 있기 때문입니다. 쉽게 말해, 퇴직금이나 휴업수당 등이 경우에 따라 감액되어 지급될 수도 있다는 것입니다.

99

고용정책기본법령상 '근로자의 고용촉진 및 사업주의 인력확보 지원' 내용에 해당하지 않는 것은?

① 직업능력평가제도의 확립
② 고령자의 고용촉진의 지원
③ 외국인근로자의 도입
④ 학생 등에 대한 직업지도

알찬 해설

근로자의 고용촉진 및 사업주의 인력확보 지원의 내용 (고용정책기본법 제23조 내지 제31조 참조)

- 구직자와 구인자에 대한 지원
- 학생 등에 대한 직업지도(④)
- 청년 · 여성 · 고령자 등의 고용촉진의 지원(②)
- 취업취약계층의 고용촉진 지원
- 일용근로자 등의 고용안정 지원
- 사회서비스일자리 창출 및 사회적기업 육성
- 기업의 고용창출 등 지원
- 중소기업 인력확보지원계획의 수립 · 시행
- 외국인근로자의 도입(③)

전문가의 한마디

지문 ①번의 '직업능력평가제도의 확립'은 고용정책기본법상 '직업능력개발'의 내용에 해당합니다(법 제22조).

100

직업안정법령상 신고를 하지 않고 무료직업소개사업을 할 수 있는 기관이 아닌 것은?

① 한국산업인력공단
② 안전보건공단
③ 한국장애인고용공단
④ 근로복지공단

알찬 해설

신고를 하지 아니하고 할 수 있는 무료직업소개사업(직업안정법 제18조 제4항 참조)

- 「한국산업인력공단법」에 따른 한국산업인력공단이 하는 직업소개
- 「장애인고용촉진 및 직업재활법」에 따른 한국장애인고용공단이 장애인을 대상으로 하는 직업소개
- 교육 관계법에 따른 각급 학교의 장, 「근로자직업능력개발법」에 따른 공공직업훈련시설의 장이 재학생 · 졸업생 또는 훈련생 · 수료생을 대상으로 하는 직업소개
- 「산업재해보상보험법」에 따른 근로복지공단이 업무상재해를 입은 근로자를 대상으로 하는 직업소개

전문가의 한마디

한국산업인력공단, 한국장애인고용공단, 근로복지공단은 근로자직업능력개발법령에 따라 공공직업훈련시설을 설치할 수 있는 공공단체에 해당합니다(주의 : 대한상공회의소는 아님).

직업상담사 1급
1차 필기 기출문제해설

─────

2019년

2019년 제4회 필기 기출문제해설

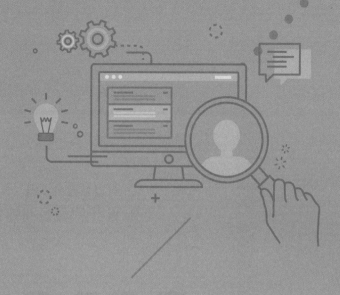

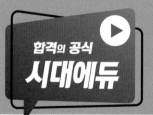

제1과목 고급직업상담학

01

직업상담의 초기 단계에서 상담자가 해야 할 역할로 가장 적합한 것은?

① 저항을 건설적으로 다룰 수 있도록 지도한다.
② 집단 구성원들이 자신의 방어기제를 인식할 수 있도록 조력한다.
③ 응집력을 높이는 행동을 장려한다.
④ 집단 구성원들이 두려움과 기대를 표현하도록 북돋아서 신뢰감을 형성한다.

만점해설

④ 직업상담의 초기 단계에서 상담자가 해야 할 가장 중요한 목표는 내담자와 신뢰관계를 형성하고 상담계획을 수립하는 것이다.

전문가의 한마디

상담자와 내담자 간의 신뢰관계를 의미하는 '라포(Rapport)'는 서로를 믿고 존경하는 감정의 교류에서 이루어지는 조화로운 인간관계를 말합니다.

02

상담자가 상담 초기에 수행하는 활동과 가장 거리가 먼 것은?

① 상담의 목표를 설정한다.
② 내담자와 라포를 형성한다.
③ 내담자의 심리상태를 평가한다.
④ 내담자의 문제행동에 대한 대안을 찾아본다.

알찬해설

상담의 진행단계에 따른 일반적인 고려사항
• 초기 단계 : 상담관계 형성, 심리적 문제파악(내담자의 문제 평가), 상담목표 및 전략 수립, 상담의 구조화 등
• 중기 단계 : 내담자의 문제해결을 위한 구체적인 시도, 내담자의 저항 해결, 내담자의 변화를 통한 상담과정 평가 등
• 종결 단계 : 합의한 목표달성, 상담종결 문제 다루기, 이별감정 다루기 등

전문가의 한마디

내담자의 문제행동에 대한 대안을 찾는 등 내담자의 문제해결을 위한 구체적인 시도가 이루어지는 것은 상담 중기 단계에 해당합니다.

03

현실치료에서 주장하는 욕구 중 신뇌에서 파생되는 것이 아닌 것은?

① 생존의 욕구
② 즐거움의 욕구
③ 소속의 욕구
④ 힘의 욕구

알찬 해설

현실치료에서 강조하는 인간의 5가지 욕구(Glasser)

영 역	욕 구
구 뇌 (Old Brain)	생존(Survival)의 욕구
신 뇌 (New Brain)	• 사랑(Love)과 소속(Belonging)의 욕구 • 힘(Power)의 욕구 • 자유(Freedom)의 욕구 • 즐거움(Fun)의 욕구

전문가의 한마디

현실치료의 주창자인 글래서(Glasser)는 행동이 외부의 힘에 의해서가 아닌 이미 발생적으로 뇌 속에 결정되어 있는 기본 욕구에 의해 나타난다고 보았습니다. 그는 생리적 욕구인 '생존의 욕구'의 경우 의식적 기능이 없는 구뇌가 담당하는 반면, 나머지 4가지 심리적 욕구는 의식적 기능이 있는 신뇌가 담당한다고 주장했습니다.

04

생애진로사정(Life Career Assessment)에 관한 설명으로 틀린 것은?

① 내담자에 대한 기초적인 직업상담 정보를 얻는 질적 평가절차이다.
② 진로사정, 진로카드 작성, 강점과 장애, 요약 부분으로 구성되어 있다.
③ 내담자의 가치관에 대한 이해와 이를 통한 일관적인 생활방식에 관한 이해를 제공한다.
④ 부분적으로 Adler의 개인주의 심리학에 기반을 두고 있다.

알찬 해설

생애진로사정(LCA ; Life Career Assessment)의 구조

진로사정	• 내담자가 일의 경험 또는 훈련 및 학습 과정에서 가장 좋았던 것과 싫었던 것에 대해 질문하며, 여가시간의 활용, 우정관계 등을 탐색한다. • 내담자의 직업경험(시간제 · 전임, 유 · 무보수), 교육 또는 훈련과정과 관련된 문제들, 여가활동에 대해 사정한다.
전형적인 하루	• 내담자가 생활을 어떻게 조직하는지를 시간의 흐름에 따라 체계적으로 기술한다. • 내담자가 의존적인지 또는 독립적인지, 자발적(임의적)인지 또는 체계적인지 자신의 성격차원을 파악하도록 돕는다.
강점과 장애	• 내담자가 스스로 생각하는 3가지 주요 강점 및 장애에 대해 질문한다. • 현재 내담자가 직면하고 있는 문제나 환경적 장애를 탐구하며, 이를 극복하기 위해 가지고 있는 대처자원이나 잠재력을 탐구한다.
요 약	• 내담자 스스로 자신에 대해 알게 된 내용을 요약해 보도록 함으로써 자기인식을 증진시킨다. • 내담자의 문제 해결 및 장애 극복을 위해 목표달성계획을 세울 수 있도록 한다.

전문가의 한마디

생애진로사정(LCA)의 구조 중 '전형적인 하루'는 타인에 대한 의존이나 안정된 일과 같은 내용을 포함하는 단계입니다.

05

Krumboltz와 Bergland가 개발한 직업문제해결 상자(Problem-solving Career Kits)를 활용하는 직업상담이론은?

① 정신역동적 직업상담
② 발달적 직업상담
③ 내담자중심 직업상담
④ 행동주의 직업상담

알찬
해설

행동주의 직업상담

• 행동주의 직업상담은 굿스타인(Goodstein)을 중심으로 한 행동주의적-이론적 접근법과 크롬볼츠(Krumboltz)를 중심으로 한 행동주의적-실용적 접근법으로 구분된다.
• 행동주의적-이론적 접근법은 학습이론에 기초한 상담기법을 통해 내담자의 부적응 행동을 수정하는 데 초점을 두는 반면, 직업정보의 활용에 대한 구체적인 방향은 제시하고 있지 않다. 그에 반해, 행동주의적-실용적 접근법은 직업정보의 제공에 보다 중점을 두고 있다.
• 크롬볼츠와 베르그란드(Krumboltz & Bergland)는 행동주의적-실용적 접근법을 통해 20여 가지 직종에 대한 직업정보를 상세히 담은 직업문제해결상자(Problem-solving Career Kits)를 고안하였다.

전문가
의 한마디

크롬볼츠와 베르그란드는 회계사, 전기기사, 경찰관, X선 촬영기사 등 다양한 분야의 직종에 대한 직업정보를 토대로 일종의 시뮬레이션 킷(Simulation Kits)에 해당하는 '직업문제해결상자'를 고안하였습니다. 특히 직업문제해결상자는 다양한 직업에 대한 정보나 경험이 부족한 학생들에게 직업문제 해결을 위한 기회를 제공한다는 데 의의가 있습니다.

06

상담자가 감정 반영 기법을 통해 달성하기 위한 목표와 가장 거리가 먼 것은?

① 카타르시스 격려하기
② 감정을 명료화하기
③ 감정을 강렬화하기
④ 치료적 관계 다루기

알찬
해설

반영(감정 반영) 기법의 목표(효과)

• 상담자가 내담자의 감정을 거울처럼 반영해 줌으로써 내담자로 하여금 자신의 감정을 더욱 절실히 느낄 수 있도록 한다.
• 내담자로 하여금 자신의 감정을 명료하게 파악하고 수용함으로써 자신에 대해 보다 깊은 탐색을 시도하도록 돕는다.
• 감정 표현이 서툴거나 표현을 억압하는 내담자에게 감정 표현의 모델이 된다.
• 내담자로 하여금 자신의 감정을 충분히 경험하게 함으로써 카타르시스를 느끼게 한다.
• 내담자에게 자신이 이해받는다는 느낌을 줌으로써 촉진적 상담관계를 형성한다.

전문가
의 한마디

감정에 대한 반영은 상담자가 내담자의 감정을 충분히 이해하며 수용하고 있다는 메시지를 전달한다는 점에서 '공감'으로 불리기도 합니다.

07

발달적 직업상담에서 직업성숙도 검사의 장점이 아닌 것은?

① 직업상담 전략을 수립할 수 있다.
② 태도적 측면 및 인지적 측면을 이해할 수 있다.
③ 연령과 학력에 따른 발달단계를 파악할 수 있다.
④ 부적응적 학습 원인을 규명할 수 있다.

만점해설

④ 내담자의 불완전하고 부적응적인 학습이 어디서 발생했는가를 밝혀서 이를 변화시키는 데 주력하는 것은 행동주의 직업상담의 목표에 해당한다.

전문가의 한마디

발달적 직업상담에서는 내담자의 생애발달단계와 직업성숙도를 측정하고 결정하여, 그에 맞는 직업상담 전략을 수립하는 과정으로 전개됩니다.

08

Adler의 개인주의 상담에 관한 설명으로 틀린 것은?

① 사회적 관심을 조장한다.
② 동기수정보다는 행동수정을 더 중요시한다.
③ 패배감을 극복하고 열등감을 감소시킬 수 있도록 돕는다.
④ 개인의 성격을 파악하기 위해 형제자매 및 부모와의 상호작용 등 개인의 역사를 중요시한다.

만점해설

② 아들러(Adler)의 개인주의 상담은 행동수정보다는 동기수정을 더 중요시한다. 개인주의 상담은 단순한 증상 제거에 초점을 두기보다는 내담자로 하여금 잘못된 동기를 바꾸고, 잘못된 가치와 목표를 수정하도록 돕는 것을 상담의 목표로 삼는다.

전문가의 한마디

개인주의 상담에서는 개인의 역사를 탐색하기 위해 출생순위, 어린 시절 가족 내에서의 심리적 위치, 형제자매 및 부모와의 상호작용 등에 대한 정보를 수집하기도 합니다.

09

진로시간전망을 평가하기 위한 도구는?

① 카드분류검사
② 원형검사
③ MBTI
④ WAIS

만점해설

② 원형검사(The Circles Test)는 코틀(Cottle)이 고안한 것으로서, 어떤 시간차원이 개인의 시간전망을 지배하는지, 개인이 어떻게 시간차원과 연관되는지를 평가하기 위한 도구이다.

① 카드분류검사 혹은 직업카드분류(Vocational Card Sort)는 내담자에게 직업카드를 분류하도록 하여 내담자의 직업에 대한 선호 및 흥미를 파악하기 위한 도구이다. 특히 내담자의 가치관, 흥미, 직무기술, 라이프 스타일 등의 선호형태를 측정하는 데 유용하다.

③ 마이어스-브리그스 성격유형검사(MBTI ; Myers-Briggs Type Indicator)는 개인의 성격을 4가지 선호지표(외향형/내향형, 감각형/직관형, 사고형/감정형, 판단형/인식형)를 통해 16가지의 성격유형으로 구분하는 성격검사 도구이다.

④ 웩슬러 성인용 지능검사(WAIS ; Wechsler Adult Intelligence Scale)는 본래 일반지능을 측정하는 검사도구로서, 직업상담에서는 근로자의 채용·배치·교육훈련 등을 위한 참고자료로 활용된다.

2019

전문가의 한마디

코틀(Cottle)의 진로시간전망 원형검사의 핵심개념은 다음과 같이 정리할 수 있습니다.

- 세 가지 원 ☞ 과거, 현재, 미래
- 원의 크기 ☞ 시간차원에 대한 상대적 친밀감
- 원의 배치 ☞ 시간차원의 연결 구조
- 시간전망개입의 국면 ☞ 방향성, 변별성, 통합성

10

자기개념과 맞지 않는 직업을 제한하는 과정에 대해 Gottfredson이 제시한 내용이 아닌 것은?

① 추상성을 수용하는 능력의 증가
② 분화와 통합의 중첩
③ 형평성에 따른 조화
④ 선택 안의 점진적 제거

알찬 해설

고트프레드슨(Gottfredson)의 직업포부 발달이론에서 제한의 원리

- 추상성을 수용하는 능력의 증가
- 자기와 직업적 포부의 상호적 발달
- 분화와 통합의 중첩
- 점진적이고 불가역적인 제거
- 당연하게 생각하여 잊어버림

전문가의 한마디

고트프레드슨(Gottfredson)은 개인이 자기개념(자아개념)과 일치하는 직업에 대해 포부를 형성한다고 보고, 직업포부의 형성 및 변화의 과정을 설명하기 위해 제한(Circumscription) 및 타협(Compromise)의 원리를 제시하였습니다.

11

다음 중 진로의사결정 모델에 해당하지 않는 것은?

① Tversky의 배제모델
② Vroom의 기대모델
③ Janis와 Mann의 협상모델
④ Mitchell의 선택모델

만점 해설

③ 야니스와 만(Janis & Mann)의 협상모델이 아닌 갈등모델이 옳다. 갈등모델은 개인이 의사결정을 하려고 할 때 갈등이 발생하며, 의사결정 과정에서 야기된 갈등이 스트레스를 유발한다고 가정한다. 따라서 의사결정자는 결정 후의 스트레스를 최소화시키려는 경향으로 인해 의사결정에 있어서 세심한 접근을 한다고 주장한다.

① 트버스키(Tversky)의 배제모델은 각 선택은 수많은 특성과 관점을 가지고 있으며, 불확실한 상황에서 더욱 효과적인 의사결정을 위해 관점에 따른 배제를 한다고 가정한다. 진로의사결정은 순차적으로 이루어지며, 다양한 선택의 시점에서 어떤 대안들이 배제된다는 것이다.

② 브룸(Vroom)의 기대모델은 인간의 행동이 내부로부터 동기화된다는 가정하에, 의사결정자는 어느 정도 결과에 대한 선호와 기대에 기반을 두고 의사결정을 내리게 된다고 주장한다.

④ 미첼(Mitchell)의 선택모델은 레슬(Restle)의 선택모델을 재개념화 한 것으로서, 수많은 진로의사결정 과정에 있는 사람들이 마음속에 이상적인 대안을 가지고 있다기보다는 어떤 특성들과 우수성에 대한 선호를 가지고 있다고 주장한다.

전문가의 한마디

야니스와 만(Janis & Mann)의 갈등모델과 브룸(Vroom)의 기대모델은 사람들이 실질적으로 어떻게 결정하는지에 관심을 두는 기술적인 모델(Descriptive Model)에 해당하는 반면, 트버스키(Tversky)의 배제모델과 미첼(Mitchell)의 선택모델은 결정이 어떻게 이루어져야 하는지를 설명하는 처방적인 모델(Prescriptive Model)에 해당합니다.

12

정신분석적 상담목표에 관한 설명으로 틀린 것은?

① 무의식을 의식화한다.
② 아동기 경험을 재구성하고 토의하고 해석하며 분석한다.
③ 문제를 해결하고 새로운 행동을 학습하는 것에 초점을 둔다.
④ 지적인 수준의 통찰만이 아니라 자기 이해와 관련이 있는 감정과 기억이 경험되어야 한다.

만점해설

③ 내담자의 문제를 학습 과정을 통해 습득된 부적응행동으로 보고, 상담을 통해 부적절한 행동을 밝혀서 이를 제거하고 보다 적절한 새로운 행동을 학습하도록 하는 것은 행동주의 상담의 목표에 해당한다.

전문가의 한마디

정신분석적 상담은 무의식적 갈등을 의식화시켜 개인의 성격구조를 재구성하는 것을 기본적인 목표로 합니다. 이와 관련된 문제가 2014년 2회 필기시험에 출제된 바 있습니다.

13

Myers-Briggs 유형지표에 관한 설명으로 틀린 것은?

① 자기보고식 강제 선택 검사이다.
② 외향형과 내향형의 성격차원은 세상에 대한 일반적인 태도와 관계가 있다.
③ 내담자가 선호하는 작업역할, 기능, 환경을 찾아내는 데 유용하다.
④ 판단형과 지각형의 성격차원은 지각 또는 정보수집 과정과 관계가 있다.

알찬해설

마이어스-브리그스 성격유형검사(MBTI)의 유형지표

외향형/내향형	에너지의 방향에 관한 것으로, 세상에 대한 일반적인 태도와 관계가 있다.
감각형/직관형	인식기능에 관한 것으로, 지각적 또는 정보수집적 과정과 관계가 있다.
사고형/감정형	판단기능에 관한 것으로, 정보를 평가하는 방식과 관계가 있다.
판단형/인식형(지각형)	생활양식(이행양식)에 관한 것으로, 정보 박탈과 관계가 있다.

전문가의 한마디

MBTI 유형지표의 양극 차원 중 '판단형/인식형(지각형)'에서 '정보 박탈'은 쉽게 말해 정보가 부족한 상황에서의 의사결정 속도와 연관됩니다. 판단형은 가능한 빨리 결정하거나 결론에 이르려는 반면, 인식형(지각형)은 지속적으로 정보를 수집하고 가능한 판단을 미루려는 경향을 보입니다.

14

인지행동치료에 관한 설명으로 틀린 것은?

① 인지매개가설을 전제로 한다.
② 단기간의 상담을 지향한다.
③ 현재-여기보다는 과거를 중요시한다.
④ 내담자의 왜곡되고 경직된 생각을 현실적으로 타당한 생각으로 바꾸어 준다.

만점해설

③ 인지행동치료는 과거보다는 현재-여기(Here and Now)를 중요시한다. 이는 비록 과거사건과 중요한 타인들이 한 개인의 신념을 형성하는 데 중요한 역할을 한다고 해도, 자기파괴적이고 비합리적인 사고와 태도를 지속시키는 것은 결국 현재-여기의 자기 자신에게 있음을 강조하는 것이다.

전문가의 한마디

문제에 제시된 인지행동치료는 엘리스(Ellis)의 인지·정서·행동치료(REBT)나 벡(Beck)의 인지치료(Cognitive Therapy)를 포괄합니다. 참고로 지문 ①번의 '인지매개가설'은 선행사건(Activating Event)이 어떤 결과(Consequence)를 발생시킬 때 그 중간에 매개체로서 사고나 신념체계(Belief System)가 있다는 것입니다.

15

다음의 절차를 강조하는 직업상담은?

> 내담자와의 관계형성 → 진로와 관련된 개인적 사정 → 직업탐색 → 정보통합과 선택

① 특성-요인지향적 직업상담
② 인지적 명확성을 위한 직업상담
③ 단순한 직업상담
④ 생애진로주제에 의한 직업상담

알찬해설

직업상담의 주요 과정

특성-요인지향적 직업상담	내담자와의 관계형성 → 진로와 관련된 개인적 사정 → 직업탐색 → 정보통합과 선택
인지적 명확성을 위한 직업상담	내담자와의 관계 → 인지적 명확성/동기에 대한 사정 → 예/아니요 → 직업상담/개인상담

전문가의 한마디

인지적 명확성을 위한 직업상담 과정은 직업상담사 2급 필기시험에, 특성-요인지향적 직업상담 과정은 직업상담사 1급 필기시험에 주로 출제되고 있습니다.

16

인간중심 상담이론의 관점에서 보는 부적응의 개념은?

① 자기통제능력이 부족하다.
② 현실감과 책임감이 부족하다.
③ 타인의 내적 준거체계를 참조할 수 있다.
④ 자아와 유기체의 경험이 일치하지 않는다.

알찬 해설

인간중심 상담이론에서 적응과 부적응의 개념

- 개인은 각각의 경험을 자신이 어떻게 느끼는가에 따라 평가하는데, 이를 유기체적 가치화 과정(Organismic Valuing Process)이라 한다. 개인은 그와 같은 유기체적 가치화 과정을 따를 때 자아(자기)와 유기체 경험이 일치하는 적응적 상태에 놓이게 된다.
- 아동은 부모를 비롯한 중요한 타인과의 상호작용을 통해 자신이 인정받는다는 느낌을 갖게 되는 가치의 조건(Conditions of Worth)을 습득하게 된다. 그리고 기본적 욕구인 긍정적 자기존중을 얻기 위해 노력하는 과정에서 가치의 조건화 태도를 형성하게 된다.
- 아동은 의미 있는 대상으로부터 긍정적 자기존중을 받기를 원하므로 가치의 조건화를 통해 주관적으로 경험하는 사실을 왜곡하고 부정하게 되는데, 그것이 유기체가 경험을 통해 실현화 경향성을 성취하는 것을 방해하게 된다.

전문가의 한마디

로저스(Rogers)는 동일한 현상이라도 개인에 따라 다르게 지각하고 경험하기 때문에 이 세상에는 개인적 현실, 즉 '현상학적 장(Phenomenal Field)'만이 존재한다고 보았습니다. 이는 현상학적 장이 결국 경험의 전체임을 시사하는데, 만약 가치의 조건화에 의해 자아(자기)와 유기체의 경험이 불일치할 경우 부적응 상태가 되어 갈등과 불안을 야기하게 됩니다.

17

직업상담에서 발생하는 전이된 오류에 해당하지 않는 것은?

① 정의의 오류
② 정보의 오류
③ 한계의 오류
④ 논리적 오류

알찬 해설

전이된 오류의 유형

- 정보의 오류 : 내담자가 대략적으로 이야기하거나 불분명한 용어, 제한된 어투를 사용함으로써 발생한다.
- 한계의 오류 : 내담자가 예외를 인정하지 않거나 불가능을 가정함으로써 발생한다.
- 논리적 오류 : 내담자가 인간관계를 잘못 설정하거나 타인의 마음을 해석하려고 함으로써 발생한다.

전문가의 한마디

'정보의 오류'는 내담자가 실제 경험과 행동을 대강대강 이야기할 때, '한계의 오류'는 내담자가 경험이나 느낌의 한정된 정보만을 노출시킬 때, '논리적 오류'는 내담자가 상담의 과정을 왜곡되게 생각하고 있을 때 일어난다고 볼 수 있습니다.

16 ④ 17 ① 《정답

18

Super의 발달적 직업상담의 단계를 바르게 나열한 것은?

> ㄱ. 자아수용 및 자아통찰
> ㄴ. 현실검증
> ㄷ. 문제 탐색 및 자아개념 묘사
> ㄹ. 태도와 감정의 탐색과 처리
> ㅁ. 심층적 탐색
> ㅂ. 의사결정

① ㄱ → ㄴ → ㄷ → ㄹ → ㅁ → ㅂ
② ㄱ → ㄷ → ㅁ → ㄴ → ㄹ → ㅂ
③ ㄷ → ㄱ → ㄴ → ㅁ → ㄹ → ㅂ
④ ㄷ → ㅁ → ㄱ → ㄴ → ㄹ → ㅂ

알찬 해설

수퍼(Super)의 발달적 직업상담 단계

- 제1단계 – 문제 탐색 및 자아(자기)개념 묘사
  비지시적 방법으로 문제를 탐색하고 자아(자기)개념을 묘사한다.
- 제2단계 – 심층적 탐색
  지시적 방법으로 심층적 탐색을 위한 주제를 설정한다.
- 제3단계 – 자아수용 및 자아통찰
  자아수용 및 자아통찰을 위해 비지시적 방법으로 사고와 느낌을 명료화한다.
- 제4단계 – 현실검증
  심리검사, 직업정보, 과외활동 등을 통해 수집된 사실적 자료들을 지시적으로 탐색한다.
- 제5단계 – 태도와 감정의 탐색과 처리
  현실검증에서 얻어진 태도와 감정을 비지시적으로 탐색하고 처리한다.
- 제6단계 – 의사결정
  대안적 행위들에 대한 비지시적 고찰을 통해 자신의 직업을 결정한다.

전문가의 한마디

수퍼(Super)의 발달적 직업상담 단계에서 제1단계 '문제 탐색 및 자아개념 묘사'는 '문제 탐색'으로, 제3단계 '자아수용 및 자아통찰'은 '자아수용'으로 간단히 나타내기도 합니다.

19

직업상담의 목적과 가장 거리가 먼 것은?

① 내담자가 이미 결정한 직업계획과 직업선택을 확신·확인한다.
② 직업선택과 직업생활에서 상담자의 지시와 지도를 따라 성실히 이행하도록 한다.
③ 내담자에게 진로관련 의사결정 능력을 길러준다.
④ 내담자로 하여금 자아와 직업세계에 대한 구체적인 이해와 새로운 사실을 발견하도록 촉진한다.

알찬 해설

직업상담의 주요 목적

- 첫째, 내담자가 이미 결정한 직업계획과 직업선택을 확신·확인한다.(①)
- 둘째, 개인의 직업적 목표를 명확히 해 준다.
- 셋째, 내담자로 하여금 자아와 직업세계에 대한 구체적인 이해와 새로운 사실을 발견하도록 촉진한다.(④)
- 넷째, 내담자에게 진로관련 의사결정 능력을 길러준다.(③)
- 다섯째, 직업선택과 직업생활에서의 능동적인 태도를 함양한다.

전문가의 한마디

직업상담의 목적은 교재에 따라 약간씩 다르게 제시될 수 있습니다. 위의 해설과 관련된 내용은 '이정근, 『진로지도와 진로상담』, 중앙적성연구소 刊'을 살펴보시기 바랍니다.

20
직업평가를 위한 Yost 기법에 포함되지 않는 것은?

① 원하는 성과연습
② 대차대조표연습
③ 성취욕 분석연습
④ 확률추정연습

알찬 해설

선택할 직업에 대한 평가과정으로서 요스트(Yost)의 기법

• **원하는 성과연습** : 내담자의 선호도 목록에 준하여 각 직업들을 점검하는 것을 목적으로 한다. 도표의 좌측에 직책, 금전, 자율성, 창의성, 권한 등 대략 5∼7개 정도의 선호사항들을 우선순위에 따라 기재하고, 도표의 우측에 고려중인 직업들의 목록을 나열한다. 내담자는 각 직업들이 원하는 성과를 제공할 가능성을 3점 척도 혹은 백분율로 제시한다.

• **찬반연습** : 내담자로 하여금 각 직업들의 장기적 · 단기적 장단점을 생각해 보도록 하는 것을 목적으로 한다. 우선 내담자에게 장기 및 단기의 기간 한계를 정하도록 하고, 각 기간 범주상에서 해당 직업의 장점을 '찬성'의 카테고리에, 해당 직업의 단점을 '반대'의 카테고리에 작성하도록 한다.

• **대차대조표연습** : 특정 직업의 선택으로 인해 영향을 받게 될 영역이나 사람들에 초점을 두는 것으로, 각 영역을 통한 중요도 비중을 살피고 불리한 점을 극복할 방법을 생각해 보도록 하는 것을 목적으로 한다. 도표의 좌측에 가족, 건강, 재정, 사회생활, 자기확신감 등 대략 5∼8개 정도의 영역들을 기재하고, 도표의 우측에 긍정적 효과와 부정적 효과를 작성하도록 한다.

• **확률추정연습** : 내담자가 예상한 결과들이 실제적으로 어느 정도 나타날 것인지를 추정해 보도록 하는 것을 목적으로 한다. 내담자에게 각 직업마다 나타날 수 있는 긍정적인 결과와 부정적인 결과를 열거하도록 한 후, 해당 결과가 나타날 확률을 논의하여 그 결과의 백분율을 제시해 보도록 한다.

• **미래를 내다보는 연습** : 내담자로 하여금 상상을 통해 미래의 어느 직업의 결과에 대해 생각하거나 동일 직업에 대해 5년, 10년, 15년 후의 양상을 머릿속으로 그려보도록 하여 내담자의 직업목록에서의 환상이나 비현실적 자기사정을 점검 및 정정하도록 하는 것을 목적으로 한다.

전문가의 한마디

직업평가를 위한 요스트(Yost)의 기법에 '동기추정연습'은 포함되지 않는다는 점을 기억해 두세요. 이와 관련된 문제가 직업상담사 2급 2018년 2회 필기시험에 출제된 바 있습니다.

2019

제2과목 고급직업심리학

21

심리검사의 표준화를 통해 통제하고자 하는 변인이 아닌 것은?

① 검사자 변인
② 피검자 변인
③ 채점자 변인
④ 실시상황 변인

만점해설

② 수검자(피검자) 변인으로는 수검자의 심신상태, 검사불안, 수검능력, 수검동기, 검사경험, 위장반응, 반응태세 등이 있다. 수검자 변인은 검사자 변인보다 검사점수를 왜곡시키는 경향이 더욱 심각하며, 검사의 표준화를 통해 통제하기 어렵다.

검사의 표준화(Standardization)
검사의 실시와 채점 절차의 동일성을 유지하는 데 필요한 세부사항들을 잘 정리한 것을 말한다. 즉, 검사재료, 시간제한, 검사순서, 검사장소 등 검사 실시의 모든 과정과 응답한 내용을 어떻게 점수화하는가 하는 채점절차를 세부적으로 명시하는 것을 말한다.

전문가의 한마디

검사의 표준화 작업은 여러 사람에게서 관찰된 점수들을 상호 비교하기 위한 것입니다. 검사를 실시하고 채점하는 과정에서 동일했다는 사실이 보장되어야, 검사 실시상황에서 수검자만이 유일한 독립변인이고 그 밖의 가외변인들이 철저히 통제된 상태에서 측정이 이루어졌다는 사실이 보장되어야 비로소 검사결과의 차이가 수검자의 독특성이라는 개인차를 반영한 것으로 간주할수 있습니다.

22

다음 사례에서 나타날 수 있는 MMPI-2 상승척도쌍은?

- 만성적인 강한 분노감
- 감정을 적절히 표현하지 못함
- 신체 증상 호소

① 3-4
② 1-3
③ 4-9
④ 4-6

만점해설

① 3-4/4-3 상승척도쌍은 공격성과 적개심의 통제 여부에 관한 지표이다. 이와 같은 상승척도쌍을 보이는 사람은 만성적이고도 강한 분노감을 가지고 있으나 이러한 감정을 적절하게 표현하지 못한다.

② 1-3/3-1 상승척도쌍을 보이는 사람은 자신의 정신적인 고통이나 심리적인 문제를 신체적인 증상으로 전환시킴으로써 문제를 외재화(Externalization)하려는 경향이 있다. 이러한 유형을 보이는 환자들은 전환장애(Conversion Disorder)의 진단을 받는 경우가 많다.

③ 4-9/9-4 상승척도쌍을 보이는 사람은 강한 적개심이나 공격성을 내면에 가지고 있으며, 이를 외현적 행동으로 표현하려는 경향이 있다. 사회적 규범이나 가치관에 대해 무관심하거나 이를 무시하며, 반사회적인 경향을 보이기도 한다.

④ 4-6/6-4 상승척도쌍을 보이는 사람은 까다롭고 타인을 원망하며, 화를 잘 내고 자주 논쟁을 벌이는 경향이 있다. 특히 권위적인 대상에 대해 적개심을 보이며, 권위상 손상을 입히려고 한다.

전문가의 한마디

미네소타 다면적 인성검사 제2판(MMPI-2)의 임상척도는 다음과 같습니다.

- 척도 1 Hs(Hypochondriasis, 건강염려증)
- 척도 2 D(Depression, 우울증)
- 척도 3 Hy(Hysteria, 히스테리)
- 척도 4 Pd(Psychopathic Deviate, 반사회성)
- 척도 5 Mf(Masculinity-Femininity, 남성성-여성성)
- 척도 6 Pa(Paranoia, 편집증)
- 척도 7 Pt(Psychasthenia, 강박증)
- 척도 8 Sc(Schizophrenia, 정신분열증)
- 척도 9 Ma(Hypomania, 경조증)
- 척도 0 Si(Social Introversion, 내향성)

23

안면타당도(Face Validity)에 관한 설명으로 옳은 것은?

① 안면타당도는 검사가 목적에 맞도록 제대로 사용될 수 있는지를 통계적으로 평가하는 타당도이다.
② 안면타당도는 검사를 실시하기 전에 라포형성에 매우 중요하다.
③ 안면타당도는 비전문가들의 판단에 의한 것이므로 검사자는 신경쓰지 않는다.
④ 안면타당도가 낮으면 검사의 내용타당도 역시 낮은 경향이 있다.

알찬해설

안면타당도(Face Validity)
- 안면타당도는 실제로 무엇을 재는가의 문제가 아니라, 검사가 잰다고 말하는 것을 재는 것처럼 보이는가의 문제이다. 즉, 검사를 받는 사람들에게 그 검사가 타당한 것처럼 보이는가를 뜻한다.
- 안면타당도는 검사 문항을 보고 그 문항이 무엇을 재고 있는 것 같다는 주관적인 관점을 중심으로 기술한 '외형에 의한 타당도'로 볼 수 있는데, 이는 수검자의 입장에서 검사에 대한 불만을 가지고 의도적으로 반응을 왜곡시켜 검사의 타당도를 위협할 가능성을 시사한다.
- 이와 같이 안면타당도는 수검자의 수검 동기나 수검 자세에 영향을 미치는 것으로 볼 수 있으므로, 검사를 실시하기 전에 라포형성에 매우 중요하다.

전문가의 한마디

수검자는 자신에게 주어진 검사 과제가 자신의 성격특성을 측정하는 것임을 인지하게 될 때 방어적인 성향을 보일 수 있습니다. 결국 안면타당도가 높아서 오히려 성격특성을 측정하는 검사의 타당도를 위협할 수 있는 것입니다.

24

Dawis와 Lofquist의 직업적응이론에 대한 옳은 설명을 모두 고른 것은?

> ㄱ. 개인과 환경 간의 상호작용을 통한 욕구충족을 강조한다.
> ㄴ. 직업적응은 개인과 직업환경의 조화를 성취하고 유지하는 과정으로 이해된다.
> ㄷ. 개인과 환경은 상호작용하면서 자신의 욕구를 만족 또는 충족시켜 줄 수 있는 강화요인을 서로 얻게 된다.
> ㄹ. 이론의 장점 중 하나는 JDQ, MSQ 등 관련 검사도구가 다양하게 개발되어 있다는 것이다.

① ㄱ, ㄴ
② ㄱ, ㄷ
③ ㄴ, ㄹ
④ ㄱ, ㄴ, ㄷ, ㄹ

알찬 해설

데이비스와 롭퀴스트(Dawis & Lofquist)의 직업적응이론

- 인간은 생존과 안녕을 위한 요구조건, 즉 욕구를 지니고 있으며, 환경도 나름대로의 요구조건을 지니고 있다고 가정한다.
- 개인과 환경은 상호작용하면서 자신의 욕구를 만족 또는 충족시켜 줄 수 있는 강화요인을 서로 얻게 된다. 즉, 개인의 욕구(예 생리적 욕구, 사회적 인정 등)는 환경이 제공하는 강화요인(예 보수나 승진, 양호한 작업환경 등)에 의해 만족되며, 환경의 요구조건(예 직무나 과업 등)은 개인이 제공하는 강화요인(예 개인의 능력 발휘 등)에 의해 충족된다.
- 개인의 욕구와 환경의 요구가 동시에 충족되는 경우 조화(Correspondence) 상태에 이르는 반면, 동시에 충족되지 못하는 경우 부조화(Discorrespondence) 상태에 이르게 된다.

전문가의 한마디

직업적응이론과 관련하여 개발된 검사도구로 MIQ(Minnesota Importance Questionnaire), JDQ(Job Description Questionnaire), MSQ(Minnesota Satisfaction Questionnaire) 등이 있습니다.

25

일반적인 직무분석 단계를 바르게 나열한 것은?

> ㄱ. 직업분석(Occupational Analysis)
> ㄴ. 직무분석(Job Analysis)
> ㄷ. 작업분석(Task Analysis)

① ㄱ → ㄴ → ㄷ
② ㄴ → ㄱ → ㄷ
③ ㄴ → ㄷ → ㄱ
④ ㄷ → ㄱ → ㄴ

알찬 해설

직무분석의 3단계

직업분석 (Occupational Analysis)	• 채용, 임금결정, 조직관리 등을 목적으로 직업행렬표를 작성하여, 인력의 과부족과 분석대상 직업들의 상호관련을 분석한다. • 채용하는 직업이 요구하는 연령, 성별, 교육 및 훈련 경험, 정신적·신체적 특질, 채용 후 책임 및 권한 등을 명시한 직업명세서를 작성한다.
직무분석 (Job Analysis)	• 직무기술과 작업들을 열거한 작업알림표를 기술하기 위해 직무명세서를 작성한다. • 직무명세서를 토대로 각 작업마다 작업명세서를 작성한다.
작업분석 (Task Analysis)	• 공정관리와 작업개선을 위해 작업요소별 동작이나 시간 등을 분석하여 불필요한 동작을 제거한다. • 작업공정이나 작업방법을 표준화하거나 작업을 개선하는 등 원가를 절감하는 데 기여한다.

전문가의 한마디

직무분석의 3단계 중 제1단계의 '직업분석'과 제3단계의 '작업분석'을 혼동하지 마세요.

26

작업동기 이론과 그 이론을 처음으로 제안한 학자가 틀리게 짝지어진 것은?

① 욕구위계이론 – Maslow
② 형평이론 – Vroom
③ 목표설정이론 – Locke
④ 강화이론 – Skinner

만점해설

② 브룸(Vroom)은 기대이론(기대–유인가 이론)을 제안한 학자이다. 기대이론은 인간이 행동하는 방향과 강도가 그 성과에 대한 기대와 강도, 실제로 이어진 결과에 대해 느끼는 매력에 달려 있다고 본다. 즉, 노력과 성과, 그리고 그에 대한 보상적 결과에 대한 믿음으로 작업동기를 설명한다.

① 매슬로우(Maslow)의 욕구위계이론은 인간이 특정한 형태의 충족되지 못한 욕구들을 만족시키기 위하여 동기화되어 있으며, 대부분의 사람들이 추구하는 욕구들은 몇 가지 공통된 위계적인 범주로 구분할 수 있다고 주장한다.

③ 로크(Locke)의 목표설정이론은 인간의 행동이 목표에 의해 결정되며, 이때 목표는 행동의 방향을 결정짓는 기능을 수행하여 동기의 기초를 제공하고 행동의 지표가 된다고 주장한다.

④ 스키너(Skinner)의 강화이론은 조작적 조건형성과 관련된 것으로서, 보상에 의한 강화를 통해 반응행동을 변화시킬 수 있다고 주장한다.

전문가의 한마디

형평이론(공평성이론 또는 공정성이론)을 제안한 학자는 아담스(Adams)입니다. 형평이론은 개인의 행위가 타인과의 관계에서 공평성(공정성)을 유지하는 방향으로 동기부여가 된다고 주장합니다.

27

Ginzberg의 발달이론에 관한 설명으로 틀린 것은?

① 직업선택이론을 발달적 관점으로 접근한 최초의 이론이다.
② 초기에 직업선택을 불가역적인 선택이라고 주장했다.
③ 직업행동은 아동기 후기 삶에서 근원을 찾을 수 있다고 주장한다.
④ 여성과 소수민족 집단의 직업발달 유형을 고려하지 않았다.

만점해설

③ 직업행동은 아동기 초기 삶에서 근원을 찾을 수 있으며, 시간의 경과로 발달함에 따라 직업행동과 직업선택이 점차 현실지향적이 된다고 주장한다.

전문가의 한마디

긴즈버그(Ginzberg)의 발달이론은 발달 초기에 개인의 흥미, 능력, 가치관이 직업관을 좌우하다가, 이후 그와 같은 것들과 외적 조건과의 타협에 의해 직업선택이 이루어진다는 점을 연속적인 결정과정으로 설명하고 있습니다.

28

진로선택을 하나의 문제해결 과정으로 보는 진로발달이론으로 가장 적합한 것은?

① 사회인지적 조망
② 인지적 정보처리 관점
③ 맥락적 관점
④ 자기효능감

만점해설

② 인지적 정보처리 관점은 진로선택이 하나의 문제해결 활동이며, 진로발달이 지식구조의 끊임없는 성장과 변화를 포함하는 것으로 본다. 따라서 진로개입의 주요 책략들은 개인에게 학습기회를 제공함으로써 개인의 처리능력을 발전시키는 데 있다. 이러한 방법으로 내담자는 미래의 문제들은 물론 현실의 문제들을 충족시킬 수 있는 진로문제 해결자로서의 잠재력을 개발할 수 있게 된다.

① 사회인지적 조망(사회인지적 진로이론)은 3축 호혜성 인과적 모형을 통해 개인이 '개인–행동–상황의 상호작용'에 의해 유전과 환경의 단순한 결과물이 아닌 진로발달의 역동적 주체임을 강조한다.

③ 맥락적 관점(맥락주의적 관점)은 맥락적 그물(Context Web) 안에서 개인과 환경 간의 관계와 상호작용에 초점을 두는 것으로, 발달은 상호작용하는 개인과 환경이 서로 어떻게 영향을 미치는지에 따라 여러 개의 이질적인 경로로 진행될 수 있다고 주장한다.

④ 자기효능감 이론은 반두라(Bandura)의 사회학습이론(사회인지이론)에서 비롯된 것으로, 어떤 과제를 수행하는 데 있어서 자신의 능력에 대한 믿음이 과제 시도의 여부와 과제를 어떻게 수행하는지를 결정한다고 주장한다.

전문가의 한마디

인지적 정보처리 관점에서 진로성숙도는 자신의 진로문제를 해결하는 개인의 능력과 연관됩니다. 이는 개인과 직업에 대한 정보를 활용하여 통합적이고 독립적으로 문제를 해결해 가는 능력을 말하는 것으로 볼 수 있습니다.

29

스트레스 수준과 수행에 관한 Yerkes–Dodson의 가설이 일반적으로 시사하는 바는 무엇인가?

① 청년이나 노년보다는 장년층이 스트레스의 영향을 가장 민감하게 받는다.
② 스트레스는 작업 수행을 저하시키기 때문에 가능하면 이를 줄여야 한다.
③ 스트레스 수준이 너무 낮거나 높으면 생산성이 저조해지는 반면, 스트레스 수준이 적당하면 생산성은 향상된다.
④ 관리직 근로자는 생산직 근로자에 비해 책임감이 더 많기 때문에 스트레스를 더 많이 경험한다.

알찬해설

역U자형 가설(Yerkes–Dodson)

- 직무에 대한 스트레스가 너무 높거나 반대로 너무 낮은 경우 직무수행능력이 떨어지는 역U자형 양상을 보이게 된다.
- 역U자형 곡선은 흥분이나 욕구, 긴장이 증대되는 경우 어느 정도 수준에 이르기까지 수행실적이 증가하다가 그 이후에는 오히려 수행실적이 감소한다는 사실을 반영한다.
- 스트레스 수준이 너무 높거나 너무 낮은 경우 건강이나 작업능률에 부정적인 영향을 미치므로 스트레스를 적정 수준으로 유지하는 것이 바람직하다.

전문가의 한마디

역U자형 가설은 다음과 같은 곡선그래프로 나타낼 수 있습니다.

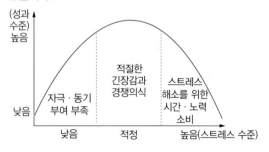

30

직업세계의 변화에 영향을 미치는 요인과 가장 거리가 먼 것은?

① 기술환경의 변화
② 지식기반 사회로의 변화
③ 산업구조의 변화
④ 직장인들의 심리적 변화

직업세계의 변화에 영향을 미치는 요인

- 기술환경의 변화(①)
- 지식기반 사회로의 변화(②)
- 산업구조의 변화(③)
- 정부의 경제정책 변화
- 생활수준의 향상과 생활방식의 변화
- 세계화
- 환경문제에 대한 인식의 변화

전문가의 한마디

이 문제는 직업세계의 변화에 직·간접적으로 영향을 미치는 주변 환경들의 변화에 관한 것입니다.

31

진로아치문 모델에 대한 설명으로 틀린 것은?

① 인간발달을 생물학적, 지리학적 면을 토대로 논의하였다.
② 성격은 개인을 구성하는 모든 특징을 포함하는 포괄적인 구조로 왼쪽 기둥에 표시되고, 오른쪽에는 일반지능으로 파생되는 적성(언어, 수, 공간)과 세분화된 적성을 나타낸다.
③ 아치문 모델의 돌로 표시되는 핵심은 자아, 즉 의사결정자인데, 여기에 영향을 주는 것은 자아개념과 사회에서의 역할이다.
④ 각 기둥 사이에는 상호작용이 전제되지 않는다.

진로아치문 모델(Archway Model)

- 수퍼(Super)는 인간발달의 생물학적 · 심리학적 · 사회경제적 결정인자로 직업발달이론을 설명하는 이른바 '진로아치문 모델'을 제안하였다.
- 진로아치문 모델에서 이른바 '개인기둥'으로 불리는 왼쪽 기둥은 욕구나 지능, 가치, 흥미 등으로 이루어진 개인의 성격적 측면을 나타내는 반면, '사회기둥'으로 불리는 오른쪽 기둥은 경제자원, 사회제도, 노동시장 등으로 이루어진 사회정책적 측면을 의미한다.
- 활모양의 아치는 왼쪽 기둥과 오른쪽 기둥을 연결함으로써 개인과 사회의 상호작용을 나타내는데, 그에 따라 또래집단, 가족이나 학교, 지역사회는 개인의 흥미, 적성, 가치 등에 영향을 미치며, 동시에 개인은 자신의 흥미와 능력을 발휘하여 사회에 영향을 미치게 된다.
- 아치문의 핵심돌은 자기(자아), 즉 의사결정자인데, 여기에 영향을 주는 것은 자기개념(자아개념)과 사회에서의 역할이며, 그 영향은 진로결정을 하는 데 심각하게 고려된다.

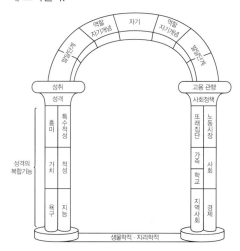

전문가의 한마디

수퍼(Super)는 직업발달에 있어서 개인의 성격(Personality)과 자기(자아)개념(Self-concept)을 강조하면서, 특히 자기개념이 유아기에서부터 형성되어 평생 발달한다고 보았습니다. 참고로 자기(Self)와 자아(Ego)는 엄밀한

의미에서 차이가 있으나, 수퍼가 강조한 'Self-concept'는 교재에 따라 '자기개념' 혹은 '자아개념'으로도 제시되고 있으므로, 이점 착오 없으시기 바랍니다.

32
다운사이징 시대의 종업원의 경력개발 형태와 가장 거리가 먼 것은?

① 개인의 능력개발과 자율권 신장에 비중을 두어야 한다.
② 경력개발 전략을 계속적이고 평생학습 방향으로 전환해야 한다.
③ 다양한 능력을 학습할 수 있도록 많은 프로그램에 참여시켜 적응능력을 키워야 한다.
④ 수직이동에 중점을 두는 경력개발에 초점을 두어야 한다.

알찬 해설

다운사이징 시대의 경력개발 방향

• 다운사이징 시대에는 장기고용이 어려워지며, 고용기간이 점차 짧아진다.
• 경력개발은 다른 부서나 분야로의 수평이동에 중점을 두어야 한다.(④)
• 조직구조의 수평화로 개인의 능력개발과 자율권 신장에 비중을 두어야 한다.(①)
• 기술, 제품, 개인의 숙련주기가 짧아져서 경력개발은 단기, 연속 학습단계로 이어진다.
• 직무를 통해 다양한 능력을 학습할 수 있도록 다양한 프로젝트에 참여가 요구된다.(③)
• 일시적이 아니라 계속적이고 평생학습으로의 경력개발이 요구된다.(②)
• 새로운 직무를 수행하는 데 요구되는 능력 및 지식과 관련된 재교육이 요구된다.
• 불가피하게 퇴직한 사람들을 위한 퇴직자 관리 프로그램의 운영이 요구된다.

전문가의 한마디

다운사이징(Downsizing)은 한 마디로 '소형화' 혹은 '축소화'를 의미합니다. 인적자원관리 측면에서 다운사이징 현상이 나타나는 가장 큰 이유는 경기불황에 따른 조직의 인건비 조정 때문입니다. 미르비스와 홀(Mirvis & Hall)은 계속되는 다운사이징과 조직구조의 수평화로 인해 수직적 승진 및 장기고용으로 대변되는 전통적 경력관리의 형태가 사라져가고 있으므로, 향후 수평이동에 중점을 둔 경력개발에 초점을 두어야 한다고 주장하였습니다.

33
직무평가에 관한 설명으로 가장 적합한 것은?

① 직무평가란 개인이 담당하는 여러 과업들을 상대적인 중요도로 평가하는 것이다.
② 직무평가는 인사고과평정의 한 가지 방법이다.
③ 직무평가는 직무들의 상대적 가치를 결정하는 데 유용한 절차로 임금수준을 결정하도록 해 준다.
④ 직무평가는 업무분장을 분명하게 하기 위해 실시하는 방법이다.

만점 해설

① · ③ 직무평가는 조직 내에서 직무들의 내용과 성질을 고려하여 직무들 간의 상대적인 가치를 결정함으로써 여러 직무들에 대해 서로 다른 임금수준을 결정하는 데 목적을 둔다.
② 인사고과평정과 연관된 것은 직무수행평가이다. 직무수행평가는 작업자의 직무수행 수준을 평가하는 절차로서, 일정 기간 직원들이 그들의 업무를 얼마나 잘 수행했는지에 대해 정기적·공식적으로 평가하는 것이다.
④ 업무분장을 분명하게 하기 위해 실시하는 것은 직무분석이다. 직무분석은 직무 관련 정보를 수집하는 절차로서, 직무 내용과 직무수행을 위해 요구되는 직무조건을 조직적으로 밝히는 절차이다.

전문가의 한마디

직무분석, 직무평가, 직무수행평가를 정리하면 다음과 같습니다.

• 직무분석 ☞ 직무 관련 정보를 수집하는 절차
• 직무평가 ☞ 직무들 간의 상대적인 가치를 결정하는 절차
• 직무수행평가 ☞ 작업자의 직무수행 수준을 평가하는 절차

34

심리검사 결과를 해석할 때 고려해야 할 원칙으로 가장 적합한 것은?

① 검사결과는 절대적인 것이 아니다.
② 피검자의 검사결과와 실제 생활이 다를 때는 검사결과를 우선적으로 생각한다.
③ 검사 시 행동은 해석할 때 언급하지 않는 것이 좋다.
④ 검사결과는 개인의 특수성을 규정짓는다.

알찬 해설

심리검사 결과를 해석할 때 고려해야 할 원칙

• 검사결과는 절대적인 것이 아니다.
• 검사가 간접적인 측정방법을 사용하기는 하지만 현재로서는 가장 신뢰도가 높다는 사실을 받아들여야 한다.
• 검사가 갖는 한계로서 지필검사의 단점을 고려해야 한다.
• 피검자(수검자)의 검사결과와 실제 생활을 관찰한 결과 간의 일치되는 부분을 먼저 찾아내는 것이 필요하다.
• 각종 검사결과는 학생을 이해하기 위한 수단일 뿐 학생을 규정짓는 판결이 아니라는 점을 명심해야 한다.

전문가의 한마디

직접적인 측정방법을 사용하는 신체검사나 체력검사와 달리 심리검사는 간접적인 측정방법을 사용하기 때문에 실제와는 상당한 차이가 있을 수 있습니다.

35

특성-요인이론의 기본 가정과 가장 거리가 먼 것은?

① 각 개인은 신뢰롭고 타당하게 측정될 수 있는 고유한 특성의 집합체이다.
② 직업은 성공을 위해서 특정한 특성을 소유하고 있는 근로자를 필요로 한다.
③ 직업의 선택은 직선적인 과정이 아니기 때문에 매칭이 어렵다.
④ 개인의 특성과 직업의 요구 간에 매칭이 잘 될수록 성공의 가능성은 커진다.

만점해설

③ 직업의 선택은 직선적인 과정이며 매칭이 가능하다.

전문가의 한마디

위의 해설과 함께 문제의 옳은 지문 3가지는 클라인과 바이너(Klein & Weiner)가 정리한 특성-요인이론의 기본 가정에 해당합니다.

36

개념준거와 실제준거 간의 관계에 대한 설명으로 틀린 것은?

① 준거오염은 실제준거로서 측정은 하고 있지만 개념준거와 전혀 다른 것을 측정하고 있는 정도를 나타낸다.
② 준거오염 중 편파(Bias)는 실제준거가 개념준거와 아무런 관련 없이 무선적으로 측정되어지는 것을 말한다.
③ 준거관련성은 실제준거가 개념준거와 일치되는 정도를 나타내는 것으로 개념준거와 실제준거 간의 일치가 크면 클수록 준거관련성은 더 커진다.
④ 준거결핍은 실제준거가 개념준거를 나타내지 못하고 있는 정도를 말한다.

알찬 해설

준거오염(Criterion Contamination)

• 실제준거가 개념준거와 관련되어 있지 않은 부분으로, 실제준거가 개념준거가 아닌 다른 어떤 것을 측정하고 있는 정도를 나타낸다.
• 준거오염은 다른 두 가지 부분으로 구성되어 있다.

편파 (Bias)	실제준거가 체계적으로 혹은 일관성 있게 개념준거가 아닌 다른 것을 측정하고 있는 정도를 나타낸다.
오류 (Error)	실제준거가 어떤 것과도 관련되어 있지 않은 정도를 나타낸다.

전문가의 한마디

준거관련성(준거적절성)을 "실제준거와 개념준거가 일치되는 정도"라고 할 때, 준거오염과 준거결핍은 다음과 같이 나타낼 수 있습니다.

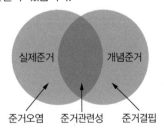

37

Roe가 구분한 3가지의 부모-자녀 상호작용 유형 중 다음에서 설명하는 것은?

> 자녀가 남보다 뛰어나기를 바라기 때문에 부모는 엄격하게 훈련시킨다.

① 자녀회피(Avoidance of the Child)
② 자녀수용(Acceptance of the Child)
③ 자녀에 대한 애정(Affection for the Child)
④ 자녀에 대한 감정적 집중(Emotional Concentrate on the Child)

알찬 해설

로(Roe)의 부모-자녀 상호작용 유형

수용형	• 무관심형 : 수용적으로 대하지만 자녀의 욕구나 필요에 대해 그리 민감하지 않고 또 자녀에게 어떤 것을 잘하도록 강요하지도 않는다. • 애정형 : 온정적이고 관심을 기울이며 자녀의 요구에 응하고 독립심을 길러주며, 벌을 주기보다는 이성과 애정으로 대한다.
정서집중형 (감정적 집중형)	• 과보호형 : 자녀를 지나치게 보호함으로써 자녀에게 의존심을 키운다. • 과요구형 : 자녀가 남보다 뛰어나거나 공부를 잘하기를 바라므로 엄격하게 훈련시키고 무리한 요구를 한다.
회피형	• 거부형 : 자녀에 대해 냉담하여 자녀가 선호하는 것이나 의견을 무시하고 부족한 면이나 부적합한 면을 지적하며, 자녀의 욕구를 충족시켜 주려고 하지 않는다. • 무시형 : 자녀와 별로 접촉하려고 하지 않으며, 부모로서의 책임을 회피한다.

전문가의 한마디

로(Roe)는 여러 가지 다른 직업에 종사하고 있는 사람들이 각기 다른 욕구를 가지고 있으며, 이러한 욕구의 차이는 어린 시절(12세 이전의 아동기)의 부모-자녀 관계에 기인한다고 주장하였습니다. 그는 가정의 정서적 분위기, 즉 부모와 자녀 간의 상호작용 유형에 따라 자녀의 욕구유형이 달라진다고 본 것입니다.

38

스트레스 대처 방법으로 정서중심적 대처가 적절한 상황을 모두 고른 것은?

> ㄱ. 부모님과의 갈등
> ㄴ. 가족의 사망
> ㄷ. 취업실패

① ㄱ, ㄷ
② ㄴ
③ ㄷ
④ ㄱ, ㄴ, ㄷ

알찬 해설

스트레스에 대한 대처 방식(Lazarus & Folkman)
- 문제중심적 대처 : 스트레스를 유발하는 개인의 문제 행동이나 환경적 조건을 변화시킴으로써 스트레스를 해소하고자 한다.
- 정서중심적 대처 : 스트레스를 유발하는 문제에 직접적으로 접근하기보다는 스트레스 상황에서의 불안감이나 초조함 등의 정서적 고통을 경감시키고자 한다.
- 문제–정서 혼합적 대처 : 문제중심적 대처와 정서중심적 대처를 혼합한 방식으로서, 이 두 가지 방식은 스트레스에 대한 대처 과정에서 서로 촉진적인 방향으로도 혹은 서로 방해하는 방향으로도 작용할 수 있다.

전문가의 한마디

보기에서 '가족의 사망'은 '부모님과의 갈등'이나 '취업실패'와 달리 개인이 자신의 노력으로 문제를 해결하거나 상황 자체를 변화시킬 수 없는 상태로 볼 수 있습니다.

39

자기효능감은 4가지 종류의 학습경험을 거쳐 발전된다. 4가지 학습경험에 해당하지 않는 것은?

① 개인적인 수행성취
② 정신적 상태와 반응
③ 간접경험
④ 사회적 설득

알찬 해설

자기효능감에 영향을 미치는 요인(Lent, Brown & Hackett)
자기효능감은 다음 4가지 종류의 학습경험을 거쳐서 발전하게 된다.
- 개인적 수행성취(성취경험)
- 간접경험(대리경험)
- 사회적 설득
- 생리적 상태와 반응

전문가의 한마디

자기효능감은 한 수행영역에서 성공을 경험할 때는 강화되는 반면, 실패를 거듭할 때는 약화됩니다.

40

직무만족을 측정하기 위한 직무기술지표(Job Descriptive Index)의 구성내용이 아닌 것은?

① 직무 자체
② 감 독
③ 동료 작업자
④ 직무 환경

직무기술지표(JDI ; Job Description Index)

- 1969년 스미스(Smith) 등이 개발한 전형적인 요인별 직무만족도 측정도구이다.
- 직무(일 자체), 급여(임금), 승진(승진 기회), 감독, 동료 등 5가지 요인에 대해 총 72개 문항으로 구성되어 있다.
- 각 문항은 직무요인에 대한 간단한 질문으로 구성되어 있으며, '예(Y)/아니요(N)/잘 모르겠음(?)'의 세 가지 선택이 가능하다.
- 긍정적 항목에 '예(Y)'라고 답하거나 부정적 항목에 '아니요(N)'라고 답한 경우 3점, '잘 모르겠음(?)'에 답한 경우 1점, 표시하지 않은 경우 0점으로 하여 전체 점수를 합산한다.
- 직무기술지표는 직무에 대한 인지적 요소를 측정하기 위해 좋거나 나쁜 감정을 유도할 수 있는 형용사들을 조심스럽게 선택하도록 함으로써 감정적 요소에 의한 왜곡을 줄이고 있다.

전문가의 한마디

직무기술지표(JDI)는 직무, 급여, 승진, 감독, 동료 등 5가지 요인별로 형용사로 이루어진 문항들을 제시합니다. 응답자는 옆의 빈 칸에 '예(Y)/아니요(N)/잘 모르겠음(?)' 중 하나를 기입하게 됩니다.

> **예** 현재 직무상의 일(Work on Present Job)
> - _____ Fascinating(매력적인)
> - _____ Routine(반복적인)
> - _____ Satisfying(만족스러운)
> - _____ Boring(지루한)
> - _____ Creative(창의적인)
> - _____ On your feet(종일 서서 일하는)
> ⋮

제3과목 **고급직업정보론**

41

한국표준직업분류의 대분류와 직능 수준과의 관계가 틀린 것은?

① 전문가 및 관련 종사자 – 제4직능 수준 혹은 제3직능 수준 필요
② 사무 종사자 – 제2직능 수준 필요
③ 농림 · 어업 숙련 종사자 – 제2직능 수준 필요
④ 장치 · 기계 조작 및 조립 종사자 – 제1직능 수준 필요

알찬해설

한국표준직업분류(KSCO) 제7차 개정(2018)의 대분류별 직능 수준

분 류	대분류	직능 수준
1	관리자	제4직능 수준 혹은 제3직능 수준 필요
2	전문가 및 관련 종사자	제4직능 수준 혹은 제3직능 수준 필요
3	사무 종사자	제2직능 수준 필요
4	서비스 종사자	제2직능 수준 필요
5	판매 종사자	제2직능 수준 필요
6	농림 · 어업 숙련 종사자	제2직능 수준 필요
7	기능원 및 관련 기능 종사자	제2직능 수준 필요
8	장치 · 기계 조작 및 조립 종사자	제2직능 수준 필요
9	단순노무 종사자	제1직능 수준 필요
A	군 인	제2직능 수준 이상 필요

전문가의 한마디

2020년 4회 필기시험(49번)에서는 '농림 · 어업 숙련 종사자'의 직능 수준을 틀린 지문으로 제시하였습니다.

42

2018 한국고용직업분류(KECO)의 개정 내용에 대한 설명으로 틀린 것은?

① 대분류는 사용자의 직관성을 높이기 위해 10개 항목(기존 7개 항목)으로 개편하였다.
② 중분류 항목은 통계의 활용성을 높이기 위해 기존 24개에서 35개로 세분화 하였다.
③ '군인'은 구인·구직 현장에서 거의 활용이 되지 않아 대분류에서 제외하였다.
④ 직능유형의 구분 기준은 기존 '직무활동의 내용'에서 '직무수행의 결과물'로 변경하였다.

2018 한국고용직업분류(KECO)의 직능유형 구분 기준 변경

한국고용직업분류(2018) 개정에서는 대분류 중심 체계로 전환하면서 대분류상 직능유형의 구분 기준을 '직무활동의 내용'으로 바꾸었다. 이에 따라 '연구직 및 공학기술직'과 '건설·채굴직', '설치·정비·생산직' 등으로 새롭게 유형화되었다. 이는 한국고용직업분류(2007)의 중분류 중심 체계에서 특히, 건설과 제조 관련 중분류 직업군에 '직무수행의 결과물'이라는 기준을 적용한 것과는 다른 점이다.

전문가의 한마디

기존에는 건설 관련직, 기계 관련직, 재료 관련직, 화학 관련직, 섬유·의복 관련직, 전기·전자 관련직, 정보통신 관련직, 식품가공 관련직 등 많은 중분류 항목에 '직무수행의 결과물' 기준이 적용되어 유형화되었습니다. 그러나 구분 기준으로 '직무수행의 결과물'을 적용하게 되면 산업분류적 요소가 강하게 반영된 것처럼 보일 수 있기 때문에 한국고용직업분류(2018) 개정에서는 직능유형의 구분 기준을 새롭게 정립하고자 한 것입니다.

43

2019년 5월 워크넷 구인·구직 및 취업동향에서 신규구인인원 350명, 신규구직건수 910건, 취업건수가 210건이라면 구인배수는? (단, 소수 4째 자리에서 반올림)

① 0.154
② 0.231
③ 0.385
④ 0.615

해설

구인배수는 다음의 공식으로 나타낼 수 있다.

$$구인배수 = \frac{신규구인인원}{신규구직건수}$$

$구인배수 = \dfrac{350(명)}{910(건)} ≒ 0.384615$

∴ 약 0.385(소수 4째 자리에서 반올림)

전문가의 한마디

구인배수는 구직자 1명에 대한 구인 수를 나타내는 것으로, 이를 통해 취업의 용이성이나 구인난 등을 판단할 수 있습니다. 과거에는 '신규구직자 수'를 이용하여 '구인배율'을 산출했으나(신규구인인원÷신규구직자 수), 최근에는 '신규구직건수'를 이용하여 '구인배수'를 산출하고 있습니다(신규구인인원÷신규구직건수). 참고로 《워크넷 구인·구직 및 취업동향》을 발간하는 한국고용정보원에서도 이 두 가지를 명확히 구분하고 있지 않습니다.

44

한국표준산업분류에서 산업분류의 적용원칙으로 틀린 것은?

① 복합적인 활동단위는 우선적으로 세세분류 단계를 정확히 결정하고, 대, 중, 소, 세분류 단계 항목을 역순으로 결정하여야 한다.
② 생산단위는 산출물뿐만 아니라 투입물과 생산공정 등을 함께 고려하여 그들의 활동을 가장 정확하게 설명된 항목에 분류해야 한다.
③ 산업활동이 결합되어 있는 경우에는 그 활동단위의 주된 활동에 따라서 분류하여야 한다.
④ 공식적 생산물과 비공식적 생산물, 합법적 생산물과 불법적인 생산물을 달리 분류하지 않는다.

만점해설

① 복합적인 활동단위는 우선적으로 최상급 분류단계(대분류)를 정확히 결정하고, 순차적으로 중, 소, 세, 세세분류 단계 항목을 결정하여야 한다.

전문가의 한마디

2020년 4회 필기시험(45번)에서는 지문 ④번을 "공식적 생산물과 비공식적 생산물, 합법적 생산물과 불법적인 생산물은 구분한다"와 같이 틀린 지문으로 제시하여 문제를 출제한 바 있습니다.

45

워크넷의 채용정보 상세검색 시 기업형태의 구분에 해당하지 않는 것은?

① 외국계기업
② 공사합동기업
③ 일학습병행기업
④ 벤처기업

알찬해설

워크넷 채용정보 중 기업형태별 검색
• 대기업
• 공무원/공기업/공공기관
• 강소기업
• 코스피/코스닥
• 중견기업
• 외국계기업
• 일학습병행기업
• 벤처기업
• 청년친화강소기업
• 가족친화인증기업

전문가의 한마디

워크넷 홈페이지의 내용은 수시로 변경되는 경향이 있으므로, 해당 홈페이지(www.work.go.kr)를 반드시 살펴보시기 바랍니다. 참고로 최근 워크넷 채용정보 중 기업형태별 검색에서 '중견기업'이 새롭게 포함되었습니다. 다만, '중소기업', '금융권기업', '공사합동기업', '환경친화기업', '다문화가정지원기업' 등은 여전히 포함되어 있지 않다는 점을 반드시 기억해 두시기 바랍니다.

46

한국표준직업분류가 기준자료로 활용되는 분야를 모두 고른 것은?

> ㄱ. 각종 사회 · 경제통계조사의 직업단위 기준
> ㄴ. 취업알선을 위한 구인 · 구직안내 기준
> ㄷ. 직종별 급여 및 수당지급 결정 기준
> ㄹ. 직종별 특정질병의 이환율, 사망률과 생명표 작성 기준
> ㅁ. 산재보험요율, 생명보험요율 또는 산재보상액, 교통사고 보상액 등의 결정 기준

① ㄱ, ㄴ, ㄷ, ㄹ
② ㄱ, ㄷ, ㅁ
③ ㄴ, ㄹ, ㅁ
④ ㄱ, ㄴ, ㄷ, ㄹ, ㅁ

알찬 해설

한국표준직업분류(KSCO)가 기준자료로 활용되는 분야
- 각종 사회 · 경제통계조사의 직업단위 기준
- 취업알선을 위한 구인 · 구직안내 기준
- 직종별 급여 및 수당지급 결정 기준
- 직종별 특정질병의 이환율, 사망률과 생명표 작성 기준
- 산재보험요율, 생명보험요율 또는 산재보상액, 교통사고 보상액 등의 결정 기준

전문가의 한마디

한국표준직업분류(KSCO) 제7차 개정(2018)에서는 한국표준직업분류가 기준자료로 활용되는 분야를 문제의 보기 및 해설과 마찬가지로 5가지 제시하고 있습니다.

47

다음 설명에 해당하는 것은?

> • 산업현장의 실무형 인재육성을 위해 기업이 채용한 근로자에게 NCS 기반의 체계적인 교육훈련을 제공하여 기업맞춤형 인재육성을 지원하는 제도
> • 취업준비생과 기업 간 '인력 미스매치' 현상을 줄이기 위해 도입된 제도로 독일, 스위스식 도제제도를 국내 실정에 맞게 설계

① 실업자훈련
② 일학습병행
③ 재직자훈련
④ 과정평가형자격

만점 해설

② 일학습병행제는 산업현장의 실무형 인재양성을 위하여 기업이 취업을 원하는 청년 등을 학습근로자로 채용하여 맞춤형 체계적 훈련을 제공하고, 훈련종료 후 학습근로자 역량평가 및 자격인정을 통한 노동시장의 통용성을 확보하기 위한 제도이다.

① · ③ 기존 실업자와 재직자로 구분된 내일배움카드가 2020년 1월 1일부로 '국민내일배움카드'로 통합 · 개편되었다. 국민내일배움카드는 급격한 기술발전에 적응하고 노동시장 변화에 대응하는 사회안전망 차원에서 생애에 걸친 역량개발 향상 등을 위해 국민 스스로 직업능력개발훈련을 실시할 수 있도록 훈련비 등을 지원하는 제도이다.

④ 과정평가형 국가기술자격(과정평가형자격)은 국가직무능력표준(NCS) 기반 일정 요건을 충족하는 교육 · 훈련과정을 충실히 이수한 사람에게 내부 · 외부 평가를 거쳐 일정 합격기준을 충족하는 사람에게 국가기술자격을 부여하는 제도이다.

전문가의 한마디

일학습병행의 참여유형으로는 단독기업형, 공동훈련센터형, P-TECH(고숙련일학습병행), 산학일체형 도제학교, 전문대 재학생단계, IPP형 일학습병행 등이 있습니다.

네이버 카페 전문자격 시대로 cafe.naver.com/sdwssd

48

2019 한국직업전망의 일자리 전망 결과(세분류 수준)가 '증가(다소 증가 포함)'에 해당하는 직업명이 아닌 것은?

① 간병인
② 항공기조종사
③ 지리정보전문가
④ 비파괴검사원

알찬 해설

2019 한국직업전망의 일자리 전망 결과(세분류 수준 일부)

전 망	직업명
증 가	• 의 사 • 간호사 • 간병인 • 사회복지사 • 컴퓨터보안전문가 • 네트워크시스템개발자 • 에너지공학기술자 • 항공기조종사 등
다소 증가	• 경영 및 진단전문가 • 경찰관 • 기 자 • 노무사 • 손해사정사 • 약사 및 한약사 • 임상심리사 • 보육교사 • 택배원 • 연예인 및 스포츠매니저 • 지리정보전문가 • 직업상담사 및 취업알선원 등
유 지	• 건축가(건축사) • 기계공학기술자 • 토목공학기술자 • 조경기술자 • 경비원 • 상품판매원 • 초등학교교사 • 주방장 및 조리사 • 회계 및 경리사무원 • 금융 및 보험관련사무원 등
다소 감소	• 건축목공 • 조적공 및 석공 • 단순노무종사자 • 바텐더 • 사진가 • 이용사 • 텔레마케터 • 결혼상담원 및 웨딩플래너 • 비파괴검사원 • 판금원 및 제관원 등
감 소	• 어업 종사자 • 인쇄 및 사진현상관련조작원 등

전문가의 한마디

위의 해설은 『2019 한국직업전망』을 토대로 작성하였습니다. 앞선 2020년 4회 57번 문제 해설에서 『2021 한국직업전망』의 일자리 전망 결과를 제시한 것과 달리, 이 문제 해설에서 기존 한국직업전망(2019)을 그대로 제시한 이유는, 한국직업전망(2019)이 17개 분야 196개 직업에 대한 정보를 수록하였으나, 한국직업전망(2021)부터 주요 직종을 절반으로 나누어서 우선 9개 분야 220여개 직업에 대한 정보를 수록하고 2022년에 나머지 분야 및 해당 분야 직업에 대한 정보를 제공할 예정이기 때문입니다. 이와 같이 1999년부터 격년으로 발간되었던 한국직업전망서가 한국직업전망(2021)을 계기로 매년 발간될 예정입니다.

49

다음 중 '고용'을 주제로 하는 통계가 아닌 것은?

① 기업체노동비용조사
② 창업기업동향
③ 사업체노동실태현황
④ 일자리행정통계

알찬 해설

이 문제는 통계청의 국가통계포털(KOSIS) 주제별 통계의 개정 전 내용에 해당하므로, 해설의 내용을 간단히 살펴본 후 넘어가도록 한다. 국가통계포털(KOSIS) 주제별 통계는 과거 '고용 · 노동 · 임금'이 '고용 · 임금'으로 변경된 바 있는데, 최근에는 이를 '노동'과 '임금'으로 분리하여 제시하고 있다. 2021년 7월 기준 '노동'을 주제로 하는 통계는 다음과 같다.

- 경제활동인구조사
- 지역별고용조사
- 이민자체류실태및고용조사
- 육아휴직통계
- 고용형태별근로실태조사
- 사업체노동실태현황(③)
- 사업체노동력조사
- 일자리행정통계(④)
- 경력단절여성등의경제활동실태조사
- 노동생산성지수
- 직종별사업체노동력조사
- 장애인구인구직및취업동향
- 장애인경제활동실태조사
- 근로환경조사
- 여성관리자패널조사
- 장애인고용패널조사
- 산업기술인력수급실태조사
- 기업체장애인고용실태조사
- 고용허가제고용동향
- 전국노동조합조직현황
- 고령자고용현황
- 구직급여신청동향
- 장애인의무고용현황
- 산재보험통계
- 임금근로일자리동향행정통계
- 노사분규통계
- 작업환경실태조사
- 산재보험패널조사
- 기업직업훈련실태조사
- 박사인력활동조사
- 사업체기간제근로자현황조사
- 일자리이동통계
- 한국노동패널조사
- 고용보험통계
- 대졸자직업이동경로조사
- 워크넷구인구직및취업동향
- 청년패널조사

참고로 문제 출제 당시 정답은 ②로 발표되었다.

전문가의 한마디

2021년 7월 기준 국가통계포털(KOSIS) 주제별 통계에서 지문 ①번의 '기업체노동비용조사'는 '임금'을 주제로 하는 통계로, 지문 ②번의 '창업기업동향'은 '기업경영'을 주제로 하는 통계로 분류되고 있습니다.

50

한국직업사전의 본 직업정보 중 수행직무를 기술하는 원칙으로 틀린 것은?

① 해당 작업원이 주어일 때는 주어를 생략하지 않으나, 다른 작업원이 주어일 때에는 주어를 생략한다.
② 작업의 본질을 표현하는 동사와 그것을 규정하는 수식어를 적절히 사용하여 문장을 완성하며 직무의 특성이 나타나지 않는 일반적인 문장은 가급적 피한다.
③ 문체는 항상 현재형으로 기술한다. 즉 "……한다", "……이다"의 형식이 된다.
④ 내용기술은 시간적 순서(작업순서)에 의해 작성한다.

알찬 해설

수행직무를 기술하는 원칙 (출처 : 2020 한국직업사전)
- 해당 작업원이 주어일 때는 주어를 생략하나, 다른 작업원이 주어일 때에는 주어를 생략하지 않는다.(①)
- 작업의 본질을 표현하는 동사와 그것을 규정하는 수식어를 적절히 사용하여 문장을 완성한다. 직무의 특성이 나타나지 않는 일반적인 문장은 가급적 피한다. (②)
- 문체는 항상 현재형으로 기술한다. 즉 "……한다", "……이다"의 형식이 된다.(③)
- 작업의 내용을 기술할 때 추상적인 언어는 사용하지 않는다.
- 문체는 간결한 문장으로 한다.
- 내용기술은 시간적 순서(작업순서)에 의해 작성한다. (④)
- 전체를 정확히 파악하여 중요한 내용을 모두 기술한다.

- 주된 직무보다 빈도나 중요도는 낮으나 수행이 가능한 작업에 대해서는 '수행직무'에서 "～하기도 한다"로 표현한다. "～하기도 한다"라는 문장은 이 직업에 종사하는 사람이 가끔 이런 작업을 수행할 것이라는 의미가 아니라 다른 사업체에 있는 이 직업에 종사하는 사람이 일반적으로 수행하거나 수행 가능한 작업을 나타낸다.
- 외래어의 정확한 이해를 위해 원어(原語)를 함께 표기한다.

전문가의 한마디

『한국직업사전』의 본 직업정보 중 '수행직무'는 직무담당자가 직무의 목적을 완수하기 위하여 수행하는 구체적인 작업(Task) 내용을 작업순서에 따라 서술한 것입니다.

51
한국표준산업분류(2017)의 대분류 명칭이 아닌 것은?

① 가사서비스업
② 광 업
③ 도매 및 소매업
④ 예술, 스포츠 및 여가관련 서비스업

알찬해설

한국표준산업분류(KSIC) 제10차 개정(2017)의 대분류

대분류	항목명	대분류	항목명
A	농업, 임업 및 어업	L	부동산업
B	광 업	M	전문, 과학 및 기술 서비스업
C	제조업	N	사업시설 관리, 사업 지원 및 임대 서비스업
D	전기, 가스, 증기 및 공기조절 공급업	O	공공 행정, 국방 및 사회보장 행정
E	수도, 하수 및 폐기물 처리, 원료 재생업	P	교육 서비스업
F	건설업	Q	보건업 및 사회복지 서비스업
G	도매 및 소매업	R	예술, 스포츠 및 여가관련 서비스업
H	운수 및 창고업	S	협회 및 단체, 수리 및 기타 개인 서비스업
I	숙박 및 음식점업	T	가구 내 고용활동 및 달리 분류되지 않은 자가 소비 생산활동
J	정보통신업	U	국제 및 외국기관
K	금융 및 보험업	-	-

전문가의 한마디

한국표준산업분류(KSIC)의 대분류와 한국표준직업분류(KSCO)의 대분류를 혼동하지 않도록 주의합시다. 참고로 2020년 4회 필기시험(46번)에서 한국표준직업분류(KSCO)의 대분류가 출제된 바 있습니다.

52

다음과 같은 조사방법의 특징으로 옳은 것은?

> 직업에 대한 한국사회의 인식변화를 알아보고자 과거 10년간 한국의 주요 일간지 보도자료를 분석하고자 한다.

① 표집(Sampling)이 불가능하다.
② 수량분석이 불가능하다.
③ 인간의 모든 형태의 의사소통 기록물을 활용할 수 있다.
④ 사전조사가 따로 필요치 않다.

만점 해설

③ 내용분석(Content Analysis)은 여러 가지 문서화된 매체들을 중심으로 연구대상에 필요한 자료들을 수집하는 방법이다. 특히 분석의 대상으로 인간의 모든 형태의 의사소통 기록물을 활용할 수 있는데, 책 등의 출판물, 신문·잡지·TV·라디오·영화 등의 대중매체는 물론 각종 공문서나 회의록, 개인의 일기·편지·자서전, 상담에 관한 기록자료, 심지어 녹음 또는 녹화자료를 비롯하여 각종 그림이나 사진 등의 영상자료까지 포함한다.
① 문헌자료의 모집단은 연구자가 분석하고자 하는 모든 자료에 해당한다. 그러나 일반적으로 연구자가 활용할 수 있는 문헌자료는 그 양이 매우 방대하므로 표집(Sampling)을 해야 한다. 예를 들어, 과거 10년간 한국의 주요 일간지 보도자료를 분석하기 위해 매년 3개월(예 10월~12월)치의 분량으로 한정하고, 그중 내용분석을 위해 특정 영역(예 기사, 사설, 논평 등)만을 추출할 수 있다.
② 내용분석은 자료를 수량화(계량화)하여 분석하는 방법이다. 특히 내용분석 자료의 수량화를 위해 출현체계(Appearance System), 빈도체계(Frequency System), 시간/공간체계(Time/Space System), 강도체계(Intensity System) 등의 4가지 체계가 활용된다.
④ 사전조사(사전검사)는 코딩체계(부호화체계)를 내용분석에 사용하기 전에 실시한다. 이는 2명 이상의 코딩하는 사람을 사용할 경우 이들 간의 신뢰도가 어느 정도 일치하는지 파악하기 위한 것으로서, 이를 통해 실제 코딩에 앞서 사전연습의 수행 여부를 결정하게 된다.

전문가 의 한마디

이 문제는 사회복지사 1급 제12회 기출문제를 약간 변형한 것으로, 사회복지사 시험에서는 문제의 보기를 다음과 같이 제시하였습니다.

> 보편적 복지에 대한 한국사회의 인식변화를 알아보고자 과거 10년간 한국의 주요 일간지 보도자료를 분석하고자 한다.

53

직업정보에 대한 일반적인 평가기준을 모두 고른 것은?

> ㄱ. 누가 만든 것인가
> ㄴ. 언제 만들어진 것인가
> ㄷ. 누구를 대상으로 한 것인가
> ㄹ. 어떤 목적으로 만든 것인가
> ㅁ. 자료를 어떤 방식으로 수집했는가

① ㄱ, ㄹ, ㅁ
② ㄴ, ㄷ, ㄹ
③ ㄱ, ㄴ, ㄷ, ㅁ
④ ㄱ, ㄴ, ㄷ, ㄹ, ㅁ

알찬 해설

직업정보의 일반적인 평가 기준(Hoppock)
• 언제 만들어진 것인가?
• 어느 곳을(누구를) 대상으로 한 것인가?
• 누가 만든 것인가?
• 어떤 목적으로 만든 것인가?
• 자료를 어떤 방식으로 수집하고 제시했는가?

전문가의 한마디

직업정보는 여러 가지 다양한 형태로 발견할 수 있는데, 따라서 직업상담사를 비롯하여 학생, 구직자 등 직업정보를 필요로 하는 사람들은 자신들이 습득한 직업정보가 얼마나 정확하고 신뢰도가 높은지를 평가해 보아야 합니다.

54

직업정보 수집을 위한 우편조사, 전화조사, 대면면접조사를 비교하여 설명한 내용이 옳은 것은?

① 일반적으로 우편조사의 응답률이 가장 높다.
② 우편조사와 전화조사는 자기기입식 자료수집 방법이다.
③ 대면면접조사에서는 추가질문하기가 가장 어렵다.
④ 어린이나 노인에게는 대면면접조사가 가장 적절하다.

알찬해설

대면면접조사(대인면접조사)의 장점
• 한정적인 조사영역에 대해 구체적 · 세부적 · 심층적인 조사가 가능하다.
• 면접 상황 및 환경에 따라 질문지의 내용을 수정 · 보충 · 삭제하는 등 자료수집에 있어서 신축적인 운용이 가능하다.
• 타 자료수집 방법과 비교해 볼 때 회수율(혹은 응답률)이 매우 높다.
• 문자해독 능력이 부족한 어린이나 노인, 전화나 우편 등으로 접근하기 어려운 재소자나 격리수용 환자 등의 자료수집에 적합한 방법이다.(④)
• 자료수집이 현장에서 이루어지므로, 조사자가 응답자의 응답 내용에 대한 신빙성을 판단할 수 있다.

전문가의 한마디

개인적 자기기입식 자료수집방법은 자료수집의 구체적인 절차에 따라 '집합조사법', '배포조사법', '우편조사법'으로 구분하기도 합니다.

55

응시자격에 제한이 있는 국가기술자격 종목은?

① 텔레마케팅관리사
② 스포츠경영관리사
③ 임상심리사 2급
④ 사회조사분석사 2급

알찬해설

응시자격에 제한이 없는 서비스 분야 국가기술자격 종목(국가기술자격법 시행규칙 제10조의2 및 별표11의4 참조)
• 사회조사분석사 2급
• 전자상거래관리사 2급
• 직업상담사 2급
• 소비자전문상담사 2급
• 컨벤션기획사 2급
• 게임그래픽전문가
• 게임기획전문가
• 게임프로그래밍전문가
• 멀티미디어콘텐츠제작전문가
• 비서 1급 · 2급 · 3급
• 컴퓨터활용능력 1급 · 2급
• 워드프로세서
• 한글속기 1급 · 2급 · 3급
• 전산회계운용사 1급 · 2급 · 3급
• 스포츠경영관리사
• 전자상거래운용사
• 텔레마케팅관리사

전문가의 한마디

임상심리사 2급의 응시자격은 다음의 어느 하나에 해당합니다.

- 임상심리와 관련하여 1년 이상 실습수련을 받은 사람 또는 2년 이상 실무에 종사한 사람으로서 대학졸업자 및 그 졸업예정자
- 외국에서 동일한 종목에 해당하는 자격을 취득한 사람

56

한국표준산업분류의 분류구조 및 부호체계에 대한 설명으로 틀린 것은?

① 분류구조는 대분류, 중분류, 소분류, 세분류, 세세분류 등 5단계로 구성된다.
② 부호 처리를 할 경우에는 아라비아 숫자만을 사용하도록 했다.
③ 권고된 국제분류 ISIC Rev.4를 기본체계로 하였으나, 국내 실정을 고려하여 국제분류의 각 단계 항목을 분할, 통합 또는 재그룹화하여 독자적으로 분류 항목과 분류 부호를 설정하였다.
④ 중분류의 번호는 00부터 99까지 부여하였으며, 대분류별 중분류 추가여지를 남겨놓기 위하여 대분류 사이에 번호 여백을 두었다.

알찬해설

한국표준산업분류(KSIC)의 분류구조 및 부호체계 [출처 : 한국표준산업분류(2017)]

- 분류구조는 대분류(알파벳 문자 사용/Section), 중분류(2자리 숫자 사용/Division), 소분류(3자리 숫자 사용/Group), 세분류(4자리 숫자 사용/Class), 세세분류(5자리 숫자 사용/Sub-Class) 5단계로 구성된다.(①)
- 부호 처리를 할 경우에는 아라비아 숫자만을 사용하도록 했다.(②)
- 권고된 국제분류 ISIC Rev.4를 기본체계로 하였으나, 국내 실정을 고려하여 국제분류의 각 단계 항목을 분할, 통합 또는 재그룹화하여 독자적으로 분류 항목과 분류 부호를 설정하였다.(③)

- 분류 항목 간에 산업 내용의 이동을 가능한 억제하였으나 일부 이동 내용에 대한 연계분석 및 시계열 연계를 위하여 부록에 수록된 신구 연계표를 활용하도록 하였다.
- 중분류의 번호는 01부터 99까지 부여하였으며, 대분류별 중분류 추가여지를 남겨놓기 위하여 대분류 사이에 번호 여백을 두었다.(④)
- 소분류 이하 모든 분류의 끝자리 숫자는 "0"에서 시작하여 "9"에서 끝나도록 하였으며, "9"는 기타 항목을 의미하며 앞에서 명확하게 분류되어 남아 있는 활동이 없는 경우에는 "9" 기타 항목이 필요 없는 경우도 있다. 또한 각 분류 단계에서 더 이상 하위분류가 세분되지 않을 때는 "0"을 사용한다(예 중분류 02/임업, 소분류/020).

전문가의 한마디

한국표준산업분류(KSIC)의 분류구조 및 부호체계는 제9차 개정(2008)과 제10차 개정(2017)에서 내용상 별다른 차이가 없습니다.

57

근로자 직업능력개발훈련 지원금 지급을 위한 원격훈련과정의 수료기준으로 옳은 것은?

① 훈련기간 종료일까지 진행단계 평가 및 최종평가를 이수하고 평가성적이 60점(100점 만점 기준) 이상일 것
② 훈련기간 종료일까지 진행단계 평가 및 최종평가를 이수하고 평가성적이 80점(100점 만점 기준) 이상일 것
③ 학습진도율이 100분의 50 이상일 것(단, 1일 학습시간은 8시간(8차시)을 초과할 수 없다)
④ 학습진도율이 100분의 70 이상일 것(단, 1일 학습시간은 8시간(8차시)을 초과할 수 없다)

알찬해설

이 문제는 국민내일배움카드제 관련 행정규칙의 개정 전 내용에 해당하므로, 해설의 내용을 간단히 살펴본 후 넘어가도록 한다. 기존 실업자와 재직자로 구분된 내일배움카드가 2020년 1월 1일부로 '국민내일배움카드'로 통합·개편되었다. 현행 국민내일배움카드의 훈련비 등 지급을 위한 훈련과정별 수료기준은 다음과 같다(국민내일배움카드 운영규정 제38조 제1항 제1호 참조).

집체훈련과정	소정훈련일수의 80% 이상을 출석한 경우
원격훈련과정	• 학습진도율이 80% 이상이고 훈련기간 종료일까지 최종평가에 응시하여 그 평가점수가 60점 이상일 것(100점 만점 기준). 다만, 최종평가 응시자의 평가점수가 60점 미만인 경우라도 훈련기간 종료일의 다음 날부터 1주일이 되는 날까지 재평가를 통해 60점 이상인 경우에는 수료한 것으로 본다. • 디지털 기초역량훈련과정(K-디지털 크레딧) 및 플랫폼 종사자 특화훈련은 학습진도율이 80% 이상인 경우에 수료한 것으로 본다.
혼합훈련과정	집체훈련과정의 출석률과 원격훈련과정의 학습진도율이 각각 80% 이상인 경우

참고로 문제 출제 당시 정답은 ①로 발표되었다.

전문가의 한마디

위의 해설은 「국민내일배움카드 운영규정」(고용노동부 고시 제2021-58호)을 토대로 작성하였습니다.

58

다음 설명에 해당하는 한국표준산업분류의 통계단위는?

> 일정한 물리적 장소에서 단일 산업활동을 독립적으로 수행하며, 영업잉여에 관한 통계를 작성할 수 있고 생산에 관한 의사결정에 있어서 자율성을 갖고 있는 단위이므로 장소의 동질성과 산업활동의 동질성이 요구되는 생산통계 작성에 가장 적합한 통계단위라고 할 수 있다.

① 기업집단 단위
② 활동유형 단위
③ 사업체 단위
④ 지역 단위

알찬해설

한국표준산업분류(KSIC)상 사업체 단위와 기업체 단위
[출처 : 한국표준산업분류(2017)]

사업체 단위	• 공장, 광산, 상점, 사무소 등과 같이 산업활동과 지리적 장소의 양면에서 가장 동질성이 있는 통계단위이다. • 일정한 물리적 장소에서 단일 산업활동을 독립적으로 수행하며, 영업잉여에 관한 통계를 작성할 수 있고 생산에 관한 의사결정에 있어서 자율성을 갖고 있는 단위이므로, 장소의 동질성과 산업활동의 동질성이 요구되는 생산통계 작성에 가장 적합한 통계단위라고 할 수 있다.
기업체 단위	• 재화 및 서비스를 생산하는 법적 또는 제도적 단위의 최소 결합체로서 자원배분에 관한 의사결정에서 자율성을 갖고 있다. • 기업체는 하나 이상의 사업체로 구성될 수 있다는 점에서 사업체와 구분되며, 재무관련 통계작성에 가장 유용한 단위이다.

전문가의 한마디

사실 실제 운영면에서 사업체 단위에 대한 정의가 엄격하게 적용될 수 있는 것은 아닙니다. 실제 운영상 사업체 단위는 "일정한 물리적 장소 또는 일정한 지역 내에서 하나의 단일 또는 주된 경제활동에 독립적으로 종사하는 기업체 또는 기업체를 구성하는 부분 단위"라고 정의할 수 있습니다.

59

해당 국가기술자격의 종목에 관한 공학적 기술이론 지식을 가지고 설계·시공·분석 등의 업무를 수행할 수 있는 능력 보유를 검정하는 국가기술자격 등급은?

① 기술사
② 기 사
③ 산업기사
④ 기능장

알찬 해설

국가기술자격 검정의 기준(국가기술자격법 시행령 제14조 제1항 및 별표3 참조)

- 기술사 : 해당 국가기술자격의 종목에 관한 고도의 전문지식과 실무경험에 입각한 계획·연구·설계·분석·조사·시험·시공·감리·평가·진단·사업관리·기술관리 등의 업무를 수행할 수 있는 능력 보유
- 기능장 : 해당 국가기술자격의 종목에 관한 최상급 숙련기능을 가지고 산업현장에서 작업관리, 소속 기능인력의 지도 및 감독, 현장훈련, 경영자와 기능인력을 유기적으로 연계시켜 주는 현장관리 등의 업무를 수행할 수 있는 능력 보유
- 기사 : 해당 국가기술자격의 종목에 관한 공학적 기술이론 지식을 가지고 설계·시공·분석 등의 업무를 수행할 수 있는 능력 보유
- 산업기사 : 해당 국가기술자격의 종목에 관한 기술기초이론 지식 또는 숙련기능을 바탕으로 복합적인 기초기술 및 기능업무를 수행할 수 있는 능력 보유
- 기능사 : 해당 국가기술자격의 종목에 관한 숙련기능을 가지고 제작·제조·조작·운전·보수·정비·채취·검사 또는 작업관리 및 이에 관련되는 업무를 수행할 수 있는 능력 보유

전문가의 한마디

위의 해설 내용은 다음과 같이 간략히 암기해 두시기 바랍니다.

- 기술사 : 고도의 전문지식
- 기능장 : 최상급 숙련기능
- 기사 : 공학적 기술이론
- 산업기사 : 기술기초이론 + 숙련기능
- 기능사 : 숙련기능

60

한국표준직업분류의 다수 직업 종사자의 분류원칙이 아닌 것은?

① 취업시간 우선의 원칙
② 최상급 직능수준 우선 원칙
③ 수입 우선의 원칙
④ 조사 시 최근의 직업 원칙

알찬 해설

직업분류 원칙 [출처 : 한국표준직업분류(2018)]

직업분류의 일반원칙	· 포괄성의 원칙 · 배타성의 원칙
포괄적인 업무에 대한 직업분류 원칙	· 주된 직무 우선 원칙 · 최상급 직능수준 우선 원칙 · 생산업무 우선 원칙
다수 직업 종사자의 분류원칙	· 취업시간 우선의 원칙 · 수입 우선의 원칙 · 조사 시 최근의 직업 원칙
순서배열 원칙	· 한국표준산업분류(KSIC) · 특수─일반분류 · 고용자 수와 직능수준, 직능유형 고려

전문가의 한마디

2020년 4회 필기시험(60번)에서는 한국표준직업분류(KSCO)의 '포괄적인 업무에 대한 직업분류 원칙'을 묻는 문제가 출제된 바 있습니다.

제4과목 노동시장론

61

역사적으로 가장 오래되고, 숙련노동자가 노동시장을 배타적으로 독점하기 위해 조직한 노동조합의 형태는?

① 직업별 노동조합   ② 기업별 노동조합
③ 산업별 노동조합   ④ 일반 노동조합

만점해설

① 직업별 노동조합(Craft Union)은 동일직업, 동일직종에 종사하는 근로자가 산업·기업의 구별 없이 개인 가맹의 형태로 결성한 노동조합으로, 직종별 혹은 직능별 노동조합이라고도 한다. 역사상 가장 오래된 조직으로서, 산업혁명 초기 숙련 근로자가 노동시장을 독점하기 위해 조직하였다.

② 기업별 노동조합(Company Union)은 하나의 기업에 종사하는 근로자들이 직종의 구별 없이 종단적으로 조직된 노동조합으로서, 하나의 기업이 조직상의 단위가 된다. 일반적으로 근로자의 의식이 아직 횡단적 연대의식을 뚜렷이 갖지 못하는 단계에서 조직되거나 동종 산업 또는 동일 직종이라 하더라도 그 단위 기업 간의 시설규모나 지불능력의 차이로 말미암아 기업격차가 큰 곳에서 많이 나타난다.

③ 산업별 노동조합(Industrial Union)은 동종의 산업에 종사하는 근로자들에 의해 직종과 기업을 초월하여 횡적으로 조직된 노동조합 형태이다. 산업혁명이 진행됨에 따라 대량의 미숙련 근로자들이 노동시장에 진출하면서 이들의 권익을 보호하기 위해 발달한 것으로, 오늘날 전 세계적으로 채택되고 있는 조직형태이다.

④ 일반 노동조합(General Union)은 제2차 세계대전 이후 노동조합의 연대에 합류하지 못한 노동자들로서 주로 완전 미숙련 노동자들이나 잡역 노동자들이 중심이 되어 전국의 노동자들을 규합함으로써 만들어진 단일 노동조합이다.

전문가의 한마디

직업별(직종별) 노동조합은 특별한 기능이나 직업 또는 숙련도에 따라 조직된 배타적이며 동일직업의식이 강한 노동조합에 해당합니다.

62

명목임금, 물가 및 실질임금 간의 관계에 관한 설명으로 가장 적합한 것은?

① 명목임금이 일정할 때 물가가 하락하면 실질임금은 상승한다.
② 명목임금이 일정할 때 물가가 하락해도 실질임금은 일정하다.
③ 명목임금이 상승하고 물가도 상승하면 실질임금은 하락한다.
④ 명목임금이 일정할 때 물가가 상승하면 실질임금도 상승한다.

알찬해설

실질임금(Real Wages)

실질임금은 물가가 상승된 효과를 제거한 실질적인 임금액 또는 임금의 실질적인 구매력을 나타낸 것이다. 기준연도와 비교연도 사이의 물가상승지수로 비교연도의 명목임금을 나누어서 비교연도의 실질임금을 산출한다. 이때 소비자물가의 상승효과를 제거하기 위해 사용되는 물가지수는 보통 전도시소비자물가지수이다.

$$실질임금 = \frac{명목임금}{소비자물가지수} \times 100$$

전문가의 한마디

실질임금의 산출 공식은 명목임금이 일정할 때 물가가 하락하면 실질임금이 상승하고, 명목임금이 아무리 높은 율로 상승하더라도 물가가 그보다 높은 율로 상승하면 실질임금은 하락하는 원리를 보여줍니다.

63

다음 중 보상적 임금격차가 발생하게 되는 경우가 아닌 것은?

① 노동생산성이 높다.
② 벽지에서 근무한다.
③ 교육훈련을 많이 받아야 한다.
④ 산업재해의 발생 가능성이 높다.

알찬 해설

보상적 임금격차의 발생 원인(Smith)

- 고용의 안정성 여부(금전적 위험) : 어떤 직업의 고용이 불안정하여 실업할 가능성이 크다면, 실업으로 인한 소득상실을 보상해 줄 정도로 높은 임금을 지불해 주어야 한다.
- 작업의 쾌적함 정도(비금전적 차이) : 어떤 직업의 작업내용이 다른 직업에 비해 위험이 따르고 작업환경 또한 열악하다면, 이 직업에 대해서는 더 많은 임금을 지불하여 비금전적 불이익을 보상해 주어야 한다.
- 교육훈련 비용의 여부(교육훈련 기회의 차이) : 어떤 직업에 취업하기 위해 교육 및 훈련비용이 들어간다면, 이 비용은 이자를 붙여 임금으로 회수되어야 할 것이다.
- 책임의 정도 : 의사, 변호사, 보석 세공인 등은 막중한 책임이 따르는 일에 종사한다. 따라서 이러한 직업 종사자들은 그들에게 맡겨진 큰 책임으로 인해 높은 임금을 지불해 주어야 한다.
- 성공 또는 실패의 가능성 : 임금소득이 보장되지 않아 장래가 불확실한 일에 종사하는 사람들에게는 보다 높은 임금을 지불해 주어야 한다.

전문가의 한마디

보상적 임금격차의 발생 원인에 대해서는 교재마다 약간씩 다르게 제시되어 있으나 내용상 큰 차이는 없습니다. 참고로 산업재해의 발생이나 직업병 발병 가능성, 중노동 혹은 격무, 벽지근무 등은 '비금전적 차이'의 예로 볼 수 있습니다.

64

다음은 무엇에 관한 설명인가?

> 노동자의 과거 생산기록에 의해 일정 생산량 완성에 필요한 표준시간을 설정한 후 작업이 표준시간보다 일찍 완성된 경우, 실제 작업시간에 대해서는 보장된 시간당 임금률을 지급하고, 표준시간보다 절약된 시간에 대해서는 절약된 시간의 일정비율에 해당하는 임금을 프리미엄으로 지불하는 방식

① 로완(Rowan) 할증급제
② 테일러(Taylor) 성과급제
③ 할시(Halsey) 할증급제
④ 디머(Diemer) 할증급제

알찬 해설

할시제 혹은 할시 할증급제(Halsey Plan)

- 일급제나 이익분배제 등의 결함을 시정하기 위해 시간급임금과 생산고임금을 절충한 방식이다.
- 과거의 경험을 통해 정한 표준작업시간보다 시간을 단축하여 작업을 완수하는 경우 절약된 시간만큼 시간당 일정비율의 임률(賃率)을 적용하여 임금을 추가로 지급한다.
- 빠른 작업완수에 따라 절약된 직접비용의 일정비율은 회사에게 배분하며, 나머지 일정비율(예 1/2 또는 1/3)은 종업원에게 배분하게 된다.

전문가의 한마디

할시 할증급제에서 종업원의 시간당 임률이 5,000원이고 특정 작업의 표준작업시간이 10시간인데, 그 종업원이 작업을 7시간 만에 완수하여 3시간이 절약됐다면,

- 기본급 : 5,000(원)×7시간 = 35,000(원)
- 할증급 : 5,000(원)×3시간×$\frac{1}{3}$ = 5,000(원) (단, 1/3 절약임금분배율 적용)

이와 같이 종업원은 총 40,000원의 임금을 받게 되고, 이를 시간당 임금으로 환산하면 약 5,714원(40,000/7)이 됩니다.

65

노동시장 내 경제활동인구는 총 400만명이고, 이 중 취업자가 250만명일 경우 실업률은?

① 20.5% ② 37.5%
③ 40.5% ④ 45.5%

알찬 해설

실업률은 다음의 공식으로 나타낼 수 있다.

$$실업률(\%) = \frac{실업자\ 수^*}{경제활동인구\ 수^{**}} \times 100$$

* 실업자 수 = 경제활동인구 수 − 취업자 수(임금근로자 +비임금근로자)
** 경제활동인구 수 = 15세 이상 인구 수 − 비경제활동인 구 수(또는 경제활동인구 수 = 취업자 수+실업자 수)

• 실업자 수 = 400(만명) − 250(만명) = 150(만명)

• 실업률(%) = $\frac{150(만명)}{400(만명)} \times 100 = 37.5(\%)$

∴ 37.5%

전문가의 한마디

경제활동인구를 구하는 두 가지 공식을 반드시 기억해 두세요. 직업상담사 시험에서는 두 가지 산출방식이 모 두 출제되고 있습니다.

66

기혼여성의 경제활동참가율을 결정하는 요인이 될 수 있는 것을 모두 고른 것은?

ㄱ. 배우자의 실질임금
ㄴ. 취학 이전 자녀의 수
ㄷ. 기혼여성의 교육수준

① ㄱ, ㄴ
② ㄱ, ㄷ
③ ㄴ, ㄷ
④ ㄱ, ㄴ, ㄷ

알찬 해설

기혼여성의 경제활동참가율을 높이는 요인

• 법적 · 제도적 장치의 확충(육아 및 유아교육시설의 증설)
• 시장임금의 상승
• 남편 소득의 감소(배우자의 실질임금 감소)(ㄱ)
• 자녀수의 감소(출산율 저하)(ㄴ)
• 가계생산기술의 향상(노동절약적 가계생산기술의 향상)
• 고용시장의 유연화(시간제근무자 또는 단시간근무자 에 대한 기업의 수요 증가)
• 여성의 높은 교육수준(ㄷ)

전문가의 한마디

기혼여성의 경제활동참가율을 낮추는 요인은 위의 해설 내용을 반대로 적용하여 유추할 수 있습니다.

• 법적 · 제도적 장치의 부족
• 시장임금의 하락
• 남편 소득의 증가
• 자녀수의 증가
• 가계생산기술의 낙후
• 고용시장의 경직
• 여성의 낮은 교육수준

67

생산물시장과 노동시장이 완전경쟁적일 때 기업의 이윤이 극대화되는 경우는?

① 노동의 한계생산이 실질임금보다 클 때
② 노동의 한계생산이 실질임금보다 작을 때
③ 노동의 한계생산과 실질임금이 같을 때
④ 노동의 수요와 공급이 같을 때

이윤극대화 노동수요의 조건

기업은 노동을 1단위 추가로 고용했을 때 얻게 되는 노동의 한계생산물가치(VMP_L ; Value of Marginal Product of Labor)와 기업이 노동자에게 지급하는 한계비용으로서의 임금률(W ; Wage)이 같아질 때까지 고용량을 증가시킬 때 이윤을 극대화할 수 있다. 이를 공식으로 나타내면 다음과 같다.

> 노동의 한계생산물가치($VMP_L = P \cdot MP_L$) = 임금률(W)
> (단, P는 생산물가격, VMP_L은 노동의 한계생산량)

전문가의 한마디

단기에 기업은 노동 한 단위를 생산에 더 투입할 때 기업에 가져다주는 추가적인 수입과 노동의 가격인 임금을 비교하여 고용량을 결정하게 됩니다. 이때 노동의 한계생산(량)인 MP_L은 물적 개념이므로, 이를 시장의 생산물가격(P)으로 곱한 노동의 한계생산물가치인 VMP_L를 통해 이윤극대화 노동수요의 조건을 설명하게 됩니다. 경쟁시장 하의 기업은 시장에서 수요공급에 의해 결정되는 생산물가격(P)을 단지 수용할 따름입니다.

68

경영참가제도의 긍정적인 역할에 대한 설명으로 틀린 것은?

① 대결이 아닌 협의를 통해 노사문제를 해결함으로써 노사 상호신뢰를 증대시킬 수 있다.
② 노동조합이나 근로자에 대한 사용자의 이해를 높일 수 있다.
③ 기업과 경영에 관한 근로자의 이해를 높일 수 있다.
④ 경영에 재능이 있는 근로자나 노조지도자가 회사의 경영자로 선임되는 경력통로가 된다.

경영참가제도의 긍정적인 역할(Mills)

• 첫째, 노사 간의 상호신뢰를 증진한다.
• 둘째, 노동조합이나 근로자에 대한 사용자의 이해를 증진한다.
• 셋째, 기업과 기업경영에 대한 근로자의 이해를 높인다.

전문가의 한마디

근로자의 경영참가는 근로자의 참가를 통해 기업의 생산성을 향상시키고, 노사 간의 공동이익을 증진시킬 수 있다는 인식에서 나왔습니다. 참고로 근로자의 경영참가형태는 단체교섭에 의한 참가, 노사협의회에 의한 참가, 근로자중역 · 감사역제에 의한 참가 등으로 구분할 수 있습니다.

69

근로자들이 현금이 아닌 부가급여 형태의 보상을 선호하게 되는 이유와 가장 거리가 먼 것은?

① 조세감면의 혜택이 있으므로
② 현금보다 현물이 근로자의 효용을 더욱 증가시키므로
③ 이연보수형태가 저축의 성격을 지니므로
④ 현물형태의 급여는 대량 내지 할인된 가격으로 구입이 가능하므로

만점해설

② 동일한 가치의 보상을 전제로 할 때 현물보다는 현금을 받는 것이 근로자의 효용을 극대화하는 것이다. 근로자들은 현금으로 자신이 희망하는 재화와 서비스를 가장 자유롭게 선택 및 구입할 수 있기 때문이다.

근로자의 부가급여 선호 이유

- 근로소득세의 부담이 감소한다.
- 현물형태의 급여는 대량 할인되어 구입하므로 실제로 근로자에게 이익이 돌아간다.
- 이연보수 혹은 연기된 보상이 저축의 성격을 지니므로 퇴직 이후 노후대책에 유리하며, 조세상의 혜택 또한 받을 수 있다. 예를 들어, 연금 또는 퇴직금의 노령기 수령은 세율이 낮다.

전문가의 한마디

이연보수 혹은 연기된 보상(Deferred Compensation)은 '즉각적 보상'과 대비되는 것으로서, 노동소득이 현재 발생하지만 화폐형태로의 지불은 이연(연기) 내지 유예되는 것을 말합니다. 즉, 연금이나 퇴직금과 같이 근로자의 재직기간 중 발생하였으나 지급이 연기된 보상을 의미합니다.

70

소득−여가 평면에서 한계대체율(MRS)이 의미하는 내용과 가장 거리가 먼 것은?

① 가계임금율(Home Wage Rate)
② 요구임금율(Asking Wage Rate)
③ 여가를 포기하면 받을 수 있는 임금율
④ 노동공급자의 주관적인 시간당 임금율

알찬해설

효용과 무차별곡선

- 무차별곡선은 개인에게 주어진 효용과 만족의 범위에서 노동으로부터의 실질수입 및 여가시간의 여러 가지 가능한 조합들을 보여준다.
- 무차별곡선은 항상 부(−)의 값을 가진다. 즉, 한 재화의 소비를 감소시킴으로써 잃게 되는 효용의 손실은 곧 타 재화의 소비량을 증가시킴으로써 얻게 되는 효용에 의해 상쇄된다. 따라서 무차별곡선의 기울기는 총효용의 변화 없이 두 재화 사이의 소비를 서로 대체시키는 대체율을 나타낸다.
- 무차별곡선상에서 한 재화의 변화량과 그에 따른 타 재화의 변화량의 비율을 한계대체율(MRS ; Marginal Rate of Substitution)이라 하며, 이 비율은 무차별곡선의 기울기를 나타낸다. 소득−여가 평면에서 무차별곡선의 기울기는 여가를 한 단위 증가시키기 위해 노동자가 기꺼이 포기하고자 하는 소득의 양을 의미한다.
- 다음의 그래프는 소득과 여가 간에 존재하는 개인의 주관적인 선호 내지 대체관계를 나타낸다. 무차별곡선상의 한 점에 접하는 기울기는 바로 소득과 여가 사이에 존재하는 한계대체율을 의미한다. 이는 노동공급자가 주관적으로 평가하는 시간당 임금율이라 할 수 있는 것으로, 가계임금율(Home Wage Rate) 내지 요구임금율(Asking Wage Rate)이라 부를 수도 있다.

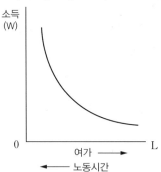

전문가의 한마디

이 문제는 경제활동참가 여부의 결정 과정을 분석하는 데 유용한 도구로서 소득−여가(여가−소득) 선택 모형의 기본적인 내용을 다루고 있습니다.

71

구조적 실업에 대한 설명으로 틀린 것은?

① 공석과 실업이 공존한다.
② 구인처에서 요구하는 자격을 갖춘 근로자가 없는 경우에 발생한다.
③ 일반적으로 산업구조가 급격히 바뀔 때 나타난다.
④ 직업훈련과 같은 대책은 구조적 실업 해소에 별 도움이 되지 못한다.

구조적 실업의 대책
• 산업구조 변화예측에 따른 인력수급정책
• 노동자의 전직과 관련된 재훈련(교육훈련프로그램 또는 직업전환훈련프로그램)
• 지역 간 이동을 촉진시키는 지역이주금 보조
• 인접지역 및 타 지역의 일자리정보 제공
• 미래의 각 부문별 노동력수급의 예측 등

산업구조가 변화하여 노동력에 대한 수요구조가 변화하는 데도 불구하고 직종 간 혹은 지역 간 노동력부존상태의 불균형이 존재하게 되면, 노동시장 정보의 불완전성에 의하지 않고도 공석과 실업이 공존하는 구조적 실업상태에 놓이게 됩니다.

72

임금이 하방경직적인 이유가 아닌 것은?

① 강력한 산업별 노동조합의 존재
② 실적요율(Experience Rating)제로 확립된 고용보험제도
③ 기업과 노동자 간의 장기간 노동계약
④ 기업특수적 인적자본의 형성

임금이 하방경직적인 이유
• 화폐환상(Money Illusion) : 화폐환상은 노동자가 명목임금을 실질임금보다 중시하는 현상에서 비롯된다. 노동자는 명목임금의 하락에 저항하게 되며, 이러한 명목임금의 하방경직으로 인해 불완전고용이 일반화된다.
• 장기노동(근로)계약 : 사용자와 노동자 간 장기노동계약은 노동자에 대한 임금의 조정을 어렵게 함으로써 명목임금의 하방경직성을 야기한다.
• 강력한 노동조합의 존재 : 노동조합은 노동자들의 해고를 어렵게 하고 임금 계약을 장기로 체결하도록 하며, 임금을 노동생산성보다는 연공서열과 연계시키고자 하는 경향이 있다.
• 노동자의 역선택 발생 가능성 : 기업이 임금을 삭감하는 경우 생산성이 가장 높은 노동자들이 우선적으로 기업을 떠나게 된다. 그들은 시장에서의 기회를 사용자보다 잘 알고 있으므로 임금이 하락하는 경우 보다 높은 임금을 제시하는 기업으로 전직할 것이며, 그로 인해 기업은 우수한 노동자들을 잃지 않기 위해 임금을 삭감하지 않게 된다.
• 최저임금제의 시행 : 최저임금제는 일정한 임금수준 이하로는 노동자를 고용할 수 없도록 하는 제도로서, 정부가 법을 통해 명목임금의 하방경직성을 도입하는 경우이다. 이러한 최저임금제는 노동시장에서 균형임금이 최저임금보다 낮은 미숙련 노동자나 청소년, 여성, 고령자의 고용에 부정적인 영향을 미치기도 한다.
• 대기업의 효율성 임금정책에 따른 고임금 지급 : 대기업은 상대적으로 높은 지불능력을 토대로 우수한 노동자를 채용하여 근로의 질을 향상시키는 것은 물론

노동자의 사직 감소에 따라 노동자 신규채용 및 훈련에 드는 비용을 감소시키기 위해 의도적으로 고임금을 지급하는 경향이 있다.

전문가의 한마디

실적요율제도(Experience Rating Plan)는 보험가입자의 과거 실적 손해율을 반영하여 요율을 조정하는 제도입니다. 우리나라에서는 특히 산재보험료율의 결정 특례로 개별실적요율을 적용하고 있는데, 이는 재해방지 노력을 기울인 사업주와 그렇지 않은 사업주 간의 형평성 유지를 위하여 당해 사업의 보험료에 대한 보험급여액의 비율이 법령에서 정하는 비율에 해당하는 경우 그 사업에 적용되는 산재보험료율을 인상 또는 인하하는 방식입니다.

73

노동수요 탄력성의 크기에 영향을 미치는 요인이 아닌 것은?

① 노동 이외 생산요소의 수요탄력성
② 최종생산물 수요의 가격탄력성
③ 노동의 대체가능성
④ 총생산비 중 노동비용이 차지하는 비중

알찬해설

노동수요의 (임금)탄력성 결정요인

- 생산물 수요의 탄력성(최종생산물 수요의 가격탄력성) : 생산물의 수요가 탄력적일수록 노동수요는 더 탄력적이 된다.
- 총생산비에 대한 노동비용의 비중 : 총생산비에서 차지하는 노동비용의 비중(비율)이 클수록 노동수요는 더 탄력적이 된다.
- 노동의 대체가능성 : 노동과 다른 생산요소 간의 대체가 용이할수록 노동수요는 더 탄력적이 된다.
- 노동 이외의 생산요소의 공급탄력성 : 노동 이외의 생산요소의 공급탄력성이 클수록 노동수요는 더 탄력적이 된다.

전문가의 한마디

노동수요의 (임금)탄력성은 임금의 변화에 대한 노동수요의 변화를 각각의 변화율로 나타낸 것입니다.

74

다음 (   )에 알맞은 것은?

> 노동공급 탄력성이 2일 때 임금이 10% 상승하면 근로시간은 (   )% 상승한다.

① 10
② 15
③ 20
④ 30

알찬해설

노동공급의 (임금)탄력성

노동공급의 (임금)탄력성은 임금 1%의 증가에 의해 유발되는 노동공급량의 변화율을 말하는 것으로서, 다음의 공식으로 나타낼 수 있다.

$$노동공급의 (임금)탄력성 = \frac{노동공급량의 변화율(\%)}{임금의 변화율(\%)}$$

노동공급량의 변화율(%)을 'x'로 놓고, 노동공급의 (임금)탄력성의 값 '2'를 대입하면,

$$2 = \frac{x(\%)}{10(\%)} \qquad \therefore x = 20\%$$

전문가의 한마디

노동수요의 임금탄력성은 일반적으로 임금 상승 시 노동수요가 감소하므로 부(−)의 값을 가지게 되며, 그로 인해 절댓값 개념을 사용합니다. 반면, 노동공급의 임금탄력성은 임금 상승 시 노동공급이 증가하므로 정(+)의 값을 가지게 되며, 그로 인해 반드시 절댓값 개념을 사용해야 한다는 원칙은 없습니다. 참고로 후방굴절 하는 부분의 노동공급의 임금탄력성은 부(−)의 값으로 제시되기도 합니다. 다만, 노동수요의 임금탄력성이나 노동공급의 임금탄력성 수치에는 '%' 기호를 붙이지 않습니다.

75

물가상승률과 실업률의 관계를 보여주는 필립스 곡선이 단기에 악화될 수 있는 원인과 가장 거리가 먼 것은?

① 노동시장의 분단화
② 기대물가수준의 상승
③ 노동시장의 도덕적 해이
④ 노동력의 연령 및 성별 구성의 변화

알찬 해설

필립스 곡선이 단기에 악화될 수 있는 원인

- 기대인플레이션의 증가(예상인플레이션율의 상승) : 노사 양측이 높은 인플레이션율을 예상하여 임금상승폭을 정하게 되고, 임금협상을 주기적으로 행하게 되는 경우, 동일한 노동력의 수급사정, 즉 동일한 실업률하에서도 보다 높은 물가상승률이 대응하게 되는 경제로 나아가게 된다.
- 노동인구 구성비율의 변화(노동력의 연령 및 성별 구성의 변화) : 청소년이나 여성근로자의 비중이 증가할 때 동일한 인플레이션율 또는 동일한 정도의 경기부양대책에 대응되는 실업률은 그렇지 않았던 때보다 더욱 높아지게 되며, 그로 인해 필립스 곡선이 원점에서 멀어지게 된다.
- 부문 간 실업률 격차 심화(노동시장의 분단화) : 국민경제 내에는 각 부문별 또는 근로자 속성별로 분단되어 있는 다수의 노동시장이 존재하는데, 서로 다른 노동시장에서의 실업률의 차이가 크면 클수록 필립스 곡선은 원점에서 멀어지게 된다.

전문가의 한마디

이 문제는 2020년 4회 79번 문제와 유사하므로 해당 문제와 함께 학습하시기 바랍니다.

76

다음 중 집단성과급제의 형태가 아닌 것은?

① 맨체스터 플랜(Manchester Plan)
② 스캔론 플랜(Scanlon Plan)
③ 임프로쉐어 플랜(Improshare Plan)
④ 럭커 플랜(Rucker Plan)

알찬 해설

집단성과급제(집단성과배분제)의 주요 형태

스캔론 플랜 (Scanlon Plan)	판매금액에 대한 인건비의 비율을 일정하게 정해놓고 판매금액이 증가하거나 인건비가 절약되었을 때의 차액을 상여금의 형태로 지급하는 방식이다.
럭커 플랜 (Rucker Plan)	스캔론 플랜과 달리 기업이 창출한 생산(부가)가치에서 인건비가 차지하는 비율이 성과배분의 기준이 된다.
임프로쉐어 플랜 (Improshare Plan)	기업의 회계처리방식에 의존하여 성과를 계산하지 않고 산업공학의 기법을 사용하여 조직의 효율성을 보다 직접적으로 측정하는 방식이다.
커스토마이즈드 플랜 (Customized Plan)	각 기업의 환경과 상황에 맞추어서 제도를 수정하여 적용하는 방식으로, 노동비용이나 생산비용, 생산성 외에 품질향상, 소비자 만족도 등을 새로운 성과측정의 지표로 사용하기도 한다.

전문가의 한마디

맨체스터 플랜(Manchester Plan)은 '일급보장 성과급제'로도 불리는 것으로, 일정한 표준작업방법을 정해 두고 근로자의 실제 성과가 표준 과업량에 미달일 때는 일급이 지급되고, 그 이상일 때는 성과급이 지급되도록 하는 방식입니다. 시간급과 성과급의 장점을 수용하여 저능률 근로자에게도 최저한도의 소득을 보장함으로써 생활안정을 시키는 동시에 작업능률을 자극할 수 있도록 합니다.

77

경기 불황으로 구직활동을 포기하는 사람들이 증가하는 추세가 지속되어 나타나는 결과는?

① 실업률이 증가한다.
② 실업률이 감소한다.
③ 실업률은 불변이다.
④ 경제활동참가율이 증가한다.

실망노동자효과(Discouraged Worker Effect)

• 경기침체 시 구인자의 수보다 구직자의 수가 많으므로 상당수가 취업의 기회를 얻지 못하고 실망한 결과 경제활동가능인력이 구직활동을 단념함으로써 비경제활동인구로 전락하는 것을 말한다.
• 이 경우 실업자의 수는 비경제활동인구화된 실망실업자를 포함하지 않으므로 실제로 과소평가되어 있다 (→ 실업률 감소).

실망노동자가 부가노동자보다 많으면 실업률은 낮아지게 됩니다.

78

효율임금(Efficiency Wage)이론에 대한 설명으로 틀린 것은?

① 개인의 업무 효율성에 따라 임금을 지급하여 능률을 향상시킨다.
② 근로자의 직장상실 비용을 증대시켜서 근로자로 하여금 작업 중 태만하지 않고 열심히 일하게 한다.
③ 근로자는 고임금을 사용자가 주는 일종의 선물로 간주하고 이러한 은혜에 보답하기 위해 작업노력을 증대시킨다.
④ 우량기업이라는 기업의 명예와 신용이 높아지면, 신규근로자의 채용 시에 보다 양질의 근로자를 고용할 수 있다.

효율임금(Efficiency Wage)이 고생산성을 가져오는 원인

• 고임금에 따라 우량기업이라는 기업의 명예와 신용이 높아지면, 신규근로자의 채용 시에 보다 양질의 근로자를 고용할 수 있다.(④)
• 고임금은 근로자의 사직을 감소시켜서 신규근로자의 채용 및 훈련비용을 감소시킨다.
• 고임금은 근로자의 직장상실 비용을 증대시켜서 근로자로 하여금 작업 중 태만하지 않고 열심히 일하게 한다.(②)
• 대규모 사업장에서는 통제 상실을 미연에 방지하는 차원에서 고임금을 지불하여 근로자로 하여금 열심히 일하도록 유도할 수 있다.
• 근로자는 고임금을 사용자가 주는 일종의 선물로 간주하고 이러한 은혜에 보답하기 위해 작업노력을 증대시킨다.(③)

전문가의 한마디

임금과 생산성에 관한 기존의 이론들은 근로자들이 열심히 일을 하면 노동생산성이 증대되고, 그에 따라 높은 임금이 지급된다는 논리를 토대로 하였습니다. 그러나 효율임금이론은 그와는 반대로 높은 임금을 지급하면 근로자들의 노력이 증가하여 노동생산성이 증대된다는 논리를 펼치고 있습니다. 즉, 높은 임금의 지급이 선행요인인 것입니다.

79

노동조합의 단체교섭 구조 중 노동조합들 및 사용자들이 각각의 대표를 통해 교섭하는 것은?

① 집단교섭
② 통일교섭
③ 패턴교섭
④ 대각선교섭

만점해설

② 통일교섭은 전국적 또는 지역적인 산업별 · 직업별 노동조합과 이에 대응하는 전국적 또는 지역적인 사용자단체의 교섭방식이다.
① 집단교섭은 다수의 단위노조와 사용자가 집단으로 연합전선을 형성하여 교섭하는 방식이다.
③ 패턴교섭은 산업별 노동조합이 해당 산업의 가장 영향력이 큰 대기업을 선정하여 교섭을 전개하고, 여타의 기업들이 그 추이를 관망한 후 교섭 결과를 참고하여 교섭하는 방식이다.
④ 대각선교섭은 기업별 조합의 상부조합과 개별사용자 간, 또는 사용자단체와 기업별 조합과의 사이에서 행해지는 단체교섭이다.

전문가의 한마디

통일교섭은 두 개 이상의 기업에 걸쳐 조직을 가지는 노동조합과 그에 대응하는 사용자단체와의 사이에 행해지는 단체교섭의 방식을 말합니다.

80

노동조합에 대한 수요를 감소시켜 노조조직률을 낮추는 요인에 해당하지 않는 것은?

① 노동자들의 불만과 고충이 작을수록
② 노조가입에 따른 예상 순이익이 작을수록
③ 해외노동과 국내노동의 대체관계가 용이할수록
④ 사용자의 반노동조합 이데올로기가 강할수록

만점해설

④ 노조조직률은 선호(Preferences)의 변화에 의해 영향을 받는다. 즉, 노동조합에 대한 사회적 태도의 변화나 노동조합 가입을 조장해 주는 입법 등에 의해 영향을 받는다는 것이다. 이러한 사회적 태도나 제도의 변화(주의 : 사용자의 이데올로기 변화가 아님)가 수요자의 기호를 변화시키고 그것이 유리한 방향일 때 가입자 비율이 증가하게 된다.

전문가의 한마디

노동조합의 수요 측면에서 노조가입에 따른 예상 순이익이 작을수록 노조조직률은 낮아지게 됩니다. 노동운동을 통한 임금이나 근로조건의 향상에 한계가 노출되면 노조가입에 대한 수요는 감퇴될 수밖에 없습니다.

제5과목 노동관계법규

81

장애인 근로자인 甲(40세)이 다니던 회사가 도산하여 이직하였다. 甲의 피보험기간이 5년이라면 구직급여의 소정급여일수는 몇일인가?

① 120일
② 150일
③ 180일
④ 210일

알찬 해설

구직급여의 소정급여일수(고용보험법 제50조 제1항 및 별표1 참조)

구 분		피보험기간				
		1년 미만	1년 이상 3년 미만	3년 이상 5년 미만	5년 이상 10년 미만	10년 이상
이직일 현재 연령	50세 미만	120일	150일	180일	210일	240일
	50세 이상	120일	180일	210일	240일	270일

* 단, 「장애인고용촉진 및 직업재활법」에 따른 장애인은 50세 이상인 것으로 보아 위 표를 적용한다.

전문가의 한마디

2019년 8월 27일 법 개정에 따라 2019년 10월 1일부로 구직급여의 지급기간이 기존 90~240일에서 120~270일로 30일 연장되었습니다. 또한 실업급여를 받는 실직자 연령구분이 기존 3단계(30세 미만 / 30~49세 / 50세 이상)에서 2단계(50세 미만 / 50세 이상)로 단순화되었습니다. 참고로 이 문제의 정답은 출제 당시 ④로 발표되었으나, 현행 기준으로 정답은 없습니다(→ 현행 기준 240일). 특히 장애인의 경우 구직급여의 소정급여일수에서 연령구분을 하지 않는다는 점을 반드시 기억해 두시기 바랍니다.

82

고용상 연령차별금지 및 고령자고용촉진에 관한 법령상 임대업의 고령자 기준고용률로 옳은 것은?

① 그 사업장의 상시근로자 수의 100분의 2
② 그 사업장의 상시근로자 수의 100분의 3
③ 그 사업장의 상시근로자 수의 100분의 5
④ 그 사업장의 상시근로자 수의 100분의 6

알찬 해설

고령자 기준고용률(고용상 연령차별금지 및 고령자고용촉진에 관한 법률 시행령 제3조 참조)

• 제조업 : 그 사업장의 상시근로자 수의 100분의 2
• 운수업, 부동산 및 임대업 : 그 사업장의 상시근로자 수의 100분의 6
• 그 외의 산업 : 그 사업장의 상시근로자 수의 100분의 3

전문가의 한마디

앞선 2020년 4회 필기시험(90번)에서는 운수업의 고령자 기준고용률을 틀린 지문으로 제시하여 문제를 출제한 바 있습니다.

83

남녀고용평등과 일·가정 양립 지원에 관한 법률 상 직장 내 성희롱의 금지 및 예방에 관한 설명으로 틀린 것은?

① 사업주는 성희롱 예방 교육의 내용을 근로자가 자유롭게 열람할 수 있는 장소에 항상 게시하거나 갖추어 두어 근로자에게 널리 알려야 한다.
② 사용자는 성희롱 예방 교육을 고용노동부장관이 지정하는 기관에 위탁하여 실시할 수 있다.
③ 누구든지 직장 내 성희롱 발생 사실을 알게 된 경우 그 사실을 해당 사업주에게 신고할 수 있다.
④ 사업주는 직장 내 성희롱 발생 사실이 확인된 때에는 지체 없이 행위를 한 사람에 대하여 징계 등 필요한 조치를 한 후 그 조치에 대한 피해 근로자의 의견을 들어야 한다.

만점 해설

④ 사업주는 직장 내 성희롱 발생 사실 확인을 위한 조사 결과 직장 내 성희롱 발생 사실이 확인된 때에는 지체 없이 직장 내 성희롱 행위를 한 사람에 대하여 징계, 근무장소의 변경 등 필요한 조치를 하여야 한다. 이 경우 사업주는 징계 등의 조치를 하기 전에 그 조치에 대하여 직장 내 성희롱 피해를 입은 근로자의 의견을 들어야 한다(남녀고용평등과 일·가정 양립 지원에 관한 법률 제14조 제5항).
① 동법 제13조 제3항
② 사업주는 성희롱 예방 교육을 고용노동부장관이 지정하는 기관에 위탁하여 실시할 수 있다(동법 제13조의2 제1항).
③ 동법 제14조 제1항

전문가 의 한마디

지문 ②번의 '사용자'는 "사업주 또는 사업 경영 담당자, 그 밖에 근로자에 관한 사항에 대하여 사업주를 위하여 행위하는 자"를 포괄적으로 지칭합니다(근로기준법 제1항 제2호).

84

남녀고용평등과 일·가정 양립 지원에 관한 법령상 모집과 채용, 임금 등에 대한 차별 등을 이유로 한 고충 신고에 관한 설명으로 틀린 것은?

① 고충 신고는 구두, 전화의 방법을 제외한 서면, 우편, 팩스 또는 인터넷 등의 방법으로 하여야 한다.
② 사업주는 고충 신고를 받은 경우 특별한 사유가 없으면 신고 접수일부터 10일 이내에 신고된 고충을 직접 처리하거나 노사협의회에 위임하여 처리해야 한다.
③ 사업주는 고충접수·처리대장을 작성하여 갖추어 두고 관련 서류를 3년간 보존하여야 한다.
④ 고충접수·처리대장은 전자적 처리가 불가능한 특별한 사유가 없으면 전자적 처리가 가능한 방법으로 작성하여 갖추어 두어야 하며, 관련 서류는 전자적인 방법으로 작성·보존할 수 있다.

만점 해설

① 고충 신고는 구두, 서면, 우편, 전화, 팩스 또는 인터넷 등의 방법으로 하여야 한다(남녀고용평등과 일·가정 양립 지원에 관한 법률 시행령 제18조 제1항).
② 사업주는 법령에 따라 고충 신고를 받은 경우 특별한 사유가 없으면 신고 접수일부터 10일 이내에 신고된 고충을 직접 처리하거나 「근로자참여 및 협력증진에 관한 법률」에 따라 설치된 노사협의회에 위임하여 처리하게 하고, 사업주가 직접 처리한 경우에는 처리 결과를, 노사협의회에 위임하여 처리하게 한 경우에는 위임 사실을 해당 근로자에게 알려야 한다(동법 시행령 제18조 제2항).
③ 동법 시행령 제18조 제3항
④ 동법 시행령 제18조 제4항

전문가 의 한마디

'노사협의회'는 「근로자참여 및 협력증진에 관한 법률」에 따라 상시 30명 이상의 근로자를 사용하는 사업이나 사업장에 의무적으로 설치하도록 하고 있습니다.

85

근로자직업능력개발법상 훈련계약에 관한 설명으로 틀린 것은?

① 사업주는 훈련계약을 체결할 때에는 해당 직업능력개발훈련을 받는 사람이 직업능력개발훈련을 이수한 후에 사업주가 지정하는 업무에 일정 기간 종사하도록 할 수 있다. 이 경우 그 기간은 5년 이내로 하되, 직업능력개발훈련기간의 3배를 초과할 수 없다.

② 훈련계약을 체결하지 아니한 경우에 고용근로자가 받은 직업능력개발훈련에 대하여는 그 근로자가 근로를 제공하지 아니한 것으로 본다.

③ 훈련계약을 체결하지 아니한 사업주는 직업능력개발훈련을 기준근로시간 내에 실시하되, 해당 근로자와 합의한 경우에는 기준근로시간 외의 시간에 직업능력개발훈련을 실시할 수 있다.

④ 기준근로시간 외의 훈련시간에 대하여는 생산시설을 이용하거나 근무장소에서 하는 직업능력개발훈련의 경우를 제외하고는 연장근로와 야간근로에 해당하는 임금을 지급하지 아니할 수 있다.

만점해설

② 훈련계약을 체결하지 아니한 경우에 고용근로자가 받은 직업능력개발훈련에 대하여는 그 근로자가 근로를 제공한 것으로 본다(근로자직업능력개발법 제9조 제3항).
① 동법 제9조 제2항
③ 동법 제9조 제4항
④ 동법 제9조 제5항

전문가의 한마디

지문 ①번에서 근로자직업능력개발법상 훈련계약과 관련하여 직업능력개발훈련 이수 후 업무 종사 기간 조건(5년 이내, 3배 초과금지)을 반드시 기억해 두시기 바랍니다.

86

헌법상 근로의 권리와 의무에 관한 내용이다. ( )에 알맞은 것은?

> 국가는 근로의 의무의 내용과 조건을 ( ) 원칙에 따라 법률로 정한다.

① 민주주의
② 자유주의
③ 시장경제
④ 자본주의

알찬해설

근로조건 기준의 법정주의(헌법 제32조 제2항)

모든 국민은 근로의 의무를 진다. 국가는 근로의 의무의 내용과 조건을 민주주의원칙에 따라 법률로 정한다.

전문가의 한마디

헌법 제32조(근로의 권리)에 관한 구체적인 내용은 앞선 2020년 4회 89번 문제 해설을 살펴보시기 바랍니다.

87

직업안정법령상 직업안정기관의 장이 수집 · 제공하여야 할 고용정보를 모두 고른 것은?

> ㄱ. 경제 및 산업동향
> ㄴ. 노동시장, 고용 · 실업동향
> ㄷ. 직업에 관한 정보
> ㄹ. 직업능력개발훈련에 관한 정보
> ㅁ. 고용관련 각종지원 및 보조제도
> ㅂ. 구인 · 구직에 관한 정보

① ㄱ, ㄴ, ㅁ
② ㄱ, ㄷ, ㄹ, ㅂ
③ ㄴ, ㄷ, ㄹ, ㅁ, ㅂ
④ ㄱ, ㄴ, ㄷ, ㄹ, ㅁ, ㅂ

알찬 해설

직업안정기관의 장이 수집 · 제공하여야 할 고용정보(직업안정법 시행령 제12조 참조)

• 경제 및 산업동향(ㄱ)
• 노동시장, 고용 · 실업동향(ㄴ)
• 임금, 근로시간 등 근로조건
• 직업에 관한 정보(ㄷ)
• 채용 · 승진 등 고용관리에 관한 정보
• 직업능력개발훈련에 관한 정보(ㄹ)
• 고용관련 각종지원 및 보조제도(ㅁ)
• 구인 · 구직에 관한 정보(ㅂ)

전문가의 한마디

「직업소개 등 업무처리규정」에는 직업안정기관의 장이 수집 · 제공하여야 할 고용정보의 내용(제18조)과 함께 고용정보의 수집방법(제19조)이 규정되어 있습니다.

88

장애인고용촉진 및 직업재활법상 장애인 고용촉진 및 직업재활에 관한 설명으로 틀린 것은?

① 재활실시기관은 장애인에 대한 직업재활 사업을 다양하게 개발하여 장애인에게 직접 제공하여야 하고, 특히 중증장애인의 자립능력을 높이기 위한 직업재활 실시에 적극 노력하여야 한다.

② 고용노동부장관과 교육부장관은 장애인이 그 능력에 맞는 직업에 취업할 수 있도록 하기 위하여 장애인에 대한 직업상담, 직업적성 검사 및 직업능력 평가 등을 실시하고, 고용정보를 제공하는 등 직업지도를 하여야 한다.

③ 고용노동부장관과 보건복지부장관은 중증장애인 중 사업주가 운영하는 사업장에서는 직무수행이 어려운 장애인이 직무를 수행할 수 있도록 지원고용을 실시하고 필요한 지원을 하여야 한다.

④ 국가와 지방자치단체는 장애인 중 정상적인 작업 조건에서 일하기 어려운 장애인을 위하여 특정한 근로 환경을 제공하고 그 근로 환경에서 일할 수 있도록 보호고용을 실시하여야 한다.

만점 해설

② 고용노동부장관과 보건복지부장관은 장애인이 그 능력에 맞는 직업에 취업할 수 있도록 하기 위하여 장애인에 대한 직업상담, 직업적성 검사 및 직업능력 평가 등을 실시하고, 고용정보를 제공하는 등 직업지도를 하여야 한다(장애인고용촉진 및 직업재활법 제10조 제1항).
① 동법 제9조 제1항
③ 동법 제13조 제1항
④ 동법 제14조

2019

전문가의 한마디

「장애인고용촉진 및 직업재활법」은 직업상담사 1급 필기시험의 출제기준에 명시되어 있지 않지만 빈번히 출제되는 법령이므로, 이점 감안하여 학습하시기 바랍니다.

89

근로기준법상 (　　) 안에 알맞은 것은?

> 취업규칙에서 근로자에 대하여 감급(減給)의 제재를 정할 경우에 그 감액은 1회의 금액이 평균임금의 1일분의 2분의 1을, 총액이 1임금지급기의 임금 총액의 (　　)을 초과하지 못한다.

① 2분의 1
② 3분의 1
③ 5분의 1
④ 10분의 1

알찬 해설

제재 규정의 제한(근로기준법 제95조)
취업규칙에서 근로자에 대하여 감급(減給)의 제재를 정할 경우에 그 감액은 1회의 금액이 평균임금의 1일분의 2분의 1을, 총액이 1임금지급기의 임금 총액의 10분의 1을 초과하지 못한다.

전문가의 한마디

감급(減給)은 감봉을 의미하는 것으로서, 근로자가 실제로 제공한 근로의 대가를 수령하여야 할 임금액에서 일정액을 공제하는 사용자의 징계조치를 말합니다. 참고로 근로기준법 제95조(제재 규정의 제한)는 감급의 금액 범위에 대한 제한을 하고 있을 뿐 감액의 횟수나 그 기간에 대한 제한을 하고 있지는 않습니다. 따라서 1회의 사건에 대해 수차례의 중복된 감급의 제재를 가할 수는 없어도, 또 다른 사유가 있다거나 동일한 사유일지라도 그것이 반복적으로 되풀이되는 경우 그 횟수만큼의 제재를 가할 수 있습니다.

90

근로기준법상 선택적 근로시간제에서 사용자와 근로자대표가 서면 합의에 따라 정하는 사항이 아닌 것은?

① 대상 근로자의 범위(15세 이상 18세 미만의 근로자는 제외한다.)
② 정산기간(1개월 이내의 일정한 기간으로 정하여야 한다.)
③ 사용자가 그의 결정에 따라 근로자를 근로하게 할 수 있는 시간대를 정하는 경우에는 그 시작 및 종료 시각
④ 정산기간의 총 근로시간

알찬 해설

선택적 근로시간제에서 사용자와 근로자대표 간 서면 합의에 따라 정하는 사항(근로기준법 제52조 제1항 및 시행령 제29조 제1항 참조)

- 대상 근로자의 범위(15세 이상 18세 미만의 근로자는 제외)(①)
- 정산기간(②)
- 정산기간의 총 근로시간(④)
- 반드시 근로하여야 할 시간대를 정하는 경우에는 그 시작 및 종료 시각
- 근로자가 그의 결정에 따라 근로할 수 있는 시간대를 정하는 경우에는 그 시작 및 종료 시각(③)
- 표준근로시간(유급휴가 등의 계산 기준으로 사용자와 근로자대표가 합의하여 정한 1일의 근로시간)

전문가의 한마디

2021년 1월 5일 법 개정에 따라 2021년 7월 1일부로 상시 5명 이상의 근로자를 사용하는 사업 또는 사업장에 대해 신상품 또는 신기술의 연구개발 업무의 경우 선택적 근로시간제의 정산기간이 3개월로 확대되었습니다. 이는 원칙적으로 1개월 이내의 일정한 기간을 정산기간으로 하는 여타 업무와 달리, 시간 선택권의 중요성이 높은 연구개발 업무의 특수성을 감안한 조치로 볼 수 있습니다.

91

직업안정법령상 직업정보제공사업자의 준수사항으로 틀린 것은?

① 구인자의 업체명(또는 성명)이 표시되어 있지 아니하거나 구인자의 연락처가 사서함 등으로 표시되어 구인자의 신원이 확실하지 아니한 구인광고를 게재하지 아니할 것
② 직업정보제공매체의 구인 · 구직의 광고에는 직업정보제공사업자의 주소 또는 전화번호를 기재하고, 구인 · 구직자의 주소 또는 전화번호는 기재하지 아니할 것
③ 직업정보제공매체 또는 직업정보제공사업의 광고문에 "(무료)취업상담" · "취업추천" · "취업지원" 등의 표현을 사용하지 아니할 것
④ 구직자의 이력서 발송을 대행하거나 구직자에게 취업추천서를 발부하지 아니할 것

알찬해설

직업정보제공사업자의 준수사항(직업안정법 시행령 제28조)

직업정보제공사업을 하는 자 및 그 종사자가 준수하여야 할 사항은 다음과 같다.

- 구인자의 업체명(또는 성명)이 표시되어 있지 아니하거나 구인자의 연락처가 사서함 등으로 표시되어 구인자의 신원이 확실하지 아니한 구인광고를 게재하지 아니할 것(①)
- 직업정보제공매체의 구인 · 구직의 광고에는 구인 · 구직자의 주소 또는 전화번호를 기재하고, 직업정보제공사업자의 주소 또는 전화번호는 기재하지 아니할 것(②)
- 직업정보제공매체 또는 직업정보제공사업의 광고문에 "(무료)취업상담", "취업추천", "취업지원" 등의 표현을 사용하지 아니할 것(③)
- 구직자의 이력서 발송을 대행하거나 구직자에게 취업추천서를 발부하지 아니할 것(④)
- 직업정보제공매체에 정보이용자들이 알아보기 쉽게 직업정보제공사업의 신고로 부여받은 신고번호를 표시할 것
- 「최저임금법」에 따라 결정 고시된 최저임금에 미달되는 구인정보, 「성매매알선 등 행위의 처벌에 관한 법률」에 따른 금지행위가 행하여지는 업소에 대한 구인광고를 게재하지 아니할 것

전문가의 한마디

'직업소개사업'은 고용계약의 성립을 알선하기 위하여 직업상담 및 취업추천 행위를 할 수 있는 데 반해, '직업정보제공사업'은 구체적인 직업상담 및 취업추천을 하거나 구직자의 이력서를 발송하는 행위 등을 대행할 수 없습니다.

92

파견근로자 보호 등에 관한 법률에 대한 설명으로 틀린 것은?

① 근로기준법 제24조에 따른 경영상 이유에 의한 해고를 한 후 1년이 경과되기 전에는 해당 업무에 파견근로자를 사용하여서는 아니 된다.

② 파견 중인 근로자의 파견근로에 관하여는 원칙적으로 사용사업주를 산업안전보건법상의 사업주로 본다.

③ 파견사업주는 쟁의행위 중인 사업장에 그 쟁의행위로 중단된 업무의 수행을 위하여 근로자를 파견하여서는 아니 된다.

④ 파견사업주는 근로자를 파견근로자로서 고용하려는 경우에는 미리 해당 근로자에게 그 취지를 서면으로 알려 주어야 한다.

만점해설

① 누구든지 「근로기준법」 제24조에 따른 경영상 이유에 의한 해고를 한 후 2년이 지나기 전에는 해당 업무에 파견근로자를 사용하여서는 아니 된다. 다만, 해당 사업 또는 사업장에 근로자의 과반수로 조직된 노동조합이 있는 경우 그 노동조합(근로자의 과반수로 조직된 노동조합이 없는 경우에는 근로자의 과반수를 대표하는 자)이 동의한 때에는 6개월로 한다(파견근로자 보호 등에 관한 법률 제16조 제2항 및 시행령 제4조 참조).

② 동법 제35조 제1항

③ 동법 제16조 제1항

④ 동법 제24조 제1항

전문가의 한마디

근로기준법상 경영상 이유에 의한 해고는 곧 '정리해고'를 의미합니다. 현행법은 정리해고의 요건으로 ① 긴박한 경영상 필요성, ② 사용자의 해고회피 노력, ③ 해고대상자 선정에 있어서 합리적이고 공정한 기준, ④ 근로자대표와의 성실한 협의 등 4가지를 제시하고 있습니다.

93

근로기준법상 근로계약의 체결에 관한 설명으로 옳은 것은?

① 예술공연 참가를 위한 경우에는 13세 미만인 자도 취직인허증을 받을 수 있다.

② 취직인허증은 본인의 신청에 따라 의무교육에 지장이 없는 경우에 발급하며 직종을 지정할 필요는 없다.

③ 고용노동부장관은 근로계약이 미성년자에게 불리하다고 인정하는 경우라도 이를 해지할 수 없다.

④ 친권자나 후견인은 미성년자의 근로계약을 대리할 수 있다.

만점해설

① 법령에 따라 취직인허증을 받을 수 있는 자는 13세 이상 15세 미만인 자로 한다. 다만, 예술공연 참가를 위한 경우에는 13세 미만인 자도 취직인허증을 받을 수 있다(근로기준법 시행령 제35조 제1항).

② 취직인허증은 본인의 신청에 따라 의무교육에 지장이 없는 경우에는 직종을 지정하여서만 발행할 수 있다(동법 제64조 제2항).

③ 친권자, 후견인 또는 고용노동부장관은 근로계약이 미성년자에게 불리하다고 인정하는 경우에는 이를 해지할 수 있다(동법 제67조 제2항).

④ 친권자나 후견인은 미성년자의 근로계약을 대리할 수 없다(동법 제67조 제1항).

전문가의 한마디

취직인허증은 반드시 직종을 지정하여 발행하여야 하는데, 직종을 지정함에 있어서 법령에 규정된 사용 금지 직종에 대하여는 취직인허증을 발급할 수 없습니다.

94

고용정책기본법상 명시된 고용정책 기본계획에 포함되는 사항이 아닌 것은?

① 고용 동향과 인력의 수급 전망에 관한 사항
② 사회적기업 인증에 관한 사항
③ 고용에 관한 중장기 정책목표 및 방향
④ 인력의 수요와 공급에 영향을 미치는 경제, 산업, 교육, 복지 또는 인구정책 등의 동향에 관한 사항

알찬 해설

고용정책 기본계획에 포함되어야 하는 사항(고용정책기본법 제8조 제3항)
• 고용에 관한 중장기 정책목표 및 방향(③)
• 인력의 수요와 공급에 영향을 미치는 경제, 산업, 교육, 복지 또는 인구정책 등의 동향에 관한 사항(④)
• 고용 동향과 인력의 수급 전망에 관한 사항(①)
• 법령에 따른 국가 시책의 기본 방향에 관한 사항
• 그 밖의 고용 관련 주요 시책에 관한 사항

전문가의 한마디

지문 ②번의 "사회적기업 인증에 관한 사항"은 「고용정책기본법」에 따른 고용정책심의회의 심의사항에 해당합니다.

95

고용정책기본법상 명시된 기본원칙에 해당하지 않는 것은?

① 근로자의 직업선택의 자유와 근로의 권리가 확보되도록 할 것
② 사업주의 자율적인 고용관리를 존중할 것
③ 고용정책은 효율적이고 성과지향적으로 수립·시행할 것
④ 사업주의 채용의 자유 제한의 불가피성을 인정할 것

알찬 해설

국가고용정책의 기본원칙(고용정책기본법 제3조)
국가는 이 법에 따라 고용정책을 수립·시행하는 경우에 다음의 사항이 실현되도록 하여야 한다.
• 근로자의 직업선택의 자유와 근로의 권리가 확보되도록 할 것(①)
• 사업주의 자율적인 고용관리를 존중할 것(②)
• 구직자의 자발적인 취업노력을 촉진할 것
• 고용정책은 효율적이고 성과지향적으로 수립·시행할 것(③)
• 고용정책은 노동시장의 여건과 경제정책 및 사회정책을 고려하여 균형 있게 수립·시행할 것
• 고용정책은 국가·지방자치단체 간, 공공부문·민간부문 간 및 근로자·사업주·정부 간의 협력을 바탕으로 수립·시행할 것

전문가의 한마디

"구인자의 자발적인 구인노력 촉진"은 고용정책기본법상 국가고용정책의 기본원칙에 포함되지 않습니다.

96

헌법 제32조(근로의 권리)에서 보장하고 있는 내용으로 틀린 것은?

① 근로조건의 기준은 인간의 존엄성을 보장하도록 법률로 정한다.
② 장애인의 근로는 특별한 보호를 받으며, 고용·임금 및 근로조건에 있어서 부당한 차별을 받지 아니한다.
③ 연소자의 근로는 특별한 보호를 받는다.
④ 국가유공자·상이군경 및 전몰군경의 유가족은 법률이 정하는 바에 의하여 우선적으로 근로의 기회를 부여받는다.

알찬 해설

헌법 제32조(근로의 권리)

• 모든 국민은 근로의 권리를 가진다. 국가는 사회적·경제적 방법으로 근로자의 고용의 증진과 적정임금의 보장에 노력하여야 하며, 법률이 정하는 바에 의하여 최저임금제를 시행하여야 한다.
• 모든 국민은 근로의 의무를 진다. 국가는 근로의 의무의 내용과 조건을 민주주의원칙에 따라 법률로 정한다.
• 근로조건의 기준은 인간의 존엄성을 보장하도록 법률로 정한다.(①)
• 여자의 근로는 특별한 보호를 받으며, 고용·임금 및 근로조건에 있어서 부당한 차별을 받지 아니한다.
• 연소자의 근로는 특별한 보호를 받는다.(③)
• 국가유공자·상이군경 및 전몰군경의 유가족은 법률이 정하는 바에 의하여 우선적으로 근로의 기회를 부여받는다.(④)

전문가의 한마디

헌법상 근로의 특별한 보호 또는 우선적인 근로기회 보장의 대상자로 명시되어 있는 자는 여자, 연소자, 국가유공자·상이군경 및 전몰군경의 유가족에 해당합니다. 주의해야 할 것은 고령자, 실업자, 재해근로자, 장애인 등은 그 대상으로 명시되어 있지 않다는 점입니다.

97

고용보험법상 피보험자격의 취득일 및 상실일에 대한 설명으로 틀린 것은?

① 적용 제외 근로자이었던 자가 고용보험법의 적용을 받게 된 경우에는 그 적용을 받게 된 날 피보험자격을 취득한 것으로 본다.
② 보험관계 성립일 전에 고용된 근로자의 경우에는 그 고용된 날 피보험자격을 취득한 것으로 본다.
③ 피보험자가 적용 제외 근로자에 해당하게 된 경우에는 그 적용 제외 대상자가 된 날 피보험자격을 상실한다.
④ 피보험자가 이직한 경우에는 이직한 날의 다음 날 피보험자격을 상실한다.

알찬 해설

고용보험법상 피보험자격의 취득일 및 상실일(고용보험법 제13조 및 제14조 참조)

취득일	• 근로자인 피보험자가 고용보험법이 적용되는 사업에 고용된 경우 : 그 고용된 날 • 적용 제외 근로자였던 사람이 고용보험법의 적용을 받게 된 경우 : 그 적용을 받게 된 날(①) • 고용산재보험료징수법에 따른 보험관계 성립일 전에 고용된 근로자의 경우 : 그 보험관계가 성립한 날(②) • 자영업자인 피보험자의 경우 : 그 보험관계가 성립한 날
상실일	• 근로자인 피보험자가 적용 제외 근로자에 해당하게 된 경우 : 그 적용 제외 대상자가 된 날(③) • 고용산재보험료징수법에 따라 보험관계가 소멸한 경우 : 그 보험관계가 소멸한 날 • 근로자인 피보험자가 이직한 경우 : 이직한 날의 다음 날(④) • 근로자인 피보험자가 사망한 경우 : 사망한 날의 다음 날 • 자영업자인 피보험자의 경우 : 그 보험관계가 소멸한 날

전문가의 한마디

사업주나 하수급인이 고용노동부장관에게 그 사업에 고용된 근로자의 피보험자격 취득 및 상실에 관한 사항을 신고하려는 경우에는 그 사유가 발생한 날이 속하는 달의 다음 달 15일까지 신고해야 합니다. 다만, 근로자가 그 기일 이전에 신고할 것을 요구하는 경우에는 지체 없이 신고해야 합니다(고용보험법 시행령 제7조 제1항).

98

근로자퇴직급여보장법령상 퇴직금의 중간정산 사유에 해당하지 않는 것은?

① 무주택자인 근로자가 본인 명의로 주택을 구입하는 경우
② 천재지변 등으로 피해를 입는 등 고용노동부장관이 정하여 고시하는 사유와 요건에 해당하는 경우
③ 퇴직금 중간정산을 신청하는 날부터 거꾸로 계산하여 5년 이내에 근로자가 채무자 회생 및 파산에 관한 법률에 따라 개인회생절차개시 결정을 받은 경우
④ 경영 악화를 방지하기 위한 사업의 합병을 위하여 근로자의 과반수의 동의를 얻는 경우

알찬해설

퇴직금의 중간정산 사유(근로자퇴직급여보장법 시행령 제3조 참조)

• 무주택자인 근로자가 본인 명의로 주택을 구입하는 경우
• 무주택자인 근로자가 주거를 목적으로 「민법」에 따른 전세금 또는 「주택임대차보호법」에 따른 보증금을 부담하는 경우(단, 이 경우 근로자가 하나의 사업에 근로하는 동안 1회로 한정)
• 근로자가 6개월 이상 요양을 필요로 하는 근로자 본인, 근로자의 배우자, 근로자 또는 그 배우자의 부양가족의 질병이나 부상에 대한 의료비를 해당 근로자가 본인 연간 임금총액의 1천분의 125를 초과하여 부담하는 경우
• 퇴직금 중간정산을 신청하는 날부터 거꾸로 계산하여 5년 이내에 근로자가 「채무자 회생 및 파산에 관한 법률」에 따라 파산선고를 받은 경우
• 퇴직금 중간정산을 신청하는 날부터 거꾸로 계산하여 5년 이내에 근로자가 「채무자 회생 및 파산에 관한 법률」에 따라 개인회생절차개시 결정을 받은 경우
• 사용자가 기존의 정년을 연장하거나 보장하는 조건으로 단체협약 및 취업규칙 등을 통하여 일정나이, 근속시점 또는 임금액을 기준으로 임금을 줄이는 제도를 시행하는 경우
• 사용자가 근로자와의 합의에 따라 소정근로시간을 1일 1시간 또는 1주 5시간 이상 변경하여 그 변경된 소정근로시간에 따라 근로자가 3개월 이상 계속 근로하기로 한 경우
• 근로기준법 일부개정법률(법률 제15513호)의 시행에 따른 근로시간의 단축으로 근로자의 퇴직금이 감소되는 경우
• 재난으로 피해를 입은 경우로서 고용노동부장관이 정하여 고시하는 사유에 해당하는 경우

전문가의 한마디

'중간정산'과 '중도인출'은 서로 다른 개념입니다. 퇴직금에 대해서는 '중간정산'의 개념을 사용하는데, 이는 퇴직금의 지급의무가 사용자에게 있기 때문입니다. 반면, 퇴직연금(확정급여형퇴직연금제도는 제외)에 대해서는 '중도인출'의 개념을 사용하는데, 이는 퇴직연금이 일반적으로 은행 등에 적립되어 있는 금원이기 때문입니다.

99
근로기준법상 재해보상에 관한 설명으로 틀린 것은?

① 사용자는 매월 1회 이상 휴업보상 및 유족보상을 하여야 한다.
② 근로자가 업무상 부상 또는 질병에 걸리면 사용자는 그 비용으로 필요한 요양을 행하거나 필요한 요양비를 부담하여야 한다.
③ 장해보상은 근로자의 부상 또는 질병이 완치된 후 지체 없이 하여야 한다.
④ 근로자가 중대한 과실로 업무상 부상 또는 질병에 걸리고 또한 사용자가 그 과실에 대하여 노동위원회의 인정을 받으면 휴업보상이나 장해보상을 하지 아니하여도 된다.

만점해설

① 요양보상 및 휴업보상은 매월 1회 이상하여야 한다(근로기준법 시행령 제46조).
② 동법 제78조 제1항
③ 동법 시행령 제51조 제1항
④ 동법 제81조

전문가의 한마디

근로기준법상 유족보상에 관한 규정(법 제82조)은 근로자가 업무상 사망한 경우 지체 없이 그 유족에게 평균임금의 1,000일분의 유족보상을 하도록 의무화하고 있습니다.

100
고용상 연령차별금지 및 고령자고용촉진에 관한 법률상 무료직업소개사업을 하는 공익단체로서 지정된 고령자인재은행의 사업범위가 아닌 것은?

① 고령자에 대한 구인·구직 등록, 직업지도 및 취업알선
② 취업희망 고령자에 대한 직업상담 및 정년퇴직자의 재취업 상담
③ 고령자의 직업능력개발훈련
④ 고령자 고용촉진을 위하여 필요하다고 인정하여 고용노동부장관이 정하는 사업

알찬해설

고령자인재은행의 사업범위(고용상 연령차별금지 및 고령자고용촉진에 관한 법률 제11조 참조)
• 「직업안정법」에 따라 무료직업소개사업을 하는 비영리법인이나 공익단체
 - 고령자에 대한 구인·구직 등록
 - 고령자에 대한 직업지도 및 취업알선
 - 취업희망 고령자에 대한 직업상담 및 정년퇴직자의 재취업 상담
 - 그 밖에 고령자 고용촉진을 위하여 필요하다고 인정하여 고용노동부장관이 정하는 사업
• 「근로자직업능력개발법」에 따라 직업능력개발훈련을 위탁받을 수 있는 대상이 되는 기관
 - 고령자의 직업능력개발훈련(③)
 - 그 밖에 고령자 고용촉진을 위하여 필요하다고 인정하여 고용노동부장관이 정하는 사업

전문가의 한마디

고용노동부장관에 의해 지정된 고령자인재은행이 비영리법인 또는 공익단체에 해당하느냐, 직업능력개발훈련 위탁 대상 기관에 해당하느냐에 따라 사업범위상의 차이가 있습니다. 만약 두 가지 경우에 모두 해당한다면, 해당 사업들을 모두 수행할 수 있습니다.

직업상담사 1급
1차 필기 기출문제해설

2018년

2018년 제4회 필기 기출문제해설

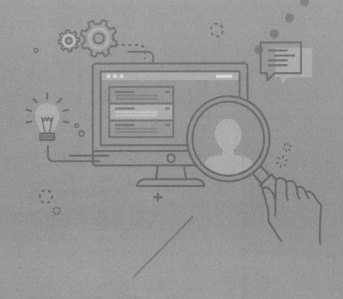

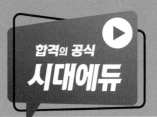

01

인지 · 정서 · 행동치료와 관련된 설명으로 틀린 것은?

① 정서적 혼란은 비합리적 신념에서 비롯된다고 본다.

② 비합리적 신념 변화를 위해 무엇보다 중요한 것은 논박하기다.

③ 비합리적인 신념의 세 가지 당위성은 자신에 대한 당위성, 타인에 대한 당위성, 조건에 대한 당위성이다.

④ 역할연기는 행동에 대해 주위 사람이 어떻게 생각할지에 대한 두려움 때문에 못하는 행동에 대해 실제로 행동해 보도록 하는 기술이다.

만점해설

④ 인지 · 정서 · 행동치료의 정서기법으로서 '수치공격 연습'의 내용에 해당한다. 반면, '역할연기'는 정서적 요소와 행동적 요소를 포함하는 것으로, 그 장면과 관련된 불쾌감의 밑바탕이 되는 비합리적 생각을 알도록 하는 데 중점을 두는 기술이다.

전문가의 한마디

상담자는 평소 수줍음이 많은 내담자에게 공원에서 목소리를 높여 걷도록 할 수 있습니다. 이러한 수치공격 연습으로 내담자는 생각한 것보다 주위 사람들이 자신의 행동에 별로 관심이 없음을 깨닫게 되고, 수줍음에서 비롯되는 불안을 극복할 수 있게 됩니다.

02

포괄적 직업상담에 대한 설명으로 틀린 것은?

① 초기 진단과 탐색단계에서는 발달적 접근법과 특성요인 접근법을 주로 활용한다.

② 포괄적 직업상담에서는 조정(Interposition)과 병치(Juxtapositions)를 통해 직업문제를 명확히 진술하도록 유도한다.

③ 직업상담자는 변별진단을 통해 내담자의 문제에 대한 질병분류학적인 분류를 실시한다.

④ 포괄적 직업상담에서는 직업상담 과정을 내담자와 직업상담자 간의 상호과정으로 본다.

알찬해설

포괄적 직업상담의 단계별 주요 접근법

초기 단계	발달적 접근법과 내담자중심 접근법을 통해 내담자에 대한 탐색 및 문제의 원인에 대한 토론을 촉진시킨다.
중간 단계	정신역동적 접근법을 통해 내담자의 문제에서 원인이 되는 요인을 명료히 밝혀 이를 제거한다.
마지막 단계	특성요인적 접근법과 행동주의적 접근법을 통해 상담자가 보다 능동적 · 지시적인 태도로 내담자의 문제해결에 개입하게 된다.

전문가의 한마디

지문 ②번에서 조정(Interposition)은 내담자가 자신의 문제를 모호하게 진술할 때 그 한계를 명확히 하도록 돕는 방법이고, 병치(Juxtapositions)는 내담자가 진술한 말들 사이의 관계성을 비교하고 대조하여 이를 명료화하도록 돕는 방법입니다.

03

Katz가 제시한 직업상담자가 갖추어야 할 3가지 행정기술에 해당하지 않는 것은?

① 실행적 기술(Executive Skills)
② 사무처리 기술(Technical Skills)
③ 인화적 기술(Human Skills)
④ 구상적 기술(Conceptual Skills)

알찬 해설

직업상담자가 갖추어야 할 행정기술(Katz)

- 사무처리 기술(Technical Skills) : 직업상담과 관련된 문서작성, 보관, 재정과 회계 등의 업무와 관련된 기술이다.
- 인화적 기술(Human Skills) : 조직 내에서 개인과 개인 간은 물론 집단성원들로 하여금 다른 사람들과 원활하게 일을 할 수 있도록 하는 기술이다.
- 구상적 기술(Conceptual Skills) : 전체적인 상담 기관 내지 프로그램 전반을 포괄적으로 파악할 수 있도록 하는 기술이다.

전문가의 한마디

직업상담에서 행정은 상담진행을 위한 지원의 측면을 포괄합니다. 여기서 지원의 범위에는 사무적인 일, 인간 간의 관계, 사무와 인간 간의 관리적 의미가 포함됩니다.

04

초기 직업상담에서 가장 우선적으로 실행해야 할 것은?

① 직업동기에 대한 평가
② 내담자와의 관계형성
③ 내담자에게 적합한 직업정보 제공
④ 내담자의 적성에 대한 평가

만점 해설

② 직업상담의 초기 단계에서 상담자가 해야 할 가장 중요한 목표는 내담자와 신뢰관계를 형성하고 상담계획을 수립하는 것이다.

전문가의 한마디

이 문제와 관련하여 2019년 4회 필기시험(1번)에서는 "직업상담의 초기 단계에서 상담자가 해야 할 역할로 가장 적합한 것은?"의 문제가 출제된 바 있습니다.

05

내담자에 대해 성격사정을 하는 목표와 가장 거리가 먼 것은?

① 자기인식을 증진시킬 수 있다.
② 좋아하는 작업역할, 작업기능, 작업환경을 확인할 수 있다.
③ 작업불만족의 근원을 확인할 수 있다.
④ 정상 및 비정상적 기능에 대해 완벽하게 이해할 수 있다.

만점 해설

④ 성격사정을 통해 진로관련 문제를 사정할 때 고려해야 할 사항에 해당한다. 즉, 상담자는 정상 및 비정상적 기능에 대해 완벽하게 이해한 후 진로관련 문제를 사정해야 한다는 것이다.

전문가의 한마디

내담자의 자기인식 증진, 좋아하는 작업역할 · 작업기능 · 작업환경의 확인, 작업불만족 근원의 확인은 성격사정의 주요 3가지 목표에 해당합니다.

06

다음 사례에서 인지적 명확성이 부족한 내담자의 유형으로 가장 적합한 것은?

> 직업상담사 : 현재 우리나라 여성의 평균수명은 몇 세라고 생각하세요?
> 내담자 : 음, 대략 83세 정도가 아닐까요?
> 직업상담사 : 잘 아시네요. 그럼 지금 선생님께서 실업한 기간이 6개월이라고 하셨죠.
> 내담자 : 네, 6개월이 지났어요.
> 직업상담사 : 선생님께서는 몇 세에 사망할 것으로 생각하세요?
> 내담자 : 음, 평균 수명까지 살아야 하지 않을까요?
> 직업상담사 : 사람의 수명이 80년을 넘게 사는데, 그 인생 중에서 선생님의 실업기간은 6개월 정도입니다.

① 무력감
② 자기인식의 부족
③ 파행적 의사소통
④ 미래시간에 대한 미계획

만점해설

④ '미래시간에 대한 미계획'은 미취업이나 실업 상태에 있는 내담자가 취업(혹은 재취업)에 대한 구체적인 계획을 세우지 못한 상태를 말한다. 이 경우 상담자는 내담자에게 정보를 제공하거나 실업충격을 완화시킴으로써 취업(혹은 재취업)을 유도할 수 있다.

① '무력감'은 내담자가 상황이 주는 문제에 적절히 대처하지 못한 채 무기력한 상태에 놓임으로써 문제가 발생하는 것이다. 이 경우 상담자는 내담자에게 지시적 상상을 하도록 함으로써 능력감을 고취시킬 수 있다.

② '자기인식의 부족'은 내담자가 자기의 인지에 대한 통찰이 결여되어 문제가 발생하는 것이다. 이 경우 상담자는 은유나 비유 쓰기를 통해 문제에 대해 이야기하도록 함으로써 내담자의 인지에 대한 통찰을 재구조화하거나 발달시킬 수 있다.

③ '파행적 의사소통'은 내담자의 회피 또는 저항 반응에 의해 상담자와 내담자 간의 대화에 문제가 발생하는 것이다. 이 경우 상담자는 내담자의 저항에 초점을 맞추어 내담자로 하여금 자신의 문제에 직면하도록 유도할 수 있다.

전문가의 한마디

'인지적 명확성'이란 자기 자신의 강점과 약점을 객관적으로 평가하고 그 평가를 환경 상황에 연관시킬 수 있는 능력을 말합니다.

07

집단상담의 장점과 가장 거리가 먼 것은?

① 집단성원들이 쉽게 소속감과 동료의식을 발전시킬 수 있다.
② 다양한 성격의 소유자들을 폭 넓게 접할 수 있는 기회를 준다.
③ 집단적인 힘이 작용하기 때문에 심각한 성격적 장애를 경험하고 있는 사람들에게 효과적이다.
④ 두려움 없이 새로운 행동을 검증해 볼 수 있는 기회를 제공한다.

알찬해설

집단상담의 장점

- 제한된 시간 내에 적은 비용으로 보다 많은 내담자들에게 접근하는 것을 가능하게 한다.
- 내담자들이 편안하고 친밀한 느낌을 가짐으로써 개인상담보다 더 쉽게 받아들이는 경향이 있다.
- 효과적인 집단에는 언제나 직접적인 대인적 교류가 있으며, 이것이 개인적 탐색을 도와 개인의 성장과 발달을 촉진시킨다.(②)
- 구체적인 실천의 경험 및 현실검증의 기회를 가진다. 특히 집단 내 다른 사람으로부터 피드백을 받으면서 자신의 문제에 대한 통찰력을 얻는다.(④)
- 타인과 상호교류를 할 수 있는 능력이 개발되며, 동료들 간에 소속감 및 동료의식을 발전시킬 수 있다.(①)
- 개인상담이 줄 수 없는 풍부한 학습 경험을 제공한다.
- 직업성숙도가 낮은 사람들에게 적합하다.

심각한 성격적 장애를 가진 사람은 집단의 분위기를 해치거나 다른 사람들의 집단 경험을 방해할 수 있습니다. 이와 같이 집단상담에 적합하지 않거나 집단의 분위기를 해칠 가능성이 높은 사람은 개인상담이나 다른 형태의 정신건강 전문가에게 의뢰하는 것이 바람직합니다.

08
정신역동적 직업상담모형에 관한 설명으로 옳은 것은?

① 직업상담자는 내담자의 흥미가 능력과 일치하는지를 밝히고 그 결과를 직업선택의 기초자료로 이용한다.
② 직업선택에 미치는 내적 요인의 영향을 지나치게 강조한 나머지 외적 요인의 영향에 대해서는 충분히 고려하지 못했다.
③ 직업상담자가 교훈적 역할을 하거나 내담자의 자아를 명료화하고 자아실현을 증진시킬 수 있다.
④ 내담자에게 많은 검사정보와 직업정보를 제공해 주고 이를 토대로 직업선택을 하도록 하는 것이다.

② 정신역동적 직업상담은 외적으로 나타나는 직업 의사결정 행동에 대해 내적 욕구만을 분석하여 중재하려 한다는 비판을 받고 있다.
① 특성-요인 직업상담의 검사 해석에 관한 내용에 해당한다.
③ 내담자중심 직업상담의 긍정적 효과에 관한 내용에 해당한다.
④ 특성-요인 직업상담의 주요 목적에 해당한다.

행동주의 관점에서 볼 때 정신역동적 접근은 관찰할 수 없는 인간의 동기적 측면에 지나치게 초점을 둠으로써 직업결정의 개념을 너무 복잡하게 만들고 있다는 인상을 줍니다.

09
교류분석에 관한 설명으로 틀린 것은?

① 인간에 대한 긍정적 견해를 가지며 인간이 자기를 발달시킬 능력과 자신을 행복하게 하고 생산이게 할 능력을 가지고 태어났다고 본다.
② 교류분석이 가정하는 세 가지 심리적 욕구는 자극갈망, 인정갈망, 구조갈망이다.
③ 사람들이 사용하는 교류 유형에는 보완적 교류, 교차적 교류, 저의적 교류가 있다.
④ 교류분석 상담자는 네 가지 분석인 구조분석, 교류분석, 게임분석, 습관분석을 통해 내담자를 조력한다.

교류분석 상담의 내담자 이해를 위한 분석 유형
• 구조분석 : 내담자의 사고, 감정, 행동을 세 가지 자아상태, 즉 부모 자아, 성인 자아, 아동(어린이) 자아와 결부시켜 자아상태에 대한 이해 및 적절한 활용을 돕는다.
• (의사)교류분석 : 두 사람 간의 의사소통 과정에서 나타나는 세 가지 교류 유형, 즉 보완적 교류(상보교류), 교차적 교류(교차교류), 저의적 교류(이면교류)를 파악하여 효율적인 교류가 이루어지도록 돕는다.
• 라켓 및 게임 분석 : 부적응적·비효율적인 라켓 감정과 함께 이를 유발하는 게임을 파악하여 긍정적인 자아상태에서 원활한 의사소통이 이루어지도록 돕는다.
• (생활)각본분석 : 내담자의 자율성을 저해하는 자기제한적 각본신념을 변화시켜 효율적인 신념으로 대체하도록 돕는다.

전문가의 한마디

위의 해설에서 '라켓 감정(Racket Feelings)'은 자신의 진정한 감정 대신 부모가 허용한 감정을 표현하는 것입니다. 예를 들어, 누나는 동생이 자신의 인형을 망가뜨려 화를 냈다가 어머니에게 야단을 맞습니다. 이후 또다시 동생이 자신의 인형을 망가뜨리자 이번에는 화를 내는 대신 이를 참고 혼자 울먹이게 됩니다. 어머니는 화를 내지 않는 모습에 칭찬을 해 주었고, 그러자 누나는 화가 나더라도 이를 참고 혼자 울먹이게 되는 것입니다. '게임(Game)'은 이와 같은 라켓 감정을 유발하는 이면교류로, 겉으로는 합리적인 대화인 것처럼 보이지만 한쪽 또는 양쪽 모두에게 불쾌한 라켓 감정을 불러일으키는 역기능적 의사소통을 의미합니다.

10

직업상담이론에 관한 설명으로 옳은 것은?

① 정신역동적 직업상담이론은 합리적이고 과학적인 분석, 종합, 진단, 예측, 상담, 사후지도의 상담 과정으로 이루어진다.

② 행동주의 직업상담이론은 개인적 경험으로서의 내적 자각과 개인의 책임을 강조한다.

③ 발달적 직업상담이론은 내담자의 직업 의사결정 문제와 직업 성숙도 사이의 일치성에 초점을 둔다.

④ 내담자중심 직업상담이론은 내담자의 내적 세계뿐만 아니라 검사정보도 직업결정 과정에 활용한다.

만점해설

③ 발달적 직업상담은 진로발달이 개인적 발달 및 사회적 발달과 깊은 관련성을 가진다고 보고, 직업상담을 통해 개인의 진로발달을 도움으로써 내담자의 개인적 및 사회적 발달을 촉진시키고자 한다.

① 특성-요인 직업상담의 과정에 해당한다.

② 형태주의 상담(게슈탈트 상담)의 특징에 해당한다.

④ 정신역동적 직업상담의 특징에 해당한다.

전문가의 한마디

정신역동적 직업상담이론이 발달의 의사결정 측면을 강조한 것과 달리, 발달적 직업상담이론은 내담자의 직업 의사결정 문제와 직업 성숙도 사이의 일치성에 초점을 둡니다.

11

상담에서의 윤리문제에 대한 설명으로 옳은 것을 모두 고른 것은?

> ㄱ. 상담에서 일어날 수 있는 여러 가지 가능한 제한점들에 대해 내담자에게 알려주어야 한다.
> ㄴ. 상담 중에 내담자와 이중적인 관계를 갖는 것은 바람직하지 않다.
> ㄷ. 내담자와의 비밀보장 약속은 어떤 경우에라도 파기되어서는 안 된다.
> ㄹ. 상담자는 자신의 가치관, 태도 등을 자각하고 있어야 한다.

① ㄱ   ② ㄴ, ㄷ
③ ㄱ, ㄴ, ㄹ   ④ ㄴ, ㄷ, ㄹ

알찬해설

비밀보장의 한계 (출처 : 한국상담학회 윤리강령)

상담자는 아래와 같은 내담자 개인 및 사회에 임박한 위험이 있다고 판단될 때 내담자에 관한 정보를 사회 당국 및 관련 당사자에게 제공해야 한다.

- 내담자가 자신이나 타인의 생명 혹은 사회의 안전을 위협하는 경우
- 내담자가 감염성이 있는 치명적인 질병이 있다는 확실한 정보를 가졌을 경우
- 미성년인 내담자가 학대를 당하고 있는 경우
- 내담자가 아동학대를 하는 경우
- 법적으로 정보의 공개가 요구되는 경우

전문가의 한마디

비밀보장의 원리는 생명보호, 인간 존엄성 존중의 절대적인 가치를 뛰어넘을 수 없습니다.

12

행동수정의 절차를 나열한 것으로 가장 적합한 것은?

> ㄱ. 구체적 강화를 사회적·상징적 강화로 대체
> ㄴ. 구체적 강화의 제공
> ㄷ. 기저선(Baseline)의 결정
> ㄹ. 문제행동과 상황적 단서를 구체적으로 이해
> ㅁ. 표적행동의 결정

① ㄱ → ㄴ → ㄷ → ㄹ → ㅁ
② ㄴ → ㄱ → ㅁ → ㄷ → ㄹ
③ ㄷ → ㄹ → ㅁ → ㄴ → ㄱ
④ ㄹ → ㅁ → ㄷ → ㄴ → ㄱ

알찬 해설

행동수정의 절차
문제행동과 상황적 단서의 이해 → 표적행동(목표행동)의 결정 → 기저선의 결정 → 구체적 강화의 제공 → 사회적·상징적 강화로 대체

전문가의 한마디

행동수정에서 표적행동(목표행동)의 기저선(Baseline)을 만든다는 것은 비교할 수 있는 기준을 세우기 위해 행동의 빈도와 지속성 정도를 측정하는 것을 의미합니다. 기저선의 결정은 표적행동에서 이후 어떤 변화가 나타나는지를 살펴볼 수 있도록 합니다.

13

Rogers의 인간중심 상담이론에 관한 설명으로 틀린 것은?

① 인간은 동일한 현상에 대해 같은 인식을 갖는 보편적 존재이다.
② 인간의 자기실현을 위해 끊임없이 노력하는 성장지향적 성향을 타고난다.
③ 공감이란 내담자의 입장에서 그의 내면세계를 이해하되 동일시하지는 않는 것이다.
④ 가치의 조건화란 주요한 타인의 평가에 의해 유기체적 경험이 왜곡되는 것을 말한다.

만점 해설

① 인간중심 상담이론에서 인간은 주관적 경험을 통해 끊임없이 가치를 형성하면서 성숙해 가는 존재로 간주된다.

전문가의 한마디

인간중심 상담이론은 인간의 개별성과 독자성을 존중합니다. 특히 각 개인이 주체적으로 자기실현을 위해 삶을 주도하며 살아간다는 점을 강조합니다.

14

단기상담에서 직접적인 조언과 정보제공이 필요한 경우와 가장 거리가 먼 것은?

① 신중한 의사결정이 요구되는 경우
② 내담자가 위기적 상황에 놓여 있는 경우
③ 부모 및 가족을 대상으로 한 상담의 경우
④ 내담자의 복지를 위해 관련된 조언을 하는 경우

알찬 해설

단기상담에서 직접적인 조언과 정보제공이 필요한 경우
• 신속한 의사결정이 요구되는 경우(주의 : '신중한 의사결정'이 아님)

- 내담자가 위기적 상황에 놓여 있는 경우
- 부모 및 가족을 대상으로 한 상담의 경우
- 내담자의 복지를 위해 관련된 조언을 하는 경우

전문가의 한마디

단기상담은 상담 기간이 제한되어 있고 문제해결을 향해 상담을 진행해야 하므로 특히 직접적인 조언과 정보 제공이 중요한 상담 전략이 됩니다.

15
직업상담사들의 주요 업무와 가장 거리가 먼 것은?

① 교육기회의 확대와 새로운 직업의 창출
② 직업관련 심리검사의 실시 및 해석
③ 노동법규 관련 직업상담
④ 직업정보의 수집, 분석 및 가공

알찬 해설

직업상담사의 주요 역할
- 상담자 : 내담자의 직업욕구에 적절한 일반상담이나 직업상담 수행(③)
- 정보분석자 : 직업정보의 수집 · 분석 · 가공 · 관리 및 환류에 의한 정보 축적(④)
- (검사도구)해석자 : 직업관련 심리검사의 해석(②)
- (직업문제)처치자 : 내담자의 직업문제 진단 · 분류 및 처치
- 조언자 : 내담자 스스로 문제를 인식하여 문제해결을 하도록 조력
- (직업지도 프로그램)개발자 : 다양한 직업지도 프로그램 개발
- 지원자 : 직업상담 프로그램의 실제 적용 및 결과 평가를 통한 프로그램 보완
- 협의자 : 직업정보 생산 기관 및 단체들과의 유기적인 협의관계 구축 · 유지
- 관리자 : 상담 과정, 직업정보 수집 과정, 상담실 관리 과정 등 일련의 업무 관리 · 통제
- 연구 및 평가자 : 직업관 및 직업욕구 변화에 따른 주기적인 조사연구, 상담 프로그램 개발을 위한 연구 및 평가

전문가의 한마디

직업상담사의 업무 혹은 역할에 관한 내용은 교재에 따라 약간씩 다르게 제시되고 있습니다. 참고로 직업상담사 2급 필기시험에서는 '내담자의 보호자 역할', '내담자에게 적합한 직업 결정', '직업관련 이론의 개발 및 강의', '새로운 직무분야 개발', '직무분석 수행' 등을 문제의 틀린 지문으로 제시하고 있습니다.

16
직업카드분류에 관한 설명과 가장 거리가 먼 것은?

① 직업카드분류는 진로탐색의 증진, 직업에 대한 호기심 강화, 즉각적인 피드백 제공 등의 장점이 있다.
② 내담자와의 실제 직업종류 분류과정에서 상담자는 120개에서 180개 정도의 카드를 사용하는 것이 좋다.
③ 카드를 개발할 때 공신력 있는 대표적인 직업 자료를 활용하는 것이 좋다.
④ 카드분류의 주요 목적은 내담자의 주제체계를 탐색하는 것이다.

만점 해설

② 내담자와의 실제 직업종류 분류과정에서 상담자는 50개에서 60개 정도의 카드를 사용하는 것이 좋다. 다만, 상담자가 추출해 내기 위한 카드는 120개에서 180개 정도 갖추어져 있어야 한다.

전문가의 한마디

직업카드분류는 내담자의 주제체계를 탐색하기 위해 고안된 것이지, 직업을 고르기 위한 선택장치로 고안된 것은 아닙니다.

17

생애진로사정의 구조 중에서 타인에 대한 의존이나 안정된 일과 같은 내용을 포함하는 단계는?

① 진로사정
② 전형적인 하루
③ 강점과 장애
④ 요 약

생애진로사정(LCA ; Life Career Assessment)의 구조

진로사정	• 내담자가 일의 경험 또는 훈련 및 학습 과정에서 가장 좋았던 것과 싫었던 것에 대해 질문하며, 여가시간의 활용, 우정관계 등을 탐색한다. • 내담자의 직업경험(시간제 · 전임, 유 · 무보수), 교육 또는 훈련과정과 관련된 문제들, 여가활동에 대해 사정한다.
전형적인 하루	• 내담자가 생활을 어떻게 조직하는지를 시간의 흐름에 따라 체계적으로 기술한다. • 내담자가 의존적인지 또는 독립적인지, 자발적(임의적)인지 또는 체계적인지 자신의 성격차원을 파악하도록 돕는다.
강점과 장애	• 내담자가 스스로 생각하는 3가지 주요 강점 및 장애에 대해 질문한다. • 현재 내담자가 직면하고 있는 문제나 환경적 장애를 탐구하며, 이를 극복하기 위해 가지고 있는 대처자원이나 잠재력을 탐구한다.
요 약	• 내담자 스스로 자신에 대해 알게 된 내용을 요약해 보도록 함으로써 자기인식을 증진시킨다. • 내담자의 문제 해결 및 장애 극복을 위해 목표달성계획을 세울 수 있도록 한다.

전문가의 한마디

생애진로사정(LCA)의 '전형적인 하루'에서 자발적–체계적 성격차원을 탐색하게 되는데, 특히 체계적인 사람은 안정된 일상에서 매일 똑같은 일을 반복하는 경향이 있는 반면, 자발적인 사람은 좀처럼 똑같은 일을 반복하지 않습니다.

18

Cottle의 원형검사에서 시간전망 개입의 3가지 측면이 아닌 것은?

① 방향성
② 연합성
③ 변별성
④ 통합성

진로시간전망 개입의 3가지 측면(Cottle)

• 방향성 : 미래지향성을 증진시키기 위해 미래에 대한 낙관적인 입장을 구성하는 것을 목표로 한다.
• 변별성 : 미래를 현실처럼 느끼도록 하고 미래 계획에 대한 정적(긍정적) 태도를 강화시키며, 목표설정이 신속히 이루어지도록 하는 것을 목표로 한다.
• 통합성 : 현재 행동과 미래의 결과를 연결시키며, 계획한 기법의 실습을 통해 진로인식을 증진시키는 것을 목표로 한다.

전문가의 한마디

진로시간전망 개입에서 시간적 변별은 시간차원 내 사건의 강도와 확장을, 시간적 통합은 시간차원에 대한 관계성을 의미합니다.

19

특성-요인 직업상담에 대한 설명으로 틀린 것은?

① 상담은 내담자가 가장 흥미를 갖는 것에 초점을 맞춘다.

② 상담자는 교육자의 역할을 수행한다.

③ 과학적이고 합리적인 문제해결 방법을 따른다.

④ 상담자는 상담을 주도하면서 내담자의 정보를 처리해야 한다.

만점해설

① 달리(Darley)는 특성-요인 직업상담에서 상담자가 내담자의 독특한 특성을 지나치게 강조한 나머지 문제의 본질은 이해하지 않은 채 "내담자가 가장 흥미를 갖는 것은 무엇인가?"에만 관심을 가져서는 안 된다고 주장하였다.

전문가의 한마디

달리(Darley)는 특성-요인 직업상담에서 상담자가 지켜야 할 상담원칙 4가지를 제시하였습니다. 이를 간략히 정리하면 다음과 같습니다.

> • 강의하는 듯한 거만한 자세는 삼간다.
> • 간단한 어휘를 사용하고, 상담 초기 정보제공의 범위를 좁힌다.
> • 정보나 해답 제공 전에 내담자가 정말로 알고 싶은지를 확인한다.
> • 내담자의 태도를 제대로 파악하고 있는지를 확인한다.

20

적극적인 경청에 대한 설명과 가장 거리가 먼 것은?

① 내담자로 하여금 생각이나 감정을 자유롭게 표현할 수 있도록 도와준다.

② 내담자가 자신의 문제를 탐색하도록 돕고, 자신의 문제에 대한 탐색 동기를 증가시키도록 돕는다.

③ 상담자가 자신이 내담자의 말을 주목하여 듣고 있음을 전달해 준다.

④ 내담자가 말하는 내용의 의미를 파악해서 해석해 준다.

만점해설

④ 명료화(Clarification) 혹은 해석(Interpretation)에 해당한다.

전문가의 한마디

명료화(Clarification)가 내담자의 표현이 모호할 때 내담자가 말하는 내용의 의미를 명확하게 해 주는 것이라면, 해석(Interpretation)은 그 내용에 새로운 의미와 관련성을 부여하여 설명하는 것입니다.

2018

제2과목 **고급직업심리학**

21

진로발달에 대한 정신분석이론에 관한 설명과 가장 거리가 먼 것은?

① 일생 동안 개인이 경험을 통해서 외부로부터 영향을 받는다는 점을 가장 중요시한다.
② 만족을 추구하는 본능은 유아기의 단순행동에서처럼 성인기의 복잡한 행동에서도 나타난다고 본다.
③ 직업선택에 대한 정신분석적 입장을 타당화하는 연구가 거의 없는 실정이다.
④ 모든 직업은 욕구충족의 일환으로 기술될 수 있다.

알찬 해설

진로발달에 대한 정신분석이론의 제한점
- 일생 동안 개인이 경험을 통해서 외부로부터 영향을 받는다는 점을 고려하지 않았다.
- 진로선택을 성격발달보다 덜 중요한 것으로 여기면서, 발달과제 혹은 직업성숙의 개념을 강조하지 않았다.
- 직업선택이 문화적 영향 혹은 재정적 문제의 영향을 받는 경우, 일을 통한 만족을 경험할 수 없는 사람들을 고려하지 않았다.
- 직업선택에 대한 정신분석적 입장을 타당화하는 연구가 거의 없는 실정이다.

전문가의 한마디

진로발달에 대한 정신분석이론은 개인의 직업선택이 주로 초기에 형성된 욕구를 만족시키기 위한 것으로, 초기의 경험에 의해 결정된다고 보았습니다.

22

Herzberg의 동기-위생이론에서 동기요인에 해당되지 않는 것은?

① 일의 내용
② 개인의 성취감
③ 대인관계
④ 개인의 발전

알찬 해설

허즈버그(Herzberg)의 동기-위생이론(2요인이론)

동기요인 (직무)	직무만족과 관련된 보다 직접적인 요인으로서 동기요인이 충족되지 않아도 불만족은 생기지 않으나, 이 요인을 좋게 하면 일에 대해 만족하게 되어 직무성과가 올라간다. 예 직무 그 자체(일의 내용), 직무상의 성취(개인의 성취감), 직무성취에 대한 인정, 승진, 책임, 성장 및 발달(개인의 발전) 등
위생요인 (환경)	일과 관련된 환경요인으로서 위생요인을 좋게 하는 것은 불만족을 감소시킬 수는 있으나, 만족감을 산출할 힘은 갖고 있지 못하다. 예 조직(회사)의 정책과 관리, 감독형태, 봉급, 개인 상호간의 관계(대인관계), 지위 및 안전, 근무환경(작업환경) 등

전문가의 한마디

허즈버그(Herzberg)는 낮은 수준의 욕구를 만족하지 못하면 직무불만족이 생기나 그 역은 성립되지 않으며, 자아실현에 의해서만 욕구만족이 생기나 자아실현의 실패로 직무불만족이 생기는 것은 아니라고 보았습니다. 이는 현대 사회에서 이미 낮은 수준의 욕구가 일반적으로 만족되어 왔다는 전제에서 비롯됩니다.

23
직업수행 준거 중 객관적 준거에 해당되지 않는 것은?

① 상사의 부하에 대한 평가
② 생산량
③ 판매실적
④ 근속기간

만점 해설

① 상사의 부하에 대한 평가와 같은 개인의 수행에 대한 판단적 평가는 직무수행(직업수행) 준거 중 주관적 준거에 해당한다.

전문가의 한마디

직무수행(직업수행) 준거 중 객관적 준거는 조직의 기록으로부터 얻어지는 것으로, 생산량, 판매실적, 근속기간 혹은 이직(률), 결근(율), 사고(횟수), 절도(횟수) 등이 포함됩니다.

24
진로발달이론 중 인지적 정보처리 관점의 주요 전제가 아닌 것은?

① 진로선택은 독립적인 인지적, 정의적 과정의 결과이다.
② 진로를 선택한다는 것은 하나의 문제해결 활동이다.
③ 동기의 근원을 앎으로써 자신을 이해하고 만족스런 진로선택을 하려는 욕망을 갖는다.
④ 진로정체성(Career Identity)은 자기지식에 의존한다.

알찬 해설

인지적 정보처리 관점의 주요 전제(Peterson, Sampson & Reardon)

- 진로선택은 인지적, 정의적 과정들의 상호작용에 의한 결과이다.(①)
- 진로를 선택한다는 것은 하나의 문제해결 활동이다.(②)
- 진로문제 해결자의 잠재력은 지식뿐 아니라 인지적 조작의 가용성(가능성)에 의존한다.
- 진로문제의 해결은 고도의 기억력을 요하는 과제이다.
- 동기의 근원을 앎으로써 자신을 이해하고 만족스런 진로선택을 하려는 욕망을 갖는다.(③)
- 진로발달은 지식구조의 끊임없는 성장과 변화를 포함한다.
- 진로정체성(Career Identity)은 자기지식에 의존한다.(④)
- 진로성숙은 진로문제를 해결할 수 있는 개인의 능력에 의존한다.
- 진로상담의 최종 목표는 정보처리 기술을 향상시킴으로써 달성된다.
- 진로상담의 최종 목표는 진로문제 해결자이자 의사결정자인 내담자의 잠재력을 증진시키는 것이다.

전문가의 한마디

피터슨, 샘슨, 리어든(Peterson, Sampson & Reardon)이 제시한 인지적 정보처리 관점의 10가지 주요 전제는 교재에 따라 약간씩 다르게 제시되고 있으나 내용상 큰 차이는 없습니다.

25

백분위 점수에 대한 설명으로 가장 적합한 것은?

① 백분위 98%란 그 점수보다 낮은 점수를 가진 사람이 전체의 2%라는 뜻이다.
② 백분위 1%의 차이는 점수분포상의 위치와 관계없이 일정하다.
③ 평균 근처에서의 백분위 차이는 양극단에서의 백분위 차이보다 실제 점수 차이가 작다.
④ 백분위 50%는 그 분포에서의 평균과 일치한다.

만점해설

②·③ 백분위 점수는 원점수의 분포가 정상분포에 가까운 경우 평균 근처에서의 점수들의 차이는 과장하고 양극단에 가까운 점수들의 차이는 과소평가하는 경향이 있다.
① 백분위 98이란 규준집단에 있는 사람 중 98%가 그 점수(백분위 98에 해당하는 점수) 밑에 놓여 있음을 의미한다.
④ 백분위 50은 그 분포에서의 중앙값에 해당하며, 이는 분포 모양에 따라 평균값과 일치할 수도 그렇지 않을 수도 있다.

전문가의 한마디

백분위 점수의 가장 큰 제한점은 단위가 불균등하다는 점입니다. 이는 각 사례들이 분포의 중앙부에 많이 몰려 있고 양극단으로 갈수록 더 멀리 흩어지는 정상분포(정규분포)에만 국한되지 않으며, 많은 수검자의 점수가 같거나 비슷한 상황에서 항상 나타나게 됩니다.

26

직무 스트레스의 요인 중 개인의 책임한계나 직무의 목표가 명료하지 않을 때 생기는 것으로, 개인의 직무에 관한 정보가 부적절하거나 잘못된 경우 발생하는 것은 무엇인가?

① 역할과부하(Role Overload)
② 역할모호성(Role Ambiguity)
③ 역할태만성(Role Laziness)
④ 역할갈등(Role Conflict)

알찬해설

역할갈등, 역할모호성, 역할과부하

역할갈등 (Role Conflict)	역할담당자가 자신의 지위(역할)와 역할전달자의 역할기대가 상충되는 상황에서 지각하는 심리적 상태이다.
역할모호성 (Role Ambiguity)	역할담당자가 역할전달자의 역할기대에 대해 명확히 알지 못하여 발생하는 심리적 상태이다.
역할과부하 혹은 역할과다 (Role Overload)	역할담당자가 일상적인 업무를 수행하는 과정에서 신규의 특정 업무를 부여받게 됨으로써 대처능력 초과상태에 이르는 것이다.

전문가의 한마디

역할갈등, 역할모호성, 역할과부하(역할과다) 등은 직무 스트레스를 일으키는 대표적인 심리사회적 요인에 해당합니다.

27

김과장은 Type A 행동특성을, 그리고 박과장은 Type B의 행동특성을 지닌 대표적인 인물이다. 이들의 행동특성에 관한 설명으로 틀린 것은?

① 스트레스 상황에서 김과장은 박과장에 비해 호흡률이나 혈압과 같은 생리적 각성수준을 더 증가시킬 가능성이 있다.
② 스트레스 상황에 노출되면 박과장이 김과장보다 부정과 투사기제를 사용할 가능성이 더욱 적다.
③ 직무 스트레스에 있어서 김과장이 박과장보다 더 많은 우울, 불안, 적대감 등 심리적 긴장이 높을 가능성이 있다.
④ 통제불능의 스트레스 상황에서 박과장은 김과장보다 더 쉽게 과제를 포기하고 더 많은 무력감을 느낄 가능성이 있다.

만점 해설

④ A유형(Type A)의 행동특성을 지닌 사람은 B유형(Type B)의 행동특성을 지닌 사람보다 높은 스트레스 수준을 유지한다. 이는 A유형의 사람이 평소 공격적·적대적이고 인내력이 부족한 데 반해, B유형의 사람은 수동적·방어적이고 느긋함과 평온함을 특징으로 하는 데 기인한다.

전문가의 한마디

'Type A/B'는 'A/B 성격유형', 'A/B 행동유형', 'A/B 행동특성' 등으로도 불립니다. 이는 서로 대별되는 성격을 가진 사람들의 행동 특징을 나타내는 것에서 비롯됩니다.

28

다음 중 초기경력단계에 있는 사람들에게 도움이 되는 경력개발 프로그램과 가장 거리가 먼 것은?

① 사전직무안내
② 변형근무제
③ 경력계획 워크샵
④ 후견인 프로그램

알찬 해설

경력단계별 주요 경력개발 프로그램

초기 경력단계	경력계획 워크샵(경력워크숍), 인턴십, 사전직무안내, 후견인 프로그램, 종업원 오리엔테이션 등
중기 경력단계	경력상담, 직무순환제도 또는 최신 첨단기술이나 특정 전문 분야의 교육훈련 프로그램 등
말기 경력단계	은퇴 전 프로그램, 유연성 있는 작업계획(파트타임, 변형근무제, 직무순환) 등

전문가의 한마디

경력개발의 초기단계에서는 조직에 적응하도록 방향을 설정하며, 지위와 책임을 깨닫고 만족스러운 수행을 증명해 보여야 합니다. 또한 개인적인 목적과 승진기회의 관점에서 경력계획을 탐색하며, 승진 또는 지위변경의 계획을 실행에 옮겨야 합니다.

29

진로발달이론과 그 주요 개념이 바르게 짝지어진 것은?

① 특성이론 - 개인의 특성 평가, 일의 요소와 특성을 관련시킨다.
② 발달이론 - 직업선택은 욕구에 기초한다.
③ 사회이론 - 진로의사결정은 개인의 진로발달에 있어 중요 요소이다.
④ 사회학습이론 - 직업발달과 직업선택에 있어서 사회적인 영향을 강조한다.

만점 해설

② 욕구는 경험과 속성에서 발생되며, 직업선택은 이러한 욕구에 기초한다고 강조한 것은 욕구이론에 해당한다.
③ 진로의사결정은 누가기록적인 효과를 가지며, 일종의 분류하는 과정이라고 강조한 것은 의사결정이론이다.
④ 직업발달과 직업선택에 있어서 사회적인 영향을 강조하고, 직업기회가 중요한 역할을 한다고 주장한 것은 사회이론이다.

전문가의 한마디

진로발달이론으로서 사회이론은 직업발달과 직업선택에 있어서 사회적인 영향을 강조한 반면, 사회학습이론은 학습유형, 경험의 효과, 기술의 습득 등을 강조합니다.

30

성취에 대한 보상을 남성과 동등하게 받지 못하는 작업환경에서 일하는 여성들이 받을 수 있는 대표적인 문제는 무엇인가?

① 지적발달의 장애를 준다.
② 자기효능감 개발에 방해를 받게 된다.
③ 원만한 대인관계 형성에 방해를 받게 된다.
④ 작업에 대한 분석능력이 떨어진다.

알찬 해설

자기효능감 이론(Self-efficacy Theory)

• 반두라(Bandura)의 사회학습이론(사회인지이론)에서 비롯된 것으로, 이후 헥케트와 베츠(Hackett & Betz)가 성차에 대한 설명을 시도함으로써 더욱 발전시킨 이론이다.
• 반두라는 자기효능감이 심리적 기능에 영향을 미치는 개인의 사고와 심상을 포함한다는 점을 강조하였다. 즉, 어떤 과제를 수행하는 데 있어서 자신의 능력에 대한 믿음이 과제 시도의 여부와 과제를 어떻게 수행하는지를 결정한다는 것이다.
• 자기효능감은 개인의 노력 강도를 결정하는데, 자기효능감 수준이 높은 사람의 경우 수행을 긍정적으로 이끌어가고, 문제소지에 대해서도 좋은 해결방안을 인지적으로 시연하는 반면, 자기효능감 수준이 낮은 사람의 경우 일이 어떻게 잘못될 것인지를 생각하여 수행 동기를 약화시키는 경향이 있다.
• 헥케트와 베츠에 따르면, 자기효능감 수준이 낮은 여성들의 경우 진로이동뿐만 아니라 진로선택에 있어서도 제약을 받는다. 또한 여성들이 성취에 대한 보상을 남성과 동등하게 받지 못하는 작업환경에 있는 경우 자기효능감 개발에 방해를 받게 된다.

전문가의 한마디

이 문제는 자기효능감 이론의 구체적인 내용에 관한 것이므로, 위의 해설의 내용을 잘 살펴볼 필요가 있습니다.

31

다음은 무엇에 대한 설명인가?

> 이는 자아의 이해와 일과 직업세계의 이해를 기초로 하여 자기 자신의 진로를 계획하고 선택하는 과정에서 동일 연령이나 발달단계에 있는 집단의 발달과업 수행 정도에서 차지하는 개인의 상대적인 위치를 말한다.

① 진로결정수준
② 진로정체감
③ 진로의식 성숙
④ 진로결정 자기효능감

만점해설

① '진로결정수준'은 진로미결정과 진로결정을 양극단으로 하는 연속선상의 어느 한 지점을 지칭하는 것이다.
② '진로정체감'은 자신의 목표, 흥미, 성격, 재능 등에 관하여 개인이 가지고 있는 심상을 지칭하는 것이다.
④ '진로(결정) 자기효능감'은 진로행동의 어떤 측면과 관련한 효능감 기대가 진로선택 및 개인개발에 영향요인으로 작용할 수 있는 가능성을 지칭하는 것이다.

전문가의 한마디

'진로의식 성숙'은 간단히 '진로성숙'으로 표현합니다. 진로성숙(Career Maturity)은 본래 연속적인 발달개념으로 볼 수 있는데, 다른 한편으로 각 발달단계에서 수행해야 할 발달과업의 수행 정도를 동일한 연령집단과 비교하여 개인이 차지하는 위치로 보기도 합니다.

32

역사가 오래되어 많은 자료가 수집될 수 있는 직업으로서, 수행하는 작업이 다양하고 직무의 폭이 넓어 단시간의 관찰을 통해서 분석하기 어려운 경우에 가장 적합한 직무분석 방법은?

① 데이컴법
② 비교확인법
③ 최초분석법
④ 면담법

만점해설

② 비교확인법(Verification Method)은 지금까지 분석된 자료를 참고로 하여 현재의 직무 상태를 비교 · 확인하는 방법이다.
① 데이컴법(DACUM Method)은 '교육과정개발(Developing A Curriculum)'의 준말로서, 교과과정을 개발하기 위해 주로 사용되는 방법이다. 특히 교육훈련을 목적으로 교육목표와 교육내용을 비교적 단시간 내에 추출하는 데 효과적이다.
③ 최초분석법(New Analysis Method)은 분석할 대상 직업에 대한 자료가 드물고, 그 분야에 많은 경험과 지식을 갖춘 사람이 거의 없을 때 직접 작업현장을 방문하여 분석을 실시하는 방법이다.
④ 면담법(Interview Method)은 특정 직무에 대해 오랜 경험과 전문지식, 숙련된 기술과 기능을 가지고 있고 정확한 표현이 가능한 작업자(직무수행자)를 방문하여 면담을 통해 분석하는 방법이다.

전문가의 한마디

면담법(면접법), 관찰법, 체험법, 설문법(질문지법), 녹화법, 중요사건 기법(결정적 사건법) 등은 직무분석 방법으로서 최초분석법(New Analysis Method)의 범주에 포함됩니다.

33

다음은 기대이론의 요소 중 무엇에 관한 설명인가?

> 성과에 대해 종업원들이 느끼는 감정으로서, 흔히 성과가 지니는 매력의 정도 혹은 성과로부터 예상되는 만족이라고 정의된다.

① 직무성과(Job Outcome)
② 유인가(Valence)
③ 기대(Expectancy)
④ 힘(Force)

알찬 해설

기대이론의 요소

- 직무성과(Job Outcome) : 급여, 승진, 휴가 등과 같이 조직이 종업원들에게 제공할 수 있는 것들이다. 인정 혹은 성취감 같은 무형의 것들도 해당된다.
- 유인가(Valence) : 성과에 대해 종업원들이 느끼는 감정으로서, 흔히 성과가 지니는 매력의 정도 혹은 성과로부터 예상되는 만족이라고 정의된다.
- 도구성 혹은 수단성(Instrumentality) : 수행과 성과 획득 간의 관계에 대한 지각으로 정의되며, 이 지각은 종업원의 마음속에 존재한다.
- 기대(Expectancy) : 어떤 활동이 특정한 성과를 가져온다고 믿는 주관적 확률이다.
- 힘(Force) : 동기가 부여된 개인이 가지고 있는 노력 혹은 압력의 양으로서, 힘이 커질수록 동기도 더 커진다.

전문가의 한마디

브룸(Vroom)은 "동기의 정도는 행위의 결과에 대한 매력의 정도(→ 유의성)와 결과의 가능성(→ 기대) 그리고 성과에 대한 보상 가능성(→ 도구성 혹은 수단성)의 함수에 의해 결정된다"고 주장하였습니다.

34

다음은 누구의 직업발달이론인가?

> - 직업발달이론의 주요 주제는 직업포부(Occu-pational Aspiration)의 발달이다.
> - 개인은 자기 이미지에 걸 맞는 직업을 원하므로 자기개념은 직업선택의 핵심이다.
> - 개인은 직업에 대한 접근가능성 때문에 의사결정 시에 최선은 아니지만 좋은 결정으로 타협한다.

① Super
② Ginzberg
③ Holland
④ Gottfredson

만점 해설

④ 고트프레드슨(Gottfredson)은 개인의 성(性), 인종, 사회계층 등 사회적 요인과 함께 개인의 언어능력, 추론능력 등 인지적 요인을 통합하여 직업포부의 발달에 관한 이론을 개발하였다. 그리고 직업포부 발달단계를 '힘과 크기 지향성', '성역할 지향성', '사회적 가치 지향성', '내적, 고유한 자기(자아) 지향성'으로 구분하였다.

① 수퍼(Super)는 진로선택을 자기개념(자아개념)의 실행과정으로 보며, 이와 같은 자기개념이 유아기에서부터 형성되어 평생 발달한다고 보았다. 그에 따라 직업발달의 과정을 '성장기', '탐색기', '확립기', '유지기', '쇠퇴기'로 구분하였다.

② 긴즈버그(Ginzberg)는 직업선택 과정을 바람(Wishes)과 가능성(Possibility) 간의 타협(Compromise)으로 보며, 그와 같은 타협을 선택의 본질적인 측면으로 간주하였다. 그에 따라 직업발달 및 직업선택의 과정을 '환상기', '잠정기', '현실기'로 구분하였다.

③ 홀랜드(Holland)는 개인의 직업적 흥미가 곧 개인의 성격을 반영한다고 주장하면서, 개인의 행동이 그들의 성격에 부합하는 직업환경 특성들 간의 상호작용에 의해 결정된다는 개인-환경 적합성(Person-Environment Fit) 모형을 제시하였다.

발달적 관점에서 직업선택의 이론을 제안한 대표적인 학자들로는 긴즈버그(Ginzberg), 수퍼(Super), 고트프레드슨(Gottfredson), 타이드만과 오하라(Tiedeman & O'Hara), 터크맨(Tuckman) 등이 있습니다.

35

개인의 욕구와 직업선택 행동의 관계에 초점을 두고, 직업을 서비스직, 비즈니스직, 단체직, 기술직, 옥외활동직, 과학직, 문화직, 예술직 등 8가지 직업군으로 분류하는 체계를 개발한 사람은?

① Holland
② Roe
③ Super
④ Parsons

알찬해설

로(Roe)의 직업분류체계

- 로(Roe)는 미네소타 직업평가척도(MORS ; Minnesota Occupational Rating Scales)에서 힌트를 얻어 일의 세계를 8가지 장(Field)과 6가지 수준(Level)으로 구성된 2차원의 체계로 조직화했다.
- 로의 직업분류체계는 8가지 장, 즉 '직업군'과 6가지 수준, 즉 '직업수준'을 의미하는 원뿔구조로 나타낼 수 있다.
- 원주상의 순서대로 8가지 장은 서비스, 사업상 접촉(비즈니스), 조직, 기술, 옥외, 과학, 예술과 연예, 일반문화로 이루어진다.
- 6가지 수준은 근로자의 직업과 관련된 정교화, 책임, 보수, 훈련의 정도를 묘사한다. '수준 1'은 가장 높은 수준으로서 전문직 혹은 관리직을 의미하며, '수준 6'은 가장 낮은 수준으로서 비숙련(비숙련직)을 나타낸다.

로(Roe)의 직업분류체계는 다음과 같이 원뿔구조로 나타내기도 합니다. 이때 원주는 8가지 직업군(Field), 높이는 6가지 직업수준(Level)에 해당합니다.

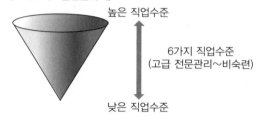

8가지 직업군
(서비스직~일반문화직)

높은 직업수준

6가지 직업수준
(고급 전문관리~비숙련)

낮은 직업수준

36

직무평가에 관한 설명과 가장 거리가 먼 것은?

① 직무평가의 대상은 직무 자체이다.
② 직무평가는 조직 내 여러 직무들이 조직에 기여하는 중요도나 가치를 평가하는 것이다.
③ 직무평가는 각 직무 종사자의 수행 수준을 조직목표 달성도에 따라서 평가하는 것이다.
④ 조직이 추구하는 가치의 판단이 직무평가 과정에 포함된다.

만점해설

③ 각 직무 종사자의 수행 수준을 조직목표 달성도에 따라서 평가하는 것은 직무수행평가에 해당한다. 직무수행평가는 일정 기간 직원들이 그들의 업무를 얼마나 잘 수행했는지에 대한 정기적 · 공식적인 평가이다.

직무평가는 "이 직무는 다른 직무에 비해 얼마나 더 중요한가?"를 평가하는 것인 반면, 직무수행평가는 "작업자(직무 종사자)가 얼마나 우수한 수행을 보였는가?"를 평가하는 것입니다.

37

검사의 신뢰도에 관한 설명으로 가장 적합한 것은?

① 재고자 하는 속성을 얼마나 정확하게 반영하여 재는가이다.
② 재고자 하는 속성을 얼마나 일관성 있게 재는가이다.
③ 검사의 난이도를 나타낸다.
④ 준거를 예측하기 위한 적절성을 나타낸다.

알찬해설

신뢰도(Reliability)
측정도구가 측정하고자 하는 속성을 일관성 있게 측정하는 능력을 말한다. 다시 말해 어떤 측정도구를 동일한 현상에 반복 적용하여 동일한 결과를 얻게 되는 정도를 그 측정도구의 신뢰도라고 한다.

전문가의 한마디

지문 ①번의 "재고자 하는 속성을 얼마나 정확하게 반영하여 재는가"는 타당도(Validity)에 관한 설명에 해당합니다.

38

성격 5요인(Big Five) 이론에서 제시한 성격요인이 아닌 것은?

① 성실성
② 외향성
③ 친화성
④ 자기 효능성

알찬해설

성격 5요인(Big Five) 이론의 5가지 성격요인
- 외향성(Extraversion)
- 호감성 또는 친화성(Agreeableness, Likability)
- 성실성(Conscientiousness)
- 신경증 또는 정서적 불안정성(Neuroticism, Negative Affectivity)
- 경험에 대한 개방성(Openness to Experience)

전문가의 한마디

성격 5요인(Big Five) 이론의 5가지 성격요인에서 '정서적 개방성'이 아닌 '정서적 불안정성', '경험의 불안정성'이 아닌 '경험에 대한 개방성'이 옳다는 점을 반드시 기억해 두시기 바랍니다.

39

심리검사의 표준화 절차에 관한 설명으로 가장 적합한 것은?

① 같은 심리특성을 측정하는 모든 심리검사 문항들은 동일해야 한다.
② 여러 집단을 대상으로 같은 검사를 실시한다면 검사자는 동일인이어야 한다.
③ 검사장이나 검사자가 다르더라도 검사를 실시하는 상황은 동일해야 한다.
④ 검사자가 다르더라도 여러 수검자들의 검사 결과는 동일해야 한다.

알찬해설

심리검사의 표준화(Standardization)
- 검사의 실시 및 채점절차의 동일성을 유지하기 위해 검사자가 지켜야 하는 관련 세부규칙들을 정리하는 작업이다.
- 검사재료와 검사 실시 순서, 시간제한, 문제나 지시사항 읽어주기, 수검자 질문에 대한 응답요령, 검사장 상태 등 검사 실시와 직접 관련된 전체 과정을 비롯하여 수검자 응답내용의 점수화에 관한 채점절차까지 상세히 명시해 놓는 것이다.

전문가의 한마디

심리검사에서 표준화를 중요하게 다루는 이유는 측정 및 채점 과정에서 발생할 수 있는 검사자 편차를 최대한 줄이고 측정의 정확성을 기하기 위함입니다.

40

실업 후 직업상담 프로그램과 가장 거리가 먼 것은?

① 실업충격완화 프로그램
② 취업알선 프로그램
③ 직업전환 프로그램
④ 사후상담 프로그램

알찬 해설

전직 및 실직에 대비한 직업상담 프로그램

• 전직 대비 프로그램

전직 예방	• 직장 스트레스 대처 프로그램 • 직업적응 프로그램
전직 대비	• 생애계획 프로그램 • 직업전환 (훈련) 프로그램

• 실직 대비 프로그램

실업 전	• 조기퇴직 계획 프로그램 • 은퇴 후 진로경로 계획 프로그램
실업 후	• 실업충격완화 프로그램 • 직업복귀 (훈련) 프로그램 • 취업알선 프로그램 • 사후상담 프로그램

전문가의 한마디

위의 해설에 제시된 직업상담 프로그램 중에는 재직자 혹은 실업자 모두에게 적용할 수 있는 것들도 있습니다. 예를 들어, 직업전환 (훈련) 프로그램은 재직자를 대상으로도 혹은 실업자를 대상으로도 적용할 수 있는 프로그램입니다. 참고로 지문 ④번의 사후상담 프로그램은 취업알선 후 직장적응에 대한 도움을 주는 것을 목표로 하는 프로그램입니다.

제3과목 고급직업정보론

41

일자리 안정자금에 대한 옳은 설명을 모두 고른 것은?

> ㄱ. 최저임금 인상에 따른 소상공인 및 영세중소 기업의 경영부담을 완화하고 노동자의 고용불안을 해소하기 위한 지원사업이다.
> ㄴ. 지원받기 위해서는 재직자와 퇴사자로 구분된 지원요건을 충족해야 한다.
> ㄷ. 고용보험 가입대상자는 고용보험에 가입하여야 지원되고 법률상 고용보험 대상이 아닌 경우에는 가입하지 않아도 지원한다.
> ㄹ. 지급 방식은 직접 지급 또는 사회보험대납 방식 중 선택할 수 있다.

① ㄱ, ㄴ, ㄷ
② ㄱ, ㄴ, ㄹ
③ ㄷ, ㄹ
④ ㄱ, ㄴ, ㄷ, ㄹ

알찬 해설

이 문제는 일자리 안정자금 사업의 개정 전 내용에 해당하므로, 해설의 내용을 간단히 살펴본 후 넘어가도록 한다.

일자리 안정자금 사업(2021년도 기준)

• 최저임금 인상에 따른 소상공인 및 영세중소기업의 경영부담을 완화하고 노동자의 고용불안을 해소하기 위한 한시적 지원사업이다.
• 2021년도 기준 월평균보수액 219만원 이하 노동자를 고용한 사업주로서, 지원금 신청 이전 1개월 이상 고용이 유지된 경우이어야 한다.
• 신청 당시 이미 퇴사한 노동자에 대해서는 원칙적으로 지원하지 않는다. 다만, 일용근로자, 계절근로자의 경우는 근로 특성 및 신청 방법 등을 고려하여 퇴사자라고 하더라도 지원한다.
• 최저임금 준수를 전제로 고용보험 가입대상자는 고용보험에 가입하여야 지원하고, 법률상 고용보험 적용 대상이 아닌 경우에는 가입하지 않아도 지원한다.

- 기존 노동자는 최소한 전년도 보수수준을 유지하여야 하며, 지원기간 동안 원칙적으로 지원대상 노동자를 퇴직시켜서는 안 된다.
- 지급 방식은 계좌 직접 지급으로 하며, 2021년 1월 지원금(2020년 12월 근로분)까지는 사회보험료 대납방식이 가능하다.

전문가의 한마디

2021년 1월 1일 「일자리 안정자금 사업 운영 규정」 개정에 따라 사회보험료 대납방식이 폐지되었습니다. 따라서 출제 당시 정답은 ④였으나, 현행 기준으로 정답은 ①에 해당합니다.

42
한국표준직업분류의 분류체계 및 분류번호에 대한 설명으로 틀린 것은?

① 직업분류는 세분류를 기준으로 상위에는 소분류–중분류–대분류로 구성되어 있으며, 하위분류는 세세분류로 구성되어 있다.

② 대분류 10개, 중분류 52개, 소분류 156개, 세분류 450개, 세세분류 1,231개로 구성되어 있다.

③ 분류번호는 아라비아 숫자와 알파벳 A로 표시하며 대분류 2자리, 중분류 3자리, 소분류 4자리, 세분류 5자리, 세세분류는 6자리로 표시된다.

④ 동일 분류에 포함된 끝 항목의 숫자 9는 '기타~(그 외~)'를 표시하여 위에 분류된 나머지 항목을 의미한다.

알찬 해설

한국표준직업분류(KSCO) 제7차 개정(2018)의 분류체계 및 분류번호

- 직업분류는 세분류를 기준으로 상위에는 소분류–중분류–대분류로 구성되어 있으며, 하위분류는 세세분류로 구성되어 있다.
- 각 항목은 대분류 10개, 중분류 52개, 소분류 156개, 세분류 450개, 세세분류 1,231개로 구성되어 있는데 계층적 구조로 되어 있다.
- 분류번호는 아라비아 숫자와 알파벳 A로 표시하며 대분류 1자리, 중분류 2자리, 소분류 3자리, 세분류 4자리, 세세분류는 5자리로 표시된다.(③)
- 동일 분류에 포함된 끝 항목의 숫자 9는 '기타~(그 외~)'를 표시하여 위에 분류된 나머지 항목을 의미한다. 또한 끝자리 0은 해당 분류수준에서 더 이상 세분되지 않는 직업을 의미하고 있다.

전문가의 한마디

한국표준산업분류(KSIC)에서는 분류구조상 대분류에서 알파벳 문자를 사용하지만, 부호 처리를 할 경우 아라비아 숫자만을 사용하도록 하고 있다는 점과 혼동하지 마세요.

- 대분류 – A 농업, 임업 및 어업
- 중분류 – 01 농업 / 02 임업 / 03 어업

43
한국표준산업분류에서 통계단위의 산업 결정 방법에 대한 설명으로 틀린 것은?

① 생산단위의 산업활동은 그 생산단위가 수행하는 주된 산업활동(판매 또는 제공하는 재화 및 서비스)의 종류에 따라 결정된다.

② 계절에 따라 정기적으로 산업을 달리하는 사업체의 경우에는 조사시점에서 경영하는 사업의 활동에 의해 분류한다.

③ 휴업 중 또는 자산을 청산 중인 사업체의 산업은 영업 중 또는 청산을 시작하기 이전의 산업활동에 의해 결정한다.

④ 단일사업체의 보조단위는 그 사업체의 일개 부서로 포함하며, 여러 사업체를 관리하는 중앙 보조단위(본부, 본사 등)는 별도의 사업체로 처리한다.

만점해설

② 계절에 따라 정기적으로 산업을 달리하는 사업체의 경우에는 조사시점에서 경영하는 사업과는 관계없이 조사대상 기간 중 산출액이 많았던 활동에 의하여 분류한다.

전문가의 한마디

이와 유사한 문제가 앞선 2020년 4회 필기시험(44번)에 출제된 바 있습니다.

44

직업상담 시 제공하는 직업정보의 기능과 역할에 대한 설명으로 틀린 것은?

① 여러 가지 직업적 대안들을 명료하게 한다.
② 내담자의 흥미, 적성, 가치 등을 파악할 수 있다.
③ 경험이 부족한 내담자에게 다양한 직업들을 간접적으로 접할 기회를 제공한다.
④ 내담자가 자신의 선택이 현실에 비추어 부적당한 선택이었는지를 점검하고 재조정해 볼 수 있는 기초를 제공한다.

만점해설

② 내담자의 흥미, 적성, 가치 등을 파악하는 것은 심리검사의 주된 기능에 해당한다. 반면, 직업정보는 내담자로 하여금 진로 및 직업선택의 의사결정을 돕고, 직업선택에 관한 지식을 증가시키는 것을 주된 기능으로 한다.

전문가의 한마디

브레이필드(Brayfield)는 직업정보의 기능으로 정보적 기능(정보제공 기능), 재조정 기능, 동기화 기능을 제시하였습니다.

45

구직자의 근무지역 희망순위 정보를 수집했다면 어떤 측정의 수준에 해당하는가?

① 명목측정
② 서열측정
③ 등간측정
④ 비율측정

알찬해설

측정의 등급

명목측정	일반적으로 변수의 속성에서 그 차이점 및 유사점에 따라 범주화하는 것으로, 어떤 일정한 순서 없이 포괄적이고 상호배타적으로 범주화한다. 예 성별(남성/여성), 계절(봄/여름/가을/겨울) 등
서열측정	측정하고자 하는 변수의 속성들 간에 서열을 매길 수 있으나, 그 서열 간의 간격은 동일하지 않다. 예 학력(중졸 이하, 고졸, 대졸 이상), 서비스 만족도 평가(A, B, C, D) 등
등간측정	서열뿐만 아니라 속성 사이의 거리에 대해 측정이 가능하며, 속성 간 간격이 동일하다. 예 지능지수(…80 …100 …120 …), 온도(…-20℃ …0℃ …20℃ …40℃ …) 등
비율측정	측정 중 가장 높은 수준의 등급으로, 등간측정의 모든 특성에 절대영(Zero) 값이 추가된다. 예 연령(0세 …20세 …40세 …), 교육연수 기간(0개월 …3개월 …6개월 …) 등

전문가의 한마디

서열측정은 관찰특징이 논리적으로 분류되고, 높고 낮음 또는 많고 적음에 따라 순위가 결정되므로 상대적인 위치파악이 가능합니다. 예를 들어, 구직자의 근무지역 희망순위의 경우 '1순위', '2순위', '3순위'로 논리적인 분류가 가능한데, 이는 높고 낮음의 순위로 볼 수 있습니다. 이때 '1순위'에 '3', '2순위'에 '2', '3순위'에 '1'의 숫자를 부여하면, 숫자가 커질수록 그 지역에 대한 선호도가 높음을 알 수 있게 됩니다. 다만, 여기서 부여한 '2'와 '1'의 차이는 '3'과 '2'의 차이와 같지 않으며, 그 숫자는 단지 상징적으로 높고 낮음만을 알려줄 뿐입니다.

46

직업정보 수집을 위해 설문지를 활용한 대인면접조사를 실시하고자 한다. 이에 대한 설명으로 옳은 것은?

① 2차 자료를 이용하는 조사방법이다.
② 새로운 사실이나 아이디어 발견에는 구조화된 대인면접조사가 적합하다.
③ 우편조사에 비해 응답률이 높다.
④ 구조화된 대인면접조사의 경우 상황과 응답자 특성에 맞게 질문 과정을 유연하게 진행할 수 있다.

만점해설

③ 대인면접조사(대면면접조사)는 우편조사나 전화조사에 비해 응답률이 높은 편이다.
① 2차 자료를 이용하는 비관여적 방법으로 2차 자료 분석, 내용분석 등이 있다.
② 심층면접으로 뜻하지 않은 새로운 사실이나 아이디어를 발견할 수 있는 장점을 가진 것은 비구조화된 대인면접조사(혹은 비표준화 면접)이다.
④ 상황에 따라 질문형식을 적절히 변경하여 개방형 질문으로 면접을 수행할 수 있는 장점을 가진 것은 비구조화된 대인면접조사(혹은 비표준화 면접)이다.

전문가의 한마디

일반적으로 구조화된 면접(표준화 면접)의 경우 자료의 신뢰도는 높지만 타당도는 낮은 반면, 비구조화된 면접(비표준화 면접)의 경우 자료의 타당도는 높지만 신뢰도는 낮습니다.

47

국가기술자격 종목과 해당 직무분야가 틀리게 짝지어진 것은?

① 직업상담사 1급 - 사회복지 · 종교
② 임상심리사 2급 - 보건 · 의료
③ 세탁기능사 - 영업 · 판매
④ 포장기사 - 경영 · 회계 · 사무

만점해설

③ 세탁기능사는 직무분야 중 '섬유 · 의복'에 해당한다.

전문가의 한마디

세탁기능사는 본래 직무분야 중 '경비 · 청소'로 분류되었으나 국가기술자격법 시행규칙 개정에 따라 2020년 1월 1일부로 '섬유 · 의복'으로 분류되고 있습니다.

48

한국표준산업분류에서 '산업활동'의 정의로 옳은 것은?

① 유사한 성질을 갖는 상품과 재화의 생산과 관련된 활동의 집합
② 각 생산단위가 노동, 자본, 원료 등 자원을 투입하여 재화 또는 서비스를 생산 또는 제공하는 일련의 활동과정
③ 생산단위가 주로 수행하고 있는 활동을 그 유사성에 따라 유형화한 활동의 집합
④ 공장, 광산, 상점 등과 같이 경제활동이 이루어지는 지리적 장소에서 가장 동질성이 있는 활동의 집합

알찬 해설

산업, 산업활동, 산업분류의 정의 [출처 : 한국표준산업분류(2017)]

산 업	유사한 성질을 갖는 산업활동에 주로 종사하는 생산단위의 집합이다.
산업활동	각 생산단위가 노동, 자본, 원료 등 자원을 투입하여, 재화 또는 서비스를 생산 또는 제공하는 일련의 활동과정이다.
산업분류	생산단위가 주로 수행하고 있는 산업활동을 그 유사성에 따라 유형화한 것이다.

전문가의 한마디

"공장, 광산, 상점, 사무소 등과 같이 산업활동과 지리적 장소의 양면에서 가장 동질성이 있는 통계단위"를 지칭하는 것은 '사업체 단위'입니다.

49

통계청 경제활동인구조사에서 사용하는 용어 해설로 틀린 것은?

① 진학준비 – 혼자 집이나 도서실 등에서 상급학교 진학을 위해 공부하는 경우

② 자영업자 – 자기 혼자 또는 무급가족종사자와 함께 자기 책임하에 독립적인 형태로 전문적인 업을 수행하거나 사업체를 운영하는 사람

③ 임금근로자 – 자신의 근로에 대해 임금, 봉급, 일당 등 어떠한 형태로든 일한 대가를 지급받는 근로자로서 통상 상용, 임시, 일용근로자로 구분됨

④ 가사 – 대부분의 시간을 자기 가정에서 가사 업무를 수행한 사람 또는 가사를 돌볼 책임이 있었다고 한 사람의 경우 여기에 해당

알찬 해설

통계청 경제활동인구조사에서 자영업자의 정의

자영업자는 고용원이 있는 자영업자 및 고용원이 없는 자영업자를 합친 개념이다.

고용원이 있는 자영업자	한 사람 이상의 유급 고용원을 두고 사업을 경영하는 사람
고용원이 없는 자영업자	자기 혼자 또는 무급가족종사자와 함께 자기 책임하에 독립적인 형태로 전문적인 업을 수행하거나 사업체를 운영하는 사람

전문가의 한마디

통계청 경제활동인구조사는 국민의 경제활동(예 취업, 실업, 노동력 등) 특성을 조사함으로써 거시경제 분석과 인력자원의 개발정책 수립에 필요한 기초 자료를 제공하는 것을 목적으로 합니다.

50

Q-Net(www.q-net.or.kr)에서 제공하는 국가별 자격제도 정보가 아닌 것은?

① 호주의 자격제도
② 중국의 자격제도
③ 영국의 자격제도
④ 프랑스의 자격제도

알찬 해설

Q-Net에서 제공하는 자격정보

국가자격	국가기술자격제도, 국가자격종목별상세정보, 비상대비자원관리종목, 자격종목변천일람표
민간자격	민간자격종목별상세정보, 민간자격 등록제도, 민간자격국가공인제도, 사업 내 자격제도
외국자격	국가별 자격제도 운영현황(일본, 독일, 영국, 호주, 미국, 프랑스)

전문가 의 한마디

직업상담사 2급 2012년 1회 필기시험에서는 '스위스의 자격제도'를 문제의 틀린 지문으로 제시한 바 있습니다.

51

직업정보가 갖추어야 할 조건과 가장 거리가 먼 것은?

① 최신의 정보여야 한다.
② 정보의 수집방법, 저자, 표본의 수 등이 언급되어 있어야 한다.
③ 직업의 장점이 최대로 부각되어야 한다.
④ 어휘 등 가독성이 제공대상자에게 적합해야 한다.

③ 직업에 대한 장단점을 편견 없이 제공하여야 한다.

전문가의 한마디

직업정보를 가지고 작업하는 과정에서 직업상담사는 내담자가 수집해 온 정보가 대표성이 있는지를 확인해야 합니다. 만약 직업정보 인쇄물에서 그 직업에 관한 긍정적인 면이나 부정적인 면 중 어느 한 면이 생략되어 있거나, 내담자가 선전이 잘된 허위정보에만 흥미를 갖는다면, 직업상담사는 내담자가 덜 편파적인 자료에 관심을 가지도록 이끌어야 합니다.

52

워크넷(직업 · 진로)에서 제공하는 성인 대상 심리검사 중 지필검사로 실시 가능한 것은?

① 준고령자 직업선호도검사
② 이주민 취업준비도 검사
③ 영업직무 기본역량검사
④ 중장년 직업역량검사

워크넷(직업 · 진로) 제공 성인 대상 심리검사의 실시방법

심리검사 명	실시가능
직업선호도검사 S형	인터넷, 지필
직업선호도검사 L형	인터넷, 지필
구직준비도검사	인터넷, 지필
창업적성검사	인터넷, 지필
직업가치관검사	인터넷, 지필
영업직무 기본역량검사	인터넷, 지필
IT직무 기본역량검사	인터넷, 지필
준고령자 직업선호도검사	인터넷
대학생 진로준비도검사	인터넷, 지필
이주민 취업준비도 검사	인터넷
중장년 직업역량검사	인터넷
성인용 직업적성검사	인터넷, 지필

전문가의 한마디

워크넷(직업 · 진로)을 통해 제공되는 직업심리검사는 인터넷(온라인)방법과 지필방법으로 이루어집니다. 지필방법의 경우 고용노동부 고용센터에서 무료로 실시합니다.

53

NCS(국가직무능력표준) 기반 블라인드 채용 도입에 따른 기대효과와 가장 거리가 먼 것은?

① 지원자에 대한 개별 평가 미실시로 지원자의 취업준비 비용 감소

② 기업의 불공정 채용관행에 관한 사회적 불신 해소

③ 직무중심 인재선발을 통한 공정한 채용제도 구축

④ 직무재교육, 조기퇴사 등의 감소를 통한 기업의 채용비용 절감

알찬 해설

NCS(국가직무능력표준) 기반 블라인드 채용 도입에 따른 기대효과

- 기업의 불공정 채용관행에 관한 사회적 불신 해소(②)
- 차별적 채용은 기업 경쟁력 저해요소라는 인식 유도
- 직무중심 인재선발을 통한 공정한 채용제도 구축(③)
- 직무관련 채용을 통한 지원자의 취업준비 비용 감소(①)
- 직무재교육, 조기퇴사 등의 감소를 통한 기업의 채용비용 절감(④)

전문가의 한마디

'블라인드 채용'이란 채용 과정(예 서류, 필기, 면접 등)에서 편견이 개입되어 불합리한 차별을 야기할 수 있는 출신지, 가족관계, 학력, 외모 등의 편견요인을 제외하고, 지원자의 직무능력만을 평가하여 인재를 채용하는 방식입니다.

54

직업분류의 활용 분야를 모두 고른 것은?

> ㄱ. 각종 사회 · 경제통계조사의 직업단위 기준
> ㄴ. 취업알선을 위한 구인 · 구직안내 기준
> ㄷ. 직종별 급여 및 수당지급 결정 기준
> ㄹ. 직종별 특정질병의 이환율, 사망률과 생명표 작성 기준
> ㅁ. 산재보험요율, 생명보험요율 또는 산재보상액, 교통사고 보상액 등의 결정 기준

① ㄱ, ㄴ, ㄹ
② ㄴ, ㄷ, ㅁ
③ ㄱ, ㄷ, ㄹ, ㅁ
④ ㄱ, ㄴ, ㄷ, ㄹ, ㅁ

알찬 해설

한국표준직업분류(KSCO)가 기준자료로 활용되는 분야

- 각종 사회 · 경제통계조사의 직업단위 기준
- 취업알선을 위한 구인 · 구직안내 기준
- 직종별 급여 및 수당지급 결정 기준
- 직종별 특정질병의 이환율, 사망률과 생명표 작성 기준
- 산재보험요율, 생명보험요율 또는 산재보상액, 교통사고 보상액 등의 결정 기준

전문가의 한마디

'이환율(Morbidity Rate)'은 어떤 일정한 기간 내에 발생한 환자의 수를 인구당 비율로 나타낸 것입니다. 사망률과 함께 집단의 건강지표로서 중요하게 사용됩니다.

55

한국표준산업분류의 분류구조 및 부호체계에 관한 설명으로 틀린 것은?

① 부호 처리를 할 경우에는 아라비아 숫자만을 사용한다.
② 분류구조는 대분류, 중분류, 소분류, 세분류, 세세분류의 5단계로 구성된다.
③ 중분류의 번호는 01부터 09까지 부여하였으며, 대분류별 중분류 추가여지를 남겨놓기 위하여 대분류 사이에 번호 여백을 두었다.
④ 권고된 국제분류 ISIC Rev.4를 기본체계로 하였으나, 국내 실정을 고려하여 국제분류의 각 단계 항목을 분할, 통합 또는 재그룹화하여 독자적으로 분류 항목과 분류 부호를 설정하였다.

만점해설

③ 중분류의 번호는 01부터 99까지 부여하였으며, 대분류별 중분류 추가여지를 남겨놓기 위하여 대분류 사이에 번호 여백을 두었다.

전문가의 한마디

앞선 2019년 4회 필기시험(56번)에서는 "중분류의 번호는 00부터 99까지 부여하였으며, 대분류별 중분류 추가여지를 남겨놓기 위하여 대분류 사이에 번호 여백을 두었다"를 문제의 틀린 지문으로 제시한 바 있습니다.

56

한국표준직업분류에서 한 사람이 전혀 상관성이 없는 두 가지 이상의 직업에 종사할 경우 그 사람의 직업을 결정하는 일반적 원칙에 해당하지 않는 것은?

① 노동강도가 높은 직업으로 결정한다.
② 수입(소득이나 임금)이 많은 직업으로 결정한다.
③ 조사시점을 기준으로 최근에 종사한 직업으로 결정한다.
④ 분야별로 취업시간을 고려하여 보다 긴 시간을 투자하는 직업으로 결정한다.

알찬해설

다수 직업 종사자의 분류원칙 [출처 : 한국표준직업분류 (2018)]

• 취업시간 우선의 원칙 : 가장 먼저 분야별로 취업시간을 고려하여 보다 긴 시간을 투자하는 직업으로 결정한다.
• 수입 우선의 원칙 : 위의 경우로 분별하기 어려운 경우는 수입(소득이나 임금)이 많은 직업으로 결정한다.
• 조사 시 최근의 직업 원칙 : 위의 두 가지 경우로 판단할 수 없는 경우에는 조사시점을 기준으로 최근에 종사한 직업으로 결정한다.

전문가의 한마디

'다수 직업 종사자'란 한 사람이 전혀 상관성이 없는 두 가지 이상의 직업에 종사할 경우를 의미합니다.

57

한국표준직업분류(제7차 개정, '18.1.1. 시행)의 개정 특징과 가장 거리가 먼 것은?

① 전문 기술직의 직무영역 확장 등 지식 정보화 사회 변화상 반영
② 사회 서비스 일자리 직종 세분 및 신설
③ 고용규모 대비 분류항목이 적은 사무 및 판매 · 서비스직 세분
④ 자동화 · 기계화 진전에 따른 기능직 및 기계 조작직 직종 세분화

알찬 해설

한국표준직업분류(KSCO) 제7차 개정(2018)의 개정 특징
• 전문 기술직의 직무영역 확장 등 지식 정보화 사회 변화상 반영
• 사회 서비스 일자리 직종 세분 및 신설
• 고용규모 대비 분류항목이 적은 사무 및 판매 · 서비스직 세분
• 자동화 · 기계화 진전에 따른 기능직 및 기계 조작직 직종 통합

전문가의 한마디

한국표준직업분류(KSCO) 제7차 개정에서 제조 관련 기능 종사원, 과실 및 채소 가공 관련 기계 조작원, 섬유 제조 기계 조작원 등은 복합 · 다기능 기계의 발전에 따라 세분화된 직종을 통합하였습니다.

58

워크넷(직업 · 진로)에서 제공하는 학과정보 중 사회계열에 해당하는 학과가 아닌 것은?

① 항공서비스과
② 광고 · 홍보학과
③ 소방방재학과
④ 비서학과

만점 해설

③ 소방방재학과는 공학계열에 해당하는 학과이다.

전문가의 한마디

워크넷(직업 · 진로)에서 학과정보 계열별 검색에 제시된 사회계열의 주요 학과는 다음과 같습니다.

• 경영학과	• 경제학과
• 경찰행정학과	• 광고 · 홍보학과
• 국제학과	• 금융 · 보험학과
• 노인복지학과	• 도시 · 지역학과
• 무역 · 유통학과	• 법학과
• 보건행정학과	• 비서학과
• 사회복지학과	• 사회학과
• 세무 · 회계학과	• 신문방송학과
• 아동 · 청소년복지학과	• 정보미디어학과
• 정치외교학과	• 지리학과
• 항공서비스과	• 행정학과
• 호텔 · 관광경영학과 등	

59

한국직업전망은 고용변동 요인을 8개 범주로 정의하고 그에 따라 고용전망을 기술한다. 다음 중 불확실성 요인에 해당하는 고용변동요인 범주를 모두 고른 것은?

> ㄱ. 인구구조 및 노동인구 변화
> ㄴ. 과학기술 발전
> ㄷ. 기후변화와 에너지 부족
> ㄹ. 대내외 경제 상황 변화
> ㅁ. 기업의 경영전략 변화
> ㅂ. 정부정책 및 법ㆍ제도 변화

① ㄱ, ㄴ, ㄷ
② ㄴ, ㄹ, ㅂ
③ ㄱ, ㄷ, ㅁ
④ ㄹ, ㅁ, ㅂ

알찬 해설

한국직업전망(KOO)에서 정의한 고용(일자리)변동 요인

확실성 요인	• 인구구조 및 노동인구 변화 • 산업특성 및 산업구조 변화 • 과학기술 발전 • 기후변화와 에너지 부족 • 가치관과 라이프 스타일 변화
불확실성 요인	• 대내외 경제 상황 변화 • 기업의 경영전략 변화 • 정부정책 및 법ㆍ제도 변화

전문가의 한마디

한국직업전망(Korea Occupational Outlook)에서 고용(일자리)변동 요인의 8개 범주는 일자리 전망과 그 요인의 이해를 돕기 위한 구조화된 틀로 볼 수 있습니다.

60

한국표준산업분류의 대분류와 관련 산업과의 연결이 틀린 것은?

① 제조업 – 인쇄업
② 도매 및 소매업 – 자동차 판매업
③ 운수 및 창고업 – 택배업
④ 사업시설 관리, 사업 지원 및 임대 서비스업 – 변호사업

만점 해설

④ '71101 변호사업'은 한국표준산업분류(KSIC)의 '대분류 M 전문, 과학 및 기술 서비스업'으로 분류된다.

① '1811 인쇄업'은 한국표준산업분류(KSIC)의 '대분류 C 제조업'으로 분류된다.

② '451 자동차 판매업'은 한국표준산업분류(KSIC)의 '대분류 G 도매 및 소매업'으로 분류된다.

③ '49401 택배업'은 한국표준산업분류(KSIC)의 '대분류 H 운수 및 창고업'으로 분류된다.

전문가의 한마디

한국표준산업분류(KSIC) 제10차 개정(2017)에서 '변호사업'은 다음과 같이 분류됩니다.

분류구조	부호체계	분류항목
대분류	M	전문, 과학 및 기술 서비스업
중분류	71	전문 서비스업
소분류	711	법무관련 서비스업
세분류	7110	법무관련 서비스업
세세 분류	71101	변호사업
	71102	변리사업
	71103	법무사업
	71109	기타 법무관련 서비스업

61

다음은 수요독점 노동시장의 임금(w)과 고용(L)을 나타낸다. 노동조합이 조직되어 노동시장이 쌍방독점 상태로 된다고 할 때, 임금상승과 고용증가를 동시에 달성할 수 있는 임금구간은? (단, MFC는 한계요소비용곡선, S는 노동공급곡선, D는 노동수요곡선)

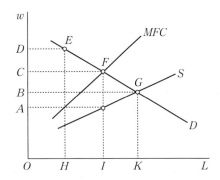

① A 이하 구간
② $A \sim B$ 구간
③ $B \sim C$ 구간
④ D 이상 구간

알찬해설

수요독점 노동시장에서 노동수요

- 노동시장이 수요독점 상태인 경우 수요독점기업이 임의로 시장임금을 조정할 수 있을 것이며, 이러한 조건하에서 고용량은 수요곡선과 공급곡선에 의해 결정되는 것이 아닌 노동의 한계비용, 즉 한계요소비용(MFC ; Marginal Factor Cost)과 수요독점기업의 노동수요(D)에 해당하는 노동의 한계수입생산물(MRP_L ; Marginal Revenue Product of Labor)이 일치하는 수준($\rightarrow I$)에서 결정된다.

- 그런데 강력한 교섭력을 가진 노동조합이 조직되어 임금협상을 통해 임금을 상승시킨다고 가정할 때 임금의 상승에도 불구하고 고용량이 임금상승 이전보다 증가하는 경우는 G점이며, 그에 대응하는 고용량은

K에 해당한다.

- 따라서 노동조합이 조직되어 노동시장이 쌍방독점 상태로 된다고 할 때, 임금상승과 고용증가를 동시에 달성할 수 있는 임금구간은 $A \sim B$ 구간이다.

전문가의 한마디

노동시장에서 수요독점(Monopsony)이란 노동의 공급자는 다수인데 비해 이를 수요하는 수요자로서 기업은 하나뿐인 경우를 말합니다. 본래 수요독점기업은 완전경쟁기업에 비해 고용량을 감소시키는 동시에 임금수준을 낮춤으로써 이윤을 증대시킬 것인데, 이때 임금과 고용량은 위의 그래프상에서 '$A-I$'에 해당합니다.

62

다음 중 노동수요의 탄력성 결정요인으로 옳은 것은?

① 노동자에 의해 생산된 상품의 공급탄력성
② 총수입 중에서 차지하는 노동비용의 비율
③ 다른 생산요소로의 노동의 결합가능성
④ 노동 이외의 다른 생산요소의 공급탄력성

알찬해설

노동수요의 (임금)탄력성 결정요인

- 생산물 수요의 탄력성(최종생산물 수요의 가격탄력성) : 생산물의 수요가 탄력적일수록 노동수요는 더 탄력적이 된다.

- 총생산비에 대한 노동비용의 비중 : 총생산비에서 차지하는 노동비용의 비중(비율)이 클수록 노동수요는 더 탄력적이 된다.

- 노동의 대체가능성 : 노동과 다른 생산요소 간의 대체가 용이할수록 노동수요는 더 탄력적이 된다.

- 노동 이외의 생산요소의 공급탄력성 : 노동 이외의 생산요소의 공급탄력성이 클수록 노동수요는 더 탄력적이 된다.

전문가의 한마디

노동 이외의 생산요소의 공급곡선이 비탄력적일 경우 임금이 상승하여 고용주가 노동을 줄이고 다른 생산요소(예 기계)를 더 이용하려고 할 때, 다른 생산요소의 이용을 증가시킴에 따라 그 생산요소의 가격이 크게 상승(→ 기계 가격의 폭등)하여 대체효과가 약화됩니다. 이 경우 고용주가 노동 대신 다른 생산요소를 더 이용하려는 것의 매력의 정도가 약화될 것입니다. 그래서 이를 '다른 생산요소 이용의 매력의 정도'로 제시하기도 합니다.

63

보상적 임금격차에 관한 설명으로 틀린 것은?

① 근무조건이 좋지 않은 곳으로 전출되면 임금이 상승한다.
② 물가가 높은 곳에서 근무하면 임금이 상승한다.
③ 비금전적 측면에서 매력적인 일자리는 임금이 상대적으로 낮다.
④ 성별 임금격차도 일종의 보상적 임금격차이다.

만점해설

④ 성별 임금격차는 노동생산성의 차이(→ 학력·연령·경력 등의 차이), 남녀 간 차별대우(→ 전통적 의식 또는 사회적 편견에 따른 직종차별, 승진차별, 순수한 임금상의 차별 등)에서 비롯되는 것으로, 이는 보상적 임금격차와 거리가 멀다.

전문가의 한마디

성별 임금격차는 임금차별의 차원에서 개선이 필요합니다. 동일산업의 동일직종에서 동일한 자격을 가지고 동일한 노동생산성을 발휘하는 경우에도 여성근로자는 임금에 있어서 차별적인 대우를 받기 때문입니다. 이와 관련된 문제가 직업상담사 2급 2015년 1회 필기시험에 출제된 바 있습니다.

64

효율적 직장이동(Efficient Turnover) 가설에 관한 설명으로 틀린 것은?

① 모든 이직은 노동자와 기업 양자에게 상호 혜택을 제공할 수 있다.
② 노동자와 기업은 적재적소 배치상태를 위해 사직하거나 해고한다.
③ 임금 수준은 사직률에는 부(-)의 영향을, 해고율에는 정(+)의 영향을 준다.
④ 이직을 통해 인적자원의 효율적 배분이 이루어질 수 있다.

알찬해설

효율적 직장이동(Efficient Turnover) 가설

• 일자리 매칭(짝짓기)에 기초하여 제시된 직장이동에 관한 가설이다.
• 일자리 매칭에서는 정보의 비대칭성이 큰 문제가 된다. 즉, 근로자는 기업이 제시하는 직장의 성격과 근무조건을 직접 경험해 보기 전에는 알 수 없고, 고용주 또한 근로자의 생산성을 사전에 식별하기 힘들다.
• 경쟁노동시장에서 근로자의 생산 기여도를 최대로 하는 적재적소 배치상태를 이루기 위해 사직 및 해고, 즉 이직이 진행된다.
• 성공적인 일자리 매칭이 이루어졌다면, 그 근로자는 이직 확률이 낮고 근속연수가 길어지므로 그 결과 임금은 상승하게 된다. 반면, 잘못된 일자리 매칭이 이루어졌다면, 그 근로자는 이직 확률이 높고 근속연수가 짧아지므로 그 결과 임금은 낮은 수준을 유지하게 된다.
• 결국 임금 수준과 사직률은 부(-)의 관계에 있으며, 임금 수준과 해고율 또한 부(-)의 관계에 있는 것이다.

전문가의 한마디

효율적 직장이동 가설은 일자리 매칭에 있어서 근로자가 적재적소에 있지 않으면 근로자는 더 나은 매칭을 위해 이직하며, 기업은 잘못된 매칭을 교정하기 위해 해고를 단행함으로써 결과적으로 효율적 인적자원배분이 이루어질 수 있다고 주장합니다.

65

산업별 노동조합이 개별기업 사용자와 개별적으로 행하는 경우의 단체교섭 방식은?

① 통일교섭
② 공동교섭
③ 집단교섭
④ 대각선교섭

만점해설

④ 대각선교섭은 기업별 조합의 상부조합(→ 산업별 노동조합)과 개별사용자 간, 또는 사용자단체와 기업별 조합과의 사이에서 행해지는 단체교섭이다.

① 통일교섭은 전국적 또는 지역적인 산업 · 직업별 노동조합과 이에 대응하는 전국적 또는 지역적인 사용자단체의 교섭방식이다.

② 공동교섭은 상부단체로서 산업별 노동조합과 그 지부에 해당하는 기업별 조합이 공동으로 사용자와 교섭하는 방식이다.

③ 집단교섭은 다수의 단위노조와 사용자가 집단으로 연합전선을 형성하여 교섭하는 방식이다.

전문가의 한마디

공동교섭은 기업별 조합과 상부단체인 산업별 연합체가 공동으로 사용자와 교섭하는 방식으로서, 상부단체와 기업별 조합이 연명(連名)으로 기업에 대해 단체교섭을 신청한다는 의미에서 '연명교섭'이라고도 합니다. 다만, 공동교섭은 해당 기업별 조합이 교섭을 주관한다는 점에서 상부단체가 교섭의 실질적인 주체가 되는 대각선교섭과 구별됩니다.

66

다음 중 정보의 일시적 부족으로 발생하는 실업은?

① 계절적 실업
② 마찰적 실업
③ 경기적 실업
④ 구조적 실업

만점해설

② 마찰적 실업은 신규 또는 전직자가 노동시장에 진입하는 과정에서 직업정보의 부족으로 인해 일시적으로 발생하는 실업이다.

① 계절적 실업은 농업, 건설업, 관광산업 등 기후나 계절의 변화에 따라 노동수요의 변화가 심한 부문 또는 의류, 식음료처럼 계절성이 비교적 강한 상품의 생산 부문에서 발생하는 일시적인 실업이다.

③ 경기적 실업은 불경기 시에 생산물시장에서의 총수요 감소가 노동시장에서 노동의 총수요 감소로 이어지면서 발생하는 수요부족실업에 해당한다.

④ 구조적 실업은 자동화나 새로운 산업의 등장 등 경제구조 자체의 변화로 인해 새로운 산업이 요구하는 기술이 부족하여 발생하거나, 지역 간 또는 산업 간 노동력 수급의 불균형현상으로 인해 발생하는 실업이다.

전문가의 한마디

경기적 실업은 '수요부족실업'인 데 반해, 계절적 실업, 마찰적 실업, 구조적 실업 등은 '비수요부족실업'에 해당합니다. 비수요부족실업은 그 근본적인 원인이 총수요의 부족에서라기보다는 노동시장의 불균형이나 마찰 등에 의해 발생합니다.

67

매월 정해진 금액이 지급되는 고정적 임금이 아닌 것은?

① 초과근무수당   ② 가족수당
③ 직책수당   ④ 기본급

알찬해설

임금의 구성

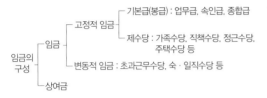

(단, 상여금 중 고정적 상여금은 고정적 임금으로, 변동적 상여금은 변동적 임금으로 분류하기도 함)

전문가의 한마디

2020년 4회 필기시험(80번)에서는 "다음 중 고정적 임금에 해당되지 않는 것은?"으로 문제가 제시된 바 있습니다.

68

사용자 측이 부가급여 지급을 선호하는 이유와 가장 거리가 먼 것은?

① 부가급여 만큼 임금액이 감소하면, 사용자에게 그만큼 조세와 보험료 부담이 감소된다.
② 정부가 임금 등에 대한 규제를 강화할 때, 그것을 회피하는 수단으로서 부가급여 수준을 높일 수 있다.
③ 이직률을 낮추어 각종 채용 및 훈련비용을 절감하고 장기근속을 유도하는 방안으로 각종 부가급여를 이용한다.
④ 기업은 노동자보수 중 부가급여를 증가시켜 현금급여를 감액하면 경제적 이윤을 유지할 수 있다.

만점해설

④ 노동비용은 임금비용(= 노동시간 × 근로자 수 × 시간당 임금)과 비임금비용(= 근로자 수 × 1인당 부가급여)으로 구성된다. 따라서 현금급여로서 임금비용을 감액하고 부가급여로서 비임금비용을 증가시킨다고 해서 기업이 무조건적으로 경제적 이윤을 유지할 수 있는 것은 아니다.

전문가의 한마디

부가급여는 근로자 1인당 지급되므로, 만약 근로시간만을 조정한다면 부가급여 총액은 변동하지 않습니다. 그러나 근로자를 더 고용하거나 감원하는 경우 부가급여 총액은 변동합니다.

69

Reynolds가 제시한 불가피한 파업(Unavoidable Strike)이 발생하는 경우가 아닌 것은?

① 노사 간 교섭방법 그 자체가 문제일 때
② 노동자가 파업에 대한 긍정적인 자세를 가질 때
③ 협상의 분위기가 전체 아니면 전무(All or Nothing)일 때
④ 사측인 기업의 지불능력이 부족할 때

알찬해설

불가피한 파업이 발생하는 경우
• 기본적인 문제가 임금 등에 대한 신규계약의 조건이 아닌 노사 간 교섭방법 그 자체가 문제일 때(①)
• 교섭당사자 중 일방이 파업에 대한 긍정적인 자세를 가질 때(②)
• 사용자가 노동조합의 요구를 절반가량 수락할 의사가 있다고 하더라도 협상의 분위기가 전체 아니면 전무(All or Nothing)를 요구할 때(③)
• 교섭당사자들이 조직의 내부사정으로 인해 타협을 하고 싶어도 할 수 없을 때
• 교섭당사자들이 교섭결렬로 인해 발생하는 비용을 오판한 때

전문가**의 한마디**

파업에 대한 긍정적인 자세는 비단 노동자에게만 유효한 것은 아닙니다. 사용자는 파업이 장기적으로 지속될 경우 노동조합이 내부적으로 와해되어 향후 단체교섭에서 자신이 유리하다고 판단할 수 있습니다.

70
실업대책과 가장 거리가 먼 것은?

① 공공근로 확대
② 고졸 채용할당제 도입
③ 공공고용서비스의 확충
④ 직업훈련

만점해설

② 고졸 채용할당제 도입은 고용차별에 대한 차별금지 대책에 해당한다.

전문가의 한마디

노동력에 대한 각종 차별화는 어떤 직무 또는 직종에 적격인 근로자를 채용 및 배치함에 있어서 성별, 학력, 그 밖의 여러 가지 근로자의 특성을 이용해 온 관행이 축적된 결과로 볼 수 있습니다.

71
다음 중 노동이동에 따르는 순이익의 현재가치를 크게 하기 위해 커져야 하는 요인은?

> ㄱ. 새 직장과 과거 직장에서 얻어지는 효용의 차이
> ㄴ. 새로운 직장에서 일할 수 있으리라 기대되는 기간
> ㄷ. 할인율
> ㄹ. 이동비용

① ㄱ, ㄴ
② ㄱ, ㄷ
③ ㄷ, ㄹ
④ ㄴ, ㄷ

만점해설

ㄱ. 구 직장과 신 직장 간의 효용 내지 수익의 차가 크면 클수록(↑) 노동이동에 따르는 순이익의 현재가치는 커진다.
ㄴ. 새로운 직장에서의 예상근속연수가 길면 길수록(↑) 노동이동에 따르는 순이익의 현재가치는 커진다.
ㄷ. 장래의 기대되는 수익과 현 직장에서의 수익의 차를 현재가치로 할인해 주는 할인율이 낮으면 낮을수록(↓) 노동이동에 따르는 순이익의 현재가치는 커진다.
ㄹ. 노동이동에 따라 발생하는 직접비용 및 간접비용(심리적 비용)이 적으면 적을수록(↓) 노동이동에 따르는 순이익의 현재가치는 커진다.

전문가의 한마디

문제의 보기에 주어진 네 가지는 자발적 노동이동(Voluntary Mobility)에 따르는 순이익의 현재가치를 결정해 주는 요인에 해당합니다.

72

최저임금제도를 실시하는 중요한 목적에 해당되는 것은?

① 기업의 독과점 방지
② 국제경쟁력 강화
③ 공정경쟁의 확보
④ 물가안정

최저임금제도의 목적(기대효과)

- 소득분배의 개선(산업 간, 직업 간 임금격차 해소)
- 노동력의 질적 향상
- 기업의 근대화 및 산업구조의 고도화 촉진
- 공정경쟁의 확보(③)
- 산업평화의 유지
- 경기 활성화에 기여(유효수요의 창출)
- 복지국가의 실현

최저임금제도는 10대, 여성, 고령자 등 취약계층의 고용 감소를 가져올 수 있습니다. 이와 관련된 문제가 2017년 4회 필기시험(67번)에 출제된 바 있습니다.

73

효율성 임금이론(Efficiency Wage Theory)에 관한 설명으로 옳은 것은?

① 노동시장에서 수요와 공급에 의하여 결정된 균형임금이 효율성 임금이다.
② 노동조합이 결성된 기업의 경우 노동조합의 임금협상력이 크기 때문에 협상된 임금이 시장균형임금보다 높게 형성된디.
③ 높은 임금을 지급하면 근로자의 생산성이 높아져 기업의 수익이 증가된다.
④ 직업 간의 비금전적인 속성의 차이를 보상해야 한다.

효율임금 또는 효율성 임금(Efficiency Wage)

- 근로자의 생산성을 높이기 위해 시장균형임금보다 더 높은 임금을 지불하는 것이 이윤극대화를 추구하는 기업에 더 이익이 된다는 효율임금이론을 토대로 한다.
- 고임금을 통한 우수한 근로자의 채용 및 근로의 질 향상, 근로자의 사직 감소에 따른 신규채용 및 훈련에 드는 비용 감소, 대규모 사업장에서의 통제 상실 방지 등의 효과가 있다.
- 그러나 기업 간 임금격차 및 이중노동시장 형성의 원인이 되는 것은 물론, 지역 간 또는 산업 간 노동력 수급의 불균형현상에 의해 야기되는 구조적 실업(Structural Unemployment)의 원인이 되기도 한다.

지문 ①번은 시장균형임금, ②번은 임금의 하방경직성, ④번은 보상적 임금격차(균등화 임금격차)와 연관됩니다.

74

상품시장과 노동시장이 완전경쟁일 때 다음 기업이 이윤을 극대화시키는 고용량은?

(단, 임금은 120만원임)

노동투입인원	노동의 한계생산물	가 격
1		20만
2	10	20만
3	8	20만
4	7	20만
5	6	20만
6	5	20만
7	4	20만
8	3	20만

① 3명
② 4명
③ 5명
④ 6명

이윤극대화 노동수요의 조건

기업은 노동을 1단위 추가로 고용했을 때 얻게 되는 노동의 한계생산물가치(VMP_L ; Value of Marginal Product of Labor)와 기업이 노동자에게 지급하는 한계비용으로서의 임금률(W ; Wage)이 같아질 때까지 고용량을 증가시킬 때 이윤을 극대화할 수 있다. 이를 공식으로 나타내면 다음과 같다.

> 노동의 한계생산물가치($VMP_L = P \cdot MP_L$) = 임금률(W)
> [단, P는 생산물가격, MP_L은 노동의 한계생산(량)]

문제상에서 생산물가격(P)과 노동의 한계생산량(MP_L)이 주어졌으므로, 이를 위의 공식에 대입하여 노동의 한계생산물가치(VMP_L)를 계산할 수 있다.

노동투입 인원	1	2	3	4	5	6	7	8
한계생산량	0	10	8	7	6	5	4	3
한계생산물가치	0	200만	160만	140만	120만	100만	80만	60만

이윤을 극대화하기 위한 최적고용단위는 노동을 한 단위 추가로 투입할 때 소요되는 비용의 증가분(120만원)과 노동의 한계생산물가치(120만원)가 일치하는 5단위, 즉 5명에 해당한다.

전문가의 한마디

노동의 한계생산량 또는 한계생산물(MP_L ; Marginal Product of Labor)은 노동의 투입이 한 단위 증가함으로써 얻어지는 총생산량의 증가분을 말합니다.

75

다음 임금관련 이론 중 주장하는 내용상 그 성격이 다른 하나는?

① 임금기금설
② 임금생존비설
③ 임금철칙설
④ 무제한적 노동공급설

알찬해설

임금생존비설(Subsistence Theory of Wages)

· 임금이 노동자 및 그 가족의 생활을 유지할 수 있을 정도의 수준에서 결정된다는 이론이다.
· 자본주의 사회에서 임금이 장기적으로 근로자의 최저생존비 수준에 머무를 수밖에 없다는 의미에서 임금의 철과 같은 잔혹한 법칙, 즉 '임금철칙설(The Iron Law of Wages)'이라고도 한다.
· 루이스(Lewis)는 임금생존비설의 기본원리에 기초하여 '무제한적 노동공급설(The Unlimited Supplied of Labour)'을 주창하였다. 방대한 농업사회와 무제한적인 노동공급이 이루어지는 조건하에서 임금 수준은 결국 생존비에 의해 결정될 수밖에 없다는 것이다.

전문가의 한마디

'임금생존비설'은 임금이 노동공급에 의해 결정된다고 보는 점에서 장기적 관점에 입각한 이론으로 볼 수 있는 반면, '임금기금설'은 현실자본량으로 임금문제를 설명하기 때문에 단기적 관점에 입각한 이론으로 볼 수 있습니다.

76

기업의 통합형 숙련형성제도와 가장 거리가 먼 것은?

① 정규직 업무와 비정규직 업무를 동시에 수행하도록 훈련시킨다.
② 채용 후 각 업무에 배치하기 전에 장시간 이론과 실기교육을 실시한다.
③ 전문직에 비해 생산직 노동자에 대해서는 별로 투자를 하지 않는다.
④ 현장훈련과 배치전환훈련을 통해 생애경력경로가 폭이 넓고 깊어진다.

알찬 해설

기업의 숙련형성제도

분리형 숙련형성 제도	• 기업이 일상적·정기적인 업무를 생산직에게 배당하고 비일상적·비정기적인 업무를 기술자나 기술공(엔지니어)에게 배분하는 방식이다. • 기업의 인력구조가 한편으로 전문화된 기술자나 기술공으로, 다른 한편으로 미숙련이나 반숙련의 노동자로 양분된다. • 기업은 전문직에 비해 생산직 노동자에 대해서는 별로 투자를 하지 않는다.(③)
통합형 숙련형성 제도	• 기업이 생산직 노동자에게 일상적·정기적인 업무와 비일상적·비정기적인 업무를 동시에 수행하도록 훈련시킨다. • 생산직 노동자 채용 후 각 업무에 배치하기 전에 장시간 이론과 실기교육을 실시하며, 각 업무에 배치된 후에도 현장훈련과 배치전환훈련을 통해 기술자나 기술공의 지적 숙련을 일부 공유하도록 훈련시킨다. • 생애경력경로의 폭이 넓고 깊어짐에 따라 다능의 기술공 및 숙련공이 형성된다.

전문가의 한마디

분리형 숙련형성제도는 분업의 원리를 강조한 테일러(Taylor)의 과학적 관리론과 맥락을 같이 한다는 점에서 '테일러주의적 숙련형성시스템'으로 간주할 수 있습니다.

77

실업률에 영향을 미치는 요인에 대한 설명으로 틀린 것은?

① 마찰적 실업의 정도가 크면 실업률이 높아진다.
② 경기 수축기에는 해고가 늘어나므로 실업이 증가하게 된다.
③ 여성의 경제활동참가 성향의 증대는 실업률을 감소시킨다.
④ 지나치게 높은 실업급여는 실업률을 높인다.

만점 해설

③ 여성의 경제활동참가 성향의 증대는 실업률을 증가시킬 수 있다. 예를 들어, 육아나 가사로 비경제활동 상태에 있는 기혼여성이 시장임금의 상승이나 남편 소득의 감소 등으로 구직활동을 하는 경우 경제활동 인구화되어 실업률 증가를 유발할 수 있다.

전문가의 한마디

비경제활동인구가 취업자로 전환될 경우 취업자 수의 증가로 인해 실업률은 하락하는 반면, 비경제활동인구가 실업자로 전환될 경우 실업자 수의 증가로 인해 실업률은 상승합니다. 이는 경제활동인구가 취업자와 실업자의 합으로 이루어진다는 기본원리에서 비롯됩니다.

78

인적자본투자에 관한 설명으로 틀린 것은?

① 인적자본이 증가하면 한계수익률은 감소한다.
② 인적자본투자를 위해 조달되어야 하는 자금은 다른 투자에 비해 확보하기 어렵다.
③ 부모가 부자일수록 인적자본투자를 더 한다.
④ 능력이 뛰어난 사람일수록 인적자본투자를 덜 하게 된다.

만점해설

④ 일반적으로 능력이 뛰어난 사람일수록 인적자본투자를 더 많이 한다. 인적자본투자에서 동일한 금액의 투자에 대한 한계수익률(MRR ; Marginal Rate of Return)은 능력이 뛰어난 사람에게서 더 높게 나타나기 때문이다.

전문가의 한마디

인적자본투자량은 인적자본투자가 이루어질 때의 내부수익률(r)과 시장이자율(i)의 비교를 통해 결정됩니다. 인적자본투자에 대한 수요곡선인 한계수익률은 인적자본투자가 증가함에 따라 감소하게 되는데, 이는 수확체감의 법칙이 작용하기 때문입니다.

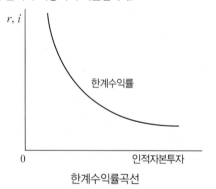

한계수익률곡선

79

노동수요곡선을 좌측으로 이동시키는 요인을 모두 고른 것은? (단, 노동수요곡선은 우하향함)

> ㄱ. 노동을 대체하는 산업로봇의 이용 증가
> ㄴ. 노동의 한계생산을 증가시키는 기술진보
> ㄷ. 노동을 대체하는 다른 생산요소의 공급 증가

① ㄱ, ㄴ
② ㄱ, ㄷ
③ ㄴ, ㄷ
④ ㄱ, ㄴ, ㄷ

만점해설

ㄴ. 노동의 한계생산을 증가시키는 생산기술의 진보는 생산비의 절감에 따른 상품가격의 하락으로 인해 장기적으로 추가적인 노동수요를 발생시킬 수도 있다 (→ 노동수요곡선의 우측 이동).
ㄱ·ㄷ. 노동을 대체하는 값싼 산업로봇을 비롯한 다른 생산요소의 공급 증가는 이론적으로 노동의 한계생산을 감소시켜 노동수요곡선을 좌측으로 이동시킨다.

전문가의 한마디

사실 생산기술의 진보가 노동수요의 증가나 감소에 일정한 방향으로 영향을 미치는 것은 아닙니다. 예를 들어, 작업자의 숙련도가 높아져서 단위시간당 생산량이 늘어난다면, 그에 따라 하급숙련의 추가적인 노동수요가 줄어들 수도 있습니다.

2018

80
성과배분제도의 대표적인 유형이 아닌 것은?

① 와이츠먼 방식(Weitzman Plan)
② 스캔론 방식(Scanlon Plan)
③ 럭커 방식(Rucker Plan)
④ 임프로쉐어 방식(Improshare Plan)

알찬 해설

집단성과급제(집단성과배분제)의 주요 형태

스캔론 플랜 (Scanlon Plan)	판매금액에 대한 인건비의 비율을 일정하게 정해놓고 판매금액이 증가하거나 인건비가 절약되었을 때의 차액을 상여금의 형태로 지급하는 방식이다.
럭커 플랜 (Rucker Plan)	스캔론 플랜과 달리 기업이 창출한 생산(부가)가치에서 인건비가 차지하는 비율이 성과배분의 기준이 된다.
임프로쉐어 플랜 (Improshare Plan)	기업의 회계처리방식에 의존하여 성과를 계산하지 않고 산업공학의 기법을 사용하여 조직의 효율성을 보다 직접적으로 측정하는 방식이다.
커스토마이즈드 플랜 (Customized Plan)	각 기업의 환경과 상황에 맞추어서 제도를 수정하여 적용하는 방식으로, 노동비용이나 생산비용, 생산성 외에 품질향상, 소비자 만족도 등을 새로운 성과측정의 지표로 사용하기도 한다.

전문가의 한마디

성과배분제도는 성과배분의 산정기준에 따라 성과배분의 크기가 기업의 이익에 연계되는 이익분배제(Profit Sharing), 생산성 향상에 의해 배분 몫이 결정되는 집단성과급제(Gain Sharing)로 구분됩니다. 이익분배제와 집단성과급제의 차이점은 전자가 기업의 이익을 성과배분 몫의 산정기초로 삼는 반면, 후자는 매출액이나 생산성 향상을 기초로 하고 있다는 점입니다. 다만, 이 두 가지는 성과 개선을 판정하는 지표상의 차이만 있을 뿐 측정된 성과 개선의 효과를 노사가 공유한다는 기본적인 틀에서 별다른 차이가 없습니다. 참고로 와이츠먼(Weitzman)은 이익분배제에 관한 안정성이론의 이론적 기초를 세운 학자입니다.

제5과목 노동관계법규

81
파견근로자 보호 등에 관한 법률에서 사용하는 용어의 정의로 틀린 것은?

① '근로자파견사업'이라 함은 근로자파견을 업으로 행하는 것을 말한다.
② '파견사업주'라 함은 근로자파견사업을 행하는 자를 말한다.
③ '근로자파견계약'이라 함은 파견사업주, 사용사업주, 파견근로자 등 3자 간에 근로자파견을 약정하는 계약을 말한다.
④ '파견근로자'라 함은 파견사업주가 고용한 근로자로서 근로자파견의 대상이 되는 자를 말한다.

만점 해설

③ '근로자파견계약'이란 파견사업주와 사용사업주 간에 근로자파견을 약정하는 계약을 말한다(파견근로자 보호 등에 관한 법률 제2조 제6호).
① 동법 제2조 제2호
② 동법 제2조 제3호
④ 동법 제2조 제5호

전문가의 한마디

'근로자파견'이란 파견사업주가 근로자를 고용한 후 그 고용관계를 유지하면서 근로자파견계약의 내용에 따라 사용사업주의 지휘·명령을 받아 사용사업주를 위한 근로에 종사하게 하는 것을 말합니다(법 제2조 제1호).

82

헌법상 근로의 권리와 관련하여 명시되어 있지 않은 것은?

① 최저임금제 시행
② 산업재해로부터 특별한 보호
③ 국가유공자 가족에 대한 우선적 근로기회 부여
④ 여자 · 연소자의 근로에 대한 특별한 보호

 알찬 해설

헌법 제32조(근로의 권리)

- 모든 국민은 근로의 권리를 가진다. 국가는 사회적 · 경제적 방법으로 근로자의 고용의 증진과 적정임금의 보장에 노력하여야 하며, 법률이 정하는 바에 의하여 최저임금제를 시행하여야 한다.(①)
- 모든 국민은 근로의 의무를 진다. 국가는 근로의 의무의 내용과 조건을 민주주의원칙에 따라 법률로 정한다.
- 근로조건의 기준은 인간의 존엄성을 보장하도록 법률로 정한다.
- 여자의 근로는 특별한 보호를 받으며, 고용 · 임금 및 근로조건에 있어서 부당한 차별을 받지 아니한다.(④)
- 연소자의 근로는 특별한 보호를 받는다.(④)
- 국가유공자 · 상이군경 및 전몰군경의 유가족은 법률이 정하는 바에 의하여 우선적으로 근로의 기회를 부여받는다.(③)

전문가의 한마디

헌법 제32조(근로의 권리)와 관련하여 2019년 4회 96번, 2020년 4회 89번 문제를 살펴보시기 바랍니다.

83

직업안정법령상 직업정보제공사업자의 준수사항으로 틀린 것은?

① 직업정보제공매체의 구인 · 구직의 광고에는 구인 · 구직자 및 직업정보제공사업자의 주소 또는 전화번호를 기재할 것
② 구인자의 연락처가 사서함으로 표시된 구인광고를 게재하지 아니할 것
③ 광고문에 "(무료)취업상담", "취업추천" 등의 표현을 사용하지 아니할 것
④ 구직자의 이력서 발송을 대행하거나 구직자에게 취업추천서를 발부하지 아니할 것

 알찬 해설

직업정보제공사업자의 준수사항(직업안정법 시행령 제28조)

직업정보제공사업을 하는 자 및 그 종사자가 준수하여야 할 사항은 다음과 같다.

- 구인자의 업체명(또는 성명)이 표시되어 있지 아니하거나 구인자의 연락처가 사서함 등으로 표시되어 구인자의 신원이 확실하지 아니한 구인광고를 게재하지 아니할 것(②)
- 직업정보제공매체의 구인 · 구직의 광고에는 구인 · 구직자의 주소 또는 전화번호를 기재하고, 직업정보제공사업자의 주소 또는 전화번호는 기재하지 아니할 것(①)
- 직업정보제공매체 또는 직업정보제공사업의 광고문에 "(무료)취업상담", "취업추천", "취업지원" 등의 표현을 사용하지 아니할 것(③)
- 구직자의 이력서 발송을 대행하거나 구직자에게 취업추천서를 발부하지 아니할 것(④)
- 직업정보제공매체에 정보이용자들이 알아보기 쉽게 직업정보제공사업의 신고로 부여받은 신고번호를 표시할 것
- 「최저임금법」에 따라 결정 고시된 최저임금에 미달되는 구인정보, 「성매매알선 등 행위의 처벌에 관한 법률」에 따른 금지행위가 행하여지는 업소에 대한 구인광고를 게재하지 아니할 것

전문가의 한마디

앞선 2019년 4회 필기시험(91번)에서는 "직업정보제공매체의 구인·구직의 광고에는 직업정보제공사업자의 주소 또는 전화번호를 기재하고, 구인·구직자의 주소 또는 전화번호는 기재하지 아니할 것"을 문제의 틀린 지문으로 제시한 바 있습니다.

84

고용정책기본법령상 고용정책심의회를 효율적으로 운영하고 심의사항을 전문적으로 심의하도록 하기 위한 분야별 전문위원회가 아닌 것은?

① 사회적기업육성전문위원회
② 외국인고용촉진전문위원회
③ 적극적고용개선전문위원회
④ 건설근로자고용개선전문위원회

알찬 해설

고용정책심의회의 전문위원회(고용정책기본법 시행령 제7조 제1항 참조)

- 지역고용전문위원회
- 고용서비스전문위원회
- 사회적기업육성전문위원회(①)
- 적극적고용개선전문위원회(③)
- 장애인고용촉진전문위원회
- 건설근로자고용개선전문위원회(④)

85

고용상 연령차별금지 및 고령자고용촉진에 관한 법률상 고령자 고용정보센터가 수행하는 업무를 모두 고른 것은?

ㄱ. 고령자에 대한 구인·구직 등록, 직업지도 및 취업알선
ㄴ. 고령자에 대한 직장 적응훈련 및 교육
ㄷ. 정년연장과 고령자 고용에 관한 인사·노무관리와 작업환경 개선 등에 관한 기술적 상담·교육 및 지도
ㄹ. 고령자 고용촉진을 위한 홍보

---

① ㄱ, ㄷ
② ㄱ, ㄴ, ㄹ
③ ㄴ, ㄷ, ㄹ
④ ㄱ, ㄴ, ㄷ, ㄹ

알찬 해설

고령자 고용정보센터의 업무(고용상 연령차별금지 및 고령자고용촉진에 관한 법률 제10조 제2항 참조)

- 고령자에 대한 구인·구직 등록, 직업지도 및 취업알선(ㄱ)
- 고령자에 대한 직장 적응훈련 및 교육(ㄴ)
- 정년연장과 고령자 고용에 관한 인사·노무관리와 작업환경 개선 등에 관한 기술적 상담·교육 및 지도(ㄷ)
- 고령자 고용촉진을 위한 홍보(ㄹ)
- 그 밖에 고령자 고용촉진을 위하여 필요한 업무

전문가의 한마디

고령자 고용정보센터, 고령자인재은행 및 중견전문인력고용지원센터 등이 고령자에 대한 직업지도 및 취업알선 등의 사업을 중복적으로 수행하고 있다는 지적에 따라 최근 이를 일원화하려는 시도가 펼쳐지고 있습니다.

86

헌법 제33조가 규정하고 있는 노동기본권에 관한 설명으로 틀린 것은?

① 헌법에 보장된 노동기본권에서는 사업장 단위의 복수노조설립이 금지되는 것으로 해석한다.
② 단결권을 향유할 주체에는 개별 근로자뿐만 아니라 근로자들이 결성한 단체도 포함된다.
③ 단체교섭권의 내용에는 교섭이 타결된 경우 단체협약체결권도 포함된다.
④ 단체행동권에 노동조합법상 사용자에게 인정되는 직장폐쇄는 포함되지 아니한다.

만점해설

① 헌법에 보장된 노동기본권에서는 사업장 단위의 복수노조설립이 허용되는 것으로 해석한다. 헌법 제33조에 기초한 단결자유의 목적은 일반 결사체와 달리 노사 간 집단적 자치를 구현함으로써 근로조건 등의 향상을 통해 근로생활의 질을 향상시키는 데 있다.

전문가의 한마디

복수노조의 전면 허용은 근로자의 근로조건 향상에 대한 기대와 함께 투쟁노선을 둘러싼 노동조합 간 분열과 대립, 단체교섭 구도의 재설정, 법률상 분쟁의 확대 등 다양한 문제에 대한 우려를 낳았습니다.

87

근로자직업능력개발법상 공공직업훈련시설을 설치할 수 있는 공공단체가 아닌 것은?

① 근로복지공단
② 대한상공회의소
③ 한국산업인력공단
④ 한국장애인고용공단

알찬해설

직업능력개발훈련시설을 설치할 수 있는 공공단체의 범위(근로자직업능력개발법 시행령 제2조 참조)
• 「한국산업인력공단법」에 따른 한국산업인력공단(한국산업인력공단이 출연하여 설립한 학교법인을 포함)
• 「장애인고용촉진 및 직업재활법」에 따른 한국장애인고용공단
• 「산업재해보상보험법」에 따른 근로복지공단

88

다음은 남녀고용평등과 일·가정 양립 지원에 관한 법률상 육아기 근로시간 단축에 관한 설명이다. (   )에 알맞은 것은?

> 사업주가 근로자에게 육아기 근로시간 단축을 허용하는 경우 단축 후 근로시간은 주당 (ㄱ)시간 이상이어야 하고 (ㄴ)시간을 넘어서는 아니 된다.

① ㄱ : 10, ㄴ : 15
② ㄱ : 10, ㄴ : 20
③ ㄱ : 15, ㄴ : 20
④ ㄱ : 15, ㄴ : 30

알찬해설

육아기 근로시간 단축의 허용범위(남녀고용평등과 일·가정 양립 지원에 관한 법률 제19조의2 제3항)
사업주가 근로자에게 육아기 근로시간 단축을 허용하는 경우 단축 후 근로시간은 주당 15시간 이상이어야 하고 35시간을 넘어서는 아니 된다.

전문가의 한마디

2019년 8월 27일 법 개정에 따라 2019년 10월 1일부로 육아휴직을 사용해도 육아기 근로시간 단축은 기본 1년이 보장되고, 육아휴직 미사용 기간은 추가로 근로시간 단축으로 사용할 수 있게 되었습니다. 또한 단축할 수 있는 근로시간이 변경 전 1일 2~5시간(단축 후 근로시간 : 주 15~30시간)이었으나, 변경 후 1일 1~5시간(단축 후 근로시간 : 주 15~35시간)으로 완화되어 육아기에 하루 1시간씩 근로시간을 단축하는 것도 가능해졌습니다. 참고로 이 문제의 정답은 출제 당시 ④로 발표되었으나, 현행 기준으로 정답은 없습니다.

89

고용보험법령상 피보험자격에 관한 설명으로 틀린 것은?

① 사업주는 그 사업에 고용된 근로자의 피보험자격의 취득 및 상실 등에 관한 사항을 고용노동부장관에게 신고하여야 한다.
② 피보험자격의 취득 및 상실 등에 관한 신고는 그 사유가 발생한 날로부터 14일 이내에 하여야 한다.
③ 사업주가 피보험자격에 관한 사항을 신고하지 아니하면 근로자가 신고할 수 있다.
④ 자영업자인 피보험자는 피보험자격의 취득 및 상실에 관한 신고를 하지 아니한다.

만점해설

② 사업주나 하수급인은 법령에 따라 고용노동부장관에게 그 사업에 고용된 근로자의 피보험자격 취득 및 상실에 관한 사항을 신고하려는 경우에는 그 사유가 발생한 날이 속하는 달의 다음 달 15일까지(근로자가 그 기일 이전에 신고할 것을 요구하는 경우에는 지체 없이) 신고해야 한다. 이 경우 사업주나 하수급인이 해당하는 달에 고용한 일용근로자의 근로일수, 임금 등이 적힌 근로내용 확인신고서를 그 사유가 발생한 날의 다음 달 15일까지 고용노동부장관에게 제출한 경우에는 피보험자격의 취득 및 상실을 신고한 것으로 본다(고용보험법 시행령 제7조 제1항).

① 동법 제15조 제1항
③ 동법 제15조 제3항
④ 동법 제15조 제7항

전문가의 한마디

건설업 등 도급사업에서 원수급인이 사업주로 된 경우 그 사업에 종사하는 근로자 중 원수급인이 고용하는 근로자 외의 근로자에 대하여는 그 근로자를 고용하는 하수급인이 피보험자격에 관한 신고를 하도록 규정하고 있습니다(법 제15조 제2항).

90

남녀고용평등과 일 · 가정 양립 지원에 관한 법률상 차별에 해당하는 것을 모두 고른 것은?

> ㄱ. 성별, 혼인, 가족 안에서의 지위, 임신 또는 출산 등의 사유로 합리적인 이유 없이 채용 또는 근로의 조건을 다르게 하는 경우
> ㄴ. 직무의 성격에 비추어 남성이 불가피하게 요구되어 남성을 채용하는 경우
> ㄷ. 현존하는 남녀 간의 고용차별을 없애거나 고용평등을 촉진하기 위하여 이 법 또는 다른 법률에 따라 잠정적으로 남성이나 여성을 우대하는 조치를 하는 경우

① ㄱ
② ㄱ, ㄴ
③ ㄴ, ㄷ
④ ㄱ, ㄴ, ㄷ

알찬 해설

'차별'의 정의(남녀고용평등과 일ㆍ가정 양립 지원에 관한 법률 제2조 제1호 참조)

- '차별'이란 사업주가 근로자에게 성별, 혼인, 가족 안에서의 지위, 임신 또는 출산 등의 사유로 합리적인 이유 없이 채용 또는 근로의 조건을 다르게 하거나 그 밖의 불리한 조치를 하는 경우를 말한다.
- 사업주가 채용조건이나 근로조건은 동일하게 적용하더라도 그 조건을 충족할 수 있는 남성 또는 여성이 다른 한 성(性)에 비하여 현저히 적고 그에 따라 특정 성에게 불리한 결과를 초래하며 그 조건이 정당한 것임을 증명할 수 없는 경우도 포함한다.
- 다만, 다음의 어느 하나에 해당하는 경우는 차별로 보지 않는다.
  - 직무의 성격에 비추어 특정 성이 불가피하게 요구되는 경우
  - 여성 근로자의 임신ㆍ출산ㆍ수유 등 모성보호를 위한 조치를 하는 경우
  - 그 밖에 이 법 또는 다른 법률에 따라 적극적 고용개선조치를 하는 경우

전문가의 한마디

"현존하는 남녀 간의 고용차별을 없애거나 고용평등을 촉진하기 위하여 잠정적으로 특정 성을 우대하는 조치"란 '적극적 고용개선조치'를 일컫는 것으로, 이는 차별에 해당하지 않습니다(법 제2조 제3호).

91

직업안정법규상 고용노동부장관 또는 특별자치도지사ㆍ시장ㆍ군수ㆍ구청장이 직업소개사업을 하는 자 및 그 종사자에 대하여 실시하는 교육훈련의 교육내용이 아닌 것은?

① 직업안정법 해설
② 노동시장이론
③ 직업상담이론
④ 직업정보의 수집ㆍ제공

알찬 해설

직업소개사업자 및 그 종사자에 대한 교육훈련의 교육내용(직업안정법 시행규칙 제44조의2 및 별표3 참조)

교육과목	교육내용
직업소개제도	• 직업안정법 해설(①) • 불법 직업소개행위 및 거짓 구인광고 유형과 처벌규정
직업상담실무	• 직업상담이론(③) • 직업상담기법
직업정보관리	• 직업정보의 수집ㆍ제공(④) • 고용안정전산망 운용
직업윤리의식	• 직업소개사업의 사회적 책임 • 직업소개사업자의 윤리강령 및 자정노력

전문가의 한마디

'노동시장이론'이나 '노동경제학이론'은 직업소개사업자 및 그 종사자에 대한 교육훈련의 교육내용에 포함되어 있지 않습니다.

2018

92

장애인고용촉진 및 직업재활법령상 장애인 직업재활 실시 기관을 모두 고른 것은?

> ㄱ. 「장애인 등에 대한 특수교육법」에 따른 특수교육기관
> ㄴ. 「장애인복지법」에 따른 장애인복지단체
> ㄷ. 「근로자직업능력개발법」에 따른 직업능력개발훈련시설
> ㄹ. 「안마사에 관한 규칙」에 따른 안마수련기관

① ㄱ, ㄷ
② ㄴ, ㄹ
③ ㄱ, ㄴ, ㄹ
④ ㄱ, ㄴ, ㄷ, ㄹ

알찬해설

장애인 직업재활 실시 기관(장애인고용촉진 및 직업재활법 제9조 제2항 및 시행규칙 제5조 참조)

• 「장애인 등에 대한 특수교육법」에 따른 특수교육기관(ㄱ)
• 「장애인복지법」에 따른 장애인 지역사회재활시설
• 「장애인복지법」에 따른 장애인 직업재활시설
• 「장애인복지법」에 따른 장애인복지단체(ㄴ)
• 「근로자직업능력개발법」에 따른 직업능력개발훈련시설(ㄷ)
• 장애인 고용촉진 및 직업재활 사업을 수행할 목적으로 고용노동부장관으로부터 법인 설립의 허가를 받은 법인
• 「안마사에 관한 규칙」에 따른 안마수련기관(ㄹ)

전문가의 한마디

장애인복지법령에 따른 장애인복지시설로는 장애인 거주시설, 장애인 지역사회재활시설, 장애인 직업재활시설, 장애인 의료재활시설, 장애인 생산품판매시설, 장애인 쉼터 등이 있습니다(장애인복지법 제58조 및 시행령 제36조).

93

다음 (　　)에 알맞은 것은?

> 근로기준법상 사용자는 근로자가 사망 또는 퇴직한 경우에는 그 지급 사유가 발생한 때부터 (　　) 이내에 임금, 보상금, 그 밖에 일체의 금품을 지급하여야 한다. 다만, 특별한 사정이 있을 경우에는 당사자 사이의 합의에 의하여 기일을 연장할 수 있다.

① 7일
② 14일
③ 15일
④ 30일

알찬해설

금품 청산(근로기준법 제36조)

사용자는 근로자가 사망 또는 퇴직한 경우에는 그 지급 사유가 발생한 때부터 14일 이내에 임금, 보상금, 그 밖의 모든 금품을 지급하여야 한다. 다만, 특별한 사정이 있을 경우에는 당사자 사이의 합의에 의하여 기일을 연장할 수 있다.

전문가의 한마디

금품 청산은 지급 사유가 발생한 날부터 기산합니다. 즉, 임금마감일(임금산정기간의 마지막 날)이나 임금지급일이 별도로 정해져 있다고 하더라도 그와 관계없이 지급 사유가 발생한 날부터 원칙적으로 14일 이내에 지급해야 합니다.

94

고용상 연령차별금지 및 고령자고용촉진에 관한 법령상 부동산 및 임대업의 고령자 기준고용률은?

① 상시근로자 수의 100분의 1
② 상시근로자 수의 100분의 3
③ 상시근로자 수의 100분의 6
④ 상시근로자 수의 100분의 7

알찬 해설

고령자 기준고용률(고용상 연령차별금지 및 고령자고용촉진에 관한 법률 시행령 제3조 참조)

- 제조업 : 그 사업장의 상시근로자 수의 100분의 2
- 운수업, 부동산 및 임대업 : 그 사업장의 상시근로자 수의 100분의 6
- 그 외의 산업 : 그 사업장의 상시근로자 수의 100분의 3

전문가의 한마디

고령자 기준고용률은 직업상담사 시험에 거의 매해 출제되고 있으므로 반드시 암기해 두시기 바랍니다.

95

고용보험법상 구직급여의 수급 요건으로 틀린 것은?

① 이직일 이전 18개월간 피보험 단위기간이 통산하여 180일 이상일 것
② 근로의 의사와 능력이 있음에도 불구하고 취업하지 못한 상태에 있을 것
③ 이직사유가 수급자격의 제한 사유에 해당하지 아니할 것
④ 최종 이직 당시 일용근로자였던 자는 수급자격 인정신청일 이전 1개월 동안의 근무일수가 10일 이상일 것

알찬 해설

구직급여의 수급 요건(고용보험법 제40조 제1항)

구직급여는 이직한 근로자인 피보험자가 다음의 요건을 모두 갖춘 경우에 지급한다.

- 법령에 따른 기준기간 동안의 피보험 단위기간이 합산하여 180일 이상일 것(①)
- 근로의 의사와 능력이 있음에도 불구하고 취업(영리를 목적으로 사업을 영위하는 경우를 포함)하지 못한 상태에 있을 것(②)
- 이직사유가 수급자격의 제한 사유에 해당하지 아니할 것(③)
- 재취업을 위한 노력을 적극적으로 할 것
- 수급자격 인정신청일 이전 1개월 동안의 근로일수가 10일 미만이거나 건설일용근로자로서 수급자격 인정신청일 이전 14일간 연속하여 근로내역이 없을 것(최종 이직 당시 일용근로자였던 사람만 해당)
- 최종 이직 당시의 기준기간 동안의 피보험 단위기간 중 다른 사업에서 수급자격의 제한 사유에 해당하는 사유로 이직한 사실이 있는 경우에는 그 피보험 단위기간 중 90일 이상을 일용근로자로 근로하였을 것(최종 이직 당시 일용근로자였던 사람만 해당)

전문가의 한마디

기준기간은 원칙상 이직일 이전 18개월이나, 2019년 8월 27일 법 개정에 따라 법령에서 정한 사유(예 근로자의 질병·부상·휴직, 사업장의 휴업 등)에 대해 그 기간을 연장하거나 단시간근로자의 경우 이직일 이전 24개월로 연장하는 등 구직급여 수급 기준기간을 완화하였습니다.

96

고용정책기본법령상 대량 고용변동의 신고기준으로 옳은 것은?

① 상시 근로자 100명 미만을 사용하는 사업 또는 사업장에서 1개월 이내에 30명 이상 이직할 경우
② 상시 근로자 100명 미만을 사용하는 사업 또는 사업장에서 1개월 이내에 상시 근로자 총수의 100분의 10 이상 이직할 경우
③ 상시 근로자 300명 미만을 사용하는 사업 또는 사업장에서 1개월 이내에 30명 이상 이직할 경우
④ 상시 근로자 300명 미만을 사용하는 사업 또는 사업장에서 1개월 이내에 상시 근로자 총수의 100분의 10 이상 이직할 경우

알찬 해설

대량 고용변동의 신고 등(고용정책기본법 제33조 제1항 및 시행령 제31조 참조)

사업주는 생산설비의 자동화, 신설 또는 증설이나 사업규모의 축소, 조정 등으로 인한 고용량의 변동이 1개월 이내에 이직하는 근로자의 수에 따라 다음의 기준에 해당하는 경우 그 고용량의 변동에 관한 사항을 직업안정기관의 장에게 신고하여야 한다.

• 상시 근로자 300명 미만을 사용하는 사업 또는 사업장 : 30명 이상
• 상시 근로자 300명 이상을 사용하는 사업 또는 사업장 : 상시 근로자 총수의 100분의 10 이상

전문가의 한마디

예를 들어, 상시 근로자 수가 500명인 사업장에서 60명이 이직하게 된다면, 상시 근로자 총수의 12%의 고용량 변동이 있는 것이므로, 해당 사업장에게 신고의무가 발생하게 됩니다.

97

파견근로자 보호 등에 관한 법률에 규정된 내용으로 틀린 것은?

① 사용사업주는 파견근로자의 정당한 노동조합의 활동을 이유로 근로자파견계약을 해지하여서는 아니 된다.
② 사용사업주는 파견근로자를 사용하고 있는 업무에 근로자를 직접 고용하고자 하는 경우에는 당해 파견근로자를 우선적으로 고용하도록 노력하여야 한다.
③ 파견사업주는 쟁의행위 중인 사업장에 그 쟁의행위로 중단된 업무의 수행을 위하여 근로자를 파견하여서는 아니 된다.
④ 건설공사현장에서 이루어지는 업무에 대하여는 일시적·간헐적으로 인력을 확보하여야 할 필요가 있는 경우 근로자파견사업을 행할 수 있다.

알찬 해설

근로자파견의 금지업무(파견근로자 보호 등에 관한 법률 제5조 및 시행령 제2조 참조)

• 건설공사현장에서 이루어지는 업무(④)
• 「항만운송사업법」에 따른 항만하역사업, 「한국철도공사법」에 따른 철도여객사업, 화물운송사업, 철도와 다른 교통수단의 연계운송사업, 「농수산물 유통 및 가격안정에 관한 법률」에 따른 하역업무, 「물류정책기본법」에 따른 물류의 하역업무로서 「직업안정법」에 따라 근로자공급사업 허가를 받은 지역의 업무
• 「선원법」에 따른 선원의 업무
• 「산업안전보건법」에 따른 유해하거나 위험한 업무
• 「진폐의 예방과 진폐근로자의 보호 등에 관한 법률」에 따른 분진작업을 하는 업무
• 「산업안전보건법」에 따른 건강관리카드의 발급대상 업무
• 「의료법」에 따른 의료인의 업무 및 간호조무사의 업무
• 「의료기사 등에 관한 법률」에 따른 의료기사의 업무
• 「여객자동차 운수사업법」에 따른 여객자동차운송사업에서의 운전업무

• 「화물자동차 운수사업법」에 따른 화물자동차운송사업에서의 운전업무

전문가의 한마디

위의 해설로 제시된 근로자파견의 금지업무에 대해서는 출산·질병·부상 등으로 결원이 생긴 경우 또는 일시적·간헐적으로 인력을 확보하여야 할 필요가 있는 경우에도 근로자파견이 금지됩니다. 다만, 이는 업무의 특성에 따라 적용되는 것인데, 예를 들어 건설공사현장에서 토목공사나 건축공사 등 시설물을 설치·유지·보수하는 업무에 대해서는 근로자파견이 금지되지만, 건물의 청소나 현장 경비, 차량운전, 음식조리 등의 업무에 대해서까지 근로자파견이 금지되는 것은 아닙니다.

98

근로기준법상 평균임금을 기준으로 산정해야 하는 것을 모두 고른 것은?

ㄱ. 연장근로에 대한 가산임금
ㄴ. 해고예고수당
ㄷ. 장해보상금
ㄹ. 취업규칙상 감급(減給)의 제재를 정할 경우 1회 감급(減給) 금액의 한도

---

① ㄱ, ㄴ
② ㄱ, ㄹ
③ ㄴ, ㄷ
④ ㄷ, ㄹ

만점해설

ㄷ. 근로자가 업무상 부상 또는 질병에 걸리고, 완치된 후 신체에 장해가 있으면 사용자는 그 장해 정도에 따라 평균임금에 법령에서 정한 일수를 곱한 금액의 장해보상을 하여야 한다(근로기준법 제80조 제1항).

ㄹ. 취업규칙에서 근로자에 대하여 감급(減給)의 제재를 정할 경우에 그 감액은 1회의 금액이 평균임금의 1일분의 2분의 1을, 총액이 1임금지급기의 임금 총액의 10분의 1을 초과하지 못한다(동법 제95조).

ㄱ. 사용자는 연장근로에 대하여는 통상임금의 100분의 50 이상을 가산하여 근로자에게 지급하여야 한다(동법 제56조 제1항).

ㄴ. 사용자는 근로자를 해고(경영상 이유에 의한 해고를 포함)하려면 적어도 30일 전에 예고를 하여야 하고, 30일 전에 예고를 하지 아니하였을 때에는 30일분 이상의 통상임금을 지급하여야 한다(동법 제26조).

전문가의 한마디

평균임금은 고용기간 중에서 근로자가 지급받고 있던 평균적인 임금수준을 말하는 반면, 통상임금은 소정근로에 대하여 지급할 것으로 약정되어 있는 임금을 말합니다.

평균임금	퇴직급여, 휴업수당, 연차유급휴가수당(취업규칙에 따름), 재해보상 및 산업재해보상보험급여, 제재로서의 감급, 구직급여 등의 산정기초
통상임금	해고예고수당, 연장·야간·휴일근로수당, 연차유급휴가수당(취업규칙에 따름), 출산전후휴가 급여 등의 산정기초

99

근로기준법상 근로시간과 휴식에 관한 설명으로 옳은 것은?

① 야간근로란 자정부터 오전 6시까지 사이의 근로를 말한다.
② 15세 이상 18세 미만인 자의 소정근로시간은 1일에 6시간, 1주일에 30시간을 초과하지 못한다.
③ 사용자는 근로시간이 4시간인 경우에는 30분 이상, 8시간인 경우에는 1시간 이상의 휴게 시간을 근로시간 도중에 주어야 한다.
④ 대기시간은 근로자가 사용자의 지휘·감독 아래에 있다 하더라도 근로시간으로 보지 않는다.

만점해설

③ 근로기준법 제54조 제1항
① 야간근로란 오후 10시부터 다음 날 오전 6시 사이의 근로를 말한다(동법 제56조 제3항 참조).
② 15세 이상 18세 미만인 사람의 근로시간은 1일에 7시간, 1주에 35시간을 초과하지 못한다. 다만, 당사자 사이의 합의에 따라 1일에 1시간, 1주에 5시간을 한도로 연장할 수 있다(동법 제69조).
④ 법령에 따라 근로시간을 산정하는 경우 작업을 위하여 근로자가 사용자의 지휘·감독 아래에 있는 대기 시간 등은 근로시간으로 본다(동법 제50조 제3항).

전문가의 한마디

휴게시간은 근로시간 도중에 주는 것이지, 근로시간 이후에 주는 것이 아닙니다. 근로기준법상 휴게에 관한 규정(법 제54조)은 근로시간이 장시간 계속됨으로써 야기되는 근로자의 심신의 피로를 회복시키기 위해 근로시간의 도중에 휴게시간을 주도록 함을 규정한 것입니다.

100

근로기준법상 경영상 이유에 의한 해고에 관한 설명으로 틀린 것은?

① 경영 악화를 방지하기 위한 사업의 양도·인수·합병의 경우에는 긴박한 경영상의 필요가 있는 것으로 본다.
② 사용자는 해고를 피하기 위한 방법과 해고의 기준 등에 관하여 근로자대표에 해고를 하려는 날의 50일 전까지 통보하고 성실하게 협의하여야 한다.
③ 사용자는 합리적이고 공정한 해고의 기준을 정하고 이에 따라 그 대상자를 선정하여야 한다.
④ 사용자는 근로자를 해고한 날부터 3년 이내에 해고된 근로자가 해고 당시 담당하였던 업무와 같은 업무를 할 근로자를 채용하려고 할 경우 해고된 근로자가 원하면 그 근로자를 우선적으로 고용하도록 노력하여야 한다.

만점해설

④ 경영상 이유에 의해 근로자를 해고한 사용자는 근로자를 해고한 날부터 3년 이내에 해고된 근로자가 해고 당시 담당하였던 업무와 같은 업무를 할 근로자를 채용하려고 할 경우 해고된 근로자가 원하면 그 근로자를 우선적으로 고용하여야 한다(근로기준법 제25조 제1항).
① 사용자가 경영상 이유에 의하여 근로자를 해고하려면 긴박한 경영상의 필요가 있어야 한다. 이 경우 경영 악화를 방지하기 위한 사업의 양도·인수·합병은 긴박한 경영상의 필요가 있는 것으로 본다(동법 제24조 제1항).
② 사용자는 해고를 피하기 위한 방법과 해고의 기준 등에 관하여 그 사업 또는 사업장에 근로자의 과반수로 조직된 노동조합이 있는 경우에는 그 노동조합(근로자의 과반수로 조직된 노동조합이 없는 경우에는 근로자의 과반수를 대표하는 자를 말한다)에 해고를 하려는 날의 50일 전까지 통보하고 성실하게 협의하여야 한다(동법 제24조 제3항).

③ 사용자는 해고를 피하기 위한 노력을 다하여야 하며, 합리적이고 공정한 해고의 기준을 정하고 이에 따라 그 대상자를 선정하여야 한다. 이 경우 남녀의 성을 이유로 차별하여서는 아니 된다(동법 제24조 제2항).

전문가의 한마디

"～하여야 한다"와 "～노력하여야 한다"를 반드시 구분하시기 바랍니다. 전자는 '강제규정', 후자는 '노력규정'으로 불리는 것으로서, 강제규정이 강제적 의무를 부과하는 것인 반면, 노력규정은 최선의 노력의무를 요구하는 것으로 엄격한 법적 구속성이 없으며, 단지 훈시적·도의적 구속성만을 가집니다. 참고로 "～할 수 있다"는 '임의규정'으로 불리는 것으로서, 당사자의 자율적인 의사에 맡기는 것입니다.

직업상담사 1급
1차 필기 기출문제해설

2017년

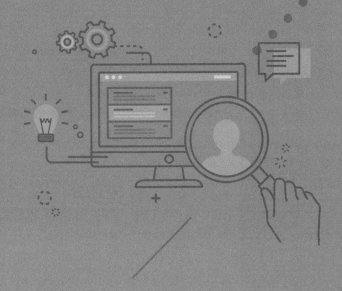

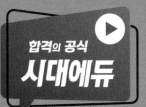

필기 기출문제해설

01

직업상담에서 자기효능감 척도의 점수가 의미하는 것은?

① 다양한 영역에서 발휘되는 내담자의 사회적 기술들에 관해 말해준다.
② 내담자가 직업과 관련하여 스스로를 얼마나 유능하게 인식하고 있는지를 말해준다.
③ 내담자들에게 긍정적이거나 부정적으로 영향을 미친 요인이 무엇인지를 말해준다.
④ 내담자가 불안감을 얼마나 극복할 수 있는지를 말해준다.

 알찬 해설

자기효능감 척도

• 자기효능감은 어떤 과제를 어느 정도 수준으로 수행할 수 있는 능력을 갖추었다고 스스로 판단하는 것이다.
• 보통 자기효능감 측정은 수행대상 과제를 먼저 결정하고 내담자 입장에서 과제 난이도와 그 수행 가능성에 대한 확신 정도를 측정한 후, 관련 상황들에서의 수행 수준을 측정하는 방식으로 이루어진다.
• 자기효능감 척도 점수는 내담자가 직업에 관련된 정보수집 능력, 실무자 면담능력, 경력상담 완료능력 등에 대해 스스로를 얼마나 유능하게 인식하고 있는지를 말해준다.

전문가의 한마디

지문 ①번은 역할놀이를 통해 측정할 수 있는 내용에 해당합니다.

02

내담자의 권리 보장을 위해 상담자가 내담자에게 제공해야 하는 정보와 가장 거리가 먼 것은?

① 상담자의 개인적 정보
② 상담의 비용
③ 예상되는 상담기간
④ 비밀보장의 내용과 한계

 알찬 해설

내담자의 권리와 사전 동의 (출처 : 한국상담심리학회 윤리강령)

• 내담자는 상담 계획에 참여할 권리, 상담을 거부하거나 상담 개입방식의 변화를 거부할 권리, 그러한 거부에 따른 결과에 대해 고지 받을 권리, 자신의 상담 관련 정보를 요청할 권리 등이 있다.
• 상담심리사가 내담자에게 설명해야 할 사전 동의 항목으로는 상담자의 자격과 경력, 상담 비용과 지불 방식, 치료기간과 종결 시기, 비밀보호 및 한계 등이 있다.

전문가의 한마디

지문 ①번의 '상담자의 개인적 정보'는 상담자의 자격과 경력 등 상담 직무와 직접적으로 관련된 정보 이외의 개인적 정보를 말합니다.

03

다음 중 특성-요인 직업상담에 관한 설명으로 옳은 것은?

> ㄱ. 서로 다른 직업에 종사하는 사람들은 서로 다른 심리적 특성을 가지고 있다고 가정한다.
> ㄴ. 내담자에 대한 내적인 심리역동에 초점을 둠으로써 진단은 부차적이다.
> ㄷ. 상담과정은 합리적이고 과학적인 문제해결 방법을 따른다고 알려져 있다.
> ㄹ. 상담자는 내담자의 협조를 위해 내담자와의 관계형성에 주력한다.

① ㄱ, ㄴ
② ㄱ, ㄷ
③ ㄴ, ㄷ
④ ㄷ, ㄹ

만점해설

ㄴ. 특성-요인 직업상담은 질병분류학적 진단, 합리적 상담과정, 구체적 결과지향 등 과학적인 문제해결 방법을 엄격히 따른다.

ㄹ. 특성-요인 직업상담에서 상담자의 역할은 반응적이고 배려적이기보다는 주장적이고 주도적이다. 상담자는 교육자의 역할을 수행하며, 특히 상담자에게 있어서 전문성과 신뢰성이 중요하다.

전문가의 한마디

특성-요인 직업상담 또한 내담자와의 관계형성을 필요로 합니다. 다만, 내담자중심 직업상담과 달리 과학적 진단 자체를 상담의 중심에 두고 있을 뿐입니다.

04

마이어스-브리그스 유형지표(MBTI)에서 직관형(N)의 특징으로 옳은 것은?

① 새로운 기술의 학습을 즐긴다.
② 주의집중을 요하는 작업을 좋아한다.
③ 상세한 일을 좋아한다.
④ 실수를 거의 하지 않는다.

알찬해설

마이어스-브리그스 유형지표(MBTI)에서 직관형(N)의 특징

- 상세한 것을 싫어한다.
- 새로운 문제들이 이어지는 것을 좋아한다.
- 새로운 기술의 학습을 즐긴다.
- 영감에 의존한다.
- 실수를 자주 한다.

전문가의 한마디

지문 ②번의 주의집중을 요하는 작업을 좋아하는 것은 감각형(S)의 특징에 해당합니다.

05

교류분석 상담에서 일반적 상담 과정을 바르게 나열한 것은?

① 계약 → 구조분석 → 교류분석 → 각본분석 → 게임분석 → 재결단

② 계약 → 구조분석 → 게임분석 → 교류분석 → 각본분석 → 재결단

③ 계약 → 구조분석 → 교류분석 → 게임분석 → 각본분석 → 재결단

④ 계약 → 구조분석 → 각본분석 → 게임분석 → 교류분석 → 재결단

알찬 해설

교류분석 상담의 과정

계약 (제1단계)	상담목표에 대한 합의 및 전반적인 상담의 구조화가 이루어진다.
구조분석 (제2단계)	내담자로 하여금 부모 자아, 성인 자아, 아동 자아의 내용과 기능을 인식시키며, 자신의 자아상태에 대해 학습하도록 한다.
(의사)교류 분석 (제3단계)	내담자가 타인과의 의사교류 과정에서 어떠한 자아상태로 관여하는지, 어떻게 작용하고 있는지 등을 확인한다.
라켓 및 게임 분석 (제4단계)	의사소통과 대인관계의 방해요인이 되는 게임을 통해 내담자가 얻은 것이 무엇인지를 결정하도록 돕는다.
(생활)각본 분석 (제5단계)	생활각본에 따라 생활해 오면서 발생하게 되는 문제행동과 관련된 각본을 찾아내어 새로운 결정을 내릴 수 있도록 돕는다.
재결단 (제6단계)	내담자가 자신의 생활각본을 수정함으로써 생활의 변화를 가져오도록 한다.

전문가의 한마디

교류분석 상담에서 상담자와 내담자는 계약을 통해 동등한 파트너가 됩니다. 내담자는 자신이 변화하기를 원한다는 것을 스스로 결정하고, 상담자는 내담자가 변화를 달성하도록 전문적인 활동을 펼칩니다.

06

정신역동적 상담에서 해석을 통해 자신의 문제를 통찰하고 난 후, 행동변화를 위해 꾸준히 노력해 나가는 과정은?

① 직면(Confrontation)
② 명료화(Clarification)
③ 훈습(Working Through)
④ 반영(Reflection)

만점 해설

③ 훈습(Working Through)은 내담자가 상담 과정에서 느낀 통찰을 현실 생활에 실제로 적용해서 내담자에게 변화가 일어나도록 노력해 나가는 과정이다.

① 직면(Confrontation)은 내담자가 모르고 있거나 인정하기를 거부하는 생각과 느낌에 대해 주목하도록 하는 것이다.

② 명료화(Clarification)는 내담자의 말 속에 포함되어 있는 불분명한 측면을 상담자가 분명하게 밝히는 반응이다.

④ 반영(Reflection)은 내담자의 말과 행동에서 표현되는 감정·생각·태도를 상담자가 다른 참신한 말로 부연해 주는 것이다.

전문가의 한마디

정신분석적 상담 혹은 정신역동적 상담의 주요 기술로서 통찰(Insight)과 훈습(Working Through)은 동일한 것이 아닙니다. 통찰은 내담자의 깨달음에 대한 결과적 측면이 강한 반면, 훈습은 해석을 통해 얻어진 통찰을 학습을 통해 지속적·반복적으로 이행해 나가는 과정적 측면이 강합니다. 결국 상담을 통해 얻은 통찰은 실천에 옮겨야만 효과를 거둘 수 있는 것입니다.

07

내담자중심 상담에서 심리적 문제 발생 과정을 바르게 나열한 것은?

> ㄱ. 괴리된 행동의 출현
> ㄴ. 위협 혹은 불안의 경험과 이에 대한 방어의 실패
> ㄷ. 유기체적 경험과 자기개념 사이의 불일치
> ㄹ. 유기체적 경험에 대한 의식 및 이에 따른 자기개념의 붕괴

① ㄷ → ㄴ → ㄹ → ㄱ
② ㄴ → ㄷ → ㄹ → ㄱ
③ ㄱ → ㄹ → ㄷ → ㄴ
④ ㄱ → ㄷ → ㄴ → ㄹ

내담자중심 상담에서 심리적 문제 발생 과정

유기체적 경험과 자기개념 사이의 불일치

⇓

위협 혹은 불안의 경험과 이에 대한 방어의 실패

⇓

유기체적 경험에 대한 의식 및 이에 따른 자기개념의 붕괴

⇓

괴리된 행동의 출현

전문가의 한마디

개인은 중요한 타인들로부터 긍정적 자기존중을 얻기 위해 노력하는 과정에서 가치의 조건화 태도를 형성하게 됩니다. 그러나 타인의 가치체계에 의해 형성된 자기개념은 자신이 유기체로서 느끼고 생각하는 것과는 차이를 보이게 되는데, 이와 같이 유기체적 경험과 자기개념 사이의 불일치로 인해 유기체적 경험을 부정하거나 자기개념에 맞게 현실을 왜곡시켜 받아들이는 과정에서 심리적 문제가 발생하는 것입니다.

08

다음은 대안개발의 표준화된 직업정보 수집과정에서 어떤 단계의 출처와 관련이 있는가?

> • 생애설계
> • 전문가와의 면접
> • 관찰과 참여

① 1단계 : 직업분류 제시하기
② 2단계 : 대안 만들기
③ 3단계 : 목록 줄이기
④ 4단계 : 직업정보 수집하기

대안개발의 표준화된 직업정보 수집과정에서 '직업정보 수집하기' 단계의 직업정보 출처
• 인쇄매체
• 시청각자료
• 생애설계
• 직업상담 전산프로그램
• 전문가와의 면접
• 개인 경험으로서 관찰과 참여
• 비공식적 정보

전문가의 한마디

직업상담에서는 내담자의 의사결정을 돕기 위해 대안을 개발하게 됩니다. 대안개발 단계에서는 2가지 중요한 과제가 있는데, 첫 번째 과제는 직업정보를 수집하는 것이고, 두 번째 과제는 대안을 작성하는 것입니다.

09

진로미결정이나 우유부단과 같이 인지적 명확성에 문제가 있는 내담자에게 가장 필요한 직업상담 프로그램은?

① 자신에 대한 탐구 프로그램
② 직업복귀 프로그램
③ 미래사회에 대한 이해 프로그램
④ 취업효능감 증진 프로그램

만점 해설

① 자신에 대한 탐구 프로그램은 진로탐색 및 취업준비를 하는 내담자를 대상으로 진로상담 프로그램을 구성할 때 그 시발점이 되는 프로그램이다. 개인이 가진 능력, 즉 성격, 흥미, 적성, 가치, 역할 등에 대한 탐구와 함께 타인의 역할 및 생애형태 등을 탐색하여 자신과 비교하는 과정 등을 포함한다.
② 직업복귀(훈련) 프로그램은 장기간 실업기간을 갖고 있는 실업자를 대상으로 직업복귀를 위한 준비사항을 제공하고, 필요시 직업훈련 프로그램을 안내하는 것을 목표로 한다.
③ 미래사회에 대한 이해 프로그램은 내담자로 하여금 미래사회의 변화에 적응력 있는 진로계획을 수립하도록 의사결정에 도움이 되는 정보를 제공하는 것을 목표로 한다.
④ 취업효능감 증진 프로그램은 특히 만성적 직업부적응자에게 효과적인 프로그램 모형으로, 개인의 역량과 생애주기적인 특성에 부합하는 재취업계획을 수립하도록 함으로써 자존감과 취업효능감을 고양시키는 것을 목표로 한다.

전문가의 한마디

내담자의 인지적 명확성과 동기를 평가하여 문제가 있을 때에는 심리적인 상황에 대한 프로그램을 먼저 실시하여야 합니다.

10

생애진로사정에 관한 설명으로 틀린 것은?

① 반구조화된 면접기법이다.
② 아들러의 개인심리학에 기초한다.
③ 내담자와 환경과의 관계를 이해하는 데 도움을 준다.
④ 상담 초기 내담자의 정보를 얻는 데 유용하다.

알찬 해설

생애진로사정(LCA ; Life Career Assessment)
• 상담자가 내담자와 처음 만났을 때 이용할 수 있는 구조화된 면접기법으로서, 내담자에 대한 가장 기초적인 직업상담 정보를 얻는 질적인 평가절차이다.
• 내담자로 하여금 자기 자신의 경험에 초점을 맞춤으로써 자신에 대해 살펴보고 이야기할 수 있도록 해 주는 사람과 사람 사이에 이루어지는 과정이다.
• 아들러(Adler)의 개인심리학(개인차 심리학)에 기초를 둔 것으로서, 내담자와 환경과의 관계를 이해할 수 있는 정보를 제공한다.
• 아들러는 개인과 세계의 관계를 '일(직업)', '사회(사회적 관계)', '성(사랑)'의 세 가지 인생과제로 구분하였으며, 이 세 가지 인생과제가 서로 긴밀히 연결되어 있다고 보았다.
• 내담자로 하여금 자신의 신념, 태도, 가치관에서 비롯되는 생활양식을 포착하도록 하여, 내담자의 생애에 대한 근본적인 접근이 명백히 밝혀지도록 돕는다.

전문가의 한마디

생애진로사정(LCA)에서는 비판단적·비위협적이고 대화적인 분위기를 중시합니다. 따라서 내담자가 학교에서나 훈련기관에서의 평가 과정을 통해 부정적인 선입견을 가지고 있을 가능성이 있는 인쇄물이나 소책자, 지필도구 등의 표준화된 진로사정 도구는 가급적 사용하지 않습니다.

11

의사결정 촉진을 위한 '6개의 생각하는 모자' 기법에서 모자 색깔과 역할이 바르게 짝지어진 것은?

① 청색 – 본인과 직업들에 대한 사실들만을 고려한다.
② 백색 – 합리적으로 생각한다.
③ 적색 – 직관에 의존하고 직감에 따라 행동한다.
④ 황색 – 새로운 대안들을 찾으려고 노력하고 문제들을 다른 각도에서 바라본다.

6개의 생각하는 모자(Six Thinking Hats)의 색상별 역할

• 백색(하양) : 본인과 직업들에 대한 사실들만을 고려한다.
• 적색(빨강) : 직관에 의존하고, 직감에 따라 행동한다.
• 흑색(검정) : 비관적 · 비판적이며, 모든 일이 잘 안 될 것이라고 생각한다.
• 황색(노랑) : 낙관적이며, 모든 일이 잘 될 것이라고 생각한다.
• 녹색(초록) : 새로운 대안들을 찾으려 노력하고, 문제들을 다른 각도에서 바라본다.
• 청색(파랑) : 합리적으로 생각한다(사회자로서의 역할 반영).

2020년 4회 필기시험(8번)에서는 적색(빨강)을 틀린 지문으로 제시하여 문제를 출제한 바 있습니다.

12

Katz가 제시한 직업상담에서의 3가지 행정기술에 해당하지 않는 것은?

① 사무처리 기술
② 인화적 기술
③ 구상적 기술
④ 사회복지 기술

직업상담자가 갖추어야 할 행정기술(Katz)

• 사무처리 기술(Technical Skills) : 직업상담과 관련된 문서작성, 보관, 재정과 회계 등의 업무와 관련된 기술이다.
• 인화적 기술(Human Skills) : 조직 내에서 개인과 개인 간은 물론 집단성원들로 하여금 다른 사람들과 원활하게 일을 할 수 있도록 하는 기술이다.
• 구상적 기술(Conceptual Skills) : 전체적인 상담 기관 내지 프로그램 전반을 포괄적으로 파악할 수 있도록 하는 기술이다.

카츠(Katz)가 제시한 직업상담의 행정기술에 '실행적 기술', '조직적 기술', '사회복지 기술' 등은 포함되지 않습니다.

13

다음 상담 과정의 목표를 가지는 이론은?

- 사회적 관심을 갖도록 돕는다.
- 내담자의 잘못된 가치와 목표를 수정하도록 돕는다.
- 내담자가 타인과의 동질감을 갖도록 돕는다.
- 사회의 구성원으로 기여하도록 돕는다.

---

① 개인주의 상담이론
② 실존주의 상담이론
③ 교류분석적 상담이론
④ 내담자중심 상담이론

만점해설

② 실존주의 상담은 내담자로 하여금 자신의 현재 상태에 대해 인식하고 피해자적 역할로부터 벗어날 수 있도록 돕는 것을 목표로 한다.

③ 교류분석적 상담은 내담자로 하여금 자신의 자아가 어떤 상태인지를 깨닫도록 함으로써 부모 자아, 성인 자아, 아동 자아의 3가지 자아상태가 상황에 맞게 적절히 조화를 이루어 기능할 수 있도록 돕는 것을 목표로 한다.

④ 내담자중심 상담은 내담자로 하여금 일관된 자기개념을 가지고 자신의 기능을 최대로 발휘하는 사람이 되도록 도울 수 있는 환경을 제공하는 것을 목표로 한다.

전문가의 한마디

보기의 내용은 모삭(Mosak)이 제시한 아들러(Adler)의 개인주의 상담 과정의 목표에 해당합니다.

14

Williamson의 직업상담 문제 분류에 대한 설명으로 틀린 것은?

① 직업 무선택 – 내담자가 직접 직업을 결정한 경험이 없거나, 선호하는 몇 가지 직업이 있음에도 불구하고 어느 것을 선택할지를 결정하지 못하는 경우

② 직업선택의 확신부족 – 직업선택에 확신이 없어, 직업선택을 유보하고 타인으로부터 자기가 성공하리라는 위안을 받고자 직업정보를 추구하는 경우

③ 현명하지 못한 직업선택 – 동기나 능력이 부족한 사람이 고도의 능력이나 특수한 재능을 요구하는 직업을 선택하거나, 흥미가 없고 자신의 성격에 맞지 않는 직업을 선택하는 경우 또는 자신의 능력보다 훨씬 낮은 능력을 요구하는 직업을 선택하거나 안정된 직업만을 추구하는 경우

④ 흥미와 적성의 모순 – 흥미를 느끼는 직업에 대해서는 수행능력이 부족하거나, 적성이 맞는 직업에 대해서는 흥미를 느끼지 못하는 등 적성과 흥미가 서로 일치하지 않는 경우

만점해설

② 직업선택의 확신부족(불확실한 선택)은 직업을 선택하기는 하였으나, 자신의 선택에 대해 자신감이 없고 타인으로부터 자기가 성공하리라는 위안을 받고자 직업정보를 추구하는 경우이다.

전문가의 한마디

'직업상담 문제 분류'는 '직업선택 문제유형 분류', '직업문제 분류범주', '진로선택 유형진단', '직업상담 변별진단의 결과', '직업상담 변별진단의 범주', '변별진단 결과 분류의 범주' 등으로 시험에 출제될 수 있습니다. 동일한 내용을 묻는 것이므로 혼동하지 않도록 주의합시다.

15

직업상담사가 갖추어야 할 자질 또는 능력과 가장 거리가 먼 것은?

① 개인 및 집단상담에 대한 일반적 지식과 기술
② 개인적 특성에 대한 측정도구의 개발능력
③ 직업 관련 정보와 자원에 대한 풍부한 지식
④ 특수집단에 대한 직업상담 지식과 기술

직업상담사가 갖추어야 할 자질 또는 능력

- 개인 및 집단상담에 대한 일반적 지식과 기술(①)
- 개인 및 집단에 대한 측정기술(측정도구와 기법에 대한 지식)
- 직업 관련 정보와 자원에 대한 풍부한 지식(③)
- 직업상담 관련 이론들에 대한 지식
- 특수집단에 대한 직업상담 지식과 기술(④)

전문가의 한마디

'개인 및 집단에 대한 측정기술'은 직업상담사가 내담자의 개인적 특성(예 적성, 성취도, 흥미, 가치관, 성격 등)을 비롯하여 라이프 스타일, 발달적 성숙도, 작업조건 등을 측정하는 도구들과 기법들에 대한 지식을 가지고 있어야 한다는 것이지, 측정도구를 개발하는 능력을 가지고 있어야 한다는 의미가 아닙니다.

16

집단상담자의 윤리적 지침으로서 올바른 것은?

① 자신의 동료나 친구는 이미 서로 잘 알기 때문에 집단원으로 받아들이기에 좋다.
② 내담자의 동의가 있더라도 교육 목적을 위해서 집단사례를 논의하는 일은 삼가야 한다.
③ 집단상담은 보편성이라는 치료적 요인이 중요하기 때문에 문화적 다양성을 고려하지 않는 것이 좋다.
④ 집단상담자는 집단에서 비밀이 완전히 보장받지 못할 수도 있다는 사실을 집단원에게 분명히 진술해야 한다.

만점해설

④ 집단상담을 할 경우, 상담심리사는 그 특정 집단에 대한 비밀보장의 중요성과 한계를 명백히 설명한다(한국상담심리학회 윤리강령 中 정보의 보호 및 관리).
① 상담심리사는 객관성과 전문적인 판단에 영향을 미칠 수 있는 다중 관계는 피해야 한다. 가까운 친구나 친인척, 지인 등 사적인 관계가 있는 사람을 내담자로 받아들이면 다중 관계가 되므로, 다른 전문가에게 의뢰하여 도움을 준다. 의도하지 않게 다중 관계가 시작된 경우에도 적절한 조치를 취해야 한다(동 윤리강령 中 상담관계).
② 교육이나 연구 또는 출판을 목적으로 상담관계로부터 얻어진 자료를 사용할 때에는 내담자의 동의를 구해야 하며, 각 개인의 익명성이 보장되도록 자료 변형 및 신상 정보의 삭제와 같은 적절한 조치를 취하여 내담자에게 피해를 주지 않도록 한다(동 윤리강령 中 정보의 보호 및 관리).
③ 상담심리사는 내담자의 다양한 문화적 배경을 이해하려고 적극적으로 시도해야 하며, 상담심리사 자신의 고유한 문화적 정체성이 상담과정에 어떤 영향을 주는지 인식해야 한다(동 윤리강령 中 내담자의 복지와 권리에 대한 존중).

전문가의 한마디

상담의 윤리문제에서 비밀보장의 한계에 관한 내용이 문제의 지문으로 빈번히 출제되고 있습니다. 이와 관련하여 2018년 4회 11번 문제 해설을 살펴보시기 바랍니다.

17

발달적 직업상담에서 Super가 제시한 내담자 평가에 해당하지 않는 것은?

① 문제 평가
② 환경 평가
③ 예언적 평가
④ 개인적 평가

알찬 해설

발달적 직업상담의 평가 종류(Super)

- 문제의 평가(Problem Appraisal) : 내담자가 겪고 있는 어려움, 직업상담에 대한 기대가 평가된다.
- 개인의 평가(Personal Appraisal) : 내담자의 신체적·심리적·사회적 상태에 대한 통계자료 및 사례연구로 분석이 이루어진다.
- 예언평가 또는 예후평가(Prognostic Appraisal) : 내담자에 대한 직업적·개인적 평가를 토대로 내담자가 성공하고 만족할 수 있는 것에 대한 예언이 이루어진다.

전문가의 한마디

수퍼(Super)는 '진단(Diagnosis)'이라는 표현 대신에 '평가(Appraisal)'라는 표현을 사용했는데, 그에 대해 두 개념이 근본적으로 동일하지만 '평가'라는 표현이 더 포괄적이고 긍정적이기 때문이라고 밝혔습니다.

18

개인직업상담과 집단직업상담의 비교 설명으로 틀린 것은?

① 개인직업상담은 보다 심층적인 접근과 해결이 가능하다.
② 개인직업상담은 시간과 비용이 많이 든다.
③ 집단직업상담은 타인들이 보여주는 행동, 노력, 통찰력에 대해 학습할 수 있도록 해 준다.
④ 집단직업상담은 상당한 수준의 직업성숙도를 갖고 있는 사람들에게 더욱 효과적인 경향이 있다.

만점 해설

④ 집단직업상담은 직업성숙도가 낮고 많은 도움을 빠른 시간 내에 필요로 하는 사람들에게 더욱 효과적인 반면, 개인직업상담은 상당한 수준의 직업성숙도를 갖고 있는 사람들에게 더욱 효과적인 경향이 있다.

전문가의 한마디

부처(Butcher)는 집단직업상담이 우유부단한 내담자들에게 특히 효과적이라고 밝혔습니다.

19

포괄적 직업상담에 관한 설명으로 틀린 것은?

① 상담이론들이 가지고 있는 장점들을 서로 절충하고 단점을 보완하였다.
② 직업상담 과정을 내담자와 직업상담사 간의 상호작용 과정으로 본다.
③ 직업상담사례를 제외하고 여러 상담들의 이론적 배경을 반영하였다.
④ 여러 접근들에서 제시하고 있는 진단체계들을 모두 고려하였다.

만점해설

③ 포괄적 직업상담은 직업상담에 대한 과거의 접근들과 함께 일반상담이나 심리치료의 개념 및 원리들을 포괄하였으며, 여러 상담들의 이론적 배경에 많은 직업상담사들의 상담사례들에서 얻어진 경험들을 반영하였다.

전문가의 한마디

크라이티스(Crites)는 포괄적 직업상담을 통해 여러 직업상담이론들과 일반상담이론들이 갖는 장점들을 서로 절충하고 단점들을 보완함으로써 더욱 설득력 있고 일관성 있는 체제로 통합시키고자 하였습니다. 참고로 'Crites'는 교재에 따라 '크라이티스', '크리츠' 혹은 '크릿츠'로도 제시되고 있습니다.

20

진로시간전망 검사(Circles Test)의 하위차원에 관한 설명으로 옳은 것은?

① 방향성 – 현재 행동과 미래 결과를 연결하는 계획된 실습으로 진로의식을 증진시킨다.
② 변별성 – 미래를 현실처럼 느끼게 하여 미래 계획에 대한 정적 태도를 강화시킨다.
③ 통합성 – 미래지향성을 증진시켜 낙관적인 입장을 구성한다.
④ 확장성 – 선택 가능한 직업의 종류를 탐색함으로써 직업결정을 촉진한다.

알찬해설

진로시간전망 개입의 3가지 측면(Cottle)
• 방향성 : 미래지향성을 증진시키기 위해 미래에 대한 낙관적인 입장을 구성하는 것을 목표로 한다.
• 변별성 : 미래를 현실처럼 느끼도록 하고 미래 계획에 대한 정적(긍정적) 태도를 강화시키며, 목표설정이 신속히 이루어지도록 하는 것을 목표로 한다.
• 통합성 : 현재 행동과 미래의 결과를 연결시키며, 계획한 기법의 실습을 통해 진로인식을 증진시키는 것을 목표로 한다.

전문가의 한마디

코틀(Cottle)의 진로시간전망 원형검사에서 진로시간전망 개입의 3가지 측면에 '연합성', '확장성', '주관성'은 포함되지 않습니다. 이와 관련하여 2018년 4회 18번 문제를 살펴보시기 바랍니다.

21

Ginzberg의 직업선택 발달이론에 관한 설명으로 옳은 것은?

① 11세 이전의 성장기에는 자기개념과 연합된 역량, 태도, 흥미, 욕구가 발달한다.

② 능력과 흥미가 통합되고, 직업선택이 구체화되는 것은 17세 이후의 현실기이다.

③ 첫 단계인 환상기에는 개인이 좋아하는 것과 싫어하는 것에 대한 명확한 결정을 한다.

④ 특정 경력에 대한 몰입이 증가하는 유사결정이 나타나는 것은 현실기 마지막 결정화단계다.

만점 해설

② 긴즈버그(Ginzberg)의 진로발달 및 직업선택의 단계 중 17세 이후의 현실기(Realistic Period)는 능력과 흥미의 통합단계로서, 이 시기에 가치의 발달, 직업적 선택의 구체화, 직업적 패턴의 명료화가 이루어진다.

① 긴즈버그의 진로발달 및 직업선택의 단계 중 11세 이전은 환상기(Fantasy Period)로서, 이 시기에 아동은 일 지향적 놀이를 통해 직업세계에 대한 최초의 가치판단을 반영하게 된다.

③ 개인이 좋아하는 것과 싫어하는 것에 대한 명확한 결정을 하는 것은 11~17세의 잠정기(Tentative Period) 이다.

④ 현실기의 중간단계인 구체화단계(Crystallization Stage)에서 자신의 결정과 관련된 내적 · 외적 요인을 두루 고려하여 특정 경력에 대한 몰입이 증가하게 된다.

전문가의 한마디

긴즈버그(Ginzberg)의 진로발달 및 직업선택의 단계 중 현실기(Realistic Period)는 〈Exploration – Crystallization – Specification〉의 하위단계를 거치게 되는데, 이는 교재에 따라 각각 〈탐색 – 결정화 – 구체화〉, 〈탐색 – 구체화 – 특수화〉, 〈탐색 – 구체화 – 정교화〉 등으로 번역되고 있습니다. 여기서 문제는 '구체화'가 'Crystallization'과 'Specification'에 동시에 걸친다는 것인데, 대다수 교재에서 그리고 직업상담사 2급 시험에서도 'Crystallization'을 '결정화'보다는 '구체화'로 번역하고 있다는 점을 기억해 두시기 바랍니다.

22

다음에 해당하는 육각형 모델의 특징은?

> Holland의 육각형에서 예술형과 사회형은 탐구형과 진취형보다 더 많은 공통점을 가진다.

① 변별성(Discrimination)
② 정체성(Identity)
③ 일관성(Consistency)
④ 일치성(Congruence)

알찬 해설

홀랜드(Holland) 육각형 모델의 해석적 차원

- 일관성(Consistency) : 어떤 유형의 쌍들은 다른 유형의 쌍들보다 더 많은 공통점을 가지고 있다.

- 변별성(Discrimination) 또는 차별성(Differentiation) : 어떤 사람은 특정 유형과 매우 유사한 반면, 다른 유형과 차별적인 모습을 보인다.

- 정체성(Identity) : 개인의 성격은 그의 목표, 흥미, 재능에 의해 명확해지며, 환경유형은 조직의 투명성, 안정성, 목표 · 일 · 보상의 통합에 의해 확고해진다.

- 일치성(Congruence) : 어떤 사람은 자기 자신의 인성유형(흥미유형)과 동일하거나 유사한 환경에서 일하고 생활한다.

- 계측성 또는 타산성(Calculus) : 육각형 모델에서의 유형들 간의 거리는 그 이론적인 관계에 반비례한다.

전문가의 한마디

홀랜드(Holland)의 육각형 모델과 직업성격 유형의 차원은 다음과 같습니다.

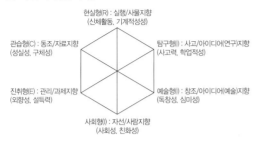

23

다음 중 내재적 보상에 관한 설명으로 가장 적합한 것은?

① 내재적 보상은 직무 그 자체보다는 승진이나 복지혜택을 통해 얻어진다.

② 내재적 보상은 주로 경영진으로부터 얻어진다.

③ 내재적 보상은 종업원에게 직무확충을 통해 일을 보다 의미 있게 만듦으로써 제공할 수 있다.

④ 내재적 보상은 종업원의 수행에 근거하여 제공할 수 있다.

알찬해설

내재적 보상과 외재적 보상

내재적 보상	• 행위 그 자체와 심리적으로 관련된 보상을 말한다. • 특정한 일의 결과에 대해서뿐만 아니라 일의 과정 속에서 자연적으로 주어지거나 인식되는 무형의 대가를 의미한다. 예 만족감, 성취감, 즐거움, 동기유발 등
외재적 보상	• 행위 그 자체와는 직접적으로 관련이 없는 보상을 말한다. • 특정한 일의 결과에 대해서 동기부여 차원으로 주어지는 유형의 대가를 의미한다. 예 임금, 승진, 상, 상여금, 각종 복지혜택 등

전문가의 한마디

어떤 어려운 프로젝트를 완수했을 때 그 대가로 승진이나 상여금을 받게 되는 것은 외재적 보상, 어려운 프로젝트를 스스로 완수한 것에 대한 성취감이나 새로운 기술을 습득한 것에 대한 만족감 등을 얻게 되는 것은 내재적 보상에 해당합니다. 즉, 외재적 보상은 내재적 보상과 달리 행위 그 자체보다는 행위의 결과와 연결되므로, 외부적이고 인위적일 때가 있습니다.

24

다음 중 진로발달이론을 제시한 이론가와 진로발달단계가 잘못 연결된 것은?

① Super – 성장기, 탐색기, 확립기, 유지기, 쇠퇴기

② Ginzberg – 환상기, 잠정기, 현실기

③ Tiedeman과 O'Hara – 예상기, 적응기

④ Tuckman – 탐색기, 선택기, 확립기, 통찰기

알찬해설

터크맨(Tuckman)의 진로발달단계

• 제1단계 : 일방적 의존성의 단계

• 제2단계 : 자기주장의 단계

• 제3단계 : 조건적 의존성의 단계

• 제4단계 : 독립성의 단계

• 제5단계 : 외부지원의 단계

• 제6단계 : 자기결정의 단계

• 제7단계 : 상호관계의 단계

• 제8단계 : 자율성의 단계

전문가의 한마디

터크맨(Tuckman)은 '자아인식', '진로인식', '진로의사결정'의 세 가지 요소를 중심으로 취학 전 아동기에서 고등학생 시기에 이르는 진로발달의 8단계를 제시하였습니다.

25

검사 문항들의 내적 합치도를 측정하는 신뢰도는 무엇인가?

① 검사-재검사 신뢰도
② 동형검사 신뢰도
③ 반분신뢰도
④ 채점자 간 신뢰도

만점 해설

③ 반분신뢰도(Split-half Reliability)는 한 검사를 어떤 집단에 실시하고 그 검사의 문항을 동형이 되도록 두 개의 검사로 나눈 다음 두 부분의 점수가 어느 정도 일치하는가를 상관계수를 통해 추정하는 방법이다. 둘로 구분된 문항들의 내용이 얼마나 일관성이 있는가를 측정한다는 점에서 '내적합치도 계수(Coefficient of Internal Consistency)'라고도 한다.

① 검사-재검사 신뢰도(Test-retest Reliability)는 동일한 검사를 동일한 수검자에게 일정 시간 간격을 두고 두 번 실시하여 얻은 두 검사점수의 상관계수에 의해 신뢰도를 추정하는 방법이다.

② 동형검사 신뢰도(Equivalent-form Reliability)는 동일한 수검자에게 첫 번째 시행한 검사와 동등한 유형의 검사를 실시하여 두 검사점수 간의 상관계수에 의해 신뢰도를 추정하는 방법이다.

④ 채점자 간 신뢰도(Inter-rater Reliability)는 관찰자 간 신뢰도(Inter-observer Reliability)와 유사한 것으로서, 채점자들 간의 객관도 및 채점에 대한 일관성 정도를 비교하는 방법이다.

전문가의 한마디

반분신뢰도는 시간과 비용을 들여 동형검사를 만들지 않은 채 하나의 검사를 두 부분으로 나누어 신뢰도를 구하는 일종의 간이 동형검사 혹은 축소판 동형검사 신뢰도 추정방법이라고 볼 수 있습니다.

26

조직 내에서 각 직무들의 상대적인 가치를 결정하는 데 유용한 절차로서 임금수준을 결정하도록 해 주는 방법은?

① 작업자 요건평가
② 작업자 특성평가
③ 직무평가
④ 직책평가

만점 해설

③ 직무평가는 조직 내에서 직무들의 내용과 성질을 고려하여 직무들 간의 상대적인 가치를 결정함으로써 여러 직무들에 대해 서로 다른 임금수준을 결정하는 데 목적을 둔다.

전문가의 한마디

지문 ①번과 ②번에서 작업자 요건은 해당 직업의 작업자가 갖추어야 할 요건에 관한 것으로 직능(Skills), 지식(Knowledge), 교육(Education) 등이 포함되며, 작업자 특성은 해당 직업 종사자들의 특성을 보여 주는 것으로 능력(Abilities), 흥미(Interests), 가치(Value), 작업 스타일(Work Styles) 등이 포함됩니다.

2017

27

직업적성검사에서 어떤 사람의 추리력 점수가 T점수로 40점이 나왔다면 이 사람의 추리력 수준은 어느 정도인가?

① 점수분포에서 이 사람보다 추리력이 낮은 수준의 사람들이 16% 있다.
② 점수분포에서 이 사람보다 추리력이 낮은 수준의 사람들이 26% 있다.
③ 점수분포에서 이 사람보다 추리력이 낮은 수준의 사람들이 50% 있다.
④ 점수분포에서 이 사람보다 추리력이 낮은 수준의 사람들이 66% 있다.

알찬 **해설**

T점수의 점수 구간별 면적비율

T점수의 점수 구간	면적비율
40점 미만	약 16%
40점 이상 50점 미만	약 34%
50점 이상 60점 미만	약 34%
60점 이상	약 16%

전문가 **의 한마디**

위의 해설 내용은 정규분포(정상분포)에서 점수대별 면적비율을 통해 확인할 수 있습니다.

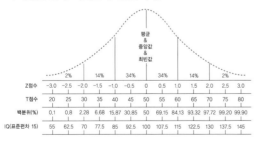

28

향후 학업수행 능력을 예측하기 위하여 심리검사를 하고자 할 때 가장 적합한 검사는?

① 성취도검사
② 흥미검사
③ 성격검사
④ 태도검사

알찬 **해설**

인지적 검사와 정서적 검사

인지적 검사 (성능 검사)	• 인지능력을 평가하기 위한 검사로, 일정한 시간 내에 자신의 능력을 최대한 발휘하도록 하는 '극대수행검사(최대수행검사)'에 해당한다. • 개인의 능력 전체가 아닌 일부의 능력을 측정하는 능력검사이다. • 보통 문항에 정답이 있으며, 응답에 시간제한이 있다. • 지능검사, 적성검사, 성취도검사 등이 해당한다.
정서적 검사 (성향 검사)	• 비인지적 검사로서, 일상생활에서의 습관적인 행동을 검토하는 '습관적 수행검사'에 해당한다. • 개인의 인지능력 외에 정서, 흥미, 태도, 가치 등을 측정하며, 응답자의 정직한 응답을 요구한다. • 문항에 정답이 없으며, 응답에 시간제한도 없다. • 성격검사, 흥미검사, 태도검사 등이 해당한다.

전문가 **의 한마디**

심리검사는 측정내용에 따라 인지적 검사(성능검사)와 정서적 검사(성향검사)로 구분됩니다.

29

다음 중 직무만족이론과 관계가 없는 것은?

① 동기-위생이론
② 개인 내 비교과정 이론
③ 5요인이론
④ 대인 비교과정 이론

만점해설

① 동기-위생이론(2요인이론)은 직무에 만족을 주는 요인과 불만을 주는 요인이 무엇인지 알아내어 근로자를 동기화시킴으로써 성과를 올리기 위해 어떻게 해야 하는지에 대한 방법을 제시해 주는 이론이다.
② 개인 내 비교과정 이론은 개인의 기준과 직무로부터 실제로 받은 것과의 차이에 의해 만족이 결정된다는 성과 차이에 기반을 둔 이론이다.
④ 대인 비교과정 이론(개인 간 비교과정 이론)은 사람들이 직무만족에 대한 자신의 느낌을 평가하여 다른 사람의 느낌과 비교한다는 사회 비교 과정에 기반을 둔 이론이다.

전문가의 한마디

지문 ③번은 '성격 5요인(Big Five) 이론'과 혼동을 일으키도록 의도된 지문으로 보입니다.

30

Holland의 6가지 성격유형에 해당되지 않는 것은?

① 현실적 유형
② 탐구적 유형
③ 회귀적 유형
④ 관습적 유형

알찬해설

홀랜드(Holland)의 6가지 성격유형
- 현실형 또는 현실적(실재적) 유형(R ; Realistic Type)
- 탐구형 또는 탐구적 유형(I ; Investigative Type)
- 예술형 또는 예술적 유형(A ; Artistic Type)
- 사회형 또는 사회적 유형(S ; Social Type)
- 진취형 또는 진취적(설득적) 유형(E ; Enterprising Type)
- 관습형 또는 관습적 유형(C ; Conventional Type)

전문가의 한마디

'회귀형(회귀적 유형)', '성취형(성취적 유형)', '인내형(인내적 유형)' 등은 홀랜드(Holland)의 6가지 성격유형에 포함되지 않습니다. 참고로 '성취형'과 '인내형'은 직업상담사 2급 필기시험의 관련 문제에서 틀린 지문으로 제시된 바 있습니다.

31

실업이 사람을 심리적으로 황폐해지도록 만드는 이유는 자유재량권의 상실 때문이라는 이론은?

① 비타민 모델
② 행위자 제약이론
③ 학습된 무기력이론
④ 박탈이론

만점해설

② 행위자 제약이론은 실업의 부정적 결과라는 것이 경제적 박탈만을 의미하는 것이 아니라 개인이 진로발달을 위해 능동적으로 수행할 수 없도록 하는 제약, 즉 자유재량권의 상실을 의미하는 것으로 간주한다.
① 비타민 모델은 9가지의 환경적 기능 특성들이 정신건강에 미치는 영향을 비타민에 비유하여 실업자들이 경험할 수 있는 정신적 고통을 예언하는 이론적 모델이다.
③ 학습된 무기력이론은 통제 불가능한 사건을 경험한 사람이 자신의 노력이나 행동으로 자신의 처지나 상황을 바꿀 수 없다고 믿는 경향을 인지적 학습의 관점에서 설명하는 이론이다.
④ 박탈이론은 근로자가 실직을 하면서 회사와의 지속적 고용관계를 통해 경험한 자아실현, 만족감 등 심리적 이익을 박탈당한다는 이론이다.

전문가의 한마디

비타민 모델에서 9가지 환경적 기능 특성이란 '고용의 금전적 가용성', '물리적 안전', '사회적 지위', '통제의 기회', '기술사용의 기회', '외부적으로 주어진 목표', '직무와 환경의 다양성', '직무관련 정보의 명료성', '타인 접촉의 기회' 등을 말합니다.

32

수행평가에서 자주 나타나는 평정오류로서 좋은 태도를 가지고 있는 종업원은 태도뿐만 아니라 수행의 양과 질 등 다른 차원에서도 우수한 능력을 가졌을 것이라고 믿는 과잉일반화 현상은?

① 관용효과
② 맥락효과
③ 후광효과
④ 부정성효과

만점해설

③ 후광효과(Halo Effect)는 한 가지 긍정적인 특성을 지니고 있는 사람이 다른 긍정적인 특성들도 지니고·있는 것으로 일반화시켜 생각하는 현상을 말한다.
① 관용효과(Leniency Effect) 또는 긍정성 편향(Positivity Bias)은 일반적으로 어떤 사람에 대해 부정적인 평가를 하기 보다는 긍정적인 평가를 하는 현상을 말한다.
② 맥락효과(Context Effect)는 처음 제시된 정보가 맥락을 형성하고, 그 맥락 속에서 나중에 제시된 정보가 해석되는 현상을 말한다.
④ 부정성효과(Negativity Effect)는 어떤 사람에 대한 정보로서 나쁜 평과 좋은 평이 동시에 주어졌을 때 나쁜 평이 인상형성에 더 큰 영향을 미치는 현상을 말한다.

전문가의 한마디

사람들은 대체로 어떤 사람의 단점을 늘어놓기보다는 장점을 언급하는 것을 일종의 미덕이라 생각하는 경향이 있습니다(→ 관용효과). 그런데 그와 같은 사회적 분위기 속에서 부정적인 평을 듣게 되면 그것이 더욱 중요하고 신뢰로운 정보인 것처럼 느껴집니다(→ 부정성효과).

33

다중(Multiple) 경력 개념에서 제시되는 4가지 경력유형에 해당하지 않는 것은?

① 직선적 경력
② 전문적 경력
③ 나선형 경력
④ 프로틴 경력

알찬 해설

드라이버(Driver)의 경력유형론에서 4가지 경력유형(경력이동 패턴)

직선형 경력 (Linear Career Concept)	• 가장 일반적인 경력이동 패턴으로, 조직계층을 따라 수직방향으로 이동하는 유형이다. • 이상적인 직선형 경력은 권위와 책임감이 보다 큰 지위로 위계상 상승이동을 하는 일련의 점진적 단계들로 이루어진다.
전문가형 경력 (Expert Career Concept)	• 한 분야에 일생을 몸담으면서 한 우물을 파는 유형이다. • 전문적 지식이나 기술을 쌓으면서 안정적인 생활을 추구하는 것을 기본가치로 한다.
나선형 경력 (Spiral Career Concept)	• 대체로 7~10년 주기로 한 분야에 숙달된 후 다른 분야로 옮겨가는 유형이다. • 새로운 분야에서는 과거 분야에서 개발한 지식과 숙련도 유용하게 쓰이지만, 동시에 전혀 새로운 지식과 숙련의 개발이 요구되기도 한다.
전이형 경력 (Transitory Career Concept)	• 대체로 3~5년 주기로 한 분야나 한 직무로부터 전혀 관련이 없는 분야나 직무로 계속 이동해 가는 유형이다. • 전이형 경력의 사람들은 자신들이 특정 경력을 추구한다기보다는 다양성과 독립성을 추구한다고 강조한다.

전문가의 한마디

드라이버(Driver)는 사람들이 경험하는 경력이동의 패턴은 이동의 방향과 주기라는 두 가지 측면에서 기본적으로 다르다는 점에 주목하면서, 위의 해설과 같은 4가지 특징적인 경력유형을 제시하였습니다.

34

다음 심리검사 중 진로 및 직업상담 장면에서 일반적으로 그 활용 목적이나 상황이 다른 것은?

① 적성검사
② 진로성숙도검사
③ 직업흥미검사
④ 가치관검사

만점 해설

① · ③ · ④ (직업)적성검사, (직업)흥미검사, (직업)가치관검사 등은 개인의 자기이해 및 진로탐색의 기회를 제공하는 데 유용한 검사도구이다.
② 진로성숙도검사, 진로발달검사 등은 개인의 진로의 사결정에 도움이 되는 검사도구이다.

전문가의 한마디

적성검사, 흥미검사, 가치관검사가 개인차 변인의 사정을 위한 검사도구라면, 진로성숙도검사, 진로발달검사는 진로과정 변인의 사정을 위한 검사도구에 해당합니다.

35

다음 중 일반적인 스트레스 모형에서 매개변인으로 볼 수 없는 것은?

① 역할갈등
② Type A 행동
③ 통제의 위치
④ 사회적 지원

만점해설

① 역할갈등은 일반적인 스트레스 모형에서 독립변인으로 볼 수 있는 것으로, 직무 관련 스트레스원에 해당한다.

전문가의 한마디

직무 스트레스의 매개변인은 다음과 같이 개인속성과 상황속성으로 구분할 수 있습니다.
• 개인속성 : A 유형 행동(Type A 행동), 통제 소재(통제 위치), 그 밖의 개인차 등
• 상황속성 : 사회적 지원(사회적 지지) 등

36

목표설정이론에서 주장한 효과적인 목표설정방법을 가장 바르게 설명한 것은?

① 목표는 높고 구체적이어야 한다.
② 목표는 조금 낮고 구체적이어야 한다.
③ 목표는 자신이 좋아하는 것으로 설정해야 한다.
④ 목표는 애매해야 한다.

알찬해설

목표설정이론에서 조직성과를 위한 목표의 성격
• 목표의 구체성 : 구체적인 목표가 모호하게 규정된 목표보다 더 효과적이다.
• 목표의 난이도 : 어렵지만 달성 가능한 목표가 용이한 목표보다 높은 성과를 가져온다.
• 환류 : 직원이 도전적인 목표를 계속적으로 설정하고 달성하기 위해 환류가 필요하다.
• 목표설정에의 참여 : 참여는 목표설정에 중요한 자긍심과 욕구만족의 수준을 증가시켜 준다.
• 경쟁 : 경쟁은 목표의 구체성과 난이도를 증가시킬 수 있다.
• 목표의 수용 : 바람직한 성과를 나타내는 목표라고 할지라도 직원들에 의해 수용되지 못하면 성취되기 어렵다.

전문가의 한마디

목표의 높낮이는 목표의 난이도와 연관됩니다. 다만, 지문 ①번에서 "목표가 높고……"라고 해서 목표의 난이도가 무한정 높은 것을 의미하지는 않습니다. 일반적으로 목표가 점차 어려워짐에 따라 성과가 향상되는 경향이 있으나, 이론적으로 목표의 난이도가 증가함에 따라 향상되는 성과에는 한계가 있는 것입니다.

37

진로발달에 관한 이론 중에서 능력에 대한 자기 평가, 즉 자신감이 개인의 직업선택 및 만족에 영향을 미친다는 가정은 어느 이론에 기초하는가?

① 자기효능감 이론
② 진로발달이론
③ 인지적 정보처리이론
④ 진로선택이론

만점해설

① 자기효능감 이론은 어떤 과제를 수행하는 데 있어서 자신의 능력에 대한 믿음이 과제 시도의 여부와 과제를 어떻게 수행하는지를 결정한다고 주장한다. 자기 효능감은 개인 노력의 강도를 결정하는데, 자신의 능력에 대한 믿음으로 수행을 긍정적으로 이끌어감으로써 직업선택 및 만족에 영향을 미칠 수 있는 것이다.

② · ④ 진로상담에 관한 이론은 크게 진로발달의 '내용'을 강조하는 이론과 진로발달의 '과정'을 강조하는 이론으로 구별되는데, 선택적 관점에서 진로발달의 '내용'에 초점을 두는 것은 진로선택이론, 발달적 관점에서 진로발달의 '과정'에 초점을 두는 것은 진로 발달이론으로 분류한다.

③ 인지적 정보처리이론은 진로선택에 있어서 인지의 역할을 강조하며, 개인의 정보처리 능력을 향상시키는 데 주력한다.

전문가의 한마디

진로선택이론과 진로발달이론을 명확히 구분하기는 어려운데, 일반적으로 Parsons의 특성-요인이론, Roe의 욕구이론, Krumboltz의 사회학습이론, Dawis & Lofquist의 직업적응이론 등은 진로선택이론으로, Ginzberg의 발달이론, Super의 발달이론, Tiedeman & O'Hara의 발달이론, Tuckman의 발달이론, Gottfredson의 직업포부 발달이론 등은 진로발달이론으로 구분하는 경향이 있습니다.

38

Krumboltz가 제시한 진로결정에 영향을 주는 요인이 아닌 것은?

① 유전적 요인과 특별한 능력
② 환경적 조건과 사건
③ 학습경험
④ 직업적응

알찬해설

크롬볼츠(Krumboltz)의 사회학습이론에서 진로결정에 영향을 주는 요인

- 유전적 요인과 특별한 능력(Genetic Endowment and Special Abilities)
- 환경조건과 사건(Environmental Conditions and Events)
- 학습경험(Learning Experiences)
- 과제접근기술(Task Approach Skills)

전문가의 한마디

2020년 4회 필기시험(33번)에서는 '인간관계'를 문제의 틀린 지문으로 제시한 바 있습니다.

39

과제 중심 직무분석(Task-oriented Job Analysis)에 관한 설명으로 가장 적합한 것은?

① 직무에 무관하게 표준화된 분석도구를 만들기가 용이하고 다양한 직무에서 요구되는 과제특성의 유사성을 양적으로 비교할 수 있다.
② 각 직무의 과제나 활동이 서로 다르기 때문에 분석하고자 하는 각각의 직무에 대해 표준화된 분석도구를 만들 수 없다.
③ 직무 간의 관계범주에 포함된 문항을 통해 직무수행에서 어떤 수준의 의사소통능력이 요구되는지를 평정한다.
④ 식역특성분석(Threshold Traits Analysis)이라고도 부른다.

알찬 해설

직무분석의 두 가지 유형

- 직무분석은 직무를 분석할 때 그 초점을 어디에 두느냐에 따라 크게 두 가지 유형, 즉 과제 중심 직무분석(Task-oriented Job Analysis)과 작업자 중심 직무분석(Worker-oriented Job Analysis)으로 구분된다.
- 과제 중심 직무분석은 직무에서 수행하는 과제나 활동이 어떤 것들인지를 파악하는 데 초점을 두는 반면, 작업자 중심 직무분석은 직무를 수행하는 데 요구되는 인간의 재능(예 지식, 기술, 능력, 경험 등)에 초점을 둔다.
- 과제 중심 직무분석은 각 직무의 과제나 활동이 서로 다르기 때문에 분석하고자 하는 각각의 직무에 대해 표준화된 분석도구를 만들 수 없는 반면, 작업자 중심 직무분석은 인간의 다양한 특성들이 각 직무에서 어느 정도 요구되는지를 분석하기 때문에 직무에 관계없이 표준화된 분석도구를 만들기가 비교적 용이하다.

전문가의 한마디

지문 ④번의 식역특성분석(TTA ; Threshold Traits Analysis)은 직무분석의 절차에 해당하는 것으로, 직무수행에서의 과제 및 활동을 분석하여 직무를 구성하는 요소들을 파악한 다음, 직무를 수행하기 위해 요구되는 인간적 특성을 찾아내는 것을 말합니다.

40

다음 사례의 이유로 가장 적합한 것은?

> 소방관이라는 직업은 화재현장에 출동할 때보다 출동대기 상태에서 스트레스를 더 많이 받는 것으로 보고되고 있다.

① 전혀 위험하지 않기 때문이다.
② 기술사용이 불가능하기 때문이다.
③ 화재신고가 한 건도 없을 수 있기 때문이다.
④ 대기상태가 야기하는 긴장과 불안이 위험한 상황에 대응하는 것보다 더 많은 스트레스를 주기 때문이다.

만점 해설

④ 소방관이라는 직업은 긴급현장 투입에 대비한 출동대기 상태가 일상적이므로 사건현장에 나가기 전에도 항상 긴장된 상태를 유지하게 되며, 불규칙한 교대근무를 수행하는 업무조건 등이 스트레스 원인으로 작용한다.

전문가의 한마디

위의 해설과 관련된 보다 자세한 내용은 '류지아 外, 《소방공무원과 외상 후 스트레스 장애》(생물정신의학 제24권 제1호), 대한생물정신의학회 刊'을 살펴보시기 바랍니다.

제3과목 고급직업정보론

41

다음 중 훈련정보망(HRD-Net)이 추구하는 목표와 가장 거리가 먼 것은?

① 직업훈련기관에 대한 홍보
② 직업훈련 관련 행정의 전산화를 통한 효율성 및 편의성 제고
③ 직업능력개발 관련 종합 DB구축을 통한 정책의 과학화 달성
④ 직업능력개발에 관한 수요자의 다양한 요구를 반영하는 종합직업훈련정보망 기능 수행

HRD-Net(직업훈련포털⁺)이 추구하는 목표

· 직업능력개발에 관한 수요자의 다양한 요구를 반영하는 종합직업훈련정보망 기능 수행
· 직업훈련 관련 행정의 전산화를 통한 효율성 및 편의성 제고
· 직업능력개발 관련 종합 DB구축을 통한 정책의 과학화 달성

전문가의 한마디

'Work-Net'은 고용안정정보망, 'HRD-Net'은 직업훈련정보망으로 볼 수 있습니다. 이 둘은 고용노동부와 한국고용정보원에서 운영하고 있습니다.

42

다음 중 민간직업정보의 특성과 가장 거리가 먼 것은?

① 국제적으로 인정되는 객관적인 기준에 근거하여 직업을 분류한다.
② 특정한 목적에 맞게 해당 분야 및 직종을 제한적으로 선택한다.
③ 시사적인 관심이나 흥미를 유도할 수 있도록 해당 직업을 분류한다.
④ 필요한 시기에 최대한 활용되도록 한시적으로 신속하게 생산되어 운영된다.

만점해설

① 공공직업정보의 일반적인 특성에 해당한다.

전문가의 한마디

이 문제는 앞선 2020년 4회 필기시험(54번)에 출제된 바 있습니다.

43

한국표준산업분류에서 산업분류의 적용원칙으로 틀린 것은?

① 복합적인 활동단위는 우선적으로 세세분류 단계를 정확히 결정하고, 대, 중, 소, 세분류 단계 항목을 역순으로 결정하여야 한다.
② 생산단위는 산출물뿐만 아니라 투입물과 생산공정 등을 함께 고려하여 그들의 활동을 가장 정확하게 설명된 항목에 분류해야 한다.
③ 산업활동이 결합되어 있는 경우에는 그 활동단위의 주된 활동에 따라서 분류하여야 한다.
④ 수수료 또는 계약에 의하여 활동을 수행하는 단위는 자기계정과 자기책임하에서 생산하는 단위와 동일 항목에 분류되어야 한다.

만점해설

① 복합적인 활동단위는 우선적으로 최상급 분류단계(대분류)를 정확히 결정하고, 순차적으로 중, 소, 세, 세세분류 단계 항목을 결정하여야 한다.

전문가의 한마디

"공식적 생산물과 비공식적 생산물, 합법적 생산물과 불법적인 생산물을 달리 분류하지 않는다"는 점을 반드시 기억해 두시기 바랍니다.

44

한국표준직업분류에서 대분류가 다른 직업은?

① 점술가
② 웨딩플래너
③ 미용사
④ 여행 사무원

만점해설

④ '39210 여행 사무원'은 한국표준직업분류(KSCO)의 '대분류 3 사무 종사자'로 분류된다.
① '42921 점술가'는 한국표준직업분류(KSCO)의 '대분류 4 서비스 종사자'로 분류된다.
② '42312 웨딩플래너'는 한국표준직업분류(KSCO)의 '대분류 4 서비스 종사자'로 분류된다.
③ '42220 미용사'는 한국표준직업분류(KSCO)의 '대분류 4 서비스 종사자'로 분류된다.

전문가의 한마디

한국표준직업분류(KSCO) 제7차 개정(2018)에서 '여행 사무원'은 다음과 같이 분류됩니다.

분류체계	분류번호	분류항목
대분류	3	사무 종사자
중분류	39	상담 · 안내 · 통계 및 기타 사무직
소분류	392	여행 · 안내 및 접수 사무원
세분류	3921	여행 사무원
세세분류	39210	여행 사무원

45

한국표준산업분류의 제조업에 대한 설명으로 틀린 것은?

① 제조업이란 원재료(물질 또는 구성요소)에 물리적, 화학적 작용을 가하여 투입된 원재료를 성질이 다른 새로운 제품으로 전환시키는 산업활동을 말한다.

② 상품을 선별·정리·분할·포장·재포장하는 경우 등과 같이 그 상품의 본질적 성질을 변화시키지 않는 처리활동은 제조활동으로 보지 않는다.

③ 구입한 기계 부품의 조립은 제조업으로 분류하지 않는다.

④ 인쇄 및 인쇄 관련 서비스업은 제조업으로 분류한다.

만점 해설

③ 구입한 기계 부품의 조립은 제조업으로 분류한다. 그러나 교량, 물탱크, 저장 및 창고 설비, 철도 및 고가도로, 승강기 및 에스컬레이터, 배관, 소화용 살수장치, 중앙난방기, 통풍 및 공기조절기, 조명 및 전기배선 등과 같은 건물 조직 및 구조물의 규격제품이나 구성 부품을 구입하여 건설현장에서 조립, 설치하는 산업활동은 "F : 건설업"의 적합한 항목에 각각 분류한다.

전문가 의 한마디

자본재(고정자본 형성)로 사용되는 산업용 기계와 장비를 전문적으로 수리하는 경우도 '제조업'으로 분류합니다. 다만, 컴퓨터 및 주변기기, 개인 및 가정용품 등과 자동차를 수리하는 경우는 '수리업'으로 분류합니다.

46

한국표준산업분류의 통계단위에 대한 설명으로 틀린 것은?

① 기업체 단위는 재화 및 서비스를 생산하는 법적 또는 제도적 단위의 최소 결합체이다.

② 사업체 단위는 공장, 광산, 상점, 사무소 등으로 산업활동과 지리적 장소의 양면에서 가장 동질성이 있는 통계단위이다.

③ 사업체 단위는 자원 배분에 관한 의사결정에서 자율성을 갖고 있다.

④ 기업체는 하나 이상의 사업체로 구성될 수 있다.

알찬 해설

한국표준산업분류(KSIC)상 사업체 단위와 기업체 단위
[출처 : 한국표준산업분류(2017)]

사업체 단위	• 공장, 광산, 상점, 사무소 등과 같이 산업활동과 지리적 장소의 양면에서 가장 동질성이 있는 통계단위이다. • 일정한 물리적 장소에서 단일 산업활동을 독립적으로 수행하며, 영업잉여에 관한 통계를 작성할 수 있고 생산에 관한 의사결정에 있어서 자율성을 갖고 있는 단위이므로, 장소의 동질성과 산업활동의 동질성이 요구되는 생산통계 작성에 가장 적합한 통계단위라고 할 수 있다.
기업체 단위	• 재화 및 서비스를 생산하는 법적 또는 제도적 단위의 최소 결합체로서 자원 배분에 관한 의사결정에서 자율성을 갖고 있다. • 기업체는 하나 이상의 사업체로 구성될 수 있다는 점에서 사업체와 구분되며, 재무관련 통계작성에 가장 유용한 단위이다.

전문가 의 한마디

앞선 2019년 4회 필기시험(58번)에서는 사업체 단위에 관한 내용을 문제의 보기로 제시한 바 있습니다.

47

워크넷(직업 · 진로)에서 제공하는 학과정보를 검색하는 방법이 아닌 것은?

① 개설대학별 검색
② 키워드 검색
③ 조건별 검색(계열, 취업률)
④ 계열별 검색

알찬 해설

이 문제는 워크넷 사이트 개편 이전 내용에 해당하므로, 해설의 내용을 간단히 살펴본 후 넘어가도록 한다. 최근 워크넷(직업 · 진로) 학과정보의 학과 검색(학과정보 검색)에서 '조건별 검색'이 삭제되었다. 기존 '조건별 검색'에서는 학과계열(인문 · 사회 · 교육 · 자연 · 공학 · 의약 · 예체능)과 취업률(상위 20% 이상 높은 학과 / 보통 이상인 학과)을 통해 학과정보를 검색할 수 있도록 하였다. 따라서 출제 당시 정답은 ①이었으나, 현행 기준으로 ③ 또한 정답에 해당한다.

▶ 조건별 검색

전문가의 한마디

최근 워크넷(직업 · 진로) 학과정보의 학과 검색(학과정보 검색)에서 '계열별 검색'에 '이색학과정보'가 포함되었습니다.

48

국가기술자격 종목 중 경영 · 회계 · 사무 직무분야에 해당하지 않는 것은?

① 사회조사분석사 1급
② 스포츠경영관리사
③ 소비자전문상담사 2급
④ 품질경영기사

만점 해설

② 스포츠경영관리사는 직무분야 중 '이용 · 숙박 · 여행 · 오락 · 스포츠'에 해당한다.

전문가의 한마디

사회조사분석사(1급 · 2급), 소비자전문상담사(1급 · 2급), 스포츠경영관리사(단일등급)는 서비스 분야 국가기술자격 종목인 반면, 품질경영기사 및 품질경영산업기사는 기술 · 기능 분야 국가기술자격 종목에 해당합니다.

49

다음 통계자료에서 구인배수는? (단, 소수 셋째 자리에서 반올림)

> [2016년 12월]
> • 신규구직건수 : 327,000명
> • 취업건수 : 143,000명
> • 신규구인건수 : 189,000명
> • 평균제시임금 : 169만원

① 2.29
② 0.58
③ 0.12
④ 0.76

알찬 해설

구인배수는 다음의 공식으로 나타낼 수 있다.

$$구인배수 = \frac{신규구인인원}{신규구직건수}$$

$$구인배수 = \frac{189,000(명)}{327,000(건)} ≒ 0.577982$$

∴ 약 0.58(소수 셋째 자리에서 반올림)

전문가의 한마디

앞선 2019년 4회 필기시험(43번)에서도 구인배수를 계산하는 문제가 출제된 바 있습니다.

50

한국표준직업분류의 분류체계 및 분류번호에 대한 설명으로 틀린 것은?

① 직업분류는 세분류를 기준으로 상위에는 소분류-중분류-대분류로 구성되어 있으며, 하위분류는 세세분류로 구성되어 있다.
② 분류번호는 아라비아 숫자와 알파벳 A로 표시하며 대분류 1자리, 중분류 2자리, 소분류 3자리, 세분류 4자리, 세세분류는 5자리로 표시된다.
③ 동일 분류에 포함된 끝 항목의 숫자 9는 '기타~(그 외~)'를 표시하여 위에 분류된 나머지 항목을 의미한다.
④ 끝자리 5는 해당 분류수준에서 더 이상 세분되지 않는 직업을 의미하고 있다.

만점 해설

④ 끝자리 0은 해당 분류수준에서 더 이상 세분되지 않는 직업을 의미하고 있다.

전문가의 한마디

한국표준직업분류(KSCO)에서 알파벳 A로 표시되는 것은 '군인'입니다. '대분류 A 군인'은 1개의 중분류, 즉 'A0 군인'으로 구성되어 있으며, 이는 3개의 소분류, 즉 'A01 장교', 'A02 부사관', 'A09 기타 군인'을 포함하고 있습니다. 참고로 제7차 개정(2018)부터는 모든 군인을 직업분류 범위 안에 포괄하는데, 그에 따라 장교나 부사관이 아닌 일반 사병 등은 'A09 기타 군인'으로 분류됩니다.

51

다음 한국직업사전의 직무기능에 대한 표의 ( )에 알맞은 것은?

자 료	비교 – 기록 – 계산 – 수집 – (ㄱ) – 조정 – 종합
사 람	서비스 제공 – 말하기·신호 – 설득 – 오락제공 – 감독 – (ㄴ) – 협의 – 자문
사 물	단순작업 – 투입·인출 – (ㄷ) – 수동조작 – 조작운전 – 제어조작 – 정밀작업 – 설치

① ㄱ : 분석, ㄴ : 교육, ㄷ : 유지
② ㄱ : 교육, ㄴ : 분석, ㄷ : 유지
③ ㄱ : 분석, ㄴ : 유지, ㄷ : 교육
④ ㄱ : 유지, ㄴ : 교육, ㄷ : 분석

알찬 해설

직무기능(DPT)의 수준 (출처 : 2020 한국직업사전)

수 준	자료(Data)	사람(People)	사물(Thing)
0	종 합	자 문	설 치
1	조 정	협 의	정밀작업
2	분 석	교 육	제어조작
3	수 집	감 독	조작운전
4	계 산	오락제공	수동조작
5	기 록	설 득	유 지
6	비 교	말하기-신호	투입-인출
7	–	서비스 제공	단순작업
8	관련없음	관련없음	관련없음

전문가의 한마디

직무기능(DPT)의 수준을 나타내는 '자료(Data)', '사람(People)', '사물(Thing)'의 세 가지 관계 내에서의 배열은 아래에서 위로 올라가면서 단순한 것에서 차츰 복잡한 것으로 향하는 특성을 보여줍니다.

52

기술조사(Descriptive Research)에 적합한 조사주제를 모두 고른 것은?

ㄱ. 직업정보지의 구독률 조사
ㄴ. 직업정보지 구독자의 연령대 조사
ㄷ. 직업정보지 구독률과 구독자의 소득이나 직업 사이의 관련성 조사

① ㄱ, ㄴ
② ㄴ, ㄷ
③ ㄱ, ㄷ
④ ㄱ, ㄴ, ㄷ

알찬 해설

기술조사(Descriptive Research)의 주요 목적

• 첫째, 조사자들이 관심을 가지고 있는 상황에 대한 특성파악과 특정상황의 발생빈도를 조사한다(예 직업정보지의 구독률 조사, 직업정보지 구독자의 연령대 조사 등).
• 둘째, 관련 변수들 간 상호관계의 정도를 파악한다(예 직업정보지 구독률과 구독자의 소득이나 직업 사이의 관련성 조사 등).
• 셋째, 관련 상황에 대해 예측한다(예 계절별 직업정보지 구독률 변화를 이용한 월별 수요 예측 등).

전문가의 한마디

과학적 조사는 그 목적에 따라 탐색조사(Exploratory Research), 기술조사(Descriptive Research), 인과조사(Causal Research)로 구분됩니다. 탐색조사는 문제의 규명, 기술조사는 현상의 기술, 그리고 인과조사는 인과관계의 규명을 주된 목적으로 합니다.

53

다음 중 직업별 임금관련 정보를 제공하지 않는 것은?

① Job Map
② 한국직업사전
③ 한국직업전망
④ 한국직업정보시스템

만점 해설

이 문제는 개정 전 내용에 해당하므로, 해설의 내용을 간단히 살펴본 후 넘어가도록 한다.

① 과거 잡맵(Job Map)에서는 임금근로자의 월평균소득(중위값)에 대한 정보를 제공하였으나, 워크넷 통합 이후 현재 서비스가 중단된 상태이다.
② 한국직업사전에서는 직업별 임금관련 정보를 제공하지 않는다.
③ 한국직업전망(2019)에서는 임금수준에 따라 세 구간 [하위 25%(25% 미만) / 중위 50%(25% 이상 75% 미만) / 상위 25%(75% 이상)]으로 나누어 각 구간의 월평균임금을 제공하였으나, 한국직업전망(2021)에서는 직업별 임금관련 정보를 더 이상 제공하고 있지 않다.
④ 한국직업정보시스템에서는 임금수준에 따라 세 구간 [하위 25% / 중위값 / 상위 25%]으로 나누어 각 구간의 연평균임금에 관한 정보를 제공하고 있다.
참고로 문제 출제 당시 정답은 ②로 발표되었다.

전문가의 한마디

한국직업전망(2021)에서는 '일러두기'를 통해 "성별/연령/학력 분포 및 평균 임금"에 관한 정보를 제공하는 것으로 소개하고 있으나, 실제로 이를 제공하고 있지 않습니다. 참고로 한국직업전망(2019)에서는 이를 인포그래픽으로 제공하였습니다.

54

직업정보의 분석 시 유의할 사항과 가장 거리가 먼 것은?

① 동일한 정보라도 다각적인 분석을 시도하여 해석을 풍부히 해야 한다.
② 전문적인 시각에서 분석한다.
③ 원자료를 제공한 기관의 제시는 생략 가능하다.
④ 자료표집방법 등을 고려해야 한다.

알찬 해설

직업정보 분석 시 유의사항

• 정보의 분석 목적을 명확히 하며, 변화의 동향에 유의한다.
• 동일한 정보라 할지라도 다각적이고 종합적인 분석을 시도하여 해석을 풍부히 한다.(①)
• 직업정보의 신뢰성, 객관성, 정확성, 효용성 등을 확보하기 위해 전문가나 전문적인 시각에서 분석한다.(②)
• 분석과 해석은 원자료의 생산일, 자료표집방법, 대상, 자료의 양 등을 검토하여야 하는 한편, 분석비교도 이에 준한다.(④)
• 수집된 정보는 목적에 맞도록 분석하며, 수차례의 재검토 과정을 거쳐 객관성과 정확성을 갖춘 최신자료를 선정한다.
• 수집된 정보는 필요도에 따라 선택하고 항목별로 분류하며, 오래되거나 불필요한 것은 버린다.
• 다양한 정보를 충분히 검토하여 가장 효율적으로 검색·활용할 수 있는 방법으로 분류한다.
• 각 정보는 입수 연월일, 제공처, 주제별, 활용대상별, 활용방법, 활용장소 등에 따라 분류하며, 그 내용을 명확히 한다.(③)
• 다른 통계와의 관련성 및 여러 측면들을 고려하며, 숫자로 표현할 수 없는 정보라도 이를 삭제 혹은 배제하지 않는다.
• 직업정보원과 제공원에 대하여 제시한다.

전문가의 한마디

직업정보 분석 시 유의사항은 직업정보 가공 시 유의사항과 일면 내용상 겹치기도 합니다.

55
다음에 해당하는 고용관련 지원시책은?

- 장시간 근로를 개선하여 빈 일자리에 신규로 근로자를 고용
- 시간선택제 근로자를 신규로 고용
- 석 · 박사 등 전문인력을 신규로 고용
- 취업이 어려운 중증장애인, 여성가장, 취업지원 프로그램 이수자 등을 신규로 고용하여 고용을 창출한 사업주에게 지원

① 고용창출장려금
② 고용안정장려금
③ 고용유지지원금
④ 고용환경개선지원

알찬 해설

이 문제는 고용장려금 지원제도의 개편 이전 내용에 해당하므로, 해설의 내용을 간단히 살펴본 후 넘어가도록 한다. 2021년 기준 고용장려금 지원제도는 다음과 같다.

고용창출 장려금	• 연장근로시간을 단축하여 생기는 빈 일자리에 신규로 근로자를 고용 • 국내복귀기업으로 근로자를 신규로 고용 • 신중년 적합직무에 근로자를 신규로 고용 • 취업이 어려운 중증장애인, 가족부양의 책임이 있는 여성실업자, 취약계층 대상 취업지원 프로그램 이수자 등을 신규로 고용하여 고용을 창출한 사업주에게 지원
고용안정 장려금	• 기간제 · 파견 · 사내하도급근로자 또는 특수형태업무종사자를 정규직으로 전환 • 전일제 근로자의 소정근로시간 단축을 허용 • 시차출퇴근제, 선택근무제, 재택 · 원격근무제 등 유연근무제를 활용 • 출산육아기 근로자의 고용안정을 위한 조치를 하여 기존 근로자의 고용을 안정시킨 사업주에게 지원
고용유지 지원금	• 생산량 감소 · 재고량 증가 등으로 고용조정이 불가피하게 된 사업주 • 무급 휴업 · 휴직을 한 근로자를 지원
청년 · 장년 고용장려금	• 청년층에게 장기근속 및 자산형성 기회를 제공 • 중소기업의 청년 인력난 해소 및 청년 일자리 창출 • 고령자의 고용촉진 및 안정을 도모

고용환경 개선장려금	• 직장어린이집의 설치 및 운영을 지원함으로써 여성의 경제활동을 촉진 • 고령자 고용에 따른 환경 개선을 지원 • 일 · 생활 균형 인프라구축을 지원
지역고용 촉진지원금	고용위기지역으로 사업을 이전하거나, 신설 또는 증설하는 사업주가 해당 지역 구직자를 신규로 고용하여 고용을 창출한 사업주에게 지원

참고로 문제 출제 당시 정답은 ①로 발표되었다.

전문가의 한마디

'시간선택제 신규고용 지원금'은 2020년 1월부로 폐지되었습니다. 이는 시간선택제 신규고용 지원제도를 단기 아르바이트처럼 활용한다는 지적에서 비롯된 조치입니다.

56
한국표준산업분류(KSIC 9) 대분류 명칭이 아닌 것은?

① 가사서비스업
② 사업시설관리 및 사업지원 서비스업
③ 출판, 영상, 방송통신 및 정보서비스업
④ 예술, 스포츠 및 여가관련 서비스업

알찬 해설

이 문제는 한국표준산업분류(KSIC)의 개정 전 내용에 해당하므로, 해설의 내용을 간단히 살펴본 후 넘어가도록 한다. 현행 한국표준산업분류(KSIC) 제10차 개정(2017)에 따른 대분류 항목은 다음과 같다.

한국표준산업분류(KSIC-10)의 대분류

대분류	항목명	대분류	항목명
A	농업, 임업 및 어업	L	부동산업
B	광업	M	전문, 과학 및 기술 서비스업
C	제조업	N	사업시설 관리, 사업 지원 및 임대 서비스업
D	전기, 가스, 증기 및 공기조절 공급업	O	공공 행정, 국방 및 사회보장 행정
E	수도, 하수 및 폐기물 처리, 원료 재생업	P	교육 서비스업
F	건설업	Q	보건업 및 사회복지 서비스업
G	도매 및 소매업	R	예술, 스포츠 및 여가관련 서비스업
H	운수 및 창고업	S	협회 및 단체, 수리 및 기타 개인 서비스업
I	숙박 및 음식점업	T	가구 내 고용활동 및 달리 분류되지 않은 자가 소비 생산활동
J	정보통신업	U	국제 및 외국기관
K	금융 및 보험업	–	–

참고로 문제 출제 당시 정답은 ①로 발표되었다.

전문가의 한마디

한국표준산업분류(KSIC) 제9차 개정(2008)에서 대분류 J로 분류된 '출판, 영상, 방송통신 및 정보서비스업'이 제10차 개정(2017)에서 '정보통신업'으로 명칭이 변경되었습니다. 참고로 한국표준산업분류(KSIC) 제10차 개정(2017)의 대분류 명칭에서 제9차 개정(2008)과의 띄어쓰기 차이는 고려하지 않았습니다.

57

직업정보 수집을 위해 표준화 면접을 사용할 때의 장점과 가장 거리가 먼 것은?

① 비표준화 면접에 비해 타당도가 높다.
② 면접 결과의 수치화가 용이하다.
③ 정보의 비교가 용이하다.
④ 면접자의 편의(Bias)가 개입될 가능성이 적다.

만점해설

① 일반적으로 표준화 면접의 경우 자료의 신뢰도는 높지만 타당도는 낮은 반면, 비표준화 면접의 경우 자료의 타당도는 높지만 신뢰도는 낮다.

전문가의 한마디

표준화 면접은 '구조화된 면접', 비표준화 면접은 '비구조화된 면접'으로도 불립니다.

58

한국표준직업분류의 직업분류 원칙으로 틀린 것은?

① 동일하거나 유사한 직무는 어느 경우에든 같은 단위직업으로 분류되어야 한다.
② 2개 이상의 직무를 수행하는 경우는 수행되는 직무내용과 관련 분류 항목에 명시된 직무내용을 비교·평가하여 관련 직무 내용상의 상관성이 가장 많은 항목에 분류한다.
③ 수행된 직무가 상이한 수준의 훈련과 경험을 통해서 얻어지는 직무능력을 필요로 한다면, 가장 높은 수준의 직무능력을 필요로 하는 일에 분류하여야 한다.
④ 재화의 생산과 공급이 같이 이루어지는 경우는 공급단계에 관련된 업무를 우선적으로 분류한다.

알찬 해설

한국표준직업분류(KSCO)의 포괄적인 업무에 대한 직업분류 원칙

주된 직무 우선 원칙	2개 이상의 직무를 수행하는 경우는 수행되는 직무내용과 관련 분류 항목에 명시된 직무내용을 비교·평가하여 관련 직무 내용상의 상관성이 가장 많은 항목에 분류한다. 예 교육과 진료를 겸하는 의과대학 교수는 강의, 평가, 연구 등과 진료, 처치, 환자상담 등의 직무내용을 파악하여 관련 항목이 많은 분야로 분류한다.
최상급 직능수준 우선 원칙	수행된 직무가 상이한 수준의 훈련과 경험을 통해서 얻어지는 직무능력을 필요로 한다면, 가장 높은 수준의 직무능력을 필요로 하는 일에 분류하여야 한다. 예 조리와 배달의 직무비중이 같을 경우에는, 조리의 직능수준이 높으므로 조리사로 분류한다.
생산업무 우선 원칙	재화의 생산과 공급이 같이 이루어지는 경우는 생산단계에 관련된 업무를 우선적으로 분류한다. 예 한 사람이 빵을 생산하여 판매도 하는 경우에는, 판매원으로 분류하지 않고 제빵사 및 제과원으로 분류한다.

전문가의 한마디

지문 ①번의 내용은 직업분류의 일반원칙 중 '배타성의 원칙'에 해당합니다.

59

한국표준직업분류에서 '직업으로 보지 않는 활동'에 해당하지 않는 것은?

① 이자, 주식배당, 임대료(전세금, 월세금) 등과 같이 자산 수입이 있는 경우
② 연금법, 국민기초생활보장법, 국민연금법 및 고용보험법 등의 사회보장이나 민간보험에 의한 수입이 있는 경우
③ 사회복지시설 수용자의 시설 내 경제활동
④ 행정 관리 및 입법기능 수행에 따른 수입이 있는 경우

알찬 해설

직업으로 보지 않는 활동 [출처 : 한국표준직업분류(2018)]

• 이자, 주식배당, 임대료(전세금, 월세) 등과 같은 자산 수입이 있는 경우(①)
• 연금법, 국민기초생활보장법, 국민연금법 및 고용보험법 등의 사회보장이나 민간보험에 의한 수입이 있는 경우(②)
• 경마, 경륜, 경정, 복권 등에 의한 배당금이나 주식투자에 의한 시세차익이 있는 경우
• 예·적금 인출, 보험금 수취, 차용 또는 토지나 금융자산을 매각하여 수입이 있는 경우
• 자기 집의 가사 활동에 전념하는 경우
• 교육기관에 재학하며 학습에만 전념하는 경우
• 시민봉사활동 등에 의한 무급 봉사적인 일에 종사하는 경우
• 사회복지시설 수용자의 시설 내 경제활동(③)
• 수형자의 활동과 같이 법률에 의한 강제노동을 하는 경우
• 도박, 강도, 절도, 사기, 매춘, 밀수와 같은 불법적인 활동

전문가의 한마디

앞선 2020년 4회 필기시험(59번)에서는 "명확한 주기는 없으나 계속적으로 동일한 형태의 일을 하여 수입이 있는 경우"를 문제의 틀린 지문으로 제시한 바 있습니다.

60

워크넷에서 제공하는 청소년 직업인성검사(L형)의 구성요인 중 지적개방성의 세부요인이 아닌 것은?

① 상 상
② 자극추구
③ 지 성
④ 감수성

알찬해설

이 문제는 워크넷 사이트 개편 이전 내용에 해당하므로, 해설의 내용을 간단히 살펴본 후 넘어가도록 한다. 개편 전 워크넷에서는 총 23종(청소년 10종, 성인 13종)의 직업심리검사를 제공하였으나, 최근 개편에 따라 총 19종(청소년 7종, 성인 12종)의 직업심리검사를 제공하고 있다. 청소년 대상 직업심리검사의 경우 기존 '고교계열흥미검사'와 '청소년 적성검사(중학생용)'가 삭제되었고, '청소년 직업인성검사 단축형'과 '청소년 직업인성검사 전체형'이 '청소년 인성검사'로 개정 · 통합되었다. 청소년 인성검사의 구성요인별 세부요인은 다음과 같다.

구성요인	세부요인
외향성	친밀, 사회성, 리더십, 활동성, 자극추구, 긍정정서
호감성	신뢰, 정직, 이타, 협조, 겸손, 동정
성실성	유능감, 정돈, 규칙 준수, 성취지향, 자제, 신중
개방성	상상, 심미, 감수성, 경험추구, 지적호기심, 가치
정서적 불안정성	불안, 분노, 우울, 자의식, 충동, 심약

참고로 문제 출제 당시 정답은 ②로 발표되었다.

전문가의 한마디

청소년 인성검사는 중학교 1학년부터 고등학교 3학년까지를 검사대상으로 하며, 5가지 성격요인에 대해 총 30가지 하위요인을 측정합니다.

 제4과목 노동시장론

61

이윤극대화를 추구하는 경쟁기업의 단기 노동수요곡선을 이동시키는 요인은?

① 노동의 가격
② 임 금
③ 생산품의 가격
④ 노동의 수요량

알찬해설

완전경쟁기업의 단기 노동수요곡선

• 완전경쟁기업의 단기 노동수요곡선은 한계생산물가치(VMP ; Value of Marginal Product) 곡선의 일부이다.

• 노동의 한계생산물가치(VMP_L)는 노동의 한계생산량(MP_L)에 생산물가격(P)을 곱한 값이다($VMP_L = P \cdot MP_L$). 따라서 산출물의 시장가격이 변화하는 경우 한계생산물가치가 변화하고, 그 결과 노동수요곡선이 이동하게 된다.

• 예를 들어, 사과가격이 상승하면 과수원 인부들의 한계생산물가치가 상승하여 과수원 인부들의 노동에 대한 수요가 증가할 것이고(→ 노동수요곡선의 우측 이동), 반대로 사과가격이 하락하면 과수원 인부들의 한계생산물가치가 하락하여 노동에 대한 수요가 감소할 것이다(→ 노동수요곡선의 좌측 이동).

전문가의 한마디

직업상담사 2급 2014년 2회 필기시험에서 다음과 같은 문제가 출제된 바 있습니다.

> 완전경쟁기업의 단기 노동수요곡선은 다음 중 어느 곡선의 일부인가?
> ① 평균수입(AR) 곡선
> ② 한계수입(MR) 곡선
> ③ 평균수입생산물(ARP) 곡선
> ④ 한계생산물가치(VMP) 곡선
>
> 정답 : ④

62

다음 (　　)에 알맞은 것은?

> 헤도닉 임금함수(Hedonic Wage Function)의 기울기는 개인의 (　　)와(과) 동일함을 알 수 있다.

① 선호 또는 소망
② 수 요
③ 공 급
④ 보상요구임금

알찬 해설

헤도닉 임금함수(Hedonic Wage Function)

- 헤도닉 임금함수는 노동자에게 지급되는 임금과 일자리 특성 간의 관계를 요약한 것이다.
- 예를 들어, 산재위험을 기피하는 노동자는 안전한 작업환경을 제공하되 낮은 임금을 제시하는 기업과 성공적인 매칭이 이루어지는 반면, 산재위험을 개의치 않는 노동자는 위험한 작업환경을 제공하되 높은 임금을 제시하는 기업과 성공적인 매칭이 이루어진다.
- 헤도닉 임금함수는 산업안전과 임금 간에 부(−)의 관계로, 산업재해와 임금 간에 정(+)의 관계로 표시할 수 있다. 즉, 노동시장에서 산업안전 수준이 높아질수록 산업안전에 대해 지불하려는 가격이 낮아지는 반면, 산재위험 수준이 높아질수록 산재위험의 고통에 대한 노동자의 보상요구임금이 점점 커지는 경향이 있다.

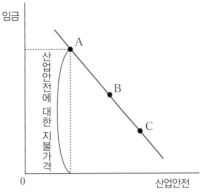

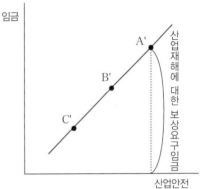

헤도닉 임금의 결정

전문가의 한마디

헤도닉 임금은 고통스럽고 불유쾌한 직업(예 산재위험 수준이 높은 직업)에 대한 근로자의 보상요구를 반영한 임금 또는 편하고 쾌적한 직업(예 산업안전 수준이 높은 직업)에 대한 근로자의 대가 지불 의사를 반영한 임금을 말합니다. 이러한 헤도닉 임금이론은 보상적 임금격차와 밀접하게 연관됩니다.

63

경영참가제도의 긍정적인 역할에 대한 설명으로 틀린 것은?

① 대결이 아닌 협의를 통해 노사문제를 해결함으로써 노사 상호신뢰를 증대시킬 수 있다.
② 노동조합이나 근로자에 대한 사용자의 이해를 높일 수 있다.
③ 기업과 경영에 관한 근로자의 이해를 높일 수 있다.
④ 경영에 재능이 있는 근로자나 노조지도자가 회사의 경영자로 선임되는 경력통로가 된다.

경영참가제도의 긍정적인 역할(Mills)
• 첫째, 노사 간의 상호신뢰를 증진한다.
• 둘째, 노동조합이나 근로자에 대한 사용자의 이해를 증진한다.
• 셋째, 기업과 기업경영에 대한 근로자의 이해를 높인다.

전문가의 한마디

이 문제는 앞선 2019년 4회 필기시험(68번)에 출제된 바 있습니다.

64

효율성임금이론에 관한 설명으로 틀린 것은?

① 노동자에게 고임금을 지불하여 생산성을 높이는 임금정책이다.
② 근로자의 도덕적 해이를 방지할 수 있는 임금정책이다.
③ 대기업에서는 가능하나 중소기업에서는 실행할 수 없는 임금정책이다.
④ 노동의 초과공급 상태에서도 실행하는 임금정책이다.

효율임금과 이중노동시장
• 일반적으로 효율임금정책은 고부가가치 · 고성장 기업들이 기업의 높은 성과를 위해 채택하는 경우가 많다.
• 1차 노동시장으로서 대기업은 근로자들의 산출물을 관측하기 어렵고 근로자들을 감시하는 데 비용이 많이 소요되므로, 근로자들로부터 적정수준의 노력을 이끌어내기 위한 보상제도로 효율임금을 채택할 가능성이 높다.
• 2차 노동시장으로서 중소기업은 근로자들이 반복적이고 단순한 작업을 수행하는 경우가 많고 중소기업 특성상 근로자들에 대한 감독과 생산성에 대한 감시가 용이하므로 태만을 막기 위해 시장임금보다 높은 임금을 지불할 필요가 없다.
• 다만, 기업의 노동통제 필요성에 따른 임금정책은 기업의 규모 외에도 직종의 성격, 숙련수준, 산업의 기술적 특성, 생산방식 등 노동환경의 다양한 변수들에 따라 달라질 수 있다.

전문가의 한마디

중소기업에서 효율임금을 실행하는 것이 완전히 불가능한 것은 아닙니다. 예를 들어, 기술집약형 중소기업에서는 기업특수적 숙련의 성격에 따라 고임금이 지급되기도 합니다.

65

여성의 경제활동참가를 결정하는 요인에 관한 설명으로 틀린 것은?

① 여타 조건이 일정불변일 때 시간의 경과에 따라 시장임금(실질임금의 의미)이 증가할수록 여성의 경제활동참가율은 높아진다.
② 여타 조건이 일정불변일 때 보상요구임금이 높을수록 여성의 경제활동참가율은 높아진다.
③ 가계생산의 기술이 향상될수록 여성의 경제활동참가율은 높아진다.
④ 탁아시설의 미비는 여성의 보상요구임금 수준을 높여 기혼여성의 경제활동참가율을 낮추게 된다.

만점해설

② 여타 조건이 일정불변일 때 보상요구임금이 높을수록 여성의 경제활동참가율은 낮아진다.

기혼여성의 경제활동참가율을 높이는 요인

• 법적 · 제도적 장치의 확충(육아 및 유아교육시설의 증설)
• 시장임금의 상승
• 남편 소득의 감소(배우자의 실질임금 감소)
• 자녀수의 감소(출산율 저하)
• 가계생산기술의 향상(노동절약적 가계생산기술의 향상)
• 고용시장의 유연화(시간제근무자 또는 단시간근무자에 대한 기업의 수요 증가)
• 여성의 높은 교육수준

전문가의 한마디

개인의 보상요구임금은 경제활동참가의 결정요인이기도 합니다. 즉, 시장임금이 개인의 보상요구임금보다 크면 경제활동에 참가하는 비중이 높아지는 반면, 개인의 보상요구임금보다 작으면 경제활동에 참가하는 비중은 작아집니다.

66

다음과 같은 인구와 노동력 구성을 가진 나라의 경제활동참가율(ㄱ)과 실업률(ㄴ)은? (단, 소수점 2째 자리에서 반올림)

	[단위 : 만명]
• 총인구 4,700	• 남자 2,370
• 여자 2,330	• 군복무자 65
• 생산가능인구 3,500	• 취업자 2,300
• 비경제활동인구 1,100	

① ㄱ : 60.7%   ㄴ : 4.8%
② ㄱ : 68.6%   ㄴ : 4.8%
③ ㄱ : 68.6%   ㄴ : 4.2%
④ ㄱ : 60.7%   ㄴ : 4.2%

알찬해설

경제활동참가율과 실업률

• 경제활동참가율은 다음의 공식으로 나타낼 수 있다.

$$경제활동참가율(\%) = \frac{경제활동인구\ 수}{15세\ 이상\ 인구\ 수} \times 100$$

15세 이상 인구는 생산가능인구를 의미하며, 경제활동인구 수는 15세 이상 인구 수(생산가능인구 수)에서 비경제활동인구 수를 뺀 수치이다. 이를 위의 공식에 대입하면,

$$경제활동참가율(\%) = \frac{3,500(만명) - 1,100(만명)}{3,500(만명)} \times 100$$

$$= \frac{2,400(만명)}{3,500(만명)} \times 100$$

$$\fallingdotseq 68.57142 \cdots (\%)$$

∴ 약 68.6%(소수점 2째 자리에서 반올림)

• 실업률은 다음의 공식으로 나타낼 수 있다.

$$실업률(\%) = \frac{실업자\ 수}{경제활동인구\ 수} \times 100$$

앞서 경제활동인구 수는 2,400만명이었으며, 실업자 수는 경제활동인구 수에서 취업자 수를 뺀 수치이다. 이를 위의 공식에 대입하면,

$$실업률(\%) = \frac{2,400(명) - 2,300(명)}{2,400(명)} \times 100$$

$$= \frac{100(만명)}{2,400(만명)} \times 100 ≒ 4.16666 \cdots (\%)$$

∴ 약 4.2%(소수점 2째 자리에서 반올림)

전문가의 한마디

문제의 보기에서 취업자는 생산가능인구 수에 포함되지만, 비경제활동인구 수에는 포함되지 않습니다.

67

필립스 곡선이 이동하는 요인과 가장 거리가 먼 것은?

① 기대인플레이션의 증가
② 노동인구 구성비율의 변화
③ 부문 간 실업률 격차 심화
④ 실업률의 증가

알찬해설

필립스 곡선이 이동하는 요인

· 기대인플레이션의 증가(예상인플레이션율의 상승) : 노사 양측이 높은 인플레이션율을 예상하여 임금상승폭을 정하게 되고, 임금협상을 주기적으로 행하게 되는 경우, 동일한 노동력의 수급사정, 즉 동일한 실업률하에서도 보다 높은 물가상승률이 대응하게 되는 경제로 나아가게 된다.

· 노동인구 구성비율의 변화(노동력의 연령 및 성별 구성의 변화) : 청소년이나 여성근로자의 비중이 증가할 때 동일한 인플레이션율 또는 동일한 정도의 경기부양대책에 대응되는 실업률은 그렇지 않았던 때보다 더욱 높아지게 되며, 그로 인해 필립스 곡선이 원점에서 멀어지게 된다.

· 부문 간 실업률 격차 심화(노동시장의 분단화) : 국민경제 내에는 각 부문별 또는 근로자 속성별로 분단되어 있는 다수의 노동시장이 존재하는데, 서로 다른 노동시장에서의 실업률의 차이가 크면 클수록 필립스 곡선은 원점에서 멀어지게 된다.

전문가의 한마디

이 문제는 앞선 2020년 4회 필기시험(79번)에 출제된 바 있습니다.

68

다음 중 부가급여 항목과 가장 거리가 먼 것은?

① 작업용 피복 지급
② 의료비 지원
③ 유급병가
④ 초과근로수당

만점해설

④ 초과근로수당(초과근무수당)은 경상화폐임금으로서 변동적 임금에 해당한다.

부가급여의 종류

· 퇴직금 및 퇴직연금의 사업주 적립금
· 각종 사회보험료의 사업주 부담금(의료보험, 실업보험 등)
· 유급휴가(연차휴가, 출산전후 휴가 등) 및 유급휴일(정규 국경일 등)
· 회사부담의 교육훈련비
· 그 밖의 복리후생시설, 사택 제공, 차량 제공, 사내복지기금, 학자금 보조, 주택자금 저리융자 등

전문가의 한마디

부가급여와 관련하여 2019년 4회 필기시험(69번)에서는 근로자가 부가급여를 선호하는 이유에 관한 문제가, 2018년 4회 필기시험(68번)에서는 사용자가 부가급여를 선호하는 이유에 관한 문제가 출제된 바 있습니다.

69

노동조합이 비노조부문의 임금에 미치는 영향에 관한 옳은 설명을 모두 고른 것은?

> ㄱ. 노조부문에서 해고된 노동자들이 비노조부문으로 이동하여 비노조부문의 임금을 하락시킨다.
> ㄴ. 비노조부문의 노동자들이 노동조합 결성을 사측에 위협함으로써 임금을 인상시켜 노조부문과의 임금격차를 줄인다.
> ㄷ. 비노조부문으로부터 유입되어온 노동자들이 노조부문에 대기상태로 있는 동안, 비노조부문의 임금이 상승한다.

① ㄱ
② ㄱ, ㄴ
③ ㄴ, ㄷ
④ ㄱ, ㄴ, ㄷ

만점해설

ㄱ. 노동조합이 노동공급을 제한함으로써 노동조합 조직부문(노조부문)에서의 상대적 노동수요가 감소하고, 그 결과 실업노동자들이 비조직부문(비노조부문)으로 내몰려 비조직부문의 임금을 하락시키게 되는 것을 노동조합의 '파급효과 또는 이전효과(Spillover Effect)'라고 한다.

ㄴ. 비조직부문의 기업주들이 노동조합이 결성될 것을 두려워하여 미리 임금을 올려주는 것을 노동조합의 '위협효과(Threat Effect)'라고 한다.

ㄷ. 조직부문과 비조직부문 간 임금격차가 클 경우 노조의 조직화에 따라 상대적으로 높은 임금을 지불하는 조직부문에 취업하기를 희망함으로써 비조직기업을 사직하고 조직기업으로 재취업하기 위해 기다리는 것을 '대기실업효과(Wait Unemployment Effect)'라고 한다.

전문가의 한마디

파급효과(이전효과)는 노동조합 조직부문과 비조직부문 간의 임금격차를 확대하는 경향이 있는 반면, 위협효과와 대기실업효과는 노동조합 조직부문과 비조직부문 간의 임금격차를 축소하는 경향이 있습니다.

70

어떤 직업이 다른 직업에 비하여 노동강도가 심하거나 열악한 환경에서 작업해야 하는 경우 더 높은 임금을 지급하기 때문에 임금격차가 발생한다고 보는 이론은?

① 생산성 격차설
② 보상 격차설
③ 노동시장 분단설
④ 노동조합 효과설

알찬해설

임금의 보상 격차설

• 어떤 직업이 다른 직업에 비하여 노동강도가 심하거나 열악한 환경에서 작업을 해야 하는 경우, 이들에 대한 적절한 노동공급을 확보하기 위하여 다른 직업의 경우보다 높은 임금을 지불하여야 한다고 주장한다.

• 스미스(Smith)는 노동조건의 차이, 소득안정성의 차이, 직업훈련비용의 차이 등 각종 직업상의 비금전적 불이익을 견딜 수 있기에 필요한 정도의 임금프리미엄을 '균등화 임금격차(Equalizing Wage Differentials)'라고 하였는데, 이는 곧 '보상적 임금격차(Compensating Wage Differentials)'에 해당한다.

전문가의 한마디

스미스(Smith)는 경쟁조건하에서 직종 간에 자유로운 노동이동을 통해 이루어지는 것은 단지 화폐적(금전적) 이익의 균등화가 아닌 금전적·비금전적 이익을 합친 순이익의 균등화임을 강조하였습니다.

71

노사 양측이 단체교섭을 임할 때 최종적으로 수락할 용의가 있는 자신의 조건과 교섭 과정에서 겉으로 제안하는 조건 간의 차이가 있다는 점을 주목하는 단체교섭이론은?

① 힉스(Hicks) 이론
② 카터-챔벌린(Carter-Chamberlin) 이론
③ 매브리(Mabry) 이론
④ 카츠(Katz) 이론

만점해설

③ 매브리(Mabry)의 이론은 노사 양측이 단체교섭에 임할 때 각자 최종수락조건과 형식적 요구조건이 있다고 본다. 특히 노조의 최종수락조건이 사용자의 최종수락조건보다 클 때 파업이 발생할 가능성이 상대적으로 높다고 주장한다.

① 힉스(Hicks)의 이론은 노사 양측이 수락하는 임금수준은 그 임금수준에 도달시키기까지 필요한 파업기간의 함수로 본다. 사용자들은 파업기간이 길어짐에 따라 점차 높은 임금을 지불하는 방향으로 양보할 수밖에 없으며, 노동조합은 파업이 진행됨에 따라 많은 손실, 즉 비용이 발생하므로 자신의 요구임금률 수준을 낮출 수밖에 없다고 주장한다.

② 카터-챔벌린(Carter-Chamberlin)의 이론은 단체교섭에서 임금 등이 결정되는 과정을 교섭력(Bargaining Power)의 개념으로 설명한다. 특히 노조의 요구를 거부할 때 발생하는 사용자의 비용이 노조의 요구를 수용할 때 발생하는 사용자의 비용보다 클 때 노조의 교섭력이 커진다고 주장한다.

④ 카츠(Katz)의 이론은 환경적 압력과 구조적 조건들이 노사관계 시스템을 결정하는 것은 아니며, 노·사·정의 전략적 선택과 재량이 노사관계 시스템의 구조와 경로에 영향을 미친다고 주장한다.

전문가의 한마디

매브리(Mabry)는 노사 양측이 단체교섭에 임할 때 각자 최종수락조건과 형식적 요구조건이 있다고 보았습니다. 그런데 노조는 실제 최종적으로 타결되기를 바라는 수락용의조건을 드러내지 않은 채 사용자 측에게 형식적 요구조건을 제시하게 되며, 마찬가지로 사용자 측도 자신들의 수락용의조건을 감춘 채 형식적 요구조건을 제시하게 됩니다. 이때 노조와 사용자 측의 수락용의조건이 서로 일치하게 된다면 상대적으로 교섭이 빠른 시간 내에 타결되겠지만, 만약 어느 한쪽의 수락용의조건이 비대칭적으로 크다면 교섭은 더디게 진행될 겁니다.

72

다음 중 실업에 관한 설명으로 틀린 것은?

① 수요부족실업의 가장 전형적인 것은 경기적 실업이다.
② 취업에 관한 정보제공을 포함한 노동시장 기능이 효과적일수록 마찰적 실업은 감소한다.
③ 공석과 실업이 공존하더라도 구인처에서 요구하는 기술 수준을 갖춘 근로자가 없거나 노동자의 지역 간의 이동이 불완전할 경우 구조적 실업이 발생된다.
④ 실망노동자가설에 의하면 실업이 증가함에 따라 가구원들의 노동시장 참가율은 증가하게 된다.

만점해설

④ 경제가 불황에 놓여 실업률이 상승할 때 가구주의 배우자나 자녀와 같은 추가적인 노동자가 노동시장에 공급되어 노동시장 참가율을 증가시키는 한편, 그와 같은 2차적 노동력의 구직활동으로 인해 실업률이 증가하게 된다고 주장한 것은 부가노동자가설(Added Worker Theory)에 해당한다.

전문가의 한마디

경기 불황으로 구직활동을 포기하는 사람들이 증가할수록 실망노동자효과(Discouraged Worker Effect)로 인해 실업률은 감소하게 됩니다. 이와 관련된 문제가 2019년 4회 필기시험(77번)에 출제된 바 있습니다.

73

일급제나 이익분배제 등의 결함을 시정하기 위해 시간급임금과 생산고임금을 절충한 임금형태는?

① 토웬제(Towen's Gain-sharing Plan)
② 로완제(Rowan Premium Plan)
③ 테일러제(Taylor's Scientific System)
④ 할시제(Halsey Premium Plan)

알찬해설

할시제 혹은 할시 할증급제(Halsey Plan)

- 일급제나 이익분배제 등의 결함을 시정하기 위해 시간급임금과 생산고임금을 절충한 방식이다.
- 과거의 경험을 통해 정한 표준작업시간보다 시간을 단축하여 작업을 완수하는 경우 절약된 시간만큼 시간당 일정비율의 임률(賃率)을 적용하여 임금을 추가로 지급한다.
- 빠른 작업완수에 따라 절약된 직접비용의 일정비율은 회사에게 배분하며, 나머지 일정비율(예 1/2 또는 1/3)은 종업원에게 배분하게 된다.

전문가의 한마디

로완제는 할시제와 원리는 같지만 할증의 산정방법이 다릅니다(→ 2019년 4회 64번 참조). 로완제에서 종업원의 시간당 임률이 5,000원이고 특정 작업의 표준작업시간이 10시간인데, 그 종업원이 작업을 7시간 만에 완수하여 3시간이 절약됐다면,

- 기본급 : 5,000(원)×7시간 = 35,000(원)
- 할증급 : 5,000(원)×[10시간-7시간]×$\frac{7시간}{10시간}$
  = 10,500(원)

이와 같이 종업원은 총 45,500원의 임금을 받게 되고, 이를 시간당 임금으로 환산하면 6,500원(45,500/7)이 됩니다. 참고로 로완제는 할시제보다 높은 할증급을 주다가 작업능률이 일정 한도 이상 증대되면 체감하도록 고안되었습니다.

74

블루네스(Brunhes)의 노동시장 유연화의 개념 중 내부적·수량적 유연성에 속하지 않는 것은?

① 고용형태의 다양화
② 탄력적 근로시간제
③ 연장근로 규제완화
④ 일시휴업이나 휴일대체

만점해설

① 외부적·수량적 유연성에 해당한다.

노동시장 유연성(Labor Market Flexibility)의 종류

외부적·수량적 유연성	인력의 수적 감소 및 고용형태의 다양화를 통해 수량적 유연성을 도모한다. 예 신규채용 축소, 명예퇴직·희망퇴직, 유연한 정리해고절차 등 근로자 수의 조정, 계약근로·재택근로·파트타임 등 고용형태의 다양화
내부적·수량적 유연성	근로자 수의 조정 없이 고용을 유지하되 작업을 공유하거나 근로시간을 조절한다. 예 변형근로시간제, 탄력적 근로시간제, 변형근무일제, 교대근무제 등에 의한 직무공유(Job Sharing), 일시휴업(휴직) 또는 재고용 보장의 일시해고 등
작업의 외부화	근로자의 권리를 우선시하는 노동법상의 고용계약 대신 쌍방의 동등한 권리를 강조하는 계약의 형태로 대체하는 것이다. 예 하청(Subcontracting), 외주(Outsourcing), 인재파견회사 혹은 용역업체로부터 파견근로자의 사용 및 자영업자의 사용 등
기능적 유연성	• 다기능공화, 배치전환, 작업장 간 노동이동 등을 통해 생산과정 변화에 대한 근로자의 적응력을 높이는 것이다. • 기능적 유연성은 근로자에 대한 기업의 지속적인 사내직업훈련 또는 위탁교육 등의 교육훈련에 의해 달성될 수 있다.
임금 유연성	• 임금구조를 개인 혹은 집단(팀)의 능력 및 성과와 연계하여 결정하는 임금체계 및 임금형태로 전환하는 것이다. • 기존의 연공급이나 직무급에 의해 결정되던 임금구조를 개인 또는 집단의 능력이나 성과에 따라 지불하는 성과급제나 연봉제로 전환한다.

전문가의 한마디

'노동시장의 유연성'이란 일반적으로 외부환경 변화에 인적자원이 신속하고 효율적으로 재배분되는 노동시장의 능력을 지칭합니다. 즉, 노동시장 환경 변화 시 고용, 임금, 근로시간 등을 신속하게 변화시켜 새로운 환경에 적응하는 능력을 말합니다.

75

총수요의 부족에서 나타난 경기적 실업의 원인과 가장 거리가 먼 것은?

① 기업의 투자 위축
② 가계소비 성향의 감소
③ 낮은 이자율
④ 화폐보유 성향의 증대

알찬 해설

총수요 부족에 따른 경기적 실업의 원인

• 기업의 투자 위축 : 기업은 장래가 불안정하고 장래예상수익률이 낮다고 판단할 때 투자지출을 크게 줄이게 되는데, 그로 인해 총수요가 감소하게 된다.
• 가계소비 성향의 감소 : 소비자는 경기침체를 예상하여 소비를 억제하고 저축을 증가시킴으로써 불안한 장래에 대비하게 되는데, 그로 인해 총수요가 감소하게 된다.
• 화폐보유 성향의 증대 : 재산소유자들은 경기침체나 물가하락 등 장래가 불안정하다고 판단할 때 자신들이 보유한 채권과 주식을 현금으로 대체하려는 양상을 보이게 되는데, 이는 이자율을 상승시키고 기업의 자금조달을 어렵게 함으로써 기업의 투자를 더욱 위축시킨다.

전문가의 한마디

이 문제는 앞선 2020년 4회 필기시험(78번)에 출제된 바 있습니다.

76

후방굴절형 노동공급곡선의 후방굴절 구간에 대한 설명으로 옳은 것은?

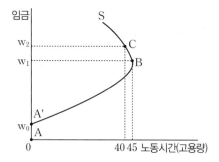

① 임금 상승으로 인한 소득효과가 대체효과보다 크다.
② 임금 상승으로 인한 소득효과가 대체효과보다 작다.
③ 임금 상승으로 인한 노동시간의 증가효과가 여가의 증가효과보다 더 크다.
④ 임금 상승으로 인한 노동시간의 증가효과가 여가의 소득효과보다 더 크다.

알찬 해설

대체효과와 소득효과에 따른 노동공급곡선의 변화

• 대체효과는 임금 상승에 따라 근로자가 여가시간을 줄이는 동시에 노동시간을 늘리는 것인 반면, 소득효과는 임금 상승에 따라 근로자가 노동시간을 줄이는 동시에 여가시간과 소비재 구입을 늘리는 것이다.
• 대체효과가 소득효과보다 클 경우 임금의 상승은 노동공급의 증가를 유발하며, 그에 따라 노동공급곡선이 우상향하는 양상을 보이게 된다. 그러나 소득효과가 대체효과보다 클 경우 임금의 상승은 노동공급의 감소를 유발하며, 그에 따라 노동공급곡선이 후방굴절하는 양상을 보이게 된다.

전문가의 한마디

후방굴절형 노동공급곡선은 임금 변화의 대체효과가 소득효과보다 클 때 임금과 노동시간 사이에 정(+)의 관계가, 소득효과가 대체효과보다 클 때 임금과 노동시간 사이에 부(−)의 관계가 성립된다는 이론적 추론을 가능하게 합니다.

77

기업별 노동조합의 장점이 아닌 것은?

① 조합 구성이 용이하다.
② 단체교섭의 타결이 용이하다.
③ 노동시장 분단을 완화시킬 수 있다.
④ 조합원 간의 친밀감이 높고 강한 연대감을 가질 수 있다.

만점해설

③ 기업별 노동조합은 중소기업 업체보다 시장지배력을 가지는 독과점 대기업에서 쉽게 찾을 수 있는 유형으로, 기업을 초월한 조합원들의 협조가 미약하며, 동일 직종에 속하더라도 기업 간의 근로조건 및 임금수준에 있어서 현저한 격차를 유발한다. 바로 이와 같은 격차가 노동시장의 분단을 초래한다.

전문가의 한마디

기업별 노동조합은 산업별 노동조합에 비해 개별 기업의 사정을 반영한 단체교섭이 이루어질 수 있으므로 단체협약의 체결이 상대적으로 용이합니다.

78

노동이동에 대한 제약이 없고 직종 간 임금격차가 존재하지 않음에도 불구하고 산업별 임금격차가 발생할 수 있는 이유가 아닌 것은?

① 산업 간 생산성 차이
② 노동조합의 존재
③ 산업 간 혹은 산업 내 이중구조가 심화
④ 지역 간 직종별 노동력 구성의 차이

알찬해설

산업별 임금격차의 발생원인

• 산업 간 노동생산성의 차이 : 노동수요 측면에서 다른 사정이 동일하다는 가정하에 일반적으로 노동생산성이 높은 산업의 경우 임금수준 또한 높은 수준을 나타내 보인다.
• 노동조합의 존재 : 노동조합이 광범위하게 조직되어 있는 산업이나 노동조합의 교섭력이 상대적으로 강한 산업의 경우 그렇지 못한 산업에 비해 높은 임금수준을 나타내 보인다.
• 산업별 집중도의 차이 : 강력한 독과점력을 보유한 산업의 경우 그로부터 얻게 되는 독과점이윤의 일부를 임금으로 지급할 수 있는 여력을 가지게 됨으로써, 보다 우수한 인재를 채용하는 동시에 이들에게 높은 임금을 지불할 수 있다.
• 산업 간 혹은 산업 내 이중구조의 심화 : 산업 간 혹은 산업 내부적으로 이중구조가 심화되어 있는 곳에서는 산업 간의 임금격차가 매우 클 것으로 예상할 수 있다.

전문가의 한마디

산업별 임금격차의 안정성을 검증하기 위해서는 보통 순위상관계수(Rank Correlation Coefficient)를 사용합니다. 이는 비교하고자 하는 두 시점에 있어서 각 산업 간 평균임금의 순위를 정하고 그 상관계수를 계산하는 방식입니다.

79

다음 표에서 주어진 변수들을 이용하여 총실업자 수를 구하면?

구 분	남 자	여 자
15세 이상 인구(명)	M	F
경제활동참가율(%)	a	b
실업률(%)	c	d

① $\dfrac{Ma+Fb}{100}$

② $\dfrac{Mc+Fd}{100}$

③ $\dfrac{M(a+c)+F(b+d)}{10000}$

④ $\dfrac{Mac+Fbd}{10000}$

알찬 해설

경제활동인구 수와 실업자 수

경제활동참가율과 실업률은 다음의 공식으로 나타낼 수 있다.

$$경제활동참가율(\%) = \frac{경제활동인구\ 수}{15세\ 이상\ 인구\ 수} \times 100$$

$$실업률(\%) = \frac{실업자\ 수}{경제활동인구\ 수} \times 100$$

위의 공식은 다음과 같이 경제활동인구 수와 실업자 수의 공식으로 변형할 수 있다.

$$경제활동인구\ 수 = \frac{15세\ 이상\ 인구\ 수 \times 경제활동참가율(\%)}{100}$$

$$실업자\ 수 = \frac{경제활동인구\ 수 \times 실업률(\%)}{100}$$

보기의 표에 주어진 변수를 경제활동인구 수 공식에 대입하면, 남자와 여자의 경제활동인구 수는 다음과 같이 나타낼 수 있다.

- 남자 경제활동인구 수 $= \dfrac{Ma}{100}$

- 여자 경제활동인구 수 $= \dfrac{Fb}{100}$

남자와 여자의 경제활동인구 수를 실업자 수 공식에 대입하면, 남자와 여자의 실업자 수는 다음과 같이 나타낼 수 있다.

- 남자 실업자 수 $= \dfrac{\frac{Mac}{100}}{\frac{100}{1}} = \dfrac{Mac}{10,000}$

- 여자 실업자 수 $= \dfrac{\frac{Fbd}{100}}{\frac{100}{1}} = \dfrac{Fbd}{10,000}$ 이다.

따라서 남자 실업자 수와 여자 실업자 수를 합한 총실업자 수는 $\dfrac{Mac+Fbd}{10,000}$ 이다.

전문가의 한마디

이 문제는 관련 공식을 정확히 알고 있어야 풀 수 있는 고난이도 문제에 해당합니다. 특히 남자와 여자의 각 변수들을 서로 구분하여 제시하고 있으므로, 이를 각각 풀이하도록 합니다.

80
다음 중 집단성과급제의 형태가 아닌 것은?

① 맨체스터 플랜(Manchester Plan)
② 스캔론 플랜(Scanlon Plan)
③ 임프로쉐어 플랜(Improshare Plan)
④ 럭커 플랜(Rucker Plan)

알찬 해설

집단성과급제(집단성과배분제)의 주요 형태

스캔론 플랜 (Scanlon Plan)	판매금액에 대한 인건비의 비율을 일정하게 정해놓고 판매금액이 증가하거나 인건비가 절약되었을 때의 차액을 상여금의 형태로 지급하는 방식이다.
럭커 플랜 (Rucker Plan)	스캔론 플랜과 달리 기업이 창출한 생산(부가)가치에서 인건비가 차지하는 비율이 성과배분의 기준이 된다.
임프로쉐어 플랜 (Improshare Plan)	기업의 회계처리방식에 의존하여 성과를 계산하지 않고 산업공학의 기법을 사용하여 조직의 효율성을 보다 직접적으로 측정하는 방식이다.
커스토마이즈드 플랜 (Customized Plan)	각 기업의 환경과 상황에 맞추어서 제도를 수정하여 적용하는 방식으로, 노동비용이나 생산비용, 생산성 외에 품질향상, 소비자 만족도 등을 새로운 성과측정의 지표로 사용하기도 한다.

전문가의 한마디

이 문제는 앞선 2019년 4회 필기시험(76번)에 출제된 바 있습니다.

81
고용상 연령차별금지 및 고령자고용촉진에 관한 법령상 사업의 종류에 따른 고령자 기준고용률이 틀린 것은?

① 제조업 – 그 사업장의 상시근로자 수의 100분의 2
② 운수업 – 그 사업장의 상시근로자 수의 100분의 6
③ 도소매업 – 그 사업장의 상시근로자 수의 100분의 3
④ 부동산 및 임대업 – 그 사업장의 상시근로자 수의 100분의 5

알찬 해설

고령자 기준고용률(고용상 연령차별금지 및 고령자고용촉진에 관한 법률 시행령 제3조 참조)
• 제조업 : 그 사업장의 상시근로자 수의 100분의 2
• 운수업, 부동산 및 임대업 : 그 사업장의 상시근로자 수의 100분의 6
• 그 외의 산업 : 그 사업장의 상시근로자 수의 100분의 3

전문가의 한마디

이와 유사한 문제가 앞선 2020년 4회 필기시험(90번)에 출제된 바 있습니다.

82

고용정책기본법상 고용정책심의회의 심의사항이 아닌 것은?

① 인력의 공급구조와 산업구조의 변화 등에 따른 고용 및 실업대책에 관한 사항
② 장애인의 고용촉진 및 직업재활을 위한 기본계획의 수립에 관한 사항
③ 고용정책 추진실적의 평가에 관한 사항
④ 근로자의 산업안전과 재해예방을 위한 주요 시책에 관한 사항

알찬 해설

고용정책심의회의 심의사항(고용정책기본법 제10조 제2항 및 시행령 제2조 참조)

• 국가 시책 및 고용정책 기본계획의 수립에 관한 사항
• 인력의 공급구조와 산업구조의 변화 등에 따른 고용 및 실업대책에 관한 사항(①)
• 고용영향평가 대상의 선정, 평가방법 등에 관한 사항
• 재정지원 일자리사업의 효율화에 관한 사항
• 「사회적기업육성법」에 따른 다음의 사항
 − 사회적기업육성기본계획
 − 사회적기업 인증에 관한 사항
 − 사회적기업육성기본계획에 따른 연도별 시행계획에 관한 사항
 − 지원업무 위탁에 관한 사항
• 「남녀고용평등과 일 · 가정 양립 지원에 관한 법률」에 따른 다음의 사항
 − 여성 근로자 고용기준에 관한 사항
 − 적극적 고용개선조치 시행계획의 심사에 관한 사항
 − 적극적 고용개선조치 이행실적의 평가에 관한 사항
 − 적극적 고용개선조치 우수기업의 표창 및 지원에 관한 사항
 − 적극적 고용개선조치 미이행 사업주 명단 공표 여부에 관한 사항
 − 그 밖에 적극적 고용개선조치에 관하여 고용정책심의회의 위원장이 회의에 부치는 사항
• 「장애인고용촉진 및 직업재활법」에 따른 다음의 사항
 − 장애인의 고용촉진 및 직업재활을 위한 기본계획의 수립에 관한 사항(②)
 − 그 밖에 장애인의 고용촉진 및 직업재활에 관하여 위원장이 회의에 부치는 사항
• 「근로복지기본법」에 따른 다음의 사항
 − 근로복지증진에 관한 기본계획
 − 근로복지사업에 드는 재원 조성에 관한 사항
 − 그 밖에 고용정책심의회 위원장이 근로복지정책에 관하여 회의에 부치는 사항
• 관계 중앙행정기관의 장이 고용과 관련하여 심의를 요청하는 사항
• 그 밖에 다른 법령에서 고용정책심의회의 심의를 거치도록 한 사항 및 대통령령으로 정하는 다음의 사항
 − 고용정책 추진실적의 평가에 관한 사항(③)
 − 「고용정책기본법 시행령」에서 고용정책심의회의 심의를 거치도록 한 사항
 − 그 밖에 고용노동부장관이 필요하다고 인정하여 심의에 부치는 사항

전문가의 한마디

고용정책심의회의 심의사항과 고용정책 기본계획에 포함되어야 하는 사항을 혼동하지 마세요. 이와 관련하여 2019년 4회 94번 문제를 살펴보시기 바랍니다.

83

파견근로자 보호 등에 관한 법령상 근로자파견계약 체결 시 명시하여야 할 사항을 모두 고른 것은?

> ㄱ. 파견근로자의 수
> ㄴ. 파견근로자가 종사할 업무의 내용
> ㄷ. 시업 및 종업의 시각과 휴게시간에 관한 사항
> ㄹ. 근로자파견기간 및 파견근로 개시일에 관한 사항
> ㅁ. 연장 · 야간 · 휴일근로에 관한 사항
> ㅂ. 사용사업관리책임자의 성명 · 소속 및 직위

① ㄱ, ㄴ, ㄹ
② ㄷ, ㅁ, ㅂ
③ ㄱ, ㄴ, ㄷ, ㄹ, ㅁ
④ ㄱ, ㄴ, ㄷ, ㄹ, ㅁ, ㅂ

알찬 해설

근로자파견계약 체결 시 명시하여야 할 사항(파견근로자 보호 등에 관한 법률 제20조 제1항 및 시행규칙 제11조 제2항 참조)

- 파견근로자의 수(ㄱ)
- 파견근로자가 종사할 업무의 내용(ㄴ)
- 파견 사유(출산 · 질병 · 부상 등으로 결원이 생긴 경우 또는 일시적 · 간헐적으로 인력을 확보하여야 할 필요가 있는 경우만 해당)
- 파견근로자가 파견되어 근로할 사업장의 명칭 및 소재지, 그 밖에 파견근로자의 근로 장소
- 파견근로 중인 파견근로자를 직접 지휘 · 명령할 사람에 관한 사항
- 근로자파견기간 및 파견근로 시작일에 관한 사항(ㄹ)
- 업무 시작 및 업무 종료의 시각과 휴게시간에 관한 사항(ㄷ)
- 휴일 · 휴가에 관한 사항
- 연장 · 야간 · 휴일근로에 관한 사항(ㅁ)
- 안전 및 보건에 관한 사항
- 근로자파견의 대가
- 파견사업관리책임자 및 사용사업관리책임자의 성명 · 소속 및 직위(ㅂ)

전문가의 한마디

근로자파견계약의 당사자는 근로자파견계약을 체결하는 때에는 각 파견근로자별로 계약서를 작성하되, 근로자파견계약의 내용이 같은 경우에는 하나의 계약서로 작성할 수 있습니다(시행규칙 제11조 제1항).

84

장애인고용촉진 및 직업재활법상 장애인 고용 의무 및 부담금에 관한 설명으로 틀린 것은?

① 2019년 이후 국가 및 지방자치단체의 장은 장애인을 소속 공무원 정원의 1천분의 34 이상 고용하여야 한다.
② 의무고용률은 전체 인구 중 장애인의 비율, 전체 근로자 총수에 대한 장애인 근로자의 비율, 장애인 실업자 수 등을 고려하여 3년마다 정한다.
③ 고용노동부장관은 장애인 고용촉진과 직업안정을 위하여 장애인을 고용한 사업주에게 고용장려금을 지급할 수 있다.
④ 부담금을 잘못 납부하여 그 환급을 받을 권리는 3년간 행사하지 아니하면 소멸시효가 완성된다.

만점 해설

② 의무고용률은 전체 인구 중 장애인의 비율, 전체 근로자 총수에 대한 장애인 근로자의 비율, 장애인 실업자 수 등을 고려하여 5년마다 정한다(장애인고용촉진 및 직업재활법 제28조 제3항).
① 동법 제27조 제1항 제2호
③ 동법 제30조 제1항
④ 부담금이나 그 밖에 이 법에 따른 징수금을 징수하거나 그 환급을 받을 권리와 고용장려금을 받을 권리는 3년간 행사하지 아니하면 소멸시효가 완성된다(동법 제40조).

전문가의 한마디

장애인고용촉진 및 직업재활법령에 따른 장애인 상시 근로자 의무고용률은 정부 및 공공부문의 경우 3.4%, 민간부문의 경우 3.1%입니다(법 제27조 및 제28조, 시행령 제25조).

85

근로기준법상 경영상 이유에 의한 해고에 관한 설명으로 틀린 것은?

① 사용자가 경영상 이유에 의하여 근로자를 해고하려면 긴박한 경영상의 필요가 있어야 한다. 이 경우 경영 악화를 방지하기 위한 사업의 양도·인수·합병은 긴박한 경영상의 필요가 있는 것으로 본다.

② 사용자는 해고를 피하기 위한 노력을 다하여야 하며, 합리적이고 공정한 해고의 기준을 정하고 이에 따라 그 대상자를 선정하여야 한다. 이 경우 남녀의 성을 이유로 차별하여서는 아니 된다.

③ 사용자는 해고를 피하기 위한 방법 및 해고의 기준 등에 관하여 그 사업 또는 사업장에 근로자의 과반수로 조직된 노동조합이 있는 경우에는 그 노동조합, 근로자의 과반수로 조직된 노동조합이 없는 경우에는 근로자의 과반수를 대표하는 자에게 해고를 하고자 하는 날의 30일 전까지 통보하고 성실하게 협의하여야 한다.

④ 사용자는 대통령령으로 정하는 일정한 규모 이상의 인원을 해고하려면 대통령령으로 정하는 바에 따라 고용노동부장관에게 신고하여야 한다.

만점해설

③ 사용자는 해고를 피하기 위한 방법과 해고의 기준 등에 관하여 그 사업 또는 사업장에 근로자의 과반수로 조직된 노동조합이 있는 경우에는 그 노동조합(근로자의 과반수로 조직된 노동조합이 없는 경우에는 근로자의 과반수를 대표하는 자를 말한다)에 해고를 하려는 날의 50일 전까지 통보하고 성실하게 협의하여야 한다(근로기준법 제24조 제3항).

① 동법 제24조 제1항
② 동법 제24조 제2항
④ 동법 제24조 제4항

전문가의 한마디

근로기준법상 경영상 이유에 의한 해고, 즉 '정리해고'는 '징계해고'나 '통상해고'와는 다릅니다. '징계해고'는 근로자의 행태상의 사유, 즉 경영조직체의 일원으로서 근로자의 지위와 관련하여 사용자가 근로관계를 배제할 수밖에 없는 부득이한 사유가 발생한 경우 그 징계조치로써 행하는 것을 말합니다. 반면, '통상해고'는 근로능력의 결여나 저하와 같은 근로자의 일신상의(능력상의) 사유로 더 이상 근로계약을 존속시킬 수 없는 경우에 행하는 것을 말합니다. 결국 정리해고는 그 사유가 사용자 측에 있는 반면, 징계해고나 통상해고는 그 사유가 근로자 측에 있습니다.

2017

안심Touch

86

근로기준법상 여성과 소년에 대한 보호에 관한 설명으로 틀린 것은?

① 15세 미만인 자는 원칙적으로 근로자로 사용을 못하나, 13세 이상인 경우(예술공연 참가를 위한 경우는 13세 미만인 자도 가능)에는 고용노동부장관이 발급한 취직인허증을 소지하면 사용할 수 있다.

② 사용자는 임산부가 아닌 18세 이상의 여성근로자를 근로자 본인의 동의가 있으면 휴일근로와 야간근로를 하도록 할 수 있다.

③ 사용자는 임신 중의 여성(한 번에 둘 이상 자녀를 임신한 경우 제외)에게 출산 전과 출산 후를 통하여 90일의 출산전후휴가를 주어야 하며 휴가기간의 배정은 출산 후에 30일 이상이 되어야 한다.

④ 15세 이상 18세 미만인 자의 근로시간은 1일에 7시간, 1주일에 40시간을 초과하지 못하나 당사자 사이의 합의에 따라 1일에 1시간, 1주일에 6시간을 한도로 연장할 수 있다.

만점해설

③ 사용자는 임신 중의 여성에게 출산 전과 출산 후를 통하여 90일(한 번에 둘 이상 자녀를 임신한 경우에는 120일)의 출산전후휴가를 주어야 한다. 이 경우 휴가 기간의 배정은 출산 후에 45일(한 번에 둘 이상 자녀를 임신한 경우에는 60일) 이상이 되어야 한다(근로기준법 제74조 제1항).

④ 15세 이상 18세 미만인 사람의 근로시간은 1일에 7시간, 1주에 35시간을 초과하지 못한다. 다만, 당사자 사이의 합의에 따라 1일에 1시간, 1주에 5시간을 한도로 연장할 수 있다(동법 제69조).

① 15세 미만인 사람(「초·중등교육법」에 따른 중학교에 재학 중인 18세 미만인 사람을 포함)은 근로자로 사용하지 못한다. 다만, 대통령령으로 정하는 기준에 따라 고용노동부장관이 발급한 취직인허증을 지닌 사람은 근로자로 사용할 수 있다(동법 제64조 제1항). 취직인허증을 받을 수 있는 자는 13세 이상 15세 미만인 자로 한다. 다만, 예술공연 참가를 위한 경우에는 13세 미만인 자도 취직인허증을 받을 수 있다(동법 시행령 제35조 제1항).

② 사용자는 18세 이상의 여성을 오후 10시부터 오전 6시까지의 시간 및 휴일에 근로시키려면 그 근로자의 동의를 받아야 한다(동법 제70조 제1항). 사용자는 임산부와 18세 미만자를 오후 10시부터 오전 6시까지의 시간 및 휴일에 원칙적으로 근로시키지 못한다(동법 제70조 제2항).

전문가의 한마디

2018년 3월 20일 법 개정에 따라 2018년 7월 1일부로 연소자의 1주간 근로시간 한도가 기존 40시간에서 35시간으로 축소되었습니다. 따라서 출제 당시 정답은 ③이었으나, 현행 기준으로 ④ 또한 정답으로 볼 수 있습니다.

87

고용상 연령차별금지 및 고령자고용촉진에 관한 법령상의 고령자와 준고령자 기준은?

① 고령자 60세 이상, 준고령자 55세 이상 60세 미만
② 고령자 55세 이상, 준고령자 50세 이상 55세 미만
③ 고령자 60세 초과, 준고령자 50세 이상 60세 이하
④ 고령자 55세 초과, 준고령자 50세 이상 55세 이하

고령자 및 준고령자의 정의(고용상 연령차별금지 및 고령자고용촉진에 관한 법률 시행령 제2조 참조)
• 고령자 : 55세 이상인 사람
• 준고령자 : 50세 이상 55세 미만인 사람

전문가의 한마디

「고용상 연령차별금지 및 고령자고용촉진에 관한 법률」은 '고령자고용법'으로 약칭합니다.

88

고용보험법상 구직급여의 수급 요건으로 틀린 것은?

① 이직일 이전 12개월간 피보험 단위기간이 통산하여 180일 이상일 것
② 근로의 의사와 능력이 있음에도 불구하고 취업하지 못한 상태에 있을 것
③ 이직사유가 수급자격의 제한 사유에 해당하지 아니할 것
④ 재취업을 위한 노력을 적극적으로 할 것

구직급여의 수급 요건(고용보험법 제40조 제1항)
구직급여는 이직한 근로자인 피보험자가 다음의 요건을 모두 갖춘 경우에 지급한다.
• 법령에 따른 기준기간(원칙상 이직일 이전 18개월) 동안의 피보험 단위기간이 합산하여 180일 이상일 것(①)
• 근로의 의사와 능력이 있음에도 불구하고 취업(영리를 목적으로 사업을 영위하는 경우를 포함)하지 못한 상태에 있을 것(②)
• 이직사유가 수급자격의 제한 사유에 해당하지 아니할 것(③)
• 재취업을 위한 노력을 적극적으로 할 것(④)
• 수급자격 인정신청일 이전 1개월 동안의 근로일수가 10일 미만이거나 건설일용근로자로서 수급자격 인정신청일 이전 14일간 연속하여 근로내역이 없을 것(최종 이직 당시 일용근로자였던 사람만 해당)
• 최종 이직 당시의 기준기간 동안의 피보험 단위기간 중 다른 사업에서 수급자격의 제한 사유에 해당하는 사유로 이직한 사실이 있는 경우에는 그 피보험 단위기간 중 90일 이상을 일용근로자로 근로하였을 것(최종 이직 당시 일용근로자였던 사람만 해당)

고용보험법상 구직급여의 수급 요건에 관한 문제는 앞선 2018년 4회 필기시험(95번)에 출제된 바 있습니다.

89

직업안정법령에 관한 설명으로 틀린 것은?

① 국내 유료직업소개사업을 하고자 하는 자는 관할 직업안정기관의 장에게 등록하여야 한다.

② 고용노동부장관이 유료직업소개사업의 요금을 결정하고자 하는 경우에는 고용정책심의회의 심의를 거쳐야 한다.

③ 근로자공급사업 허가의 유효기간은 3년으로 하되, 유효기간이 끝난 후 계속하여 근로자공급사업을 하려는 자는 고용노동부령으로 정하는 바에 따라 연장허가를 받아야 한다. 이 경우 연장허가의 유효기간은 연장 전 허가의 유효기간이 끝나는 날부터 3년으로 한다.

④ 신문·잡지 등에 구인을 가장하여 물품판매, 수강생모집, 직업소개, 부업알선, 자금모금 등을 행하는 광고는 거짓 구인광고 또는 거짓 구인조건 제시의 범위에 해당한다.

만점해설

① 유료직업소개사업은 소개대상이 되는 근로자가 취업하려는 장소를 기준으로 하여 국내 유료직업소개사업과 국외 유료직업소개사업으로 구분하되, 국내 유료직업소개사업을 하려는 자는 주된 사업소의 소재지를 관할하는 특별자치도지사·시장·군수 및 구청장에게 등록하여야 하고, 국외 유료직업소개사업을 하려는 자는 고용노동부장관에게 등록하여야 한다. 등록한 사항을 변경하려는 경우에도 또한 같다(직업안정법 제19조 제1항).

② 동법 제19조 제4항

③ 동법 제33조 제2항

④ 거짓 구인광고 또는 거짓 구인조건 제시의 범위는 신문·잡지, 그 밖의 간행물, 유선·무선방송, 컴퓨터통신, 간판, 벽보 또는 그 밖의 방법에 의하여 광고를 하는 행위 중 구인을 가장하여 물품판매·수강생모집·직업소개·부업알선·자금모금 등을 행하는 광고, 거짓 구인을 목적으로 구인자의 신원(업체명 또는 성명)을 표시하지 아니하는 광고, 구인자가 제시한 직종·고용형태·근로조건 등이 응모할 때의 그

것과 현저히 다른 광고, 기타 광고의 중요내용이 사실과 다른 광고 중 어느 하나에 해당하는 것으로 한다(동법 시행령 제34조).

전문가의 한마디

직업안정기관의 장 외의 자가 행하는 직업안정사업의 규제방식은 다음과 같습니다.

• 국내 무료직업소개사업 : 특별자치도지사·시장·군수 및 구청장에게 신고
• 국외 무료직업소개사업 : 고용노동부장관에게 신고
• 국내 유료직업소개사업 : 특별자치도지사·시장·군수 및 구청장에게 등록
• 국외 유료직업소개사업 : 고용노동부장관에게 등록
• 직업정보제공사업 : 고용노동부장관에게 신고
• 국외 취업자 모집 : 고용노동부장관에게 신고
• 근로자공급사업 : 고용노동부장관의 허가

90

직업안정법령상 직업정보제공사업자가 준수해야 할 사항으로 틀린 것은?

① 구인자의 업체명 또는 성명이 표시되어 있지 않은 구인광고를 게재하지 아니할 것

② 직업정보제공매체 또는 직업정보제공사업의 광고문에 취업상담, 취업추천, 취업지원 등의 표현을 사용하지 아니할 것

③ 직업정보제공매체의 구인·구직 광고에는 직업정보제공사업자의 주소 또는 전화번호를 기재하고 구인·구직자의 주소 또는 전화번호는 기재하지 아니할 것

④ 구직자의 이력서 발송을 대행하거나 구직자에게 취업추천서를 발부하지 아니할 것

2017

알찬 해설

직업정보제공사업자의 준수사항(직업안정법 시행령 제28조)

직업정보제공사업을 하는 자 및 그 종사자가 준수하여야 할 사항은 다음과 같다.

- 구인자의 업체명(또는 성명)이 표시되어 있지 아니하거나 구인자의 연락처가 사서함 등으로 표시되어 구인자의 신원이 확실하지 아니한 구인광고를 게재하지 아니할 것(①)
- 직업정보제공매체의 구인·구직의 광고에는 구인·구직자의 주소 또는 전화번호를 기재하고, 직업정보제공사업자의 주소 또는 전화번호는 기재하지 아니할 것(③)
- 직업정보제공매체 또는 직업정보제공사업의 광고문에 "(무료)취업상담", "취업추천", "취업지원" 등의 표현을 사용하지 아니할 것(②)
- 구직자의 이력서 발송을 대행하거나 구직자에게 취업추천서를 발부하지 아니할 것(④)
- 직업정보제공매체에 정보이용자들이 알아보기 쉽게 직업정보제공사업의 신고로 부여받은 신고번호를 표시할 것
- 「최저임금법」에 따라 결정 고시된 최저임금에 미달되는 구인정보, 「성매매알선 등 행위의 처벌에 관한 법률」에 따른 금지행위가 행하여지는 업소에 대한 구인광고를 게재하지 아니할 것

전문가의 한마디

이와 유사한 문제가 앞선 2019년 4회 필기시험(91번)에 출제된 바 있습니다.

91

근로자직업능력개발법상 직업능력개발훈련의 기본원칙이 아닌 것은?

① 민간의 자율과 창의성이 존중되도록 하여야 한다.

② 모든 근로자에게 균등한 기회가 보장되도록 하여야 한다.

③ 노사의 참여와 협력을 바탕으로 실시되어야 한다.

④ 교육 관계 법에 따른 학교교육보다 산업현장과 긴밀하게 연계될 수 있도록 하여야 한다.

만점 해설

④ 직업능력개발훈련은 교육 관계 법에 따른 학교교육 및 산업현장과 긴밀하게 연계될 수 있도록 하여야 한다(근로자직업능력개발법 제3조 제5항).

①·③ 직업능력개발훈련은 민간의 자율과 창의성이 존중되도록 하여야 하며, 노사의 참여와 협력을 바탕으로 실시되어야 한다(동법 제3조 제2항).

② 직업능력개발훈련은 근로자의 성별, 연령, 신체적 조건, 고용형태, 신앙 또는 사회적 신분 등에 따라 차별하여 실시되어서는 아니 되며, 모든 근로자에게 균등한 기회가 보장되도록 하여야 한다(동법 제3조 제3항).

전문가의 한마디

고령자·장애인, 기초생활보장 수급권자, 국가유공자 및 보훈보상대상자와 그 유족 또는 가족, 5·18민주유공자와 그 유족 또는 가족, 제대군인 및 전역예정자, 여성근로자, 중소기업의 근로자, 일용근로자·단시간근로자, 기간을 정하여 근로계약을 체결한 근로자, 일시적 사업에 고용된 근로자, 파견근로자 등을 대상으로 하는 직업능력개발훈련은 중요시되어야 합니다(법 제3조 제4항).

92
헌법상 노동기본권에 관한 설명으로 틀린 것은?

① 국가는 사회적 · 경제적 방법으로 근로자의 고용의 증진과 적정임금의 보장에 노력하여야 한다.
② 근로조건의 기준은 인간의 존엄성을 보장하도록 법률로 정한다.
③ 공무원인 근로자는 어떠한 경우에도 단체행동권을 갖지 못한다.
④ 여자의 근로는 특별한 보호를 받으며, 고용 · 임금 및 근로조건에 있어서 부당한 차별을 받지 아니한다.

만점해설

③ 공무원인 근로자는 법률이 정하는 자에 한하여 단결권 · 단체교섭권 및 단체행동권을 가진다(헌법 제33조 제2항).
① 모든 국민은 근로의 권리를 가진다. 국가는 사회적 · 경제적 방법으로 근로자의 고용의 증진과 적정임금의 보장에 노력하여야 하며, 법률이 정하는 바에 의하여 최저임금제를 시행하여야 한다(헌법 제32조 제1항).
② 헌법 제32조 제3항
④ 헌법 제32조 제4항

전문가의 한마디

현행 헌법(헌법 제10호) 제33조 제3항은 "법률이 정하는 주요방위산업체에 종사하는 근로자의 단체행동권은 법률이 정하는 바에 의하여 이를 제한하거나 인정하지 아니할 수 있다"고 함으로써 단체행동권의 배제가 헌법적으로 정당화되는 근로자의 범위를 대폭 축소하였습니다.

93
근로기준법에서 사용하는 용어에 대한 설명으로 틀린 것은?

① '근로계약'이란 근로자가 사용자에게 근로를 제공하고 사용자는 이에 대하여 임금을 지급하는 것을 목적으로 체결된 계약을 말한다.
② '임금'이란 사용자가 근로의 대가로 근로자에게 임금, 봉급, 그 밖에 어떠한 명칭으로든지 지급하는 일체의 금품을 말한다.
③ '근로자'란 직업의 종류를 불문하고 임금, 급료, 그 밖에 이에 준하는 수입에 의하여 생활하는 자를 말한다.
④ '사용자'란 사업주 또는 사업 경영 담당자, 그 밖에 근로자에 관한 사항에 대하여 사업주를 위하여 행위하는 자를 말한다.

만점해설

③ '근로자'란 직업의 종류와 관계없이 임금을 목적으로 사업이나 사업장에 근로를 제공하는 사람을 말한다(근로기준법 제2조 제1항 제1호).
① 동법 제2조 제1항 제4호
② 동법 제2조 제1항 제5호
④ 동법 제2조 제1항 제2호

전문가의 한마디

근로자의 정의를 "직업의 종류를 불문하고 임금 · 급료 기타 이에 준하는 수입에 의하여 생활하는 자"로 규정한 것은 「노동조합 및 노동관계조정법」입니다.

94

헌법상 근로의 권리와 의무에 관한 내용이다.
( )에 알맞은 것은?

> 국가는 근로의 의무의 내용과 조건을 ( ) 원칙
> 에 따라 법률로 정한다.

① 민주주의
② 자유주의
③ 시장경제
④ 자본주의

근로조건 기준의 법정주의(헌법 제32조 제2항)
모든 국민은 근로의 의무를 진다. 국가는 근로의 의무의
내용과 조건을 민주주의원칙에 따라 법률로 정한다.

전문가의 한마디

이 문제는 앞선 2019년 4회 필기시험(86번)에 출제된 바
있습니다.

95

고용보험법상 피보험기간이 5년 이상 10년 미만
이고, 이직일 현재 연령이 30세 이상 50세 미만
인 경우의 구직급여 소정급여일수는?

① 90일
② 120일
③ 150일
④ 180일

**구직급여의 소정급여일수(고용보험법 제50조 제1항 및
별표 1 참조)**

구 분		피보험기간				
		1년 미만	1년 이상 3년 미만	3년 이상 5년 미만	5년 이상 10년 미만	10년 이상
이직일 현재 연령	50세 미만	120일	150일	180일	210일	240일
	50세 이상	120일	180일	210일	240일	270일

* 단, 「장애인고용촉진 및 직업재활법」에 따른 장애인은 50
세 이상인 것으로 보아 위 표를 적용한다.

전문가의 한마디

2019년 8월 27일 법 개정에 따라 2019년 10월 1일부로
구직급여의 지급기간이 기존 90~240일에서 120~270
일로 30일 연장되었습니다. 또한 실업급여를 받는 실직
자 연령구분이 기존 3단계(30세 미만 / 30~49세 / 50
세 이상)에서 2단계(50세 미만 / 50세 이상)로 단순화되
었습니다. 참고로 이 문제의 정답은 출제 당시 ④로 발
표되었으나, 현행 기준으로 정답은 없습니다(→ 현행 기
준 210일).

96

고용정책기본법령상 대량 고용변동의 신고기준으로 옳은 것은?

① 상시 근로자 300명 미만을 사용하는 사업 또는 사업장에서 1개월 이내에 이직하는 근로자의 수가 30명 이상인 경우
② 상시 근로자 100명 미만을 사용하는 사업 또는 사업장에서 1개월 이내에 이직하는 근로자의 수가 10명 이상인 경우
③ 상시 근로자 300명 이상을 사용하는 사업 또는 사업장에서 3개월 이내에 이직하는 근로자의 수가 상시 근로자 총수의 100분의 10 이상인 경우
④ 상시 근로자 100명 이상을 사용하는 사업 또는 사업장에서 1개월 이내에 이직하는 근로자의 수가 상시 근로자 총수의 100분의 10 이상인 경우

알찬 해설

대량 고용변동의 신고 등(고용정책기본법 제33조 제1항 및 시행령 제31조 참조)

사업주는 생산설비의 자동화, 신설 또는 증설이나 사업 규모의 축소, 조정 등으로 인한 고용량의 변동이 1개월 이내에 이직하는 근로자의 수에 따라 다음의 기준에 해당하는 경우 그 고용량의 변동에 관한 사항을 직업안정기관의 장에게 신고하여야 한다.

• 상시 근로자 300명 미만을 사용하는 사업 또는 사업장 : 30명 이상
• 상시 근로자 300명 이상을 사용하는 사업 또는 사업장 : 상시 근로자 총수의 100분의 10 이상

전문가의 한마디

이와 유사한 문제가 앞선 2018년 4회 필기시험(96번)에 출제된 바 있습니다.

97

남녀고용평등과 일·가정 양립 지원에 관한 법률상 차별에 해당하는 것은?

① 직무의 성격상 남성이 불가피하게 요구되어 사업주가 남성 근로자를 우대하는 경우
② 여성 근로자의 임신·출산·수유 등 모성보호를 위한 조치를 하는 경우
③ 여성 근로자에 한하여 육아휴직을 주는 경우
④ 현존하는 남녀 간의 고용차별을 해소하기 위하여 사업주가 남성 근로자를 우대하는 경우

알찬 해설

'차별'의 정의(남녀고용평등과 일·가정 양립 지원에 관한 법률 제2조 제1호 참조)

• '차별'이란 사업주가 근로자에게 성별, 혼인, 가족 안에서의 지위, 임신 또는 출산 등의 사유로 합리적인 이유 없이 채용 또는 근로의 조건을 다르게 하거나 그 밖의 불리한 조치를 하는 경우를 말한다.
• 사업주가 채용조건이나 근로조건은 동일하게 적용하더라도 그 조건을 충족할 수 있는 남성 또는 여성이 다른 한 성(性)에 비하여 현저히 적고 그에 따라 특정 성에게 불리한 결과를 초래하며 그 조건이 정당한 것임을 증명할 수 없는 경우도 포함한다.
• 다만, 다음의 어느 하나에 해당하는 경우는 차별로 보지 않는다.
  – 직무의 성격에 비추어 특정 성이 불가피하게 요구되는 경우
  – 여성 근로자의 임신·출산·수유 등 모성보호를 위한 조치를 하는 경우
  – 그 밖에 이 법 또는 다른 법률에 따라 적극적 고용개선조치를 하는 경우

전문가의 한마디

"현존하는 남녀 간의 고용차별을 없애거나 고용평등을 촉진하기 위하여 잠정적으로 특정 성을 우대하는 조치"란 '적극적 고용개선조치'를 일컫는 것으로, 이는 차별에 해당하지 않습니다(법 제2조 제3호).

98

남녀고용평등과 일 · 가정 양립 지원에 관한 법률 상 명시된 남녀고용평등 실현과 일 · 가정의 양립에 관한 기본계획에 포함되는 사항이 아닌 것은?

① 여성취업의 촉진에 관한 사항
② 국내외의 직업소개에 관한 사항
③ 남녀의 평등한 기회보장 및 대우에 관한 사항
④ 동일 가치 노동에 대한 동일 임금 지급의 정착에 관한 사항

알찬 해설

남녀고용평등 실현과 일 · 가정의 양립에 관한 기본계획에 포함되어야 할 사항(남녀고용평등과 일 · 가정 양립 지원에 관한 법률 제6조의2 제2항)
• 여성취업의 촉진에 관한 사항(①)
• 남녀의 평등한 기회보장 및 대우에 관한 사항(③)
• 동일 가치 노동에 대한 동일 임금 지급의 정착에 관한 사항(④)
• 여성의 직업능력 개발에 관한 사항
• 여성 근로자의 모성 보호에 관한 사항
• 일 · 가정의 양립 지원에 관한 사항
• 여성 근로자를 위한 복지시설의 설치 및 운영에 관한 사항
• 직전 기본계획에 대한 평가
• 그 밖에 남녀고용평등의 실현과 일 · 가정의 양립 지원을 위하여 고용노동부장관이 필요하다고 인정하는 사항

전문가의 한마디

이 문제는 앞선 2020년 4회 필기시험(81번)에 출제된 바 있습니다.

99

근로기준법상 상시 4명 이하의 근로자를 사용하는 사업 또는 사업장에 적용되지 않는 것은?

① 주휴일
② 출산전후휴가
③ 해고의 예고
④ 연차 유급휴가

만점 해설

④ 상시 4명 이하의 근로자를 사용하는 사업 또는 사업장에 대하여 해고의 예고(제26조), 주휴일(제55조), 출산전후휴가(제74조) 등은 적용되지만, 연차 유급휴가(제60조), 생리휴가(제73조) 등은 적용되지 않는다(근로기준법 시행령 제7조 및 별표 1 참조).

전문가의 한마디

「근로기준법」은 원칙적으로 상시 5명 이상의 근로자를 사용하는 사업 또는 사업장에 적용합니다. 다만, 상시 4명 이하의 근로자를 사용하는 사업 또는 사업장에 대하여는 대통령령으로 정하는 바에 따라 이 법의 일부 규정을 적용할 수 있도록 하고 있습니다(법 제11조).

100

파견근로자 보호 등에 관한 법령상 근로자파견사업이 금지되는 업무가 아닌 것은?

① 건설공사현장에서 이루어지는 업무
② 화물자동차운송사업의 운전업무
③ 선원의 업무
④ 주유원의 업무

 알찬 해설

근로자파견의 금지업무(파견근로자 보호 등에 관한 법률 제5조 및 시행령 제2조 참조)

- 건설공사현장에서 이루어지는 업무(①)
- 「항만운송사업법」에 따른 항만하역사업, 「한국철도공사법」에 따른 철도여객사업, 화물운송사업, 철도와 다른 교통수단의 연계운송사업, 「농수산물 유통 및 가격안정에 관한 법률」에 따른 하역업무, 「물류정책기본법」에 따른 물류의 하역업무로서 「직업안정법」에 따라 근로자공급사업 허가를 받은 지역의 업무
- 「선원법」에 따른 선원의 업무(③)
- 「산업안전보건법」에 따른 유해하거나 위험한 업무
- 「진폐의 예방과 진폐근로자의 보호 등에 관한 법률」에 따른 분진작업을 하는 업무
- 「산업안전보건법」에 따른 건강관리카드의 발급대상 업무
- 「의료법」에 따른 의료인의 업무 및 간호조무사의 업무
- 「의료기사 등에 관한 법률」에 따른 의료기사의 업무
- 「여객자동차 운수사업법」에 따른 여객자동차운송사업에서의 운전업무
- 「화물자동차 운수사업법」에 따른 화물자동차운송사업에서의 운전업무(②)

전문가의 한마디

파견근로자 보호 등에 관한 법률 시행령 제2조 제1항 관련 별표 1에 근로자파견 대상업무가 구체적으로 열거되어 있습니다. 다만, 관련 내용이 비교적 방대하므로, 여기서는 위의 해설로 제시된 근로자파견의 금지업무를 기억해 두시기 바랍니다.

제1과목 **고급직업상담학**

01

REBT 상담의 인간관에 대한 설명으로 옳지 않은 것은?

① 사람은 외부의 것에 의해 조건형성 되기보다는 장애를 느끼도록 스스로를 조건형성 한다.
② 사람은 올바르지 않게 생각하고 쓸데없이 자신을 혼란시키는 생물학적, 문화적인 경향을 가지고 있다.
③ 사람은 스스로가 혼란스러운 신념을 만들어 내고, 그 혼란에 의해서 스스로 혼란된다.
④ 사람들은 자신의 인지, 정서, 행동을 변화시킬 수 있는 능력을 가지고 있지 않다.

만점 해설

④ 사람들은 자신의 인지, 정서, 행동을 변화시킬 수 있는 능력을 가지고 있다.

전문가의 한마디

인지 · 정서 · 행동적 상담 혹은 인지 · 정서 · 행동치료(REBT)를 주창한 엘리스(Ellis)는 인간의 성장과 자아실현 경향성을 강조하였으며, 특히 인간이 비합리적 사고를 바꾸기 위해 노력하는 생득적 경향성을 가지고 있다고 보았습니다.

02

포괄적 직업상담의 과정에 대한 설명으로 옳지 않은 것은?

① 진단단계 – 내담자의 태도, 적성, 의사결정 유형 등과 관련한 검사자료와 상담을 통한 자료수집 단계
② 공감 및 수용단계 – 내담자의 심리적 안정을 위한 단계
③ 명료화 및 해석단계 – 문제를 명료화하거나 해석하는 단계
④ 문제해결단계 – 문제해결을 위해 어떤 행동을 취할지 결정하는 단계

알찬 해설

포괄적 직업상담의 과정

진단 (제1단계)	내담자의 진로문제를 진단하기 위해 내담자의 태도, 능력(적성), 의사결정 유형, 성격, 흥미 등 내담자에 대한 폭넓은 검사자료와 상담을 통한 자료가 수집된다.
명료화 및 (또는) 해석 (제2단계)	문제를 명료화하거나 해석하는 단계로서, 상담자와 내담자가 협력해서 의사결정 과정을 방해하는 태도와 행동을 확인하며 대안을 탐색한다.
문제해결 (제3단계)	내담자가 자신의 문제를 확인하고 적극적으로 참여하여 문제해결을 위해 어떤 행동을 실제로 취해야 하는가를 결정하는 단계로서, 특히 도구적(조작적) 학습에 초점을 둔다.

전문가의 한마디

포괄적 직업상담은 변별적이고 역동적인 진단, 과학적인 해석, 문제해결을 위한 도구적(조작적) 학습을 통해 내담자를 독립적이고 현명한 의사결정자로 만드는 것을 목표로 합니다.

03

Brayfield가 구분한 직업정보의 기능 중에서 직업정보의 제공을 통해 내담자를 의사결정 과정에 적극적으로 참여시키는 기능은?

① 정보적 기능
② 재조정 기능
③ 동기화 기능
④ 결정화 기능

 알찬 해설

직업정보의 3가지 기능(Brayfield)

• 정보적 기능 : 직업정보 제공을 통해 내담자의 의사결정을 돕고, 직업선택에 관한 지식을 증가시킨다.
• 재조정 기능 : 자신의 선택이 현실에 비추어 부적절한 선택이었는지를 점검 및 재조정해 보도록 한다.
• 동기화 기능 : 내담자를 의사결정 과정에 적극적으로 참여시킴으로써 자신의 선택에 대해 책임감을 가지도록 한다.

 전문가의 한마디

크리스텐슨, 베어, 로버(Christensen, Baer & Roeber)는 브레이필드(Brayfield)가 제시한 직업정보의 3가지 기능에 탐색기능, 확신기능, 평가기능, 놀람기능 등 4가지를 추가로 제시하였습니다.

04

상담 종결 시 다루어야 할 과제와 가장 거리가 먼 것은?

① 상담에 대한 만족도는 어느 정도인가
② 상담 목표로 설정되었던 것들이 달성되었는가
③ 상담자에 대한 내담자의 감정은 어떠한 것인가
④ 상담이 끝난 후 예상되는 문제는 무엇이며, 어떻게 대처할 것인가

만점 해설

③ 상담 과정에서 상담자에 대한 내담자의 감정이 어떻게 나타나든지 그러한 정서 반응을 개방적으로 다루는 것이 우선이다. 이와 같은 원칙은 종결에 대한 내담자의 감정이 긍정적이든 부정적이든 간에 언제나 적용되는 것이다.

전문가의 한마디

상담 종결 시 이별의 감정을 다루는 것 또한 하나의 과제이지만, 이는 내담자의 정서 반응을 다룬다는 의미일 뿐 그것이 긍정적인 감정인지 아니면 부정적인 감정인지를 파악한다는 의미는 아닙니다.

05

내담자중심 직업상담에서 Patterson의 직업정보 활용 원리에 관한 설명으로 옳지 않은 것은?

① 직업과 관련된 사람들로부터 정보를 얻도록 격려해서는 안 된다.
② 상담자는 내담자가 직접 직업정보를 찾도록 격려한다.
③ 평가적인 방법으로 직업정보를 사용해서는 안 된다.
④ 직업정보는 내담자에게 영향을 주거나 조작하기 위해 사용되어서는 안 된다.

알찬 해설

내담자중심 직업상담에서 직업정보 활용의 원리 (Patterson)

- 직업정보는 내담자의 입장에서 필요하다고 인정할 때에만 상담 과정에 도입한다.
- 직업정보는 내담자에게 영향을 주거나 조작하기 위해 사용되어서는 안 된다. 즉, 평가적인 방법으로 직업정보를 사용해서는 안 된다.
- 상담자는 내담자의 자발성과 책임감을 극대화시킬 수 있도록 내담자에게 그 정보의 출처를 알려준 뒤 내담자가 직접 직업정보를 찾도록 격려한다.
- 직업정보 제공 후 직업과 일에 대한 내담자의 감정과 태도가 자유롭게 표현될 수 있도록 하여야 한다.

전문가의 한마디

'패터슨(D. J. Paterson)'은 특성-요인 직업상담에서, '패터슨(C. H. Patterson)'은 내담자중심(인간중심) 직업상담에서 거론되는 학자입니다. 이점 혼동하지 않도록 주의합시다.

06

직업 의사결정을 촉진하기 위한 6개의 생각하는 모자(Six Thinking Hats) 기법에 관한 설명으로 옳지 않은 것은?

① 창의적으로 정보를 탐색함으로써 이용 가능한 정보의 양과 질을 확장시키기 위한 측면 의사결정법이다.
② 가능한 직업대안을 열거한 뒤, 각 대안을 선택했을 때 예상되는 개인적인 득실을 목록으로 작성하고 총점을 계산한다.
③ 직업상담사는 "창의적 의사결정자가 6가지 색깔의 생각하는 모자를 쓰고 있다"는 이야기를 들려주고, 내담자가 각각의 모자를 쓰고 역할을 수행하도록 한다.
④ 모든 사고 유형들이 유용하기는 하지만 궁극적으로 의사결정자에게 가장 필요한 것은 청색 모자를 쓰고 있을 때의 접근이라고 제안한다.

만점 해설

② 대차대조표식 의사결정법의 내용에 해당한다. 내담자는 먼저 3~5개의 직업대안들을 신중히 선택한 후 각 대안을 선택했을 때 예상되는 득(예 수입)과 실(예 여가시간의 부족)을 목록으로 작성한다. 내담자는 득과 실의 정도에 따라 각 항목에 '+5점'에서 '-5점'까지 점수를 부여하여 이후 각 대안의 총점을 계산하게 되는데, 이를 통해 선택한 대안들을 비교하는 데 도움을 얻을 수 있다.

전문가의 한마디

측면 의사결정법(Lateral Decision-making Aids)과 대차대조표식 의사결정법(Balance Sheet Decision-making Aids)은 직업 의사결정의 촉진을 위한 대표적인 두 가지 방법 유형에 해당합니다.

07

Super가 제시한 발달적 직업상담 단계에 대한 설명으로 옳은 것은?

① 문제 탐색 및 자아개념 묘사 – 지시적 방법으로 문제를 탐색하고 자아개념을 묘사한다.
② 심층적 탐색 – 비지시적 방법으로 심층적 탐색을 위한 주제를 설정한다.
③ 현실검증 – 수집한 사실적 자료들을 지시적으로 탐색한다.
④ 의사결정 – 대안적 행위들에 대한 지시적 고찰을 통해 직업을 결정한다.

알찬 해설

수퍼(Super)의 발달적 직업상담 단계

• 제1단계 – 문제 탐색 및 자아(자기)개념 묘사
  비지시적 방법으로 문제를 탐색하고 자아(자기)개념을 묘사한다.
• 제2단계 – 심층적 탐색
  지시적 방법으로 심층적 탐색을 위한 주제를 설정한다.
• 제3단계 – 자아수용 및 자아통찰
  자아수용 및 자아통찰을 위해 비지시적 방법으로 사고와 느낌을 명료화한다.
• 제4단계 – 현실검증
  심리검사, 직업정보, 과외활동 등을 통해 수집된 사실적 자료들을 지시적으로 탐색한다.
• 제5단계 – 태도와 감정의 탐색과 처리
  현실검증에서 얻어진 태도와 감정을 비지시적으로 탐색하고 처리한다.
• 제6단계 – 의사결정
  대안적 행위들에 대한 비지시적 고찰을 통해 자신의 직업을 결정한다.

전문가의 한마디

발달적 직업상담의 단계에서 직업상담사는 내담자의 내용 설명에는 지시적으로 반응하고, 감정표현에는 비지시적으로 반응해야 합니다.

08

Williamson의 '흥미와 적성의 모순' 문제유형은 Crites의 어떤 문제유형과 가장 유사한가?

① 부적응형
② 비현실형
③ 불충족형
④ 다재다능형

알찬 해설

크라이티스(Crites)의 직업선택 문제유형

변인	직업선택 문제유형
적응성 (적응 문제)	• 적응형 : 흥미와 적성이 일치하는 분야를 발견한 유형(흥미를 느끼는 분야와 적성에 맞는 분야가 일치하는 사람) • 부적응형 : 흥미와 적성이 일치하는 분야를 찾지 못한 유형(흥미를 느끼는 분야도 없고 적성에 맞는 분야도 없는 사람)
결정성 (우유부단 문제)	• 다재다능형 : 재능(가능성)이 많아 흥미와 적성에 맞는 직업 사이에서 결정을 내리지 못하는 유형 • 우유부단형 : 흥미와 적성에 관계없이 어떤 직업을 선택할지 결정을 내리지 못하는 유형
현실성 (비현실성 문제)	• 비현실형 : 자신의 적성수준보다 높은 적성을 요구하는 직업을 선택하거나, 흥미를 느끼는 분야가 있지만 그 분야에 적성이 없는 유형 • 강압형 : 적성 때문에 직업을 선택했지만 그 직업에 흥미가 없는 유형 • 불충족형 : 흥미와는 일치하지만 자신의 적성수준보다 낮은 적성을 요구하는 직업을 선택하는 유형

전문가의 한마디

윌리암슨(Williamson)의 직업선택 문제유형 중 '흥미와 적성의 모순'은 흥미를 느끼는 직업에 대해서는 수행능력(적성)이 부족하거나, 적성이 맞는 직업에 대해서는 흥미를 느끼지 못하는 등 적성과 흥미가 서로 일치하지 않는 경우를 말합니다.

09

직업상담사의 윤리강령에 해당하지 않는 것은?

① 직업상담사는 내담자의 인종과 민족, 나이와 성, 경제상태 등에 차별을 두지 않는다.
② 직업상담사는 상담 중 내담자와 관련된 인물과 면접을 하지 않는다.
③ 직업상담사는 모든 직업상담사들을 서로 아끼고 존중한다.
④ 직업상담사는 직업상담기법을 구현하고 그 결과를 관련 학회에 보고하여 정보를 공유한다.

만점해설

② 직업상담사는 상담목적에 위배되지 않은 경우에 한하여 검사를 실시하며, 필요시 내담자 이외의 관련 인물과도 면접을 한다(한국직업상담협회 윤리강령 中 내담자와의 관계).

전문가의 한마디

직업상담사 시험에서는 한국직업상담협회, 한국카운슬러협회, 한국상담심리학회, 한국상담학회 등 상담심리 관련 협회나 학회의 윤리강령을 다루고 있습니다.

10

내담자 정보수집을 위해 사용하는 구조화된 면접의 한 방법인 생애진로사정(Life Career Assessment) 과정에서 다음 내용이 해당하는 단계는?

> • 직업경험에서 가장 좋았던 점
> • 교육 및 훈련경험에서 가장 싫었던 것
> • 여가 및 사회활동

① 진로사정(Career Assessment)
② 일상적인 하루 생활(Typical Day)
③ 강점과 장애(Strengths and Obstacles)
④ 직업능력평가(Vocational Competency Assessment)

알찬해설

생애진로사정(LCA)의 과정 중 진로사정 단계의 주요 내용

직업경험 (일의 경험)	• 이전 직업 • 가장 좋았던 점 • 가장 싫었던 점 • 다른 직업에서의 경험
교육 또는 훈련과정과 관련된 문제들 (훈련과정과 관심사)	• 지금까지 받았던 교육 및 훈련에 대한 전반적인 평가 • 가장 좋았던 점 • 가장 싫었던 점 • 지식, 기술, 기능의 수준이나 형태를 위한 교육 또는 훈련
여가활동 (오락)	• 여가시간의 활용 • 사회활동 • 사랑과 우정관계

전문가의 한마디

생애진로사정(LCA)의 구조에 대해서는 2019년 4회 4번 문제 해설을 살펴보시기 바랍니다.

11

상담의 윤리기준에 비추어 볼 때 상담자가 가져야 하는 자세로 가장 적합한 것은?

① 자기 능력의 한계에 연연하지 않고 매사에 할 수 있다는 자세를 갖는다.
② 모든 문제에는 명확한 해답이 있다는 확신을 가지고 상담에 임한다.
③ 윤리 문제가 발생했을 때는 남의 도움을 받지 않고 스스로 해결한다.
④ 자신의 욕구를 인식하고 적절히 해결하는 노력을 지속적으로 해나간다.

만점해설

④ 상담자의 욕구, 기대, 동기는 의식적 혹은 무의식적으로 상담 과정에 영향을 미치게 된다. 따라서 상담자는 내담자를 돕고자 하는 건강한 동기 외에 칭찬과 인정을 받으려는 욕구, 사람을 통제하려는 욕구, 금전적 이익을 얻으려는 욕구 등 상담에 부정적인 영향을 미치는 욕구를 인식하고 이를 적절히 해결하기 위해 노력해야 한다.

전문가의 한마디

정신분석적 상담 혹은 정신역동적 상담에서는 상담자의 수련 과정에서 특히 교육분석(Training Analysis)을 강조합니다. 교육분석은 자신에 대한 분석 결과 및 경험 내용을 지속적으로 축적하는 과정으로, 이를 통해 상담자는 자신의 욕구나 문제를 치료상황에서 분리해 낼 수 있게 됩니다.

12

Freud의 심리성적 발달이론에 따르면 거세불안이 나타나고 이러한 불안을 동일시를 통해 해소하는 단계는 어느 것인가?

① 구강기
② 항문기
③ 남근기
④ 생식기

알찬해설

프로이트(Freud) 심리성적 발달단계의 주요 특징

구강기 (0~1세)	• 유아는 입으로 빨고, 먹고, 깨무는 행위를 통해 긴장을 감소시키는 동시에 자애적 쾌락을 경험한다. • 생후 8개월 무렵 이가 나기 시작하면서 공격성이 발달하게 되며, 이유에 대한 불만에서 어머니에 대한 최초의 양가감정을 경험하게 된다.
항문기 (1~3세)	• 아동은 본능적 충동인 배설과 외부적 현실인 배변훈련에 의해 성격형성이 이루어지며, 부모의 통제를 받는 과정에서 갈등을 경험하게 된다. • 항문 공격적 성격은 공격적이고 파괴적인 성향으로, 항문 보유적 성격은 고집이 세고 완벽주의적인 성향으로 발전하게 된다.
남근기 (3~6세)	• 남아는 어머니에 대한 무의식적 욕망으로 오이디푸스 콤플렉스를 경험하게 되며, 거세불안을 느끼게 된다. • 남아는 자신을 아버지와 동일시함으로써 오이디푸스 콤플렉스를 극복하며, 이를 통해 초자아(Superego)를 형성하게 된다.
잠복기 (6~12세)	• 다른 단계에 비해 평온한 시기로, 본능적인 성적 에너지로서 리비도(Libido)의 승화를 통해 지적인 호기심을 표출한다. • 리비도의 대상은 동성친구로 향하고 동일시 대상도 주로 친구가 된다.
생식기 (12세 이후)	• 잠복되어 있던 성적 에너지가 되살아나는 시기로 사춘기에 시작한다. • 리비도의 대상은 동성친구에서 또래의 이성친구에게로 옮겨가며, 소년과 소녀는 서로 다른 성적 정체감을 인식하게 된다.

전문가의 한마디

프로이트(Freud)의 심리성적 발달단계의 각 단계별 명칭은 교재에 따라 약간씩 다르게 제시되기도 합니다. 예를 들어, 3단계의 'Phallic Stage'를 '남근기' 혹은 '성기기'로, 5단계의 'Genital Stage'를 '생식기' 혹은 '성기기'

로 번역하기도 합니다. 문제는 번역상의 차이로 인해 '성기기'가 3단계 혹은 5단계의 명칭으로 혼용되고 있다는 것입니다. 이점 유념하여 학습하시기 바랍니다.

13

활동강화 이론으로서 개인이 더 좋아하는 활동을 통해 덜 좋아하는 활동을 강화하는 방법은?

① 상호억제의 원리
② 프리맥의 원리
③ 역조건형성의 원리
④ 조성의 원리

만점해설

② 프리맥(Premack)의 원리는 덜 좋아하는 활동을 하기는 싫지만 더 좋아하는 활동을 하기 위해 덜 좋아하는 활동을 해야 하는 논리를 응용한 것이다. 예를 들어, 공부를 마쳐야만 놀 수 있다면, 노는 것이 공부하는 것을 강화하게 된다.

① 상호억제(상호제지)의 원리는 제거 대상 반응(예 불안)과 양립할 수 없는 반응(예 이완)을 함께 제시함으로써 이들 간의 상호 방해로 인해 두 가지 연상 중 하나를 기억할 수 없도록 하는 것이다.

③ 역조건형성의 원리는 새로운 조건 반응이 조건 자극에 조건형성되는 과정으로, 어떤 상황에서 나타나는 부적절한 행동을 적절한 행동으로 바꾸도록 새롭게 학습하는 것이다.

④ 조성(행동조성)의 원리는 목표행동에 접근하는 반응들을 강화함으로써 새로운 행동을 가르치는 것을 말한다.

전문가의 한마디

프리맥(Premack)의 원리는 이를 주장한 '데이비드 프리맥(David Premack)'의 이름을 따서 명명된 것입니다. 참고로 역조건형성(Counterconditioning)은 문제 16번 지문에 등장하는 '반조건형성'과 같은 개념입니다.

14

다음 중 집단상담보다는 개인상담이 권장되는 내담자는?

① 자기노출에 관해 필요 이상의 위협을 느끼는 내담자
② 다른 사람이 자기를 어떻게 보는가를 알아야 할 것으로 판단되는 내담자
③ 타인에 대한 배려와 존경심을 습득해야 할 것으로 판단되는 내담자
④ 자기 자신에 대한 탐색, 통찰력이 극히 제한되어 있는 내담자

만점해설

① · ② · ③ 개인상담보다는 집단상담이 권장되는 내담자에 해당한다.

개인상담이 권장되는 내담자

• 문제가 위급하고 원인과 해결방법이 복잡하다고 판단되는 내담자
• 자신과 관련 인물들의 신상을 보호할 필요가 있는 내담자
• 자아개념 또는 사적인 내면세계와 관련하여 심리검사 결과를 해석해 주어야 하는 내담자
• 집단에서 공개적으로 발언하는 것에 대해 심한 불안이나 공포를 느끼는 내담자
• 다른 성원들로부터 수용될 수 없을 정도로 대인관계 행동이나 태도가 부적절한 내담자
• 자기 자신에 대한 탐색, 통찰력이 극히 제한되어 있는 내담자(④)
• 상담자나 다른 사람들로부터의 주목과 인정을 강박적으로 요구할 것으로 판단되는 내담자
• 폭행이나 비정상적인 성적 행동을 취할 가능성이 있는 내담자

전문가의 한마디

어떤 분들은 지문 ①번의 내담자가 개인상담에 적합하지 않느냐고 묻기도 합니다. 사실 자기 문제에 관한 검토 · 분석을 기피하거나 유보하기를 원하고 자기노출에 관해 필요 이상의 위협을 느끼는 내담자에게 상담자와

의 일대일 대면관계는 부담스러울 수 있습니다. 이 경우 집단상담을 통해 동료나 타인의 이해와 지지 속에서 자연스럽게 자기 자신을 점진적으로 노출할 수 있도록 유도하는 것이 바람직합니다.

15

Bandura가 제시한 인지적 명확성을 사정하기 위해서 필요한 내용이 아닌 것은?

① 지금 시점에서 진로를 선택하거나 현 진로를 유지하는 것의 중요성
② 진로를 선택하거나 현재의 진로를 바꾸는 것을 성공적으로 했는지에 대한 확신감
③ 내담자가 자신의 상황이 나아질 것이라는 확신감
④ 진로를 선택하거나 바꾸는 데 있어 일을 잘한다는 것의 중요성

알찬 해설

인지적 명확성 결여에 대한 사정(Bandura)

상황의 중요성 사정	지금 시점에서 진로를 선택하거나 현 진로를 바꾸는 것이 얼마나 중요한가?
자기효능감 기대	진로를 선택하거나 현재의 진로를 바꾸는 것을 성공적으로 했는지에 대해 어느 정도 확신하고 있는가?
결과기대	자신의 상황이 나아질 것이라고 어느 정도 확신하는가?
수행에 대한 기준	진로를 선택하거나 바꾸는 데 있어 일을 잘한다는 것이 얼마나 중요하다고 생각하는가?

전문가의 한마디

인지적 명확성 결여는 동기의 결여의 원인이기도 합니다. 예를 들어, 목표를 너무 높게 잡아서 자긍심이 떨어진 상태로 힘들어하는 사람은 상담장면에서 끝까지 목표를 성취하는 데 그다지 동기가 높지 않을 겁니다.

16

다음은 행동주의 직업상담에서 어떤 학습촉진기법에 해당하는가?

"나는 직업을 선택해야 한다. 내게 적합한 직업은 무엇이며 어떻게 하면 그 직업을 가질 수 있을까?"라는 태도가 "나는 내가 열심히 하고자 하면 내가 원하는 어떤 종류의 일도 할 수 있다"라는 태도보다 직업성숙도가 왜 더 높은지 설명해 줌으로써 내담자의 자기패배적 사고를 없애줄 수 있다.

① 변별학습
② 강 화
③ 대리학습
④ 반조건형성

만점 해설

① 변별학습(Discrimination Learning)은 직업선택이나 직업결정 능력을 검사나 기타 다른 도구들을 이용하여 살펴보도록 함으로써 내담자로 하여금 자신의 능력과 태도 등을 변별하고 비교해 보도록 하는 학습촉진기법이다.
② 강화(Reinforcement)는 상담자가 내담자의 직업선택이나 직업결정 행동에 대해 적절하게 긍정적 반응이나 부정적 반응을 보임으로써 내담자의 바람직한 행동을 강화시키는 학습촉진기법이다.
③ 사회적 모델링과 대리학습(Social Modeling & Vicarious Learning)은 타인의 직업결정 행동에 대한 관찰 및 모방에 의한 학습을 통해 내담자로 하여금 자신의 직업결정 행동을 학습할 수 있도록 하는 학습촉진기법이다.
④ 반조건형성(Counterconditioning)은 직업결정과 관련하여 내담자의 '말(Talk)'과 '불안'으로 이어지는 '조건-반응'의 연합을 끊기 위해 새로운 조건 자극인 '촉진적 상담관계'를 형성함으로써 내담자의 불안을 감소시키는 불안감소기법이다.

전문가의 한마디

행동주의 (직업)상담의 학습촉진기법과 불안감소기법은
다음과 같이 구분할 수 있습니다.

학습촉진 기법	강화, 변별학습, 사회적 모델링과 대리학습, 행동조성(조형), 토큰경제(상표제도) 등
불안감소 기법	체계적 둔감법, 금지조건형성(내적 금지), 반조건형성(역조건형성), 홍수법, 혐오치료, 주장훈련(주장적 훈련), 자기표현훈련 등

17

Cottle의 원형검사에 원의 크기가 나타내는 것은?

① 과거, 현재, 미래
② 시간차원에 대한 상대적 친밀감
③ 시간차원의 연결 구조
④ 방향성, 변별성, 통합성

알찬 해설

코틀(Cottle)의 진로시간전망 원형검사의 주요 개념

• 세 가지 원 ☞ 과거, 현재, 미래
• 원의 크기 ☞ 시간차원에 대한 상대적 친밀감
• 원의 배치 ☞ 시간차원의 연결 구조
• 시간전망개입의 국면 ☞ 방향성, 변별성, 통합성

전문가의 한마디

진로시간전망 개입은 내담자로 하여금 미래에 대한 관
심을 유도하고 현재의 행동을 미래지향적인 목표에 맞
추도록 하는 등 내담자의 효과적인 진로 선택 및 미래
설계가 이루어지도록 돕는 것을 말합니다.

18

행동주의 상담에서 내담자를 불안유발상황에 단
계적으로 노출시키는 기법은?

① 홍수법
② 이완훈련법
③ 체계적 둔감법
④ 혐오법

만점 해설

③ 체계적 둔감법(Systematic Desensitization)은 혐오스
러운 느낌이나 불안한 자극에 대한 위계목록을 작성한
다음, 낮은 수준의 자극에서 높은 수준의 자극으로
상상을 유도함으로써 불안이나 공포에서 서서히 벗
어나도록 하는 것이다.

① 홍수법(Flooding)은 불안이나 두려움을 발생시키는
자극들을 계획된 현실이나 상상 속에서 집중적·지
속적으로 제시하는 기법이다.

② 이완훈련법 혹은 근육이완훈련(Relaxation Training)
은 근육이완 상태에서는 불안이 일어나지 않는다는
원리에 따라 내담자로 하여금 자유자재로 근육의 긴
장을 이완시킬 수 있도록 훈련시키는 것이다.

④ 혐오법 혹은 혐오치료(Aversion Therapy)는 바람직
하지 못한 행동에 혐오 자극을 제시함으로써 부적응
적인 행동을 제거하는 기법이다.

전문가의 한마디

체계적 둔감법(Systematic Desensitization)은 상호억제
혹은 상호제지(Reciprocal Inhibition)의 원리를 사용한
행동치료기법입니다.

19

직업상담사가 자기개발을 추구하기 위해서 노력해야 할 부분과 가장 거리가 먼 것은?

① 측정도구에 대한 사용방법과 해석 능력
② 특수집단에 대한 지식과 기술 함양
③ 상담자의 의도에 맞추어 내담자를 설득할 수 있는 대인기술
④ 직업정보와 자원에 대한 정보수집

알찬 해설

직업상담사가 갖추어야 할 자질 또는 능력

• 개인 및 집단상담에 대한 일반적 지식과 기술
• 개인 및 집단에 대한 측정기술(측정도구와 기법에 대한 지식)(①)
• 직업 관련 정보와 자원에 대한 풍부한 지식(④)
• 직업상담 관련 이론들에 대한 지식
• 특수집단에 대한 직업상담 지식과 기술(②)

전문가 의 한마디

이 문제는 2017년 2회 15번 문제와 유사하므로 해당 문제와 함께 학습하시기 바랍니다.

20

발달적 직업상담에 관한 설명으로 옳은 것은?

① 대표적인 학자는 Bordin, Super 등이다.
② 내담자의 약점에 대한 정확한 파악 및 수정을 강조한다.
③ 직업 성숙도 개념을 중시한다.
④ 내담자보다는 직업상담자의 적극적인 역할을 중시한다.

만점 해설

③ 발달적 직업상담은 내담자의 직업 의사결정 문제와 직업 성숙도 사이의 일치성에 초점을 둔다.
① 수퍼(Super)는 발달적 직업상담이론을 정립한 학자이나, 보딘(Bordin)은 정신역동적 직업상담이론을 체계화한 학자이다.
② 발달적 직업상담은 내담자의 약점보다 강점을 강조함으로써 내담자로 하여금 자신의 삶의 의미를 설정하도록 돕는 것을 목표로 한다.
④ 자료를 수집하고 평가하는 과정에서 내담자는 자신의 직업선택과 발달을 직업상담자와 함께 탐색하고 예측하는 적극적인 참여자가 된다.

전문가 의 한마디

발달적 직업상담은 특성-요인 직업상담이론, 내담자중심 직업상담이론 등 여러 이론들을 포괄하고 있으나, 그 이론들에서 더 발전하여 내담자를 계속적인 직업발달의 맥락에서 보고자 합니다.

제2과목 고급직업심리학

21

한국판 웩슬러 성인지능검사(K-WAIS)에 대한 설명으로 틀린 것은?

① K-WAIS는 언어성 검사와 동작성 검사의 하위검사로 구성되어 있다.
② K-WAIS의 하위검사는 각각 6개의 소검사들로 구성되어 있다.
③ K-WAIS는 평균 100, 표준편차 15의 점수를 보인다.
④ 지능지수만이 아니라 반응내용이나 방식을 통해 독특한 심리특성을 알아볼 수도 있다.

알찬 해설

한국판 웩슬러 성인용 지능검사(K-WAIS)의 구성

언어성 검사 (Verbal)	• 기본지식(Information) • 숫자 외우기(Digit Span) • 어휘문제(Vocabulary) • 산수문제(Arithmetic) • 이해문제(Comprehension) • 공통성 문제(Similarity)
동작성 검사 (Performance)	• 빠진 곳 찾기(Picture Completion) • 차례 맞추기(Picture Arrangement) • 토막짜기(Block Design) • 모양 맞추기(Object Assembly) • 바꿔쓰기(Digit Symbol)

전문가의 한마디

이 문제는 1992년에 번안된 한국판 웩슬러 성인용 지능검사(K-WAIS ; Korean Wechsler Adult Intelligence Scale)에 관한 문제로서, 현재는 2012년에 개발된 제4판 K-WAIS-Ⅳ이 실무현장에서 널리 사용되고 있습니다.

22

A군은 최근 영어 모의고사에서 72점을 받았다. 학급 전체 평균이 60점, 표준편차가 4점일 때 T 점수로 옳은 것은?

① 65
② 70
③ 75
④ 80

알찬 해설

Z점수와 T점수의 산출 공식은 다음과 같다.

- Z점수 $= \dfrac{\text{원점수} - \text{평균}}{\text{표준편차}}$
- T점수 $= 10 \times Z$점수 $+ 50$

문제상에서 원점수, 평균, 표준편차가 주어졌으므로 이를 Z점수 공식에 대입하면,

Z점수 $= \dfrac{72(점) - 60(점)}{4} = 3$

∴ Z점수는 3

앞서 구한 Z점수를 T점수 공식에 대입하면,

T점수 $= 10 \times 3 + 50 = 80$

∴ T점수는 80

전문가의 한마디

T점수를 구하기 위해서는 먼저 Z점수를 알아야 한다는 점을 기억해 두세요.

2017

23

심리검사의 유형 중 객관적 검사의 장점이 아닌 것은?

① 검사 실시의 간편성
② 객관성의 증대
③ 반응의 풍부함
④ 높은 신뢰도

 알찬 해설

투사적 검사와 비교한 객관적 검사의 장점
- 객관적 검사는 투사적 검사에 비해 검사의 시행 · 채점 · 해석이 간편하다.
- 객관적 검사는 투사적 검사에 비해 신뢰도 및 타당도 확보에 유리하다.
- 객관적 검사는 투사적 검사에 비해 검사자나 상황변인의 영향을 덜 받으므로 객관성이 증대된다.

전문가의 한마디

수검자의 풍부한 심리적 특성 및 무의식적 요인이 반영되는 것은 투사적 검사의 장점에 해당합니다.

24

추동감소이론(Drive Reduction Theory)에 관한 설명으로 옳은 것은?

① 인간 동기의 목표는 최적의 각성상태를 찾는 것이다.
② 인간의 욕구수준에는 우선순위가 있다.
③ 추동감소의 생리적 목표는 항상성이다.
④ 인간의 추동은 욕구에 영향을 받지만 유인가에는 영향을 받지 않는다.

만점 해설

③ 추동감소의 생리적 목표는 항상성(Homeostasis), 즉 안정된 내적 상태의 유지이다. 항상성은 신체적 기제들이 신체를 어떤 적절한 수준으로 유지하려고 노력하는 과정이다.
① 각성에는 최적의 수준이 있으며, 사람들은 자신의 최적각성수준(Optimum Level of Arousal)을 유지하도록 동기가 부여된다고 주장한 이론은 각성이론(Arousal Theory)이다.
② 인간의 욕구수준에 우선순위가 있다는 가정하에 그 우선성을 욕구위계(Hierarchy of Needs)로 기술한 이론은 욕구위계이론(Needs Hierarchy Theory)이다.
④ 추동감소이론은 인간이 욕구로 인해 추동을 감소시키고자 할 뿐만 아니라 유인자극(Incentive)에 의해서도 영향을 받는다고 본다.

전문가의 한마디

헐(Hull)은 추동감소이론을 통해 인간의 행동이 궁극적으로 몇 개의 기본적 추동들(예 굶주림, 갈증, 성욕, 고통을 피함 등)로 환원될 수 있으며, 인간의 활동은 추동에 의해 촉발된 긴장을 해소하는 방향으로 진행된다고 주장하였습니다. 그런데 이와 같이 추동을 감소시키는 것을 행동의 원인이라 주장한 추동감소이론과 달리, 각성이론은 사람들이 긴장이나 각성을 추구하는 방향으로 행동한다고 주장하였습니다.

25

Tiedeman의 진로발달이론에 관한 설명으로 틀린 것은?

① 자아정체감이 발달할 때 진로에 적합한 의사결정 능력도 개발된다.
② 자기발달에 역점을 두면서 개인의 전체적인 인지발달과 의사결정을 강조한다.
③ 어떤 직업의 계속된 수용이나 거부 등으로 자신의 의사를 분명히 표현하는 것이 직업선택에서 중요하다.
④ 생애진로이론을 지지한다.

만점해설

③ 어떤 직업을 인식하고 계속된 수용이나 거부 등으로 자기를 비교해 보는 것만이 진로선택의 중요한 결정요인이라 주장한 것은 홀랜드(Holland)의 인성이론이다. 홀랜드는 직업선호와 자신의 견해를 합치시키는 것을 '직업적 성격유형(Vocational Personality Type)'이라 하였다.

전문가의 한마디

타이드만과 오하라(Tiedeman & O'Hara)는 진로발달을 직업정체감(Vocational Identify)을 형성해 가는 과정으로 보았습니다. 개인은 분화(Differentiation)와 통합(Integration)의 과정을 거치면서 자아정체감을 형성해 가며, 그와 같은 자아정체감은 직업정체감 형성에 중요한 기초요인이 됩니다.

26

Alderfer의 ERG이론에서 제시된 하위욕구 중 Maslow 욕구위계이론의 생리와 안전욕구에 해당하는 것은?

① 존 재
② 관 계
③ 성 장
④ 성 취

알찬해설

알더퍼(Alderfer)의 ERG이론

알더퍼는 저차원 욕구와 고차원 욕구 간의 기본적인 구별이 필요하다고 보았으며, 매슬로우의 5단계 욕구를 세 가지 범주로 구분하였다.

존재욕구 (E ; Existence)	생리적 욕구 + 안전(안정)에 대한 욕구
(인간)관계욕구 (R ; Relatedness)	애정과 소속에 대한 욕구 + 자기존중 또는 존경의 욕구(일부)
성장욕구 (G ; Growth)	자기존중 또는 존경의 욕구(일부) + 자아실현의 욕구

전문가의 한마디

알더퍼(Alderfer)의 욕구위계와 매슬로우(Maslow)의 욕구위계에서 '자기존중 또는 존경의 욕구'가 (인간)관계욕구와 성장욕구에 걸쳐있는데, 이때 (인간)관계욕구는 대인관계의 자기존중, 성장욕구는 자기확신의 자기존중과 연결됩니다.

27

다음 (   )의 직업발달 연구자로 옳은 것은?

> 직업발달이론 혹은 직업행동에 관한 이론은 왜 사람들은 특정한 직업을 선택하는가에 대한 설명을 탐색하는 것이다. 이에 대해 특성-요인이론은 각 개인들은 자신들의 특성과 일치하는 직업을 찾는 다고 주장한 반면, (ㄱ)는(은) 사람들은 자신의 자아 이미지에 알맞은 직업을 원하기 때문에 직업발달에서 자아개념이 진로선택의 중요한 요인이 된다고 주장하였고, (ㄴ)는(은) 일차적인 직업선택의 결정요인은 내적인 욕구이며 사람들은 중요한 심리적 요구를 만족시키는 직업을 선택한다고 주장하였다.

① ㄱ : Lofquist   ㄴ : Dawis
② ㄱ : Super   ㄴ : Holland
③ ㄱ : Holland   ㄴ : Roe
④ ㄱ : Gottfredson   ㄴ : Roe

만점해설

ㄱ. 직업선택의 중요한 요인으로 자아개념을 강조한 학자는 수퍼(Super)와 고트프레드슨(Gottfredson)이다. 수퍼는 인간이 자아 이미지와 일치하는 직업을 선택한다고 주장하였고, 고트프레드슨 또한 사람들이 자신의 자아 이미지에 알맞은 직업을 원하기 때문에 직업발달에서 자아개념이 진로선택의 중요한 요인이 된다고 주장하였다.

ㄴ. 직업군의 선택이 부모-자녀 관계 속에서 형성된 개인의 내적인 욕구구조에 의해 결정된다고 주장한 학자는 로(Roe)이다.

전문가의 한마디

로(Roe)가 진술한 개인의 욕구구조는 유전적 특성과 함께 어렸을 때 경험하는 좌절과 만족에 의해 형성되는데, 이와 같은 가설은 매슬로우(Maslow)의 욕구이론에 영향을 받은 것입니다.

28

Lofquist와 Dawis의 직업적응이론에서 직업성격적 차원이 아닌 것은?

① 민첩성
② 역 량
③ 지구력
④ 융통성

알찬해설

직업적응이론에서의 성격양식(직업성격적) 차원(Dawis & Lofquist)

• 민첩성 : 반응속도 및 과제 완성도와 연관되며, 정확성보다는 속도를 중시한다.
• 역량 : 에너지 소비량과 연관되며, 작업자(근로자)의 평균 활동수준을 의미한다.
• 리듬 : 활동에 대한 다양성을 의미한다.
• 지구력 : 환경과의 상호작용 시간과 연관되며, 다양한 활동수준의 기간을 의미한다.

전문가의 한마디

데이비스와 롭퀴스트(Dawis & Lofquist)는 직업적응이론에서 직업적응 유형을 직업성격과 적응방식으로 설명하였습니다. 이러한 직업적응이론에서의 성격양식 차원(직업성격적 측면)과 적응방식 차원(적응방식적 측면)은 다음의 요소들을 포함하고 있습니다.

성격양식 차원	• 민첩성(Celerity) • 역량 또는 속도(Pace) • 리듬(Rhythm) • 지구력 또는 지속성(Endurance)
적응방식 차원	• 융통성 또는 유연성(Flexibility) • 끈기 또는 인내(Perseverance) • 적극성 또는 능동성(Activeness) • 반응성 또는 수동성(Reactiveness)

29

직업 스트레스에 대한 설명으로 틀린 것은?

① 스트레스의 수준이 낮을수록 작업능률(생산성)은 비례하여 향상된다.
② 직업 스트레스는 직업환경 내에서 발생되는 스트레스를 의미한다.
③ 스트레스는 그것을 유발하는 요인을 평가하거나 지각하는 심리적 과정이 포함된다.
④ 스트레스는 종업원의 성격요인과 관계가 있다.

만점 해설

① 여키스-도슨(Yerkes-Dodson)은 역U자형 가설을 통해 스트레스하에서의 수행실적이 역U자 관계에 따라 변화한다고 주장하였다. 즉, 스트레스 수준이 낮은 경우 작업능률(생산성)이 떨어지며, 반대로 스트레스 수준이 높은 경우에도 저조한 수행실적을 보인다는 것이다.

전문가의 한마디

스트레스 수준과 수행에 관한 여키스-도슨(Yerkes-Dodson)의 가설은 스트레스 수준이 너무 낮거나 높으면 생산성이 저조해지는 반면, 스트레스 수준이 적당하면 생산성은 향상된다는 점을 시사합니다.

30

경력개발 프로그램이 성공하기 위해 경력개발 담당자에게 요구되는 역할이 아닌 것은?

① 위험감수자
② 카운슬러
③ 프로그램 집행자
④ 재정적 지원자

알찬 해설

경력개발 담당자에게 요구되는 역할(Leibowitz, Farren, & Kaye)
• 시스템 사고자(시스템 전반에 대해 이해하는 자)
• 프로그램 집행자(③)
• 카운슬러(상담자)(②)
• 훈련자
• 평가자
• 위험감수자(①)

전문가의 한마디

경력개발 담당자에게 '위험감수자'로서의 역할(혹은 능력)이 필요한 이유는 경력개발 프로그램을 설계하는 것이 새로운 시도를 하는 것과 유사하므로, 그 위험부담을 기꺼이 떠맡을 수 있어야 하기 때문입니다.

2017

31

Ginzberg의 직업발달이론에 대한 제한점으로 옳은 것은?

① 특정 사회문화적 배경을 가진 사람들에게만 국한된 이론이다.
② 개인의 직업성숙 정도를 평가하는 기준을 제공해 주지 못한다.
③ 특정 발달단계에 해당하는 문제를 예견하는 데 도움을 주지 못한다.
④ 직업선택을 생애 특정 시점의 단일 의사결정으로 본다.

만점해설

① 긴즈버그(Ginzberg) 등은 직업발달이론을 개발하는 과정에서 직업선택의 자유가 있는 사람들을 대상으로 표집하여 실증적 조사를 실시하였다. 표집대상은 도시에 거주하는 앵글로-색슨계 혈통의 신교도 또는 구교도의 남성으로, 고졸부터 대학원졸까지의 교육수준을 가진 사람들이었다. 따라서 표집 특성상 연구결과의 적용이 제한적일 수밖에 없는데, 특히 여성과 소수인종의 진로발달 패턴은 고려되지 못했으며, 농촌지역이나 도시 빈민층 또한 제외되었다.

전문가의 한마디

긴즈버그(Ginzberg)의 이론은 진로지도에 필요한 개인의 직업적 성숙도의 규준을 제공하고 직업선택 과정에서 단계별 문제의 발전 및 지도에 도움을 줄 수 있는 장점을 지니고 있는 반면, 이론 자체가 제한된 표본들에 대한 경험적 관찰을 기초로 형성되었으므로 이를 일반화시키기 어려운 제한점 또한 지니고 있습니다.

32

직무 스트레스의 주요 원인인 역할관련 요인 중 역할 간(Inter-role) 갈등에 해당하는 것은?

① 세금을 피하기 위해서 장부를 허위로 작성할 것을 요구받고 있는 공인회계사
② 결혼기념일에 외식하기로 약속했는데 급한 회사일로 야근해야 하는 경우
③ 상사로부터 판매실적은 올리면서 비용이 드는 외근시간은 줄이라는 요구를 받는 영업사원
④ 시간절약을 위해서 고객과 거래하는 시간을 줄이라고 하는 사장과 고객에게 최대한 친절하게 상세한 정보를 제공하라고 요구하는 직속상사 사이에 끼인 은행창구 직원

알찬해설

역할갈등(Role Conflict)의 유형

개인 간 역할갈등 (Inter-role Conflict)	직업에서의 요구와 직업 이외의 요구 간의 갈등에서 발생한다.
개인 내 역할갈등 (Person-role Conflict)	개인의 복잡한 과제, 개인이 수행하는 직무의 요구와 개인의 가치관이 다를 때 발생한다.
송신자 간 갈등 (Intersender Conflict)	두 명 이상의 요구가 갈등을 일으킬 때 발생한다.
송신자 내 갈등 (Intrasender Conflict)	업무 지시자가 서로 배타적이고 양립할 수 없는 요구를 요청할 때 발생한다.

전문가의 한마디

지문 ①번은 '개인 내 역할갈등', ②번은 '개인 간 역할갈등', ③번은 '송신자 내 갈등', ④번은 '송신자 간 갈등'의 예에 해당합니다.

33

다음 중 Holland의 직업적 성격모형 중 상담자와 가장 적합한 성격유형은?

① 관습적 성격유형
② 진취적 성격유형
③ 탐구적 성격유형
④ 사회적 성격유형

알찬해설

홀랜드(Holland)의 직업적 성격모형의 대표적 직업분야

구 분	직업분야
현실형 (Realistic)	기술자, 정비사, 엔지니어, 전기·기계기사, 항공기조종사, 트럭운전사, 조사연구원, 농부, 목수, 운동선수 등
탐구형 (Investigative)	과학자, 생물학자, 화학자, 물리학자, 인류학자, 지질학자, 의료기술자, 의사, 심리학자, 분자공학자 등
예술형 (Artistic)	예술가, 작곡가, 음악가, 무대감독, 작가, 배우, 소설가, 미술가, 무용가, 디자이너 등
사회형 (Social)	사회복지사, 사회사업가, 교육자, 교사, 종교지도자, 상담사(카운슬러), 바텐더, 임상치료사, 간호사, 언어재활사 등
진취형 (Enterprising)	정치가, 사업가, 기업경영인, 판사, 영업사원, 상품구매인, 보험회사원, 판매원, 관리자, 연출가 등
관습형 (Conventional)	사서, 사무원, 은행원, 행정관료, 공인회계사, 경리사원, 경제분석가, 세무사, 법무사, 감사원, 안전관리사 등

전문가의 한마디

홀랜드(Holland)의 인성이론에 따른 6가지 직업모형의 각 직업분야는 교재에 따라 약간씩 다르게 제시될 수도 있습니다. 이는 특정 직업을 오로지 하나의 영역에 국한하여 설명하는 것이 사실상 어렵기 때문입니다.

34

직무수행을 평가하기 위한 준거 중 역동적 직무수행 준거의 개념에 대한 설명으로 옳은 것은?

① 사실적이거나 객관적인 직무수행을 평가할 때 사용하는 준거이다.
② 직무수행을 주관적인 판단이나 평정에 의해서 평가할 때 사용하는 준거이다.
③ 시간경과에 따라 직무수행이 변하기 때문에 미래의 수행을 예측하기 어려운 직무수행을 평가할 때 사용하는 준거이다.
④ 직무수행의 과정에 초점을 둔 수행평가를 위한 준거이다.

알찬해설

역동적 직무수행 준거(Dynamic Performance Criteria)
- 시간이 경과함에 따라 직무수행의 수준이 변화하는 것을 의미한다.
- 종업원들은 반복적인 작업을 하기 때문에 그들이 작업하는 방식을 변화시킬 수 있다.
- 과업의 수행에 필요한 지식과 능력 요건이 작업에서 사용하는 기술의 변화에 따라 달라질 수 있다.
- 종업원들의 지식과 기술이 부가적인 교육훈련에 의해 변화할 수 있다.

전문가의 한마디

역동적 직무수행 준거는 종업원의 직무수행 수준이 시간의 경과에 따라 달라질 수 있고, 변화 패턴 또한 사람마다 다를 수 있다는 전제에서 비롯됩니다. 예를 들어, 작업 생산성은 경험이 축적됨에 따라 향상되기 마련인데, 그 경험에 의한 학습 속도는 사람마다 다르게 나타납니다.

35
허즈버그의 동기-위생이론에서 위생요인에 해당되지 않는 것은?

① 조직의 정책이나 관리 규정
② 감독형태
③ 개인의 성취감
④ 작업환경

알찬 해설

허즈버그(Herzberg)의 동기-위생이론(2요인이론)

동기요인 (직무)	직무만족과 관련된 보다 직접적인 요인으로서 동기요인이 충족되지 않아도 불만족은 생기지 않으나, 이 요인을 좋게 하면 일에 대해 만족하게 되어 직무성과가 올라간다. 예 직무 그 자체(일의 내용), 직무상의 성취(개인의 성취감), 직무성취에 대한 인정, 승진, 책임, 성장 및 발달(개인의 발전) 등
위생요인 (환경)	일과 관련된 환경요인으로서 위생요인을 좋게 하는 것은 불만족을 감소시킬 수는 있으나, 만족감을 산출할 힘은 갖고 있지 못하다. 예 조직(회사)의 정책과 관리, 감독형태, 봉급, 개인 상호 간의 관계(대인관계), 지위 및 안전, 근무환경(작업환경) 등

전문가의 한마디

동기-위생이론(2요인이론)은 직무만족에 관한 이론으로서, 특히 동기요인은 주로 직무만족과 관련되고, 위생요인은 직무불만족과 관련됩니다.

36
Tiedeman과 O'Hara의 진로의사결정 과정을 바르게 나열한 것은?

ㄱ. 선택기	ㄴ. 순응기
ㄷ. 통합기	ㄹ. 탐색기
ㅁ. 개혁기	ㅂ. 구체화기
ㅅ. 명료화기	

① ㄱ → ㄹ → ㅂ → ㅅ → ㄴ → ㅁ → ㄷ
② ㄱ → ㄹ → ㅂ → ㅅ → ㅁ → ㄴ → ㄷ
③ ㄹ → ㄱ → ㅂ → ㅅ → ㅁ → ㄴ → ㄷ
④ ㄹ → ㅂ → ㄱ → ㅅ → ㄴ → ㅁ → ㄷ

알찬 해설

타이드만과 오하라(Tiedeman & O'Hara)의 진로의사결정 과정

- 탐색기(Exploration) : 자신의 진로목표를 성취할 수 있는 능력과 여건이 갖추어져 있는지에 대해 예비평가를 한다.
- 구체화기(Crystallization) : 자기의 가치관과 목표, 대안적 진로들의 보수나 보상 등을 고려하여 진로 방향을 구체화한다.
- 선택기(Choice) : 구체적인 의사결정에 임하게 되는 단계로, 자기가 하고 싶어 하는 일과 그렇지 않은 일을 확실히 알게 된다.
- 명료화기(Clarification) : 이미 내린 선택을 보다 신중히 분석 및 검토해 보며, 검토 과정에서 미흡한 점이나 의심스러운 사항이 있는 경우 이를 명확히 한다.
- 순응기(Induction) : 새로운 상황에 들어가서 인정과 승인을 받고자 수용적인 자세로 업무에 임한다.
- 개혁기(Reformation) : 수용적이던 이전 단계와 달리 자신의 역할에 대해 보다 강경하고 주장적인 태도를 보이기 시작한다.
- 통합기(Integration) : 집단에 소속된 일원으로서의 자기 자신에 대해 새로운 자아개념을 형성하게 된다.

전문가의 한마디

타이드만과 오하라(Tiedeman & O'Hara)는 진로의사결정 과정을 크게 예상기(Anticipation Period)와 실천기(Implementation Period)로 나누고, 이를 다시 7단계의 하위단계로 구분하였습니다.

예상기	탐색기 → 구체화기 → 선택기 → 명료화기
실천기	순응기 → 개혁기 → 통합기

37

다음 중 직무분석을 실시할 때 사용하는 방법에 관한 설명으로 틀린 것은?

① 관찰법은 직무분석을 시작할 때 직무에 대해 가장 기초적인 지식을 제공하는 방법으로 직무분석가가 직무를 몸소 체험할 수 있는 탁월한 방법이지만 직무행동이 일어나는 원인에 대한 파악은 힘들다.

② 면접법은 다양한 직무들에 관한 자료를 수집하는 데 광범위하게 적용될 수 있지만 자료수집에 많은 시간과 노력이 들고 계량적인 정보를 얻기 힘든 단점이 있다.

③ 작업일지법은 작업자들의 문장작성 능력에 있어서 현저한 개인차가 있기 때문에 사용빈도가 낮은 방법이다.

④ 결정적 사건법은 직무상 가장 자주 발생하는 중간 수준의 수행에 해당하는 사건을 중심으로 그 사건이 발생한 환경이나 이유 등에 관해 분석하는 방법이다.

알찬 해설

결정적 사건법(중요사건 기법)

직무성과와 관련하여 효과적인 행동과 비효과적인 행동을 구분하여 그 사례를 수집하고, 이러한 사례로부터 직무성과에 효과적인 지식, 기술, 능력 등 직무수행요건을 추출하여 분류하는 방법이다. 즉, 직무수행에 결정적인 역할을 한 사건이나 사례를 중심으로 구체적 행동을 범주별로 분류 · 분석하여 직무요건들을 추론해 내는 방법으로 볼 수 있다.

전문가의 한마디

만약 해외 주재원들에게 현지 업무처리 과정 중 인상 깊은 일들을 기록하도록 할 경우, 그들은 기억에 남을만한 사건이나 사례들을 서술할 겁니다. 만약 그 기록들을 토대로 해외 주재원의 직무특성을 정리하였다면, 이는 결정적 사건법에 해당한다고 볼 수 있습니다.

38

심리검사의 신뢰도에 영향을 주는 요인과 가장 거리가 먼 것은?

① 개인차
② 문항 수
③ 규준집단
④ 검사시간 및 속도

알찬 해설

심리검사의 신뢰도에 영향을 주는 주요 요인

- 개인차 : 검사대상이 되는 집단의 개인차가 클수록 검사점수의 변량은 커지며, 그에 따라 신뢰도 계수도 커지게 된다.
- 문항 수 : 문항 수가 많은 경우 신뢰도는 어느 정도 높아진다. 다만, 문항 수를 무작정 늘린다고 해서 검사의 신뢰도가 정비례하여 커지는 것은 아니다.
- 문항반응 수 : 문항반응 수는 적정한 크기를 유지하는 것이 바람직하며, 만약 이를 초과하는 경우 신뢰도는 향상되지 않는다. 일반적으로 리커트(Likert) 척도에서 문항반응 수가 5점 내지 7점을 초과하는 경우 신뢰도 계수는 더 이상 커지지 않는 것으로 보고되고 있다.
- 검사유형(검사시간 및 속도) : 문항 수가 많고 주어진 시간이 제한되어 있는 속도검사의 경우 특히 전후반 분법을 이용하여 신뢰도를 추정하는 것은 바람직하지 못하다. 그 이유는 응답자가 후반부로 갈수록 문항에 답할 충분한 시간이 없으므로 상대적으로 낮은 점수를 받게 되기 때문이다.
- 신뢰도 추정방법(검증법) : 신뢰도를 추정하는 각 방법은 오차를 포함하는 내용이 서로 다르므로 동일한 검사에 여러 가지 방법을 동시에 사용하여 얻어진 신뢰도 계수는 서로 다를 수밖에 없다. 특히 측정오차가 클수록 신뢰도 계수는 그만큼 작게 계산될 가능성이 높다.

전문가의 한마디

심리검사의 신뢰도에 영향을 주는 요인은 매우 다양하며, 교재마다 관점을 달리하여 약간씩 다르게 제시되고 있습니다. 다만, 위에 제시된 5가지는 일반적인 내용으로서 직업상담사 시험의 지문으로도 자주 언급되는 내용이므로 반드시 기억해 두시기 바랍니다.

39

Hackman & Oldham의 직무특성이론에 관한 설명으로 틀린 것은?

① 직무특성 변수는 기술 다양성, 과제 정체성, 과제 중요성, 자율성, 피드백 등이다.
② 성장욕구강도(GNS)가 성과변수로 가는 조절 변수 역할을 한다.
③ 동기부여 잠재력 점수(MPS) 공식에서는 모든 변수들의 점수가 그대로 들어가 똑같이 곱한다.
④ 결과변수로는 내적 동기, 결근, 이직, 작업만족, 수행 등이다.

알찬 해설

직무특성모형의 동기부여 잠재력 점수(MPS ; Motivating Potential Score)

- 동기부여 잠재력 점수(MPS) 공식에서는 기술 다양성, 과제(과업) 정체성, 과제(과업) 중요성을 합하여 '3'으로 나누는 반면, 자율성과 피드백(환류)은 독립적으로 적용한다.

$$MPS = \frac{기술\ 다양성 + 과제\ 정체성 + 과제\ 중요성}{3} \times 자율성 \times 피드백$$

- 기술 다양성, 과제 정체성, 과제 중요성 중 하나 이상이 결여되는 경우에도 직무에 대한 유의미한 경험을 얻을 수 있으나, 자율성이나 피드백이 결핍되면 직무는 동기유발의 잠재력을 완전히 상실하게 된다(MPS=0).

전문가의 한마디

핵크만과 올드햄(Hackman & Oldham)의 직무특성모형(Job Characteristic Model)은 현대적 직무설계의 지침이 되는 이론적 모형으로서, 5가지 직무특성을 확인하여 이들의 상호관련성과 종업원의 생산성, 동기유발 및 만족 등에 미치는 영향관계를 설명하고 있습니다.

40

전직 또는 실직 이후 직업상담의 목표와 가장 거리가 먼 것은?

① 직업훈련 이수
② 직업선택 계획에 대한 책임감
③ 직장적응의 문제인식
④ 구직활동 기법

알찬해설

전직 또는 실직 이후 직업상담의 목표

• 충격완화 프로그램
• 조직문화 인식
• 노동시장의 추이 및 전망에 관한 정보수집
• 직업훈련 이수(①)
• 직업에 대한 태도 형성
• 취업처에 대한 정보 및 의사결정능력
• 직장적응의 문제인식(③)
• 미래에 대한 진로경로계획
• 구직활동 기술 및 기법(④)
• 직업복귀 프로그램
• 취직준비 프로그램
• 관련법상 수혜사항의 확인 등

전문가의 한마디

'직업선택 계획에 대한 책임감'은 전직 또는 실직 이전 직업상담의 목표에 해당합니다.

제3과목 고급직업정보론

41

다음 중 공공직업정보의 특성과 가장 거리가 먼 것은?

① 정보제공의 불연속성
② 객관적 기준에 의거한 직업의 분류 및 구분
③ 기초정보의 성격
④ 조사·수록되는 직업 범위의 포괄성

만점해설

① 민간직업정보의 일반적인 특성에 해당한다.

공공직업정보의 일반적인 특성

• 정부 및 공공단체와 같은 비영리기관에서 공익적 목적으로 생산·제공된다.
• 특정한 시기에 국한되지 않고 지속적으로 조사·분석하여 제공되며, 장기적인 계획 및 목표에 따라 정보체계의 개선작업 수행이 가능하다.
• 특정 분야 및 대상에 국한되지 않고 전체 산업 및 업종에 걸친 직종(업)을 대상으로 한다.(④)
• 국내 또는 국제적으로 인정되는 객관적인 기준(예 국제표준직업분류 및 한국표준직업분류 등)에 근거한 직업분류이다.(②)
• 직업별로 특정한 정보만을 강조하지 않고 보편적인 항목으로 이루어진 기초적인 직업정보체계로 구성된다.(③)
• 관련 직업정보 간의 비교·활용이 용이하고, 공식적인 노동시장통계 등 관련 정보와 결합하여 제반 정책 및 취업알선과 같은 공공목적에 사용 가능하다.
• 정부 및 공공기관 주도로 생산·운영되므로 무료로 제공된다.
• 광범위한 이용가능성에 따라 공공직업정보체계에 대한 직접적이며 객관적인 평가가 가능하다.

전문가의 한마디

위의 해설로 제시된 공공직업정보의 일반적인 특성과 2020년 4회 54번 해설로 제시된 민간직업정보의 일반적인 특성을 함께 기억해 두시기 바랍니다.

42

한국직업사전의 부가 직업정보 중 작업강도에 대한 설명으로 틀린 것은?

① "들어올림", "운반", "밈", "당김"을 기준으로 결정한다.
② "가벼운 작업"은 최고 8kg의 물건을 들어 올리고 4kg 정도의 물건을 빈번히 들어 올리거나 운반한다.
③ "힘든 작업"은 20kg의 물건을 들어 올리고 10kg 정도의 물건을 빈번히 들어 올리거나 운반한다.
④ 심리적·정신적 노동강도를 고려하지 않는다.

작업강도 (출처 : 2020 한국직업사전)

• 아주 가벼운 작업 : 최고 4kg의 물건을 들어 올리고, 때때로 장부, 소도구 등을 들어 올리거나 운반한다.
• 가벼운 작업 : 최고 8kg의 물건을 들어 올리고, 4kg 정도의 물건을 빈번히 들어 올리거나 운반한다.
• 보통 작업 : 최고 20kg의 물건을 들어 올리고, 10kg 정도의 물건을 빈번히 들어 올리거나 운반한다.
• 힘든 작업 : 최고 40kg의 물건을 들어 올리고, 20kg 정도의 물건을 빈번히 들어 올리거나 운반한다.
• 아주 힘든 작업 : 40kg 이상의 물건을 들어 올리고, 20kg 이상의 물건을 빈번히 들어 올리거나 운반한다.

전문가의 한마디

작업강도의 결정기준에서 '밈'과 '당김'의 내용이 다음과 같이 변경되었습니다.

구 분	2012 한국직업사전 (제4판)	2020 한국직업사전 (제5판)
밈	물체에 힘을 가하여 힘을 가한 반대쪽으로 움직이게 하는 작업	물체에 힘을 가하여 힘을 가한 쪽으로 움직이게 하는 작업
당김	물체에 힘을 가하여 힘을 가한 쪽으로 움직이게 하는 작업	물체에 힘을 가하여 힘을 가한 반대쪽으로 움직이게 하는 작업

43

다음 중 해당 직업에서 업무를 수행하는 데 있어서 필요한 능력의 상대적 중요성(적합성) 정도를 직업 간 비교가 가능한 100점 만점으로 제공하는 직업정보원은?

① 한국직업사전
② 한국직업전망
③ 한국직업정보시스템
④ 신생 및 이색직업

한국직업정보시스템(KNOW)

• 한국직업정보시스템(Korea Network for Occupations and Workers)은 청소년과 구직자들의 진로 및 경력 설계, 진로상담, 구인·구직 등에 도움을 주기 위해 개발되었다.
• 산업현장에서 요구되는 핵심적인 지식, 업무수행능력, 성격, 흥미, 직업전망, 자격·훈련 등을 체계적으로 제시하는 종합 직업정보시스템이다.
• 고용노동부의 한국고용정보원에서 운영하다가 이후 워크넷 사이트(www.work.go.kr)에 통합되었다.
• 직업정보 검색을 통해 해당 직업의 하는 일, 교육/자격/훈련, 임금/직업만족도/전망, 능력/지식/환경, 성격/흥미/가치관, 업무활동 등을 소개하며, 특히 업무를 수행하는 데 있어서 필요한 능력의 상대적 중요성(적합성) 정도를 직업 간 비교가 가능한 100점 만점으로 제공한다.

전문가의 한마디

다음은 한국직업정보시스템(KNOW)에서 제시하는 '직업상담사'의 업무수행능력, 지식, 환경 등에서의 중요도를 간략히 요약한 것입니다.

업무수행능력	지 식	환 경
서비스 지향(99) 글쓰기(80) 학습전략(77) 행동조정(71) 범주화(68)	상담(100) 심리(99) 인사(97) 교육 및 훈련(96) 의사소통과 미디어(95)	앉아서 근무(92) 연설, 발표, 회의하기(90) 자동화 정도(88) 이메일 이용하기(87) 공문, 문서 주고받기(87)

44

다음 (   )에 알맞은 것은?

> 워크넷의 한국직업정보시스템에서 직업의 전망조
> 건을 '밝음'으로 선택하여 직업정보를 검색하면 직
> 업전망이 상위 (   ) 이상인 직업만 검색된다.

① 5%
② 10%
③ 15%
④ 20%

알찬 해설

한국직업정보시스템의 조건별 검색 (출처 : 워크넷)

평균연봉	직업전망
• 3,000만원 미만 • 3,000~4,000만원 미만 • 4,000~5,000만원 미만 • 5,000만원 이상	• 매우밝음(상위 10% 이상) • 밝음(상위 20% 이상) • 보통(중간 이상) • 전망안좋음(감소예상직업)

전문가의 한마디

한국직업정보시스템은 워크넷에 통합되어 워크넷(직업·진로)의 직업정보 카테고리를 통해 직업정보 검색 서비스, 즉 '직업정보 찾기'를 제공하고 있습니다.

45

한국표준직업분류(2007)에서 공무원 직종의 분류요령에 관한 설명으로 틀린 것은?

① 관공서의 기관장은 직급과 상관없이 관리자 직군으로 구분해야 한다.
② 정무직이나 선출직을 비롯하여 차관급 이상의 업무를 수행하는 경우는 '1201 정부행정 관리자'로 분류한다.
③ 일반적인 4급 또는 5급의 공무원(구·시·군은 6급 계장급 공무원 포함)과 지역예비군 중대장은 '2620 정부 및 공공행정 전문가'로 구분한다.
④ 특정 직군이 아닌 6급 이하 공무원은 '3114 국가·지방 및 공공행정 사무원'으로 분류한다.

알찬 해설

이 문제는 한국표준직업분류(KSCO)의 개정 전 내용에 해당하므로, 해설의 내용을 간단히 살펴본 후 넘어가도록 한다. 현행 한국표준직업분류(KSCO) 제7차 개정(2018)에 따른 특정 직종의 주요 분류요령은 다음과 같다.

> • 행정 관리 및 입법적 기능 수행업무 종사자 : '대분류 1 관리자'에 분류된다. 다만, 현업을 겸하는 경우에는 다른 사람의 직무수행을 감독 및 관리하는 직무에 평균 근무시간의 80% 이상을 종사하는 자만 관리자로 분류된다.
> • 자영업주 및 고용주의 직종 : 주된 직무 우위 원칙에 따라 수행하는 직무 중 투자하는 시간이 가장 많은 직무로 분류된다.
> • 감독 직종 : 반장 등과 같이 주로 수행된 일의 전문, 기술적인 통제업무를 수행하는 감독자는 그 감독되는 근로자와 동일 직종으로 분류한다.
> • 연구 및 개발 직종 : '대분류 2 전문가 및 관련 종사자'에서 그 전문분야에 따라 분류된다.
> • 군인 직종 : 군인은 별도로 '대분류 A 군인'에 분류된다.

참고로 문제 출제 당시 정답은 ②로 발표되었다. 제6차 개정(2007)에서는 "정무직이나 선출직을 비롯하여 차관급 이상의 업무를 수행하는 경우는 '1110 의회위원·고위공무원 및 공공단체임원'으로 분류한다"고 명시되어 있었다.

전문가의 한마디

위의 해설은 한국표준직업분류(KSCO) 제7차 개정 (2018)의 '특정 직종의 분류요령' 중 일부를 지면 관계상 간략히 기술한 것입니다. 제6차 개정(2007)은 특정 직종 의 분류요령에서 '공무원 직종'의 분류요령을 포함하고 있으나, 제7차 개정(2018)에서는 '공무원 직종'에 대한 분류요령이 별도로 명시되어 있지 않습니다.

46

한국표준직업분류(2007)에서 한 사람이 전혀 상 관성이 없는 두 가지 이상의 직업에 종사할 경우 에 그 직업을 결정하는 일반적 원칙이 아닌 것은?

① 취업시간 우선의 원칙
② 수입 우선의 원칙
③ 조사 시 최근의 직업 원칙
④ 작업강도 우선의 원칙

알찬 해설

다수 직업 종사자의 분류원칙 [출처 : 한국표준직업분류 (2018)]

- 취업시간 우선의 원칙 : 가장 먼저 분야별로 취업시간 을 고려하여 보다 긴 시간을 투자하는 직업으로 결정 한다.
- 수입 우선의 원칙 : 위의 경우로 분별하기 어려운 경 우는 수입(소득이나 임금)이 많은 직업으로 결정한다.
- 조사 시 최근의 직업 원칙 : 위의 두 가지 경우로 판단 할 수 없는 경우에는 조사시점을 기준으로 최근에 종 사한 직업으로 결정한다.

전문가의 한마디

'다수 직업 종사자'란 한 사람이 전혀 상관성이 없는 두 가지 이상의 직업에 종사할 경우를 의미합니다.

47

한국표준직업분류(2007)의 '대분류 7 기능원 및 관련 기능 종사자'에 대한 설명으로 틀린 것은?

① 중분류 체계는 5차 개정된 직업분류(2000년) 의 순서에 따라 배열하였다.
② 전산업에 걸쳐있거나 특정산업으로 분류하기 에 부적합한 직업은 기타로 분류하였다.
③ 중·소분류에서는 5차 개정된 직업분류(2000 년)보다 분류 항목수를 세분·확대하였다.
④ 세세분류 항목은 고용자수에 비하여 너무 세 분되어 있고, 현장조사에 어려움이 있어 통합 하였다.

알찬 해설

이 문제는 한국표준직업분류(KSCO)의 개정 전 내용에 해당하므로, 해설의 내용을 간단히 살펴본 후 넘어가도 록 한다. 현행 한국표준직업분류(KSCO) 제7차 개정 (2018)에서는 '대분류 7 기능원 및 관련 기능 종사자'의 분류와 관련하여 다음과 같이 기술하고 있다.

> 국제분류(ISCO-08) 체계와의 정합성을 제고하고 유 사·인접 분야 직무 체계의 정합성을 제고하기 위해 중 분류 '정보 통신 및 방송장비 관련 기능직'을 신설하고, '전기 및 전자기기 설치 및 수리원'과 '영상 및 통신 장비 관련 기능직'에 분산되어 있던 컴퓨터와 이동전화기, 정 보 통신 기기, 방송·통신장비 관련 설치 및 수리원을 하위분류로 재편하였다. '의복 제조 관련 기능 종사자' 이하 가죽 수선원과 모피 수선원을 통합하고, '자동차 튜 닝원'(드레스업 튜닝 제외)을 신설하였다.

참고로 문제 출제 당시 정답은 ①로 발표되었다. 제6차 개정(2007)에서는 "중분류 체계는 산업분류의 순서에 따라 배열하였다"고 명시되어 있었다.

전문가의 한마디

한국표준직업분류(KSCO) 제7차 개정(2018)에서는 직무 능력 형태의 차이를 반영하여 '대분류 7'과 '대분류 8'을 설정하고 있습니다. 즉, '대분류 7 기능원 및 관련 기능 종사자'에는 목 공예원, 도자기 공예원, 보석세공원, 건 축 석공, 전통 건물 건축원, 한복 제조원과 같은 장인 및 수공 기예성 직업을 분류한 반면, '대분류 8 장치·기계

조작 및 조립 종사자'에는 제품의 가공을 위한 기계 지향성 직업을 분류하고 있습니다.

48
한국고용직업분류(KECO)의 분류원칙에 해당되지 않는 것은?

① 연계성 유지
② 직능유형 우선
③ 최대고용과 노동시장 우선
④ 배타성의 원칙

알찬 해설

이 문제는 한국고용직업분류(KECO)의 개정 전 내용에 해당하므로, 해설의 내용을 간단히 살펴본 후 넘어가도록 한다. 현행 한국고용직업분류(2018)의 직업분류 원칙은 국제표준직업분류와 한국표준직업분류의 정의를 그대로 따른다.

> • 직업분류의 일반원칙으로서 '포괄성의 원칙'과 '배타성의 원칙'을 둔다.
> • 포괄적인 업무에 대한 직업분류 원칙으로 '주된 직무 우선 원칙', '최상급 직능수준 우선 원칙', '생산업무 우선 원칙'을 순서에 따라 적용한다.
> • 다수 직업 종사자의 분류원칙으로 '취업시간 우선의 원칙', '수입 우선의 원칙', '조사 시 최근의 직업 원칙'을 적용한다.

참고로 문제 출제 당시 정답은 ③으로 발표되었다. 한국고용직업분류(KECO)는 '직능유형 우선', '포괄성', '배타성', '연계성 유지', '최소고용과 노동시장 우선' 등을 원칙으로 제시하였다.

전문가의 한마디

한국고용직업분류(2018)는 기존 한국고용직업분류(2007)의 24개 중분류 중심 분류체계에서 10개 대분류 중심 분류체계로 전환함으로써 한국표준직업분류(KSCO) 등 다른 직업분류체계에서 사용하는 10진법 체계를 사용하고 있습니다.

49
한국표준산업분류(2017)의 제10차 개정 내용으로 틀린 것은?

① 정보통신업 대분류는 출판, 영상, 방송통신 및 정보서비스업으로 명칭을 변경하였다.
② 국내 산업활동의 변화상과 특수성을 고려하여 미래 성장 산업, 기간산업 및 동력산업 등은 신설 또는 세분하였다.
③ 통합경제분류 연계표 작성 및 활용을 위한 기본 틀을 구축하고 경제분석을 종합적으로 수행할 수 있는 기초를 마련하였다.
④ 한국재화 및 서비스분류(KCPC), 국민계정 경제활동별분류(SNA 분류체계) 등 관련 분류들을 동시에 고려하여 분류의 포괄범위, 명칭 및 개념 등을 조정하였다.

만점 해설

① 출판, 영상, 방송통신 및 정보서비스업 대분류는 정보통신업으로 명칭을 변경하였다.

전문가의 한마디

한국표준산업분류(KSIC) 제9차 개정(2008)에서 대분류 J로 분류된 '출판, 영상, 방송통신 및 정보서비스업'이 제10차 개정(2017)에서 '정보통신업'으로 명칭이 변경되었습니다.

50

워크넷에서 채용정보를 검색할 때 선택할 수 있는 기업형태가 아닌 것은?

① 중소기업
② 벤처기업
③ 청년친화강소기업
④ 가족친화인증기업

알찬 해설

워크넷 채용정보 중 기업형태별 검색

- 대기업
- 공무원/공기업/공공기관
- 강소기업
- 코스피/코스닥
- 중견기업
- 외국계기업
- 일학습병행기업
- 벤처기업
- 청년친화강소기업
- 가족친화인증기업

전문가의 한마디

워크넷 홈페이지의 내용은 수시로 변경되는 경향이 있으므로, 해당 홈페이지(www.work.go.kr)를 반드시 살펴보시기 바랍니다. 참고로 최근 워크넷 채용정보 중 기업형태별 검색에서 '중견기업'이 새롭게 포함되었습니다. 다만, '중소기업', '금융권기업', '공사합동기업', '환경친화기업', '다문화가정지원기업' 등은 여전히 포함되어 있지 않다는 점을 반드시 기억해 두시기 바랍니다.

51

한국표준산업분류(2017)에서 산업분류의 적용원칙이 아닌 것은?

① 동일 단위에서 제조한 재화의 소매활동은 별개 활동으로 분류하지 않고 소매활동으로 분류되어야 한다.
② 생산단위는 산출물뿐만 아니라 투입물과 생산공정 등을 함께 고려하여 그들의 활동을 가장 정확하게 설명된 항목에 분류해야 한다.
③ 복합적인 활동단위는 우선적으로 최상급 분류단계(대분류)를 정확히 결정하고, 순차적으로 중·소·세·세세분류 단계 항목을 결정하여야 한다.
④ 산업활동이 결합되어 있는 경우에는 그 활동단위의 주된 활동에 따라서 분류하여야 한다.

만점 해설

① 동일 단위에서 제조한 재화의 소매활동은 별개 활동으로 분류하지 않고 제조활동으로 분류되어야 한다. 그러나 자기가 생산한 재화와 구입한 재화를 함께 판매한다면 그 주된 활동에 따라 분류한다.

전문가의 한마디

한국표준산업분류(KSIC)의 산업분류 적용원칙은 제9차 개정(2008)과 제10차 개정(2017)에서 내용상 약간의 차이가 있습니다. 다만, 문제의 지문 ②·③·④번의 내용은 제9차 개정(2008)과 제10차 개정(2017)에서 차이가 없습니다.

52

한국표준산업분류(2017)에서 재무관련 통계작성에 가장 유용한 통계단위는?

① 사업체
② 기업체
③ 사업장
④ 영업장

알찬해설

한국표준산업분류(KSIC)상 사업체 단위와 기업체 단위 [출처 : 한국표준산업분류(2017)]

사업체 단위	• 공장, 광산, 상점, 사무소 등과 같이 산업활동과 지리적 장소의 양면에서 가장 동질성이 있는 통계단위이다. • 일정한 물리적 장소에서 단일 산업활동을 독립적으로 수행하며, 영업잉여에 관한 통계를 작성할 수 있고 생산에 관한 의사결정에 있어서 자율성을 갖고 있는 단위이므로, 장소의 동질성과 산업활동의 동질성이 요구되는 생산통계 작성에 가장 적합한 통계단위라고 할 수 있다.
기업체 단위	• 재화 및 서비스를 생산하는 법적 또는 제도적 단위의 최소 결합체로서 자원 배분에 관한 의사결정에서 자율성을 갖고 있다. • 기업체는 하나 이상의 사업체로 구성될 수 있다는 점에서 사업체와 구분되며, 재무관련 통계작성에 가장 유용한 단위이다.

전문가의 한마디

생산통계 작성에 적합한 통계단위는 '사업체 단위', 재무관련 통계작성에 유용한 통계단위는 '기업체 단위'입니다.

53

한국표준산업분류의 분류구조 및 부호체계에 대한 설명으로 틀린 것은?

① 부호 처리를 할 경우에는 알파벳만을 사용토록 했다.
② 분류구조는 대분류, 중분류, 소분류, 세분류, 세세분류의 5단계로 구성된다.
③ 중분류의 번호는 01부터 99까지 부여하였으며, 대분류별 중분류 추가여지를 남겨놓기 위하여 대분류 사이에 번호 여백을 두었다.
④ 권고된 국제분류 ISIC Rev.4를 기본체계로 하였으나, 국내 실정을 고려하여 국제분류의 각 단계 항목을 분할, 통합 또는 재그룹화하여 독자적으로 분류 항목과 분류 부호를 설정하였다.

알찬해설

한국표준산업분류(KSIC)의 분류구조 및 부호체계 [출처 : 한국표준산업분류(2017)]

• 분류구조는 대분류(알파벳 문자 사용/Section), 중분류(2자리 숫자 사용/Division), 소분류(3자리 숫자 사용/Group), 세분류(4자리 숫자 사용/Class), 세세분류(5자리 숫자 사용/Sub-Class) 5단계로 구성된다.(②)
• 부호 처리를 할 경우에는 아라비아 숫자만을 사용하도록 했다.(①)
• 권고된 국제분류 ISIC Rev.4를 기본체계로 하였으나, 국내 실정을 고려하여 국제분류의 각 단계 항목을 분할, 통합 또는 재그룹화하여 독자적으로 분류 항목과 분류 부호를 설정하였다.(④)
• 분류 항목 간에 산업 내용의 이동을 가능한 억제하였으나 일부 이동 내용에 대한 연계분석 및 시계열 연계를 위하여 부록에 수록된 신구 연계표를 활용하도록 하였다.
• 중분류의 번호는 01부터 99까지 부여하였으며, 대분류별 중분류 추가여지를 남겨놓기 위하여 대분류 사이에 번호 여백을 두었다.(③)
• 소분류 이하 모든 분류의 끝자리 숫자는 "0"에서 시작하여 "9"에서 끝나도록 하였으며, "9"는 기타 항목

안심Touch

을 의미하며 앞에서 명확하게 분류되어 남아 있는 활동이 없는 경우에는 "9" 기타 항목이 필요 없는 경우도 있다. 또한 각 분류 단계에서 더 이상 하위분류가 세분되지 않을 때는 "0"을 사용한다(예 중분류 02/임업, 소분류/020).

전문가의 한마디

지문 ③번에서 중분류의 번호는 "00부터 99까지"도, "01부터 09까지"도 아닙니다. 이와 관련하여 2018년 4회 55번, 2019년 4회 56번 문제를 살펴보시기 바랍니다.

54
국가기술자격 서비스 분야에 해당하지 않는 종목은?

① 소비자전문상담사 1급
② 국제의료관광코디네이터
③ 멀티미디어콘텐츠제작전문가
④ 스포츠건강관리지도사

만점해설

④ 스포츠건강관리지도사는 한국전문지도사협회, (사)한국체육교육회 등에서 주관하는 등록민간자격 종목에 해당한다.
① 소비자전문상담사는 서비스 분야 국가기술자격 종목으로서 1급과 2급으로 분류되며, 직무상 '02 경영 · 회계 · 사무' 분야에 해당한다.
② 국제의료관광코디네이터는 서비스 분야 국가기술자격 종목으로서 단일등급으로 분류되며, 직무상 '06 보건 · 의료' 분야에 해당한다.
③ 멀티미디어콘텐츠제작전문가는 서비스 분야 국가기술자격 종목으로서 단일등급으로 분류되며, 직무상 '21 정보통신' 분야에 해당한다.

전문가의 한마디

국가기술자격은 국가자격 중 산업과 관련이 있는 기술 · 기능 분야의 자격과 서비스 분야의 자격으로 구분됩니다. 일반적으로 "국가기술자격 종목"이라고 하면, 이 두 분야가 모두 포함됩니다.

55
훈련의 목적에 따른 직업능력개발훈련의 구분이 아닌 것은?

① 집체훈련
② 양성훈련
③ 향상훈련
④ 전직훈련

알찬해설

직업능력개발훈련의 구분(근로자직업능력개발법 시행령 제3조 참조)
• 훈련의 목적에 따른 구분 : 양성훈련, 향상훈련, 전직훈련
• 훈련의 실시방법에 따른 구분 : 집체훈련, 현장훈련, 원격훈련, 혼합훈련

전문가의 한마디

근로자직업능력개발법령상 직업능력개발훈련에 관한 문제는 '3과목 고급직업정보론' 및 '5과목 노동관계법규'에서 함께 출제되고 있습니다.

56

NCS 직업기초능력 영역에 해당되지 않는 것은?

① 문제해결능력
② 정보능력
③ 기술능력
④ 집중능력

 알찬 해설

국가직무능력표준(NCS)의 직업기초능력 영역

직업기초능력 영역	하위능력
의사소통능력	문서이해능력, 문서작성능력, 경청능력, 의사표현능력, 기초외국어능력
수리능력	기초연산능력, 기초통계능력, 도표분석능력, 도표작성능력
문제해결능력	사고력, 문제처리능력
자기개발능력	자아인식능력, 자기관리능력, 경력개발능력
자원관리능력	시간관리능력, 예산관리능력, 물적자원관리능력, 인적자원관리능력
대인관계능력	팀웍능력, 리더십능력, 갈등관리능력, 협상능력, 고객서비스능력
정보능력	컴퓨터활용능력, 정보처리능력
기술능력	기술이해능력, 기술선택능력, 기술적용능력
조직이해능력	국제감각, 조직체제이해능력, 경영이해능력, 업무이해능력
직업윤리	근로윤리, 공동체윤리

전문가의 한마디

'직업기초능력'은 해당 직무의 수행을 위해 기본적으로 갖추어야 할 직업능력을 말합니다.

57

고용정보 수집을 위해 집단조사법을 활용할 때의 설명으로 틀린 것은?

① 개별조사와 비교하여 비용과 시간을 절약하고 동일성을 확보할 수 있다.
② 주위의 응답자들과 의논할 수 있어 왜곡된 응답을 줄일 수 있다.
③ 학교나 기업체, 군대 등의 조직체 구성원을 조사할 때 유용하다.
④ 조사대상에 따라서는 집단을 대상으로 한 면접 방식과 자기기입 방식을 조합하여 실시하기도 한다.

알찬 해설

집단조사의 단점

• 응답의 왜곡 가능성 : 집단상황에서의 묵시적인 집단 압력은 "잘 모르겠다", "그저 그렇다" 등 중립적인 응답의 가능성을 높일 수 있고, 집단을 위해 바람직하다고 생각되는 응답을 할 수 있다.

• 응답자들에 대한 통제의 어려움 : 응답자들 간 의사교류의 기회가 마련되므로 조사자가 집단을 통제하기 어려우며, 일부 응답자들의 조사자에 대한 적대감이 집단 전체의 분위기에 부정적인 영향을 미칠 수도 있다.

• 조사 결과 활용에 있어서 부정적 인식 : 응답자들 중에는 집단조사를 승인해 준 당국이 조사 결과를 이용할 가능성이 있다고 인식할 수 있다. 이 경우 응답결과에 대한 비밀유지가 안 될 것이라는 염려 때문에 집단의 규범이나 이상 쪽으로 응답하여 자료를 왜곡시킬 수 있다.

전문가의 한마디

집단조사는 무엇보다도 비용과 시간을 절약하고 동일성을 확보할 수 있는 장점이 있습니다. 또한 응답자들이 동시에 질문을 제기할 수 있고 조사자들과 직접 대화할 수 있는 기회가 있으므로 질문지에 대한 오해를 최소로 줄일 수 있습니다.

58

직업상담사 A씨는 직업정보를 수집하기 위한 설문지를 작성하였다. 개별적인 질문 문항이 결정된 이후 응답자에게 제시하는 질문순서에 대한 설명으로 틀린 것은?

① 특수한 것을 먼저 묻고 그 다음에 일반적인 것을 질문하도록 하는 것이 좋다.
② 질문 내용은 가급적 구체적인 용어로 표현하는 것이 좋다.
③ 개인 사생활에 관한 질문과 같이 민감한 질문은 가급적 뒤로 배치하는 것이 좋다.
④ 질문은 논리적인 순서에 따라 자연스럽게 배치하는 것이 좋다.

알찬 해설

질문 문항 순서 결정 시 유의사항

• 민감한 질문이나 개방형 질문은 가급적 질문지의 후반부에 배치한다.
• 답변이 용이한 질문들을 전반부에 배치한다.
• 계속적인 기억이 필요한 질문들을 전반부에 배치한다.
• 질문 문항들을 논리적 순서에 따라 자연스럽게 배치한다.
• 응답의 신뢰도를 묻는 질문 문항들은 분리시켜야 한다.
• 동일한 척도항목들은 모아서 배치한다.
• 질문 문항들을 길이와 유형에 따라 변화 있게 배치한다.
• '여과 질문'을 적절하게 배치하여 사용한다.
• 특별한 질문은 일반질문 뒤에 놓는다.(①)

전문가의 한마디

위의 해설에서 여과 질문(Filter Question)이란 다음과 같이 질문 항목에 해당하는 사람에게만 질문이 적용되는 방식입니다.

질문4-1) 당신은 기초생활보장 수급권자입니까?	
A. 수급권자	☞ 5-1번 질문으로 이동
B. 비수급권자	☞ 6번 질문으로 이동

59

다음 중 '고용'을 주제로 하는 통계가 아닌 것은?

① 산업기술인력수급실태조사
② 청년패널조사
③ 최저임금적용효과에관한실태조사
④ 대졸자직업이동경로조사

알찬 해설

이 문제는 통계청의 국가통계포털(KOSIS) 주제별 통계의 개정 전 내용에 해당하므로, 해설의 내용을 간단히 살펴본 후 넘어가도록 한다. 국가통계포털(KOSIS) 주제별 통계는 과거 '고용 · 노동 · 임금'이 '고용 · 임금'으로 변경된 바 있는데, 최근에는 이를 '노동'과 '임금'으로 분리하여 제시하고 있다. 2021년 7월 기준 '산업기술인력수급실태조사', '청년패널조사', '대졸자직업이동경로조사'는 '노동'을 주제로 하는 통계로, '최저임금적용효과에관한실태조사'는 '임금'을 주제로 하는 통계로 분류되고 있다. 참고로 '임금'을 주제로 하는 통계는 다음과 같다.

• 건설업임금실태조사
• 건설사업관리기술인임금실태조사
• 기업체노동비용조사
• 디자이너등급별노임단가실태조사
• 소프트웨어기술자임금실태조사
• 엔지니어링업체임금실태조사
• 임금결정현황조사
• 중소제조업직종별임금조사
• 체당금지급현황
• 최저임금적용효과에관한실태조사(③)
• 측량업체임금실태조사

전문가의 한마디

2021년 7월 기준 '노동'을 주제로 하는 통계에 대해서는 2019년 4회 49번 문제 해설을 살펴보시기 바랍니다.

60

다음 표에 관한 분석으로 틀린 것은? (단, 분석시점은 '17년 3월을 기준으로 함)

[표, 종사상 지위별 취업자 증감]

(단위 : 천명, 전년동월대비)

구 분	2016년 11월	2016년 12월	2017년 1월	2017년 2월	2017년 3월
전 체	304	455	331	469	469
임금근로자	511	599	536	574	449
상 용	731	715	593	604	617
임 시	−187	−75	−12	−57	−194
일 용	−33	−41	−45	27	26
비임금 근로자	−207	−144	−205	−105	20
자영업	−165	−127	−192	−130	−25
무급가족 종사	−42	−17	−13	25	45

① 임금근로자는 전년동월대비 449천명 증가하였음
② 상용직 증가폭은 전체 취업자 증가의 주요 요인으로 작용함
③ 비임금근로자는 전년동월대비 20천명 증가하였음
④ 자영업을 제외한 비임금근로자는 전년동월대비 지속적 감소추이를 보이다가 3월 들어 다소 증가함

만점 해설

④ 자영업의 감소폭이 축소되면서 비임금근로자가 전년동월대비 20천명 증가하였음

전문가의 한마디

사실 문제상의 표는 《2011년 3월 고용동향》에 제시된 수치입니다.

제4과목 노동시장론

61

다음 중 노동수요곡선을 이동시키는 요인이 아닌 것은?

① 임 금
② 다른 생산요소의 가격
③ 최종상품에 대한 수요
④ 기술혁신

만점 해설

① 임금의 변화는 노동수요의 결정요인이기는 하나 노동수요곡선을 이동(Shift)시키는 것이 아닌 노동수요곡선상의 이동으로 나타난다. 즉, 임금의 상승은 노동수요의 감소를 유발하여 우하향하는 노동수요곡선상 좌측(A)으로 이동하는 반면, 임금의 하락은 노동수요의 증가를 가져옴으로써 노동수요곡선상 우측(B)으로 이동한다.

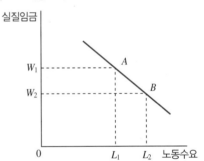

전문가의 한마디

노동수요곡선의 변화와 관련하여 '노동수요의 변화'와 '노동수요량의 변화'를 구분할 수 있어야 합니다. 노동수요의 변화는 노동수요의 결정요인 중 임금을 제외한 요인이 변화하여 나타나는 노동수요곡선 자체의 이동(Shift)을 말합니다. 반면, 노동수요량의 변화는 노동수요의 결정요인 중 임금의 변화에 의해 나타나는 노동수요곡선상의 수요점 이동을 말합니다.

62

A기업의 임금에 대한 노동수요의 탄력성은?

> 이윤극대화를 추구하는 A기업은 지난해 종업원 수 500명, 평균임금 200만원, 매출액 1,000억 규모이었는데 금년도 평균임금을 10만원 인상하고 종업원을 50명 감원하였다.

① 0.5
② −0.5
③ 2
④ 1

알찬 해설

노동수요의 (임금)탄력성

노동수요의 (임금)탄력성은 임금 1%의 증가에 의해 유발되는 고용(노동수요량)의 변화율을 말하는 것으로서, 다음의 공식으로 나타낼 수 있다.

$$노동수요의\ (임금)탄력성 = \frac{노동수요량의\ 변화율(\%)}{임금의\ 변화율(\%)}$$

- 노동수요량의 변화율(%) $= \frac{-50}{500} \times 100 = -10(\%)$

- 임금의 변화율(%) $= \frac{100,000}{2,000,000} \times 100 = 5(\%)$

- 노동수요의 (임금)탄력성 $= \left| \frac{-10(\%)}{5(\%)} \right| = 2$

∴ 2(단, 절댓값 적용)

전문가의 한마디

일반적으로 임금이 상승하면 노동에 대한 수요가 감소하므로 노동수요의 임금탄력성은 항상 부(−)의 값을 가지게 됩니다. 따라서 노동수요의 임금탄력성은 절댓값 개념을 사용하며, 절댓값이 클수록 임금변화에 대한 고용변화의 정도가 큼을 나타냅니다. 또한 노동수요의 임금탄력성은 '%'의 단위를 가지지 않습니다.

63

일반적 훈련과 기업특수적 훈련에 대한 설명으로 틀린 것은?

① 기업특수적 인적자본은 차별화된 제품의 생산이나 생산공정의 특유성으로 형성된다.
② 기업특수적 인적자본은 근로자들의 특별한 팀웍으로 형성된다.
③ 기업특수적 훈련은 일반적 훈련과 구분되며 훈련비용은 대부분 기업이 부담한다.
④ 기업은 훈련비용이 낮은 일반적 훈련을 선호한다.

만점 해설

④ 기업은 일반적 훈련에 대한 투자를 기피하는 경향이 있는데, 그 이유는 해당 기업이 일반적 훈련에 투자한 비용을 보상받을 수 없을 뿐만 아니라 일반적 훈련이 다른 모든 기업에서 동일하게 활용될 수 있기 때문이다.

일반적 훈련과 기업특수적 훈련

일반적 훈련	• 학교교육 등과 같이 어떠한 기업에서 일하더라도 생산성을 향상시킬 수 있는 훈련을 말한다. • 기초적인 기술이나 지식, 어떤 산업에서나 공통적으로 이용될 수 있는 기술 등이 해당한다.
기업특수적 훈련	• 현장훈련 등과 같이 습득된 기술이나 지식이 특정 기업에서만 생산성을 높이게 되는 훈련을 말한다. • 다른 기업에서는 이용가치가 없는 훈련이므로, 이러한 훈련에서 얻어진 기술은 특정 기업 고유의 기술 또는 기업 전용의 기술이라고 할 수 있다.

전문가의 한마디

기업이 기업특수적 훈련에 대해 기꺼이 비용을 지불하려는 이유는 기업특수적 훈련이 다른 기업에서는 활용될 수 없고, 훈련비용을 전적으로 기업이 지불하는 대신 그로 인한 편익(Benefit) 또한 기업이 모두 향유할 수 있기 때문입니다.

64

다음 ( )에 알맞은 것은?

> 노동공급 탄력성이 (−)인 경우 임금률이 증가하면
> (ㄱ)효과가 (ㄴ)효과를 압도한다.

① ㄱ : 소득, ㄴ : 대체
② ㄱ : 소득, ㄴ : 규모
③ ㄱ : 대체, ㄴ : 소득
④ ㄱ : 대체, ㄴ : 규모

노동공급의 (임금)탄력성

• 노동공급의 (임금)탄력성은 임금 1%의 증가에 의해 유발되는 노동공급량의 변화율을 말하는 것으로, 일반적으로 임금 상승 시 노동공급이 증가하므로 정(+)의 값을 가지게 된다.

• 그러나 노동공급의 (임금)탄력성이 부(−)의 값을 가지기도 하는데, 이는 후방굴절 노동공급곡선에서 나타난다. 후방굴절 구간에서 임금 상승의 소득효과가 대체효과를 압도함으로써 노동공급량이 줄어들고 그에 따라 노동공급곡선이 뒤쪽으로 구부러지는 모양을 갖게 되는 것이다.

전문가의 한마디

이 문제는 2017년 2회 76번 문제의 변형된 형태로 볼 수 있습니다.

65

경쟁노동시장에서 W^*와 E^*는 각각 균형임금과 균형고용수준이다. 최저임금을 W_{high}로 설정할 때 발생하는 비자발적 실업의 규모는 얼마인가?

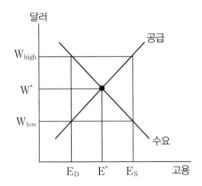

① $E_D E^*$
② $E^* E_S$
③ $E_D E_S$
④ $0 E_S$

최저임금제와 비자발적 실업

• 비자발적 실업은 일할 의사와 능력이 있음에도 불구하고 일자리를 구하지 못한 상태를 말한다.

• 그래프상에서 임금이 W^* 수준일 때는 노동공급량과 노동수요량이 일치하여 노동시장이 균형을 이루게 된다. 그러나 임금이 W_{high} 수준에 이르면 노동공급량은 증가하는 반면, 노동수요량은 감소하여 $E_D E_S$ 만큼 잉여인력이 발생하게 된다.

• 최저임금제가 시행되면 균형임금보다 높은 최저임금으로 인해 기업들의 노동수요량이 감소하고 $E_D E^*$ 만큼의 해고자가 발생하여 비자발적 실업을 형성하게 된다.

전문가의 한마디

임금이 상승하면 자발적으로 실업상태에 있던 사람들 중 노동공급을 하고자 하는 사람들이 생기게 되는데, 이들은 임금이 W_{high} 수준으로 올라갈 때 $E^* E_S$로 증가하여 실업상태에 놓이게 됩니다.

66

생산성 임금제의 특성과 경제적 기능에 대한 설명으로 틀린 것은?

① 생산성 임금제는 소득정책의 일환으로 노사 간 임금교섭방식에 많이 활용된다.
② 생산성 임금제는 실질임금 상승률을 부가가 치생산성 상승률과 일치시키는 방법이다.
③ 생산성 임금제는 노조의 과도한 임금상승 요구나 사용자의 임금억제를 동시에 제어할 수 있다.
④ 생산성 임금제는 이론적으로 노동소득분배율 을 고정시킬 수 있다.

만점 해설

② 생산성 임금제는 명목임금 상승률을 부가가치생산성 상승률과 일치시키는 방법이다.

전문가의 한마디

생산성 임금제는 생산성 증가에 따른 이익분배를 노사 간에 상호 보장하는 제도로서, 매년 임금결정교섭에 있어서 임금의 인상률을 생산성 증가율에 연계시키는 방식입니다.

67

최저임금제도의 효과에 관한 설명으로 틀린 것은?

① 소득의 계층별 분배를 개선할 수 있다.
② 기업 간의 공정경쟁을 확보할 수 있다.
③ 산업구조의 고도화에 기여할 수 있다.
④ 10대, 여성, 고령자 등 취약계층의 고용 확대 를 가져올 수 있다.

알찬 해설

최저임금제도의 목적(기대효과)
• 소득분배의 개선(산업 간, 직업 간 임금격차 해소)(①)
• 노동력의 질적 향상
• 기업의 근대화 및 산업구조의 고도화 촉진(③)
• 공정경쟁의 확보(②)
• 산업평화의 유지
• 경기 활성화에 기여(유효수요의 창출)
• 복지국가의 실현

전문가의 한마디

최저임금제도는 일반적으로 고용 감소 및 실업 증가의 부정적인 효과를 가지는 것으로 알려져 있습니다.

68

취업자 수가 800만명, 비경제활동인구가 600만명이며, 경제활동참가율이 60%라고 할 때 실업률은 얼마인가? (단, 소수점 둘째 자리에서 반올림)

① 9.1%
② 10.1%
③ 11.1%
④ 12.1%

알찬 해설

경제활동참가율과 실업률

경제활동참가율은 다음의 공식으로 나타낼 수 있다.

$$경제활동참가율(\%) = \frac{경제활동인구 \ 수}{15세 \ 이상 \ 인구 \ 수^*} \times 100$$

*15세 이상 인구 수 = 경제활동인구 수 + 비경제활동인구 수

15세 이상 인구는 경제활동인구와 비경제활동인구를 합한 수치이므로, 경제활동인구 수를 'x'로 놓고 이를 문제상에서 주어진 조건들과 함께 위의 공식에 대입하면,

$$60(\%) = \frac{x}{x + 6,000,000(명)} \times 100$$

$$x = \frac{60(x + 6,000,000)}{100}$$

$$10x = 6x + 36,000,000$$

$$\therefore \ x = 9,000,000(명)$$

경제활동인구 수는 9,000,000명이므로, 이를 다음의 실업률 공식에 대입하면,

$$실업률(\%) = \frac{실업자 \ 수^{**}}{경제활동인구 \ 수} \times 100$$

** 실업자 수 = 경제활동인구 수 − 취업자 수

$$실업률(\%) = \frac{9,000,000(명) - 8,000,000(명)}{9,000,000(명)} \times 100$$

$$= \frac{1}{9} \times 100 ≒ 11.11111 \cdots (\%)$$

따라서 실업률은 11.1%(소수점 둘째 자리에서 반올림)이다.

전문가의 한마디

이 문제는 풀이 과정이 정해져 있지 않으므로 다양한 방식으로 계산이 가능하나, 여기서는 가급적 쉬운 일차방정식을 사용하였습니다.

69

직무급에 관한 설명으로 가장 거리가 먼 것은?

① 신분이나 개인의 속성에 예속된 임금결정 방식이 아니라 직무에 의한 임금결정 방식이다.
② 동일가치의 직무에는 동일한 임금이라고 하는 원칙을 명확히 함으로써 임금배분의 공평성을 기할 수 있는 방식이다.
③ 생활급과는 차이가 있기 때문에 경영의 합리화, 근로의욕의 제고, 노동생산성의 향상을 기할 수 있는 임금결정 방식이다.
④ 임금격차는 직무 간의 격차에 의한 것이므로, 노동의 양과 질을 평가하는 임금결정 방식은 아니다.

만점 해설

④ 직무급은 직무분석과 직무평가를 기초로 하여 직무의 중요성과 난이도 등 직무의 상대적 가치에 따라 개별임금을 결정하는 직무중심형 임금체계로서, 노동의 양뿐만 아니라 노동의 질을 동시에 평가하는 임금결정 방식이다.

전문가의 한마디

직무급은 동일한 직무에 대해서는 동일한 임금을 지급한다는 이른바 '동일직무(동일가치노동) · 동일임금'의 원칙에 입각하고 있습니다.

70

고임금경제하의 노동수요곡선에 관한 설명으로 옳은 것은?

① 한계생산력이 임금과는 무관하다고 가정한다.
② 고임금의 경제가 존재하지 않을 때에 비해 임금상승에 따른 고용감소 효과가 상대적으로 작다.
③ 노동수요곡선이 우상향한다.
④ 노동수요곡선이 수평선의 형태를 취한다.

알찬 해설

고임금경제(The Economies of High Wages)

• 고임금경제는 개선된 임금으로 인해 근로자들의 근로 의욕이 높아짐으로써 노동의 한계생산력이 향상되는 것을 말한다.
• 보통 노동의 한계생산물가치(VMP_L ; Value of Marginal Product of Labor)로써 노동의 수요곡선을 표시하는 경우 노동의 한계생산력이 임금과 독립적인 것으로 가정하나, 이는 현실적으로 약간 다르다고 볼 수 있다.
• 아래의 도표상 임금률(W)이 W_1일 때 노동수요곡선은 한계생산물가치인 VMP_1의 A지점에서 고용량 결정이 이루어진다. 만약 이러한 상황에서 임금률이 W_2로 상승하고 그로 말미암아 노동의 한계생산력이 상승한다고 가정하는 경우 한계생산물가치인 VMP_2의 B지점에서 고용량 결정이 이루어지게 된다. 이는 임금상승이 생산성에 영향을 미치지 않았을 경우 예상되는 b지점보다 노동수요(L)의 감소폭이 상대적으로 작은 것이다.

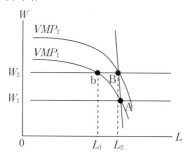

고임금경제에서 임금상승에 따른 고용효과

전문가 의 한마디

고임금경제가 존재할 경우 노동수요는 보다 비탄력적이 되므로 임금상승에 따른 노동수요 감소 효과가 상대적으로 작아지는 반면, 고임금경제가 존재하지 않을 경우 노동수요는 보다 탄력적이 되므로 임금상승에 따른 노동수요 감소 효과가 상대적으로 커집니다.

71

다음 중 성과급제의 장점과 가장 거리가 먼 것은?

① 생산성 향상에 기여한다.
② 근로 중 사고의 위험을 줄인다.
③ 노동자의 소득증대에 기여한다.
④ 직접적인 감독의 필요성을 줄인다.

만점 해설

② 성과급은 기본적으로 종업원의 업적 향상을 보수와 연관시킴으로써 근로의 능률을 자극하려는 능률급제 임금형태에 해당한다. 이러한 성과급 제도는 근로자의 동기유발은 물론 보상의 형평성을 기할 수 있는 장점이 있다. 그러나 근로자가 임금액을 올리고자 무리하게 노동한 결과 심신의 과로를 가져오고 근로 중 사고의 위험을 높이며, 작업량에만 치중하여 제품 품질이 조악해지는 단점도 있다.

전문가 의 한마디

이 문제는 앞선 2020년 4회 필기시험(76번)에 출제된 바 있습니다.

72

민서-폴라첵(Mincer-Polachek) 가설을 근거로 여성의 경력단절에 의한 임금손실을 분해한 요인이 아닌 것은?

① 인적자본의 부식에 따른 임금감소분
② 근속연수 상실에 의한 임금감소분
③ 경력단절의 예상으로 투자되지 않은 인적자본으로 야기된 임금감소분
④ 노동시장에서 임금 및 고용차별에 의한 임금의 감소분

민서-폴라첵(Mincer-Polachek) 가설

• 남녀 간 임금격차는 근본적으로 여성의 출산 및 육아에 따른 비연속적 경제활동참가 혹은 경력단절에서 비롯된다. 즉, 비연속적 경제활동참가 혹은 경력단절로 인해 투자수익회수기간이 짧아지고 마모 및 부식이 일어나며, 그로 인해 남녀 간에 임금격차가 발생하게 된다는 것이다.

• 다음의 그래프는 여성의 경력단절에 의한 임금손실 양상을 보여준다. 경력단절로 인한 임금의 총손실은 'BF'로 표시할 수 있는데, 이를 좀 더 세부적으로 분해하면 'BC'는 인적자본의 마모 및 부식에 따른 임금감소분, 'CD'는 근속연수 상실에 의한 임금감소분, 'DF'는 경력단절의 예상으로 투자되지 않은 인적자본으로 야기된 임금감소분으로서 개인의 공식적 교육투자량 저조나 전공과 노동시장의 불합치로 인해 발생하는 부분(EF), 그리고 기업의 훈련투자량 저조로 인해 발생하는 부분(DE)을 포함한다.

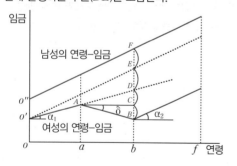

인적자본은 이를 꾸준히 사용하지 않거나 새롭게 유지·보수하지 않는 경우 잊히기 쉬우며, 나중에는 아무 쓸모가 없게 됩니다. 민서-폴라첵(Mincer-Polachek)은 이를 '마모 또는 부식(Depreciation)'으로 설명하였습니다.

73

실업기간을 확장시키는 요인과 가장 거리가 먼 것은?

① 높은 의중임금(Reservation Wage)
② 직업탐색의 기대 한계편익 증가
③ 높은 실업급여
④ 노동의 한계생산성 증가

실업기간의 확장

• 구직자는 제안된 직업을 수락할 것인지 아니면 계속해서 다른 일자리를 탐색할 것인지를 결정해야 하는 상황에 놓이게 되는데, 이때 단기적 손실과 미래의 취업으로부터 얻을 수 있는 기대효용을 비교하게 된다.

• 구직자는 특정 직업에 대해 일정 수준 이상의 임금을 선택기준으로 삼는데, 이때 특정 직업의 수락과 거절을 결정하는 임금 수준이 곧 의중임금 혹은 유보임금(Reservation Wage)이다.

• 의중임금의 상승은 곧 기대임금의 상승으로 이어져서 구직자로 하여금 직장을 구하는 것을 더욱 어렵게 하여 실업기간을 연장시킨다. 특히 실업급여의 상승은 구직자의 기대효용을 상방이동시킴으로써 의중임금을 상승시킨다.

전문가의 한마디

지문 ④번에서 기술 진보 또는 총요소생산성 증가에 의한 노동의 한계생산성 증가는 대개 노동수요를 증가시킴으로써 노동수요곡선을 우측으로 이동시킵니다.

74

경제가 불황에 놓여 실업률이 상승할 때 가구주의 배우자나 자녀와 같은 추가적인 노동자가 노동시장에 공급되어 실업률이 증가되는 효과는?

① 부가노동자효과
② 실망노동자효과
③ 대체노동자효과
④ 기대참여효과

부가노동자효과(Added Worker Effect)

- 가구주가 불황으로 실직하게 되면서 가족구성원 중 배우자(주부)나 자녀(학생)와 같이 비경제활동인구로 되어 있던 2차적 노동력이 구직활동을 함으로써 경제활동인구화되는 것을 말한다.
- 이 경우 구직활동 중 경기가 좋지 않아 취업이 쉽지 않으므로 실직상태에 놓이게 되어 실업률이 증가한다. 따라서 그 시점의 실업자 수는 사실상의 고용기회의 수보다 과대평가되어 있을 수 있다.

전문가의 한마디

2019년 4회 필기시험(77번)에서는 실망노동자효과(Discouraged Worker Effect)에 관한 문제가 출제된 바 있습니다.

75

만약 우리나라 근로자의 20%가 새로운 직장을 구하기 위해 사표를 냈으며 그들의 평균탐색기간이 약 3개월이라면 이 경우의 마찰적 실업률은?

① 2%
② 3%
③ 4%
④ 5%

알찬 해설

직업탐색기간에 따른 마찰적 실업률

실업률은 취업을 희망하지만 취업하지 못한 사람들의 비율로서, 경제활동인구 중 실업자가 차지하는 비중을 말한다. 문제에서는 우리나라 근로자의 20%가 새로운 직장을 구하기 위해 사표를 냈으며, 그들의 평균탐색기간이 약 3개월 소요된다고 제시되어 있다. 따라서 구직활동을 하는 사람들이 모두 3개월이 되는 시점에 취직을 한다고 가정하더라도, 일 년 중 후반기의 마지막 3개월에 해당하는 시점부터 구직활동을 시작하는 사람의 경우 그 다음 해에 취업을 한 것으로 간주될 것이다. 그로 인해 연간 실업률은 마지막 3개월의 기간 동안 구직활동을 시작한 사람에 한해 통계가 이루어지며, 이를 일년 평균으로 계산하면 다음과 같다.

$$연간실업률(\%) = \frac{3개월}{12개월} \times 20(\%) = 5(\%)$$

∴ 5%

전문가의 한마디

이 문제는 일반적인 실업률 계산문제가 아닌 만큼 해설의 내용을 확실히 이해하시기 바랍니다.

76

단기 필립스 곡선을 원점 방향으로 이동시키는 요인과 가장 거리가 먼 것은?

① 예상가격상승률의 인상
② 노동시장을 보다 경쟁적으로 만드는 정책
③ 노동시장의 효율성을 증대시키는 정책
④ 지역 간 실업률 격차를 줄일 수 있는 정책

만점해설

① 예상가격상승률의 인상(예상인플레이션율의 상승)은 필립스 곡선이 단기에 악화될 수 있는 원인으로서, 이때 단기 필립스 곡선은 원점에서부터 멀리 이동하게 된다.

전문가의 한마디

필립스 곡선이 단기에 악화될 수 있는 원인에 대해서는 2019년 4회 75번 문제 해설을 살펴보시기 바랍니다. 참고로 인플레이션율(임금 또는 물가의 상승률)과 실업률 간의 상충관계는 필립스 곡선이 원점에 접근할수록 개선되는 것이고, 원점에서 멀리 이동할수록 악화되는 것입니다.

77

내부노동시장에 관한 설명으로 틀린 것은?

① 내부노동시장은 사용자와 피고용인 간의 고용관계가 장기간 지속될 것으로 기대되는 경우 형성된다.
② 공공부문의 근로자에 대한 인적자원정책이 일반적으로 법으로 명시되어 있을 경우 이들은 내부노동시장의 영향을 강하게 받게 된다.
③ 대부분 소규모기업의 근로자가 내부노동시장에 의해 강하게 영향을 받게 된다.
④ 근로자의 보수가 외부노동시장의 영향을 받지 않도록 하기 때문에 내부노동시장은 근로자들에게 회사가 공정한 고용정책을 수행하고 있다는 인식을 주어 근로자의 동기부여와 충성심을 제고시킬 수 있다.

만점해설

③ 내부노동시장(Internal Labor Market)은 하나의 기업 또는 사업장 내에서 이루어지는 노동시장을 말하는 것으로, 주로 근대적인 기업 또는 대기업 등과 같이 일정 수준의 임금 및 근로조건을 갖춘 사업장에서 발전하게 된다.

전문가의 한마디

내부노동시장에서는 노동의 가격결정, 일자리배치 및 승진 등 노동거래의 주요 항목들이 기업 내부의 명문화된 규칙과 절차에 의해 결정됩니다. 대부분 소규모기업의 경우에는 기업 내부의 명문화된 규칙과 절차가 미비하므로 경력자가 필요할 때 수시로 외부노동시장에서 직접 채용을 하게 됩니다.

78

지식기반사회에서는 근로자 경영참가의 필요성이 강조되고 있다. 그 논리로서 가장 적합한 것은?

① 경영참가로 경쟁이 촉진되면 생산성이 향상된다.
② 근로자들의 권한 증가로 정보의 비대칭성이 감소한다.
③ 물적자산과 마찬가지로 인적자본의 재산권이 존중되면 역선택이 감소한다.
④ 팀 작업을 통한 경영참가로 숙련형성이 이루어지면 주인-대리인 문제가 감소한다.

알찬 해설

근로자 경영참가의 필요성

• 세계경제는 산업사회에서 지식기반사회로 새로운 전환기를 맞이하고 있다. 이러한 지식기반사회는 자본보다 사람에게 체화된 기술과 정보를 중시하므로, 인적자원의 능력발전과 배치, 동기유발 등이 기업경쟁력을 제고시키는 핵심전략으로 작용한다.
• 노사관계의 새로운 패러다임은 생산성 향상을 위한 노사협력의 증진에 초점을 두고 있다. 따라서 근로자의 종속과 소외를 방지하여 산업민주주의를 확립하는 동시에 인적자산인 근로자를 물적자산과 함께 이용하여 기업 운영의 효율성을 높이기 위해 근로자 경영참가의 필요성이 강조되고 있다.

전문가의 한마디

근로자 경영참가형태는 단체교섭에 의한 참가, 노사협의회에 의한 참가, 그리고 근로자중역 · 감사역제에 의한 참가 등이 있으며, 그중 근로자중역 · 감사역제에 의한 참가가 가장 적극적인 근로자 경영참가형태에 해당합니다.

79

경제적 조합주의(Economic Unionism)에 관한 설명으로 틀린 것은?

① 노사관계를 이해조정이 가능한 비적대적 관계로 이해한다.
② 노동자의 경영참가를 적극 실현하고자 한다.
③ 노동조합운동의 목적을 노동자들의 근로 및 생활조건의 개선에 둔다.
④ 노동조합운동의 정치로부터의 독립을 특징으로 한다.

만점 해설

② 경제적 조합주의는 임금, 근로시간 등 주로 근로조건의 개선에 관심을 기울이는 유형과 임금투쟁 활동은 물론 법 · 제도 · 정책 개선의 투쟁 활동을 펼치는 유형으로 구분된다. 전자는 실리추구형 경제적 조합주의(Business Unionism), 후자는 정책지향형 경제적 조합주의(Social Unionism)에 해당한다.

전문가의 한마디

노동(조합)운동의 이념 구분은 여러 가지가 있으나 일반적인 방식은 '정치적 조합주의', '경제적 조합주의', '국민적 조합주의'로 구분하는 것입니다. 참고로 노동자의 경영참가는 산업민주주의에 이론적인 근거를 둔다고 볼 수 있습니다.

80
노동조합의 임금효과에 관한 설명으로 틀린 것은?

① 노동조합이 임금인상을 관철하게 되면, 조직부문에서 해고된 근로자들이 비조직부문으로 이동하여 비조직부문의 임금이 하락한다.

② 동종 산업의 일부 기업에 노조가 조직될 때, 노조가 조직되어 있지 않은 기업에서 과거에 비해 임금을 자발적으로 높게 인상하려고 한다.

③ 노조의 조직화로 임금이 높아지면, 비조직부문 근로자들이 조직부문에 취업하려고 이동하기 때문에 비조직부문의 임금이 인상된다.

④ 조직부문과 비조직부문 간의 임금격차는 호경기에 확대되고 불경기에 감소하게 된다.

만점해설

④ 노동조합 조직부문과 비조직부문 간의 임금격차는 호경기 시에 감소하고 불경기 시에 증가하게 된다.

전문가의 한마디

조직부문은 교섭력에 의해 불경기 시 실질임금의 감소를 강력히 방어할 수 있는 반면, 임금교섭기간의 장기화에 따라 호경기 시 오히려 비조직부문에 비해 임금인상을 자유롭게 하기 어려운 상태에 놓이게 됩니다.

> 제5과목 **노동관계법규**

81
헌법상 노동관계조항에 대한 설명으로 틀린 것은?

① 국가는 근로의 의무의 내용과 조건을 민주주의원칙에 따라 법률로 정한다.

② 국가는 사회적·경제적 방법으로 근로자의 고용의 증진과 적정임금의 보장에 노력하여야 한다.

③ 여자의 근로는 특별한 보호를 받으며, 고용·임금 및 근로조건에 있어서 부당한 차별을 받지 아니한다.

④ 전몰군경은 본인에 한하여 우선적으로 근로의 기회를 부여받는다.

만점해설

④ 국가유공자·상이군경 및 전몰군경의 유가족은 법률이 정하는 바에 의하여 우선적으로 근로의 기회를 부여받는다(헌법 제32조 제6항).

① 모든 국민은 근로의 의무를 진다. 국가는 근로의 의무의 내용과 조건을 민주주의원칙에 따라 법률로 정한다(헌법 제32조 제2항).

② 모든 국민은 근로의 권리를 가진다. 국가는 사회적·경제적 방법으로 근로자의 고용의 증진과 적정임금의 보장에 노력하여야 하며, 법률이 정하는 바에 의하여 최저임금제를 시행하여야 한다(헌법 제32조 제1항).

③ 헌법 제32조 제4항

전문가의 한마디

전몰군경(戰歿軍警)은 군인이나 경찰공무원으로서 전투 또는 이에 준하는 직무수행 중 사망한 사람을 말합니다(국가유공자 등 예우 및 지원에 관한 법률 제4조 제1항 제3호).

82

헌법상 노동3권에 해당되지 않는 것은?

① 단체교섭권
② 단결권
③ 평등권
④ 단체행동권

알찬 해설

노동기본권(근로기본권)
- 근로의 권리(근로권) : 모든 국민은 근로의 권리를 가진다(헌법 제32조 제1항).
- 노동3권(근로3권) : 근로자는 근로조건의 향상을 위하여 자주적인 단결권·단체교섭권 및 단체행동권을 가진다(헌법 제33조 제1항).

전문가의 한마디

헌법 제32조 근로의 권리(근로권)와 헌법 제33조 노동3권(근로3권)을 명확히 구분해야 합니다. 이와 관련하여 직업상담사 2급 2017년 1회 필기시험에서 근로의 권리에 관한 내용을 노동3권(근로3권)의 내용으로 잘못 제시하여 출제 오류로 인해 전항정답(정답없음)으로 처리된 바 있습니다.

83

다음 중 상시 4인 이하의 근로자를 사용하는 사업장에 적용되지 않는 근로기준법의 규정으로만 짝지어진 것은?

> ㄱ. 근로조건의 명시
> ㄴ. 폭행의 금지
> ㄷ. 위약 예정의 금지
> ㄹ. 휴업수당
> ㅁ. 휴 일
> ㅂ. 부당해고의 구제신청

① ㄱ, ㄷ
② ㄴ, ㅁ
③ ㄷ, ㄹ
④ ㄹ, ㅂ

만점 해설

④ 상시 4명 이하의 근로자를 사용하는 사업 또는 사업장에 대하여 폭행의 금지(제8조), 근로조건의 명시(제17조), 위약 예정의 금지(제20조), 휴일(제55조 제1항) 등은 적용되지만, 부당해고의 구제신청(제28조), 휴업수당(제46조) 등은 적용되지 않는다(근로기준법 시행령 제7조 및 별표 1 참조).

전문가의 한마디

근로기준법 시행령 제7조 및 별표 1에서 "상시 4명 이하의 근로자를 사용하는 사업 또는 사업장에 적용하는 법규정"을 제시하고 있으나 지면 관계상 이를 모두 열거하기는 어려우므로, 위의 해설과 함께 2017년 2회 99번 문제의 해설에 제시된 내용을 간략히 정리해 두시기 바랍니다.

84

근로기준법령상 경영상의 이유에 의해 일정 규모 이상 인원의 해고 계획을 고용노동부장관에게 신고할 때 포함해야 하는 사항이 아닌 것은?

① 해고 사유
② 해고 예고 수당
③ 해고 예정 인원
④ 근로자대표와 협의한 내용

알찬 해설

경영상의 이유에 의한 해고 계획의 신고 시 포함하여야 하는 사항(근로기준법 시행령 제10조 제2항 참조)
- 해고 사유
- 해고 예정 인원
- 근로자대표와 협의한 내용
- 해고 일정

전문가의 한마디

사용자는 1개월 동안에 다음의 어느 하나에 해당하는 인원을 해고하려면 최초로 해고하려는 날의 30일 전까지 고용노동부장관에게 신고하여야 합니다(시행령 제10조 제1항).
- 상시근로자 수 99명 이하 사업(사업장) : 10명 이상
- 상시근로자 수 100명 이상 999명 이하 사업(사업장) : 상시근로자 수의 10% 이상
- 상시근로자 수 1,000명 이상 사업(사업장) : 100명 이상

85

근로기준법상 노동위원회가 부당해고가 성립한다고 판정하여 사용자에게 구제명령을 할 때에 근로자가 원직복직을 원하지 아니하는 경우 명할 수 있는 것으로 옳은 것은?

① 구제신청을 기각할 수 있다.
② 근로자가 원직에 복직한다면 1년간 근로를 제공하고 받을 수 있는 임금 상당액 이상의 금품을 근로자에게 지급하도록 명할 수 있다.
③ 근로자가 해고기간 동안 근로를 제공하였더라면 받을 수 있었던 임금 상당액 이상의 금품을 근로자에게 지급하도록 명할 수 있다.
④ 근로자가 해고기간 동안 근로를 제공하였더라면 받을 수 있었던 임금 상당액 이상의 금품과 평균임금 3개월분에 해당하는 위자료를 지급하도록 명할 수 있다.

알찬 해설

구제명령 등(근로기준법 제30조)
- 노동위원회는 부당해고 등의 구제신청에 따른 관계 당사자의 심문을 끝내고 부당해고 등이 성립한다고 판정하면 사용자에게 구제명령을 하여야 하며, 부당해고 등이 성립하지 아니한다고 판정하면 구제신청을 기각하는 결정을 하여야 한다.
- 판정, 구제명령 및 기각결정은 사용자와 근로자에게 각각 서면으로 통지하여야 한다.
- 노동위원회는 구제명령(해고에 대한 구제명령만을 말한다)을 할 때에 근로자가 원직복직을 원하지 아니하면 원직복직을 명하는 대신 근로자가 해고기간 동안 근로를 제공하였더라면 받을 수 있었던 임금 상당액 이상의 금품을 근로자에게 지급하도록 명할 수 있다.

전문가의 한마디

노동위원회의 부당해고 구제절차는 원직복직이 어려운 근로자를 위한 중요한 권리구제 수단임에도 불구하고 현행법은 근로자가 원직복직을 원하지 아니하는 경우에 한하여 원직복직 대신 금전보상을 명하도록 규정하고 있어 근로계약기간의 종료, 정년 등으로 원직복직이 불

가능해진 경우에는 구제를 받지 못한다는 지적이 있었습니다. 이에 2021년 5월 18일 법 개정에 따라 2021년 11월 19일부터는 원직복직이 불가능해진 경우에도 근로자가 노동위원회의 부당해고 구제절차를 통해 금전보상을 받을 수 있게 되었습니다.

86
근로기준법상 취업규칙에 관한 설명으로 틀린 것은?

① 상시 10명 이상의 근로자를 사용하는 사용자는 취업규칙을 작성하여 고용노동부장관에게 신고하여야 한다.
② 취업규칙에서 근로자에 대하여 감급(減給)의 제재를 정할 경우에 그 감액은 1회의 금액이 평균임금의 1일분의 10분의 1을, 총액이 1임금지급기의 임금 총액의 2분의 1을 초과하지 못한다.
③ 취업규칙에서 정한 기준에 미달하는 근로조건을 정한 근로계약은 그 부분에 관하여는 무효로 하며, 이 경우 무효로 된 부분은 취업규칙에 정한 기준에 따른다.
④ 고용노동부장관은 법령이나 단체협약에 어긋나는 취업규칙의 변경을 명할 수 있다.

만점 해설

② 취업규칙에서 근로자에 대하여 감급(減給)의 제재를 정할 경우에 그 감액은 1회의 금액이 평균임금의 1일분의 2분의 1을, 총액이 1임금지급기의 임금 총액의 10분의 1을 초과하지 못한다(근로기준법 제95조).
① 동법 제93조 참조
③ 동법 제97조
④ 동법 제96조 제2항

전문가의 한마디

'취업규칙(就業規則)'이란 사업 또는 사업장에서 근로자가 준수하여야 할 복무규율과 근로조건에 관하여 사용자가 일방적으로 정한 획일적 규범을 말합니다. 참고로 단체협약, 취업규칙, 근로계약은 노사자치규범에 해당합니다.

87
남녀고용평등과 일·가정 양립 지원에 관한 법률상 남녀의 평등한 기회보장 및 대우에 관한 사항에 해당하지 않는 것은?

① 임 금
② 임금 이외의 금품
③ 정 년
④ 육아시간

알찬 해설

남녀의 평등한 기회보장 및 대우(남녀고용평등과 일·가정 양립 지원에 관한 법률 제2장 제1절 관련)
• 모집과 채용(제7조)
• 임금(제8조)(①)
• 임금 외의 금품 등(제9조)(②)
• 교육·배치 및 승진(제10조)
• 정년·퇴직 및 해고(제11조)(③)

전문가의 한마디

본래 모집과 채용에 있어서의 남녀차별금지는 근로자수에 관계없이 모든 사업 및 사업장에 적용하는 반면, 그 밖에 임금, 임금 외의 금품, 교육·배치 및 승진, 정년·퇴직 및 해고 등에 있어서의 남녀차별금지는 상시 5명 미만의 근로자를 고용하는 사업에 대하여는 적용하지 않도록 하였으나, 시행령 개정에 따라 2019년 1월 1일부로 상시 5명 미만의 근로자를 고용하는 사업에 대해서도 법을 전면적으로 적용하고 있습니다(시행령 제2조 참조).

88

남녀고용평등과 일·가정 양립 지원에 관한 법령상 육아휴직에 관한 설명으로 옳은 것은?

① 육아휴직은 만 6세 이하의 초등학교 취학 전 자녀를 둔 여성근로자만이 청구할 수 있다.
② 사업주는 같은 영유아에 대하여 근로자의 배우자가 육아휴직을 하고 있는 경우라도 그 근로자에게 육아휴직을 허용하여야 한다.
③ 육아휴직기간은 2년 이내로 한다.
④ 육아휴직을 신청한 근로자는 휴직개시예정일의 7일 전까지 사유를 밝혀 그 신청을 철회할 수 있다.

만점해설

④ 남녀고용평등과 일·가정 양립 지원에 관한 법률 시행령 제13조 제1항
① 사업주는 근로자가 만 8세 이하 또는 초등학교 2학년 이하의 자녀(입양한 자녀를 포함)를 양육하기 위하여 휴직을 신청하는 경우에 이를 허용하여야 한다. 다만, 대통령령으로 정하는 경우에는 그러하지 아니하다(동법 제19조 제1항).
② 사업주가 육아휴직을 허용하지 아니할 수 있는 경우로 "같은 영유아에 대하여 배우자가 육아휴직을 하고 있는 경우"를 포함하고 있었으나, 2019년 12월 24일 시행령 개정에 따라 해당 내용이 삭제되어 2020년 2월 28일부로 마침내 부부 동시 육아휴직 등이 허용되었다(동법 제19조 제1항 및 시행령 10조 참조).
③ 육아휴직의 기간은 1년 이내로 한다(동법 제19조 제2항).

전문가의 한마디

2019년 12월 24일 개정법령은 같은 영유아에 대하여 배우자가 육아휴직을 하고 있는 근로자의 경우에도 육아휴직 또는 육아기 근로시간 단축을 허용함으로써 같은 영유아에 대해 부모가 함께 육아를 할 수 있는 여건을 마련하였다는 데 의의가 있습니다. 따라서 출제 당시 정답은 ④였으나, 현행 기준으로 ② 또한 정답으로 볼 수 있습니다.

89

고용상 연령차별금지 및 고령자고용촉진에 관한 법령상 운수업의 고령자 기준고용률은?

① 그 사업장의 상시근로자 수의 100분의 1
② 그 사업장의 상시근로자 수의 100분의 3
③ 그 사업장의 상시근로자 수의 100분의 5
④ 그 사업장의 상시근로자 수의 100분의 6

알찬해설

고령자 기준고용률(고용상 연령차별금지 및 고령자고용촉진에 관한 법률 시행령 제3조 참조)
• 제조업 : 그 사업장의 상시근로자 수의 100분의 2
• 운수업, 부동산 및 임대업 : 그 사업장의 상시근로자 수의 100분의 6
• 그 외의 산업 : 그 사업장의 상시근로자 수의 100분의 3

전문가의 한마디

'고령자 기준고용률'이란 사업장에서 상시 사용하는 근로자를 기준으로 하여 사업주가 고령자의 고용촉진을 위하여 고용하여야 할 고령자의 비율을 말합니다(법 제2조 제5호).

90

고용상 연령차별금지 및 고령자고용촉진에 관한 법률상 정부의 고령자 취업지원에 관한 설명으로 틀린 것은?

① 고용노동부장관은 고령자의 고용을 촉진하기 위하여 고령자와 관련된 구인 · 구직 정보를 수집하고 구인 · 구직의 개척에 노력하여야 하며 관련 정보를 구직자 · 사업주 및 관련 단체 등에 제공하여야 한다.

② 고용노동부장관은 고령자의 고용을 촉진하고 직업능력의 개발 · 향상을 위하여 고령자를 대상으로 대통령령으로 정하는 바에 따라 직업능력개발훈련을 실시하여야 한다.

③ 고용노동부장관은 필요하다고 인정하면 고령자를 고용하고 있거나 고용하려는 사업주에게 채용, 배치, 작업시설, 작업환경 등 고령자의 고용 관리에 관한 기술적 사항에 대하여 상담, 자문, 그 밖에 필요한 지원을 하여야 한다.

④ 고용노동부장관은 사업주가 고령자의 고용촉진을 위하여 필요한 교육이나 직업훈련 등을 실시할 경우 그 비용의 전부를 지원하여야 한다.

만점 해설

④ 고용노동부장관은 사업주가 고령자의 고용촉진을 위하여 필요한 교육이나 직업훈련 등을 실시할 경우 그 비용의 전부 또는 일부를 지원할 수 있다(고용상 연령차별금지 및 고령자고용촉진에 관한 법률 제8조 제1항).

① 고용노동부장관 및 특별시장 · 광역시장 · 도지사 · 특별자치도지사는 고령자의 고용을 촉진하기 위하여 고령자와 관련된 구인 · 구직 정보를 수집하고 구인 · 구직의 개척에 노력하여야 하며 관련 정보를 구직자 · 사업주 및 관련 단체 등에 제공하여야 한다(동법 제5조).

② 동법 제6조 제1항

③ 동법 제7조 제1항

전문가의 한마디

고용노동부장관은 사업주가 고령자의 취업에 적합하도록 시설을 개선할 경우 그 비용의 전부 또는 일부를 지원할 수 있습니다(법 제8조 제2항).

91

파견근로자 보호 등에 관한 법령상 근로자파견이 금지되는 업무는?

① 개인보호 및 관련종사자의 업무

② 전화통신 판매 종사자의 업무

③ 여객자동차운송사업의 운전업무

④ 정규교육 이외 교육 준전문가의 업무

알찬 해설

근로자파견의 금지업무(파견근로자 보호 등에 관한 법률 제5조 및 시행령 제2조 참조)

- 건설공사현장에서 이루어지는 업무
- 「항만운송사업법」에 따른 항만하역사업, 「한국철도공사법」에 따른 철도여객사업, 화물운송사업, 철도와 다른 교통수단의 연계운송사업, 「농수산물 유통 및 가격안정에 관한 법률」에 따른 하역업무, 「물류정책기본법」에 따른 물류의 하역업무로서 「직업안정법」에 따라 근로자공급사업 허가를 받은 지역의 업무
- 「선원법」에 따른 선원의 업무
- 「산업안전보건법」에 따른 유해하거나 위험한 업무
- 「진폐의 예방과 진폐근로자의 보호 등에 관한 법률」에 따른 분진작업을 하는 업무
- 「산업안전보건법」에 따른 건강관리카드의 발급대상 업무
- 「의료법」에 따른 의료인의 업무 및 간호조무사의 업무
- 「의료기사 등에 관한 법률」에 따른 의료기사의 업무
- 「여객자동차 운수사업법」에 따른 여객자동차운송사업에서의 운전업무(③)
- 「화물자동차 운수사업법」에 따른 화물자동차운송사업에서의 운전업무

전문가의 한마디

위의 해설에서 "건설공사현장에서 이루어지는 업무"가 근로자파견이 금지되는 업무라는 점을 반드시 기억해 두세요. 이와 관련하여 2018년 4회 97번, 2020년 4회 85번 문제를 살펴보시기 바랍니다.

92

파견근로자 보호 등에 관한 법률상 근로자파견사업 허가를 받을 수 있는 자는?

① 파산선고를 받고 복권되지 아니한 자
② 근로자파견사업의 허가가 취소된 후 2년이 경과된 자
③ 법인으로서 임원 중 금고 이상의 형의 집행유예 선고를 받고 그 유예기간 중에 있는 자가 있는 법인
④ 최저임금법 제6조를 위반하여 벌금 이상의 형(집행유예 제외)의 선고를 받고 그 집행이 종료되거나 집행을 받지 아니하기로 확정된 후 3년이 경과된 자

알찬 해설

근로자파견사업 허가의 결격사유(파견근로자 보호 등에 관한 법률 제8조)

• 미성년자, 피성년후견인, 피한정후견인 또는 파산선고를 받고 복권되지 아니한 사람
• 금고 이상의 형(집행유예는 제외)을 선고받고 그 집행이 끝나거나 집행을 받지 아니하기로 확정된 후 2년이 지나지 아니한 사람
• 이 법, 「직업안정법」, 「근로기준법」 제7조, 제9조, 제20조부터 제22조까지, 제36조, 제43조, 제44조, 제44조의2, 제45조, 제46조, 제56조 및 제64조, 「최저임금법」 제6조, 「선원법」 제110조를 위반하여 벌금 이상의 형(집행유예는 제외)을 선고받고 그 집행이 끝나거나 집행을 받지 아니하기로 확정된 후 3년이 지나지 아니한 자
• 금고 이상의 형의 집행유예를 선고받고 그 유예기간 중에 있는 사람

• 허가의 취소에 관한 규정에 따라 해당 사업의 허가가 취소된 후 3년이 지나지 아니한 자
• 임원 중 위의 결격사유 중 어느 하나에 해당하는 사람이 있는 법인

전문가의 한마디

근로자파견사업 허가의 결격사유와 관련된 법령의 규정은 다음과 같습니다.

근로기준법	제7조(강제 근로의 금지), 제9조(중간착취의 배제), 제20조(위약 예정의 금지), 제21조(전차금 상계의 금지), 제22조(강제 저금의 금지), 제36조(금품 청산), 제43조(임금 지급), 제44조(도급 사업에 대한 임금 지급), 제44조의2(건설업에서의 임금 지급 연대책임), 제45조(비상시 지급), 제46조(휴업수당), 제56조(연장·야간 및 휴일 근로), 제64조(최저 연령과 취직인허증)
최저임금법	제6조(최저임금의 효력)
선원법	제110조(선원공급사업의 금지)

93

고용정책기본법상 취업기회의 균등한 보장을 위하여 합리적인 이유 없이 차별을 금지하고 있는 사항이 아닌 것은?

① 출신지역
② 출신학교
③ 성 별
④ 국 적

알찬 해설

취업기회의 균등한 보장(고용정책기본법 제7조 제1항)
사업주는 근로자를 모집 · 채용할 때에 합리적인 이유 없이 성별, 신앙, 연령, 신체조건, 사회적 신분, 출신지역, 학력, 출신학교, 혼인 · 임신 또는 병력(病歷) 등을 이유로 차별을 하여서는 아니 되며, 균등한 취업기회를 보장하여야 한다.

94

고용정책기본법상 근로자 및 사업주 등의 책무에 관한 설명으로 틀린 것은?

① 근로자는 자신의 적성과 능력에 맞는 직업을 선택하여 직업생활을 하는 기간 동안 끊임없이 직업능력을 개발하고, 직업을 통하여 자기발전을 도모하도록 노력하여야 한다.
② 노동조합과 사업주단체는 근로자의 직업능력개발을 위한 노력과 사업주의 근로자 직업능력개발, 고용관리 개선, 근로자의 고용안정 촉진 및 고용평등의 증진 등을 위한 노력에 적극 협조하여야 한다.
③ 사업주는 사업에 필요한 인력을 스스로 양성하고, 자기가 고용하는 근로자의 직업능력을 개발하기 위하여 노력하며, 근로자가 그 능력을 최대한 발휘하면서 일할 수 있도록 고용관리의 개선, 근로자의 고용안정 촉진 및 고용평등의 증진 등을 위하여 노력하여야 한다.

④ 직업안정기관의 장은 근로자의 모집 · 채용 또는 배치, 직업능력개발, 승진, 임금체계, 그 밖에 기업의 고용관리에 관하여 사업주, 근로자대표 또는 노동조합 등으로부터 지원 요청을 받으면 고용정보 등을 활용하여 상담 · 지도 등의 지원을 하여서는 아니 된다.

만점 해설

④ 직업안정기관의 장은 근로자의 모집 · 채용 또는 배치, 직업능력개발, 승진, 임금체계, 그 밖에 기업의 고용관리에 관하여 사업주, 근로자대표 또는 노동조합 등으로부터 지원 요청을 받으면 고용정보 등을 활용하여 상담 · 지도 등 필요한 지원을 하여야 한다(고용정책기본법 제29조 제2항).
① 동법 제5조 제1항
② 동법 제5조 제3항
③ 동법 제5조 제2항

전문가의 한마디

「고용정책기본법」에서는 이 법에서 실현하고자 하는 목적을 달성하기 위해 국가와 지방자치단체, 근로자, 사업주, 노동조합과 사업주단체, 직업안정기관 등에 일정한 임무를 부여하고 있습니다.

95

직업안정법상 신고를 하지 아니하고 무료직업소개사업을 할 수 있는 경우에 해당하지 않는 것은?

① 「한국산업인력공단법」에 따른 한국산업인력공단이 하는 직업소개
② 「근로자직업능력개발법」에 따른 지정직업훈련시설의 장이 훈련생·수료생을 대상으로 하는 직업소개
③ 「장애인고용촉진 및 직업재활법」에 따른 한국장애인고용공단이 장애인을 대상으로 하는 직업소개
④ 교육 관계법에 따른 각급 학교의 장이 재학생·졸업생을 대상으로 하는 직업소개

알찬 해설

신고를 하지 아니하고 할 수 있는 무료직업소개사업(직업안정법 제18조 제4항 참조)
- 「한국산업인력공단법」에 따른 한국산업인력공단이 하는 직업소개(①)
- 「장애인고용촉진 및 직업재활법」에 따른 한국장애인고용공단이 장애인을 대상으로 하는 직업소개(③)
- 교육 관계법에 따른 각급 학교의 장, 「근로자직업능력개발법」에 따른 공공직업훈련시설의 장이 재학생·졸업생 또는 훈련생·수료생을 대상으로 하는 직업소개(④)
- 「산업재해보상보험법」에 따른 근로복지공단이 업무상 재해를 입은 근로자를 대상으로 하는 직업소개

전문가의 한마디

「근로자직업능력개발법」에 따른 직업능력개발훈련시설은 다음과 같이 구분됩니다(법 제2조 제3호).
- 공공직업훈련시설 : 국가·지방자치단체 및 대통령령으로 정하는 공공단체가 직업능력개발훈련을 위하여 설치한 시설로서 법령에 따라 고용노동부장관과 협의하거나 고용노동부장관의 승인을 받아 설치한 시설
- 지정직업훈련시설 : 직업능력개발훈련을 위하여 설립·설치된 직업전문학교·실용전문학교 등의 시설로서 법령에 따라 고용노동부장관이 지정한 시설

96

직업안정법상 근로자공급사업에 관한 설명으로 틀린 것은?

① 국내 근로자공급사업은 노동조합만 사업의 허가를 받을 수 있다.
② 연예인을 대상으로 하는 국외 근로자공급사업은 금지된다.
③ 제조업자의 경우 국외 근로자공급사업 허가를 받을 수 있다.
④ 국외 근로자공급사업을 하고자 하는 경우 일정한 자산 및 시설을 갖추어야 한다.

만점 해설

②·③ 국외 근로자공급사업의 허가를 받을 수 있는 자는 국내에서 제조업·건설업·용역업, 그 밖의 서비스업을 하고 있는 자로 한다. 다만, 연예인을 대상으로 하는 국외 근로자공급사업의 허가를 받을 수 있는 자는 「민법」에 따른 비영리법인으로 한다(직업안정법 제33조 제3항 제2호).
① 국내 근로자공급사업의 허가를 받을 수 있는 자는 「노동조합 및 노동관계조정법」에 따른 노동조합으로 한다(동법 제33조 제3항 제1호).
④ 법령에 따라 국외 근로자공급사업을 하려는 자는 대통령령으로 정하는 자산과 시설을 갖추어야 한다(동법 제33조 제5항).

전문가의 한마디

이 문제는 앞선 2020년 4회 필기시험(95번)에 출제된 바 있습니다.

97

고용보험법상 구직급여의 수급요건으로 틀린 것은?

① 이직일 이전 18개월간 피보험 단위기간이 통산하여 180일 이상일 것
② 근로의 의사와 능력이 있음에도 불구하고 취업(영리를 목적으로 사업을 영위하는 경우를 포함)하지 못한 상태에 있을 것
③ 재취업을 위한 노력을 적극적으로 할 것
④ 최종 이직 당시 일용근로자이었던 자는 수급자격 인정신청일 이전 1개월 동안의 근로일수가 15일 미만일 것

알찬 해설

구직급여의 수급 요건(고용보험법 제40조 제1항)
구직급여는 이직한 근로자인 피보험자가 다음의 요건을 모두 갖춘 경우에 지급한다.

- 법령에 따른 기준기간(원칙상 이직일 이전 18개월) 동안의 피보험 단위기간이 합산하여 180일 이상일 것(①)
- 근로의 의사와 능력이 있음에도 불구하고 취업(영리를 목적으로 사업을 영위하는 경우를 포함)하지 못한 상태에 있을 것(②)
- 이직사유가 수급자격의 제한 사유에 해당하지 아니할 것
- 재취업을 위한 노력을 적극적으로 할 것(③)
- 수급자격 인정신청일 이전 1개월 동안의 근로일수가 10일 미만이거나 건설일용근로자로서 수급자격 인정신청일 이전 14일간 연속하여 근로내역이 없을 것(최종 이직 당시 일용근로자였던 사람만 해당)
- 최종 이직 당시의 기준기간 동안의 피보험 단위기간 중 다른 사업에서 수급자격의 제한 사유에 해당하는 사유로 이직한 사실이 있는 경우에는 그 피보험 단위기간 중 90일 이상을 일용근로자로 근로하였을 것(최종 이직 당시 일용근로자였던 사람만 해당)

전문가의 한마디

2018년 4회 필기시험(95번)에서는 "최종 이직 당시 일용근로자였던 자는 수급자격 인정신청일 이전 1개월 동안의 근무일수가 10일 이상일 것"을 문제의 틀린 지문으로 제시한 바 있습니다.

98

다음 ( )에 알맞은 것은?

> 장애인고용촉진 및 직업재활법상 국가와 지방자치단체의 장은 장애인을 소속 공무원 정원에 대하여 다음 구분에 해당하는 비율 이상 고용하여야 한다.
> • 2017년 1월 1일부터 2018년 12월 31일까지 : 1천분의 32
> • 2019년 이후 : ( )

① 1천분의 33
② 1천분의 34
③ 1천분의 35
④ 1천분의 36

알찬 해설

국가와 지방자치단체의 장애인 고용 의무(장애인고용촉진 및 직업재활법 제27조 제1항)
국가와 지방자치단체의 장은 장애인을 소속 공무원 정원에 대하여 다음의 구분에 해당하는 비율 이상 고용하여야 한다.

- 2017년 1월 1일부터 2018년 12월 31일까지 : 1천분의 32
- 2019년 이후 : 1천분의 34

전문가의 한마디

과거 국가와 지방자치단체의 장애인 상시 근로자 의무 고용률은 소속 공무원 정원의 3.0%였습니다. 그러나 2016년 12월 27일 법 개정에 따라 2017년 1월 1일부로 의무고용률이 단계적으로 상향되어 2019년 이후 3.4%에 이르렀습니다.

99

근로자직업능력개발법령상 근로자에게 직업에 필요한 기초적 직무수행능력을 습득시키기 위하여 실시하는 직업능력개발훈련은?

① 향상훈련
② 집체훈련
③ 양성훈련
④ 현장훈련

만점해설

① 향상훈련은 양성훈련을 받은 사람이나 직업에 필요한 기초적 직무수행능력을 가지고 있는 사람에게 더 높은 직무수행능력을 습득시키거나 기술발전에 맞추어 지식·기능을 보충하게 하기 위하여 실시하는 직업능력개발훈련이다(근로자직업능력개발법 시행령 제3조 제1항 제2호).
② 집체훈련은 직업능력개발훈련을 실시하기 위하여 설치한 훈련전용시설이나 그 밖에 훈련을 실시하기에 적합한 시설(산업체의 생산시설 및 근무장소는 제외)에서 실시하는 방법이다(동법 시행령 제3조 제2항 제1호).
④ 현장훈련은 산업체의 생산시설 또는 근무장소에서 실시하는 방법이다(동법 시행령 제3조 제2항 제2호).

전문가의 한마디

직업능력개발훈련은 다음과 같이 구분됩니다(시행령 제3조).

훈련의 목적	양성훈련, 향상훈련, 전직훈련
훈련의 실시 방법	집체훈련, 현장훈련, 원격훈련, 혼합훈련

100

고용보험법상 피보험자격의 취득 및 상실에 관한 설명으로 틀린 것은?

① 고용보험법 적용 제외 근로자였던 자가 고용보험법의 적용을 받게 된 경우에는 그 적용을 받게 된 날에 피보험자격을 취득한다.
② 보험관계 성립일 전에 고용된 근로자의 경우에는 그 보험관계가 성립한 날에 피보험자격을 취득한다.
③ 보험관계가 소멸한 경우에는 그 보험관계가 소멸한 날의 다음 날에 피보험자격을 상실한다.
④ 피보험자가 이직한 경우에는 이직한 날의 다음 날에 피보험자격을 상실한다.

알찬해설

고용보험법상 피보험자격의 취득일 및 상실일(고용보험법 제13조 및 제14조 참조)

취득일	• 근로자인 피보험자가 고용보험법이 적용되는 사업에 고용된 경우 : 그 고용된 날 • 적용 제외 근로자였던 사람이 고용보험법의 적용을 받게 된 경우 : 그 적용을 받게 된 날(①) • 고용산재보험료징수법에 따른 보험관계 성립일 전에 고용된 근로자의 경우 : 그 보험관계가 성립한 날(②) • 자영업자인 피보험자의 경우 : 그 보험관계가 성립한 날
상실일	• 근로자인 피보험자가 적용 제외 근로자에 해당하게 된 경우 : 그 적용 제외 대상자가 된 날 • 고용산재보험료징수법에 따라 보험관계가 소멸한 경우 : 그 보험관계가 소멸한 날(③) • 근로자인 피보험자가 이직한 경우 : 이직한 날의 다음 날(④) • 근로자인 피보험자가 사망한 경우 : 사망한 날의 다음 날 • 자영업자인 피보험자의 경우 : 그 보험관계가 소멸한 날

전문가의 한마디

고용보험법상 피보험자격의 취득일 및 상실일에 관한 문제는 앞선 2020년 4회 필기시험(86번)에 출제된 바 있습니다.

직업상담사 1급
1차 필기 기출문제해설

2016년

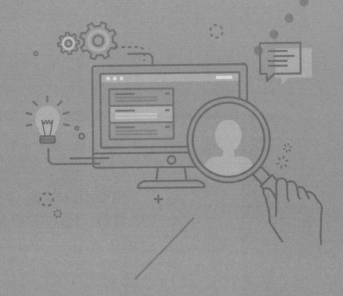

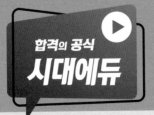

제1과목 **고급직업상담학**

01

다음 중 게슈탈트 심리치료에서 가장 강조하는 개념은?

① 왜?, 여기에
② 지금, 여기에
③ 왜?, 과거의 경험
④ 무엇?, 과거의 경험

알찬 해설

게슈탈트 심리치료의 주요 개념으로서 '지금-여기'

- 게슈탈트 심리치료는 현재를 온전히 음미하고 경험하는 학습을 강조한다.
- 과거는 현재와 관련되어 있는 것으로서만 중요하다. 따라서 내담자는 과거의 문제 상황을 현재에 가져와서 마치 그것이 지금 일어나고 있는 것처럼 상황재연을 한다.
- 치료기법들은 내담자로 하여금 직접적인 접촉을 통해 경험하면서 그 순간의 느낌에 대한 자각을 증가시킬 수 있는 방향으로 고안되었다.

전문가의 한마디

게슈탈트(형태주의) 심리치료에서 'Here and Now'는 우리말로 '지금-여기' 혹은 '여기-지금'으로 불립니다. 이는 현재에 초점을 둔다는 것이지 과거에 관심이 없다는 것을 뜻하는 것은 아닙니다.

02

진로상담 프로그램과 각 프로그램의 주요 구성내용이 바르게 짝지어진 것은?

① 자아탐구 프로그램 - 일의 활동, 직업의 종류, 자격증 안내, 직업환경과 근로조건
② 직업세계 이해 프로그램 - 위인의 일대기, 성공한 직업인과의 만남, 만나보고 싶은 직업인
③ 계열탐색 프로그램 - 진학하는 길, 전공분야와 직업, 유학 가는 길
④ 모델링 프로그램 - 나의 흥미, 나의 적성, 자신과 타인이 생각하는 나

만점 해설

③ 계열탐색 프로그램은 내담자의 상급학교로의 진학을 돕는 프로그램으로, '진학하는 길', '전공분야와 직업', '일하며 공부하는 길', '유학 가는 길' 등으로 구성된다.
① 자아탐구 프로그램은 내담자로 하여금 자신에게 스스로 솔직한 과정을 거쳐서 그 결과를 보고 수용하는 태도를 기르도록 돕는 프로그램으로, '내 자신이 생각하는 나', '타인이 생각하는 나', '나의 흥미', '나의 적성', '나의 가치관' 등으로 구성된다.
② 직업세계 이해 프로그램은 내담자의 진로계획 수립에 필요한 정보를 제공하고 왜곡된 정보를 수정하도록 돕는 프로그램으로, '일의 활동', '직업의 종류', '자격증 안내', '노동시장 관행', '고용동향', '직업환경과 근로조건' 등으로 구성된다.
④ 모델링 프로그램은 내담자로 하여금 모델링 대상인물의 진로행적을 탐색하여 동일시하도록 돕는 프로그램으로, '위인의 일대기', '성공한 직업인의 하루', '성공한 직업인과의 만남', '만나보고 싶은 직업인' 등으로 구성된다.

전문가의 한마디

청소년을 위한 직업상담 프로그램은 일반적으로 다음의 순서대로 진행됩니다.

> 자기이해를 돕는 단계 → 직업세계 이해를 돕는 단계 → 미래사회 이해를 돕는 단계 → 진로계획 수립지도 단계 → 직업상담 단계

03

직업상담과 관련하여 Katz가 제시한 행정기술이 아닌 것은?

① 사무처리 기술(Technical Skills)
② 구상적 기술(Conceptual Skills)
③ 인화적 기술(Human Skills)
④ 조직적 기술(Organizing Skills)

알찬해설

직업상담자가 갖추어야 할 행정기술(Katz)

- 사무처리 기술(Technical Skills) : 직업상담과 관련된 문서작성, 보관, 재정과 회계 등의 업무와 관련된 기술이다.
- 인화적 기술(Human Skills) : 조직 내에서 개인과 개인 간은 물론 집단성원들로 하여금 다른 사람들과 원활하게 일을 할 수 있도록 하는 기술이다.
- 구상적 기술(Conceptual Skills) : 전체적인 상담 기관 내지 프로그램 전반을 포괄적으로 파악할 수 있도록 하는 기술이다.

전문가의 한마디

카츠(Katz)가 제시한 직업상담의 행정기술에 '실행적 기술', '조직적 기술', '사회복지 기술' 등은 포함되지 않습니다.

04

다음은 어떤 종류의 인지적 오류에 해당하는가?

> 자신과 관련 없는 회사일도 "내가 뭔가 실수를 했을 거야. 나 때문이야"라고 생각한다.

① 과잉일반화(Overgeneralization)
② 흑백논리(All-or-Nothing Thinking)
③ 의미의 확대(Magnification)
④ 개인화(Personalization)

만점해설

④ '개인화(사적인 것으로 받아들이기)'는 자신과 관련시킬 근거가 없는 외부사건을 자신과 관련시키는 성향으로서, 실제로는 다른 것 때문에 생긴 일에 대해 자신이 원인이고 자신이 책임져야 할 것으로 받아들이는 것이다.
① '과잉일반화(과일반화)'는 한두 가지의 고립된 사건에 근거해서 일반적인 결론을 내리고 그것을 서로 관계 없는 상황에 적용하는 것이다.
② '흑백논리(이분법적 사고)'는 모든 경험을 한두 개의 범주로만 이해하고 중간지대가 없이 흑백논리로써 현실을 파악하는 것이다.
③ '의미의 확대(과장)'는 어떤 사건 또는 한 개인이나 경험이 가진 특성의 한 측면을 그것이 실제로 가진 중요성과 무관하게 과대평가하는 것이다.

전문가의 한마디

인지적 오류의 유형과 관련된 예는 반드시 어느 하나의 정답이 있는 것은 아닙니다. 경우에 따라 2가지 이상의 오류가 혼합된 것일 수도 있으며, 내용상 어느 하나로 명확히 구분하기 어려운 것도 있습니다.

05

다음 중 특성-요인 직업상담의 과정에 해당하는
문제해결 방법은?

① 진 단
② 보 상
③ 전 이
④ 파 지

알찬해설

특성-요인 직업상담의 과정

특성-요인 직업상담의 과정은 다음과 같은 합리적이고
과학적인 문제해결 방법을 따른다.

분석 (제1단계)	내담자에 관한 자료수집, 표준화 검사, 적성 · 흥미 · 동기 등의 요소들과 관련된 심리검사가 주로 사용된다.
종합 (제2단계)	내담자의 성격, 장단점, 욕구, 태도 등에 대한 이해를 얻기 위해 정보를 수집 · 종합한다.
진단 (제3단계)	문제의 원인들을 탐색하며, 내담자의 문제를 해결할 수 있는 다양한 방법들을 검토한다.
예측(예후) 또는 처방 (제4단계)	조정 가능성, 문제들의 가능한 여러 결과를 판단하며, 대안적 조치와 중점사항을 예측한다.
상담 또는 치료 (제5단계)	미래에 혹은 현재에 바람직한 적응을 위해 무엇을 해야 하는가에 대해 함께 협동적으로 상의한다.
추수지도 또는 사후지도 (제6단계)	새로운 문제가 야기되었을 때 위의 단계를 반복하며, 바람직한 행동 계획을 실행하도록 계속적으로 돕는다.

전문가의 한마디

특성-요인 직업상담의 기본은 '변별진단(Differential
Diagnosis)'이라고 할 수 있습니다. '변별진단'은 일련의
관련 있는 또는 관련 없는 사실들로부터 일관된 의미를
논리적으로 파악하여 문제를 하나씩 해결하는 과정을
말합니다.

06

정신분석적 상담에서 주로 사용되는 기법이 아닌
것은?

① 자유연상
② 꿈의 분석
③ 전이의 분석
④ 공 감

만점해설

④ '공감'은 내담자가 전달하려는 내용에서 한 걸음 더
나아가 그 내면적 감정에 대해 반영하는 것으로, 상
담의 조력관계에서 내담자의 신뢰와 대화 촉진을 위
해 널리 사용되는 상담의 기초 기법이다.

① '자유연상'은 내담자에게 무의식적 감정과 동기에 대
해 통찰하도록 하기 위해 마음속에 떠오르는 것을 의
식의 검열을 거치지 않은 채 표현하도록 하는 것이다.

② '꿈의 분석'은 내담자의 꿈속에 내재된 억압된 감정
과 무의식적인 욕구를 꿈의 내용을 분석함으로써 통
찰하도록 하는 것이다.

③ '전이의 분석'은 내담자가 이전에 가지고 있다가 억
압했던 감정 · 신념 · 소망 등을 상담자가 전이를 통
해 분석 · 해석함으로써 내담자로 하여금 무의식적
갈등과 문제의 의미를 통찰하도록 하는 것이다.

전문가의 한마디

'전이(Transference)'는 내담자가 어린 시절 어떤 중요한
인물에 대해 가졌던 관계를 상담자에게 표출하는 일종
의 투사현상입니다.

07

행동주의 상담에서 내담자를 불안유발상황에 집중적으로 오랫동안 노출시키는 기법은?

① 홍수법
② 이완훈련법
③ 체계적 둔감법
④ 혐오법

만점해설

① 홍수법(Flooding)은 불안이나 두려움을 발생시키는 자극들을 계획된 현실이나 상상 속에서 집중적·지속적으로 제시하는 기법이다.
② 이완훈련법 혹은 근육이완훈련(Relaxation Training)은 근육이완 상태에서는 불안이 일어나지 않는다는 원리에 따라 내담자로 하여금 자유자재로 근육의 긴장을 이완시킬 수 있도록 훈련시키는 것이다.
③ 체계적 둔감법(Systematic Desensitization)은 혐오스런 느낌이나 불안한 자극에 대한 위계목록을 작성한 다음, 낮은 수준의 자극에서 높은 수준의 자극으로 상상을 유도함으로써 불안이나 공포에서 서서히 벗어나도록 하는 것이다.
④ 혐오법 혹은 혐오치료(Aversion Therapy)는 바람직하지 못한 행동에 혐오 자극을 제시함으로써 부적응적인 행동을 제거하는 기법이다.

전문가의 한마디

행동주의 상담에서 내담자를 불안유발상황에 집중적·지속적으로 노출시키는 기법은 '홍수법', 단계적으로 노출시키는 기법은 '체계적 둔감법'입니다.

08

집단직업상담에서 리더의 주요 역할에 해당하는 것은?

① 리더는 참여자들이 의사결정 전략들을 학습할 수 있도록 지원한다.
② 리더는 구성원들이 필요로 하는 감정을 원활히 제공한다.
③ 리더는 상호작용을 위한 분위기를 조성하고 집단의 탐색을 촉진한다.
④ 리더는 집단과 개인의 목표가 달성되었는가를 결정한다.

알찬해설

집단의 리더(집단상담자)의 주요 역할 혹은 기능(Tolbert)
• 리더는 상호작용을 위한 분위기를 조성하고 개인의 탐색을 촉진한다.
• 리더는 구성원들이 필요로 하는 정보를 원활히 제공해 준다.
• 리더는 참여자들이 의사결정 전략들을 학습할 수 있도록 지원한다.

전문가의 한마디

톨버트(Tolbert)는 집단직업상담의 핵심요소로서 목표, 과정, 비밀유지, 집단구성, 리더, 일정 등을 제시한 바 있습니다.

09

행동주의적 직업상담에서 목표로 하는 상담 결과에 해당하지 않는 것은?

① 선행원인과 결과로서의 불안 감소 또는 제거하는 것
② 새로운 적응행동을 학습하는 것
③ 직업적응을 촉진하고 일상적인 삶에서의 적응력을 증진시키도록 돕는 것
④ 직업결정 기술을 습득하는 것

만점 해설

③ 내담자의 직업적응을 촉진하고 일상적인 삶에서의 적응력을 증진시키도록 돕는 것, 내담자의 약점보다 강점을 강조함으로써 내담자로 하여금 자신의 삶의 의미를 설정하도록 돕는 것은 발달적 직업상담의 목표에 해당한다.

전문가의 한마디

행동주의적 직업상담은 내담자의 불안을 제거하고 부적응행동을 적응행동으로 대치한 다음 내담자에게 직업결정 기술을 학습하도록 함으로써 현명한 직업결정을 할 수 있도록 돕는 것을 목표로 합니다.

10

직업상담 시 사용되는 측정도구 중 질적 측정도구에 해당하지 않는 것은?

① 자기효능감 척도
② 카드분류
③ 욕구 및 근로 가치 설문
④ 역할놀이

알찬 해설

직업상담에 사용되는 주요 질적 측정도구

• 자기효능감 척도(Self-efficacy Measurement) : 어떤 과제를 어느 정도 수준으로 수행할 수 있는 능력을 갖추었다고 스스로 판단하는지의 정도를 측정한다. 내담자가 과제를 잘 수행할 수 있는지를 과제의 난이도와 내담자의 확신도로써 파악한다.
• 직업카드분류(Vocational Card Sort) : 내담자에게 직업카드를 분류하도록 하여 내담자의 직업에 대한 선호 및 흥미를 파악한다. 내담자의 가치관, 흥미, 직무 기술, 라이프 스타일 등의 선호형태를 측정하는 데 유용하다.
• 직업가계도 또는 제노그램(Genogram) : 내담자의 가족이나 선조들의 직업 특징에 대한 시각적 표상을 얻기 위해 도표를 만드는 방식이다. 내담자의 가족 내 직업적 계보를 통해 내담자의 직업에 대한 고정관념이나 직업가치 및 흥미 등의 근본 원인을 파악한다.
• 역할놀이 또는 역할극(Role Playing) : 가상 상황에서 내담자의 역할행동에 대한 관찰을 통해 내담자의 직업관련 사회적 기술들을 파악한다. 역할놀이에서는 내담자의 수행행동을 나타낼 수 있는 업무상황을 제시해 준다.

전문가의 한마디

'욕구 및 근로 가치 설문'은 객관적 측정도구로서 양적 측정도구에 해당합니다. 이와 같은 유형의 대표적인 검사로 미네소타 욕구중요도검사(MIQ ; Minnesota Importance Questionnaire), 가치중요도검사(SD ; Salience Inventory) 등이 있습니다.

11

직업상담사가 장애를 가진 사람들을 만날 때 이해해야 되는 것이 아닌 것은?

① 교육적인 장애의 배경
② 일에 대한 경험 및 사회적 경험의 제약
③ 가족배경
④ 고정적인 직업관

만점 해설

③ 가족배경은 가족상담 및 가족치료에서 내담자와 그 가족의 문제를 파악하기 위해 이해해야 되는 것이다.

전문가의 한마디

직업상담에서는 타문화권자, 불법체류자, 장애인, 고령자, 병력(病歷)이 있는 자 등을 특수집단으로 간주하며, 이들과의 직업상담에는 더 많은 주의와 노력이 요구된다고 보고 있습니다.

12

다음 포괄적 직업상담에 대한 설명의 (   )에 알맞은 접근법은?

초기 단계에서는 (ㄱ)을 주로 사용하고, 재진술, 반영과 같은 반응을 자주 사용한다. 중간 단계에서는 (ㄴ)을 주로 사용하며 Colby의 '조정'과 '병치'를 통해 직업문제를 명확히 진술하도록 한다. 마지막 단계에서는 (ㄷ)을 적용하여 문제를 검토하고 강화기법을 활용한다.

① ㄱ : 정신역동적 접근법과 발달적 접근법
　ㄴ : 특성요인 및 내담자중심 접근법
　ㄷ : 행동주의적 접근법
② ㄱ : 정신역동적 접근법과 특성요인 접근법
　ㄴ : 발달적 접근법과 행동주의 접근법
　ㄷ : 내담자중심 접근법
③ ㄱ : 발달적 접근법과 내담자중심 접근법
　ㄴ : 정신역동적 접근법
　ㄷ : 특성요인 및 행동주의적 접근법
④ ㄱ : 내담자중심 접근법과 정신역동적 접근법
　ㄴ : 행동주의적 접근법과 발달적 접근법
　ㄷ : 특성요인 접근법

알찬 해설

포괄적 직업상담의 단계별 주요 접근법

초기 단계	발달적 접근법과 내담자중심 접근법을 통해 내담자에 대한 탐색 및 문제의 원인에 대한 토론을 촉진시킨다.
중간 단계	정신역동적 접근법을 통해 내담자의 문제에서 원인이 되는 요인을 명료히 밝혀 이를 제거한다.
마지막 단계	특성요인적 접근법과 행동주의적 접근법을 통해 상담자가 보다 능동적 · 지시적인 태도로 내담자의 문제해결에 개입하게 된다.

전문가의 한마디

이 문제는 앞선 2018년 4회 2번 문제와 연관되므로 함께 학습하시기 바랍니다.

13

Roe의 진로선택 욕구이론 중 부모자녀의 상호작용 유형에 관한 설명으로 틀린 것은?

① 과보호형 - 자식들이 부모에게 의존하기를 기대한다.
② 과잉요구형 - 자식에게 엄격한 훈련을 시킨다.
③ 무시형 - 자녀에 대한 관심이 적고 감정적으로 거부한다.
④ 애정형 - 부모자녀관계가 단단하며 사려 깊은 격려를 한다.

알찬 해설

로(Roe)의 부모-자녀 상호작용 유형

수용형	• 무관심형 : 수용적으로 대하지만 자녀의 욕구나 필요에 대해 그리 민감하지 않고 또 자녀에게 어떤 것을 잘하도록 강요하지도 않는다. • 애정형 : 온정적이고 관심을 기울이며 자녀의 요구에 응하고 독립심을 길러 주며, 벌을 주기보다는 이성과 애정으로 대한다.
정서집중형 (감정적 집중형)	• 과보호형 : 자녀를 지나치게 보호함으로써 자녀에게 의존심을 키운다. • 과잉요구형 : 자녀가 남보다 뛰어나거나 공부를 잘하기를 바라므로 엄격하게 훈련시키고 무리한 요구를 한다.
회피형	• 거부형 : 자녀에 대해 냉담하여 자녀가 선호하는 것이나 의견을 무시하고 부족한 면이나 부적합한 면을 지적하며, 자녀의 욕구를 충족시켜 주려고 하지 않는다. • 무시형 : 자녀와 별로 접촉하려고 하지 않으며, 부모로서의 책임을 회피한다.

전문가의 한마디

로(Roe)는 여러 가지 다른 직업에 종사하고 있는 사람들이 각기 다른 욕구를 가지고 있으며, 이러한 욕구의 차이는 어린 시절(12세 이전의 아동기)의 부모-자녀 관계에 기인한다고 주장하였습니다. 그는 가정의 정서적 분위기, 즉 부모와 자녀 간의 상호작용 유형에 따라 자녀의 욕구유형이 달라진다고 본 것입니다.

14

Williamson이 제시한 직업선택의 문제를 모두 고른 것은?

```
ㄱ. 직업 무선택
ㄴ. 직업선택의 확신부족
ㄷ. 흥미와 적성의 모순
ㄹ. 현명하지 못한 직업선택
```

① ㄱ, ㄷ   ② ㄴ, ㄹ
③ ㄱ, ㄴ, ㄹ   ④ ㄱ, ㄴ, ㄷ, ㄹ

알찬 해설

윌리암슨(Williamson)의 직업선택 문제유형 분류

직업 무선택 또는 미선택	내담자가 직접 직업을 결정한 경험이 없거나, 선호하는 몇 가지의 직업이 있음에도 불구하고 어느 것을 선택할지를 결정하지 못하는 경우이다.
직업선택의 확신부족 (불확실한 선택)	직업을 선택하기는 하였으나, 자신의 선택에 대해 자신감이 없고 타인으로부터 자기가 성공하리라는 위안을 받고자 추구하는 경우이다.
흥미와 적성의 불일치 (흥미와 적성의 모순 또는 차이)	흥미를 느끼는 직업에 대해서 수행능력이 부족하거나, 적성에 맞는 직업에 대해서 흥미를 느끼지 못하는 경우이다.
현명하지 못한 (않은) 직업선택 (어리석은 선택)	동기나 능력이 부족한 사람이 고도의 능력이나 특수한 재능을 요구하는 직업을 선택하는 경우, 흥미가 없고 자신의 성격에 부합하지 않는 직업을 선택하는 경우 또는 자신의 능력보다 훨씬 낮은 능력이 요구되는 직업을 선택하거나 안정된 직업만을 추구하는 경우이다.

전문가의 한마디

직업상담이론에서 사용하는 개념 혹은 용어들 중에는 영문을 우리말로 번역한 것들이 많습니다. 그로 인해 교재마다 다양하게 번역되어 제시되기도 합니다. 참고로 윌리암슨(Williamson)의 직업선택 문제유형의 영문 명칭은 다음과 같습니다.

• 직업 무선택 ☞ No Choice
• 직업선택의 확신부족 ☞ Uncertain Choice
• 흥미와 적성의 불일치 ☞ Discrepancy between

Interests and Aptitudes

- 현명하지 못한 직업선택 ☞ Unwise Choice

15

Williamson의 특성-요인적 진로상담 기법의 특징이 아닌 것은?

① 친화관계 형성
② 자기 이해의 증진
③ 실행계획이나 충고
④ 소망 방어체제의 해석

알찬 해설

특성-요인적 진로상담 기법(Williamson)

- 친화관계 형성(촉진적 관계형성) : 상담자는 신뢰감을 줄 수 있는 분위기를 조성하며, 내담자의 문제해결을 촉진할 수 있는 관계를 형성한다.
- 자기 이해의 증진(자기 이해의 신장) : 상담자는 내담자가 자신의 장점이나 특징들에 대해 개방된 평가를 하도록 돕는다. 또한 자신의 장점이나 특징들이 문제해결에 어떻게 관련되는지 통찰력을 가질 수 있도록 격려한다.
- 실행계획이나 충고(행동계획의 권고와 설계) : 상담자는 내담자가 이해하는 관점에서 상담 또는 조언을 한다. 또한 내담자가 표현한 학문적·직업적 선택 또는 감정, 습관, 행동, 태도와 일치하거나 반대되는 증거를 언어로 정리해 주며, 실제적인 행동을 계획하고 설계할 수 있도록 돕는다.
- 계획의 수행 : 상담자는 내담자가 진로선택을 하는 데 있어서 직접적인 도움이 되는 여러 가지 제안을 함으로써 내담자가 계획을 실행에 옮겨 직업을 선택할 수 있도록 돕는다.
- 위임 또는 의뢰 : 상담자는 내담자의 문제가 합리적으로 해결될 수 있도록 필요한 경우 다른 상담자를 만나 보도록 권유한다.

'소망 방어체제(소망-방어체계)의 해석'은 보딘(Bordin)의 정신역동적 직업상담기법에 해당합니다.

16

Ginzberg가 제시한 진로발달단계 중 흥미, 능력, 가치, 전환의 하위단계를 포함하고 있는 단계는?

① 환상기(Fantasy Period)
② 잠정기(Tentative Period)
③ 확정기(Confirmative Period)
④ 현실기(Realistic Period)

알찬 해설

긴즈버그(Ginzberg)의 진로발달단계 중 잠정기(Tentative Period, 11~17세)

흥미단계 (Interest Stage)	자신의 흥미나 취미에 따라 직업을 선택하려고 한다.
능력단계 (Capacity Stage)	자신이 흥미를 느끼는 분야에서 성공을 거둘 수 있는 능력을 지니고 있는지 시험해 보기 시작한다.
가치단계 (Value Stage)	자신이 좋아하는 직업에 관련된 모든 정보를 알아보려고 하며, 그 직업이 자신의 가치관 및 생애 목표에 부합하는지 평가해 본다.
전환단계 (Transition Stage)	주관적 요소에서 현실적 외부요인으로 관심이 전환되며, 이러한 현실적인 외부요인이 직업선택의 주요인이 된다.

긴즈버그(Ginzberg)의 진로발달단계는 '환상기 – 잠정기 – 현실기'로 구분하며, 특히 잠정기와 현실기는 다음의 하위단계로 세분됩니다.

잠정기	흥미단계(Interest Stage) → 능력단계(Capacity Stage) → 가치단계(Value Stage) → 전환단계(Transition Stage)
현실기	탐색단계(Exploration Stage) → 구체화단계(Crystallization Stage) → 특수화단계 또는 정교화단계(Specification Stage)

17

다음 중 직업상담의 목적이 아닌 것은?

① 내담자가 결정한 직업계획 및 직업선택 확신·확인
② 직업선택과 직업생활에서의 순응적 태도 함양
③ 자아와 직업세계에 대한 구체적인 이해
④ 진로관련 의사결정 능력의 증진

알찬 해설

직업상담의 주요 목적

• 첫째, 내담자가 이미 결정한 직업계획과 직업선택을 확신·확인한다.(①)
• 둘째, 개인의 직업적 목표를 명확히 해 준다.
• 셋째, 내담자로 하여금 자아와 직업세계에 대한 구체적인 이해와 새로운 사실을 발견하도록 촉진한다.(③)
• 넷째, 내담자에게 진로관련 의사결정 능력을 길러준다.(④)
• 다섯째, 직업선택과 직업생활에서의 능동적인 태도를 함양한다.

전문가 의 한마디

이 문제는 2019년 4회 19번 문제와 유사하므로 해당 문제와 함께 학습하시기 바랍니다.

18

형태주의 상담을 발전시킨 Perls가 제시한 접촉과 성장의 다섯 가지 수준에 속하지 않는 것은?

① 겉치레층(Phony Layer)
② 곤경층(Impasse Layer)
③ 외파층(Explosive Layer)
④ 의심층(Doubtful Layer)

알찬 해설

접촉과 성장의 수준 혹은 신경증의 층

겉치레층 (피상층 혹은 허위층)	진실성이 없이 상투적으로 대하는 거짓된 상태로서, 개인은 형식적·의례적인 규범에 따라 피상적인 만남을 한다.
공포층 (연기층)	개인은 자신의 고유한 모습으로 살아가지 못한 채 부모나 주위환경의 기대에 따라 역할을 수행한다.
곤경층 (교착층)	개인은 자신이 했던 역할연기를 자각하게 되면서 더 이상 같은 역할을 지속적으로 수행하는 데 대해 곤경과 허탈감, 무력감을 경험하게 된다.
내파층 (내적 파열층)	개인은 그동안 억압해 온 자신의 욕구와 감정을 알아차리게 되지만 이를 겉으로 드러내지 못한 채 안으로 억제한다.
외파층 (폭발층 혹은 외적 파열층)	개인은 자신의 진정한 욕구와 감정을 더 이상 억압 또는 억제하지 않은 채 외부로 표출하게 된다.

전문가 의 한마디

펄스(Perls)는 접촉과 성장의 다섯 가지 수준을 '신경증의 층(Neurotic Layers)'으로 설명하였습니다. 그는 인간의 인격을 펼쳐 보이는 것이 양파껍질을 벗기는 것과 같으며, 인간이 심리적 성숙을 얻기 위해서는 다섯 가지 신경증 층을 벗겨야 한다고 주장하였습니다.

안심Touch

19

상담의 기본방법 중 해석을 사용할 때 고려할 내용과 가장 거리가 먼 것은?

① 해석은 시기(Timing)가 중요하며, 내담자가 받아들일 준비가 되어 있다고 판단될 때 하는 것이 바람직하다.

② 내담자의 저항을 줄이기 위해 암시적이고 부드러운 표현을 사용한다.

③ 해석 때문에 내담자가 자신의 문제를 주지화하는 경향을 주의해야 한다.

④ 해석 과정에서 질문을 사용하는 것은 바람직하지 못하므로 피해야 한다.

만점해설

④ 해석(Interpretation)은 내담자를 관찰하여 얻은 예감이나 가설을 바탕으로 하는 것이므로 가능하면 사실적으로 표현하기보다 질문 형태로 제시하며, 내담자 스스로 해석을 하도록 하는 것이 바람직하다.

전문가의 한마디

이 문제는 앞선 2020년 4회 필기시험(9번)에 출제된 바 있습니다.

20

Adler의 상담치료 단계를 바르게 나열한 것은?

> ㄱ. 적절한 치료관계 수립
> ㄴ. 자기이해의 독려 : 통찰
> ㄷ. 내담자의 새로운 선택 : 재교육
> ㄹ. 내담자의 역동탐색 : 분석과 평가

① ㄱ → ㄴ → ㄷ → ㄹ

② ㄱ → ㄹ → ㄴ → ㄷ

③ ㄹ → ㄱ → ㄷ → ㄴ

④ ㄹ → ㄷ → ㄱ → ㄴ

알찬해설

개인주의 상담의 4단계 치료과정

상담관계 형성 및 치료 목표 설정 (제1단계)	협력적인 분위기에서 상담자와 내담자 간의 신뢰관계를 형성하며, 상호 합의하에 치료목표를 설정하고 치료과정을 구성한다.
개인역동성의 탐색 (제2단계)	내담자의 개인역동성에 대한 심층적인 탐색을 통해 내담자의 생활양식과 가족환경, 개인적 신념과 부정적 감정, 자기 파괴적인 행동양상 등을 파악하여, 그것이 현재 생활의 문제에 있어서 어떻게 기능하는지를 이해한다.
해석을 통한 통찰 (제3단계)	상담자는 해석과 직면을 통해 내담자로 하여금 자신의 생활양식을 자각하며, 자신의 외면적 행동을 통해 나타나는 내재적 원인에 대해 통찰할 수 있도록 한다.
재교육 혹은 재정향 (제4단계)	상담자는 해석을 통해 획득된 내담자의 통찰이 실제 행동으로 전환될 수 있도록 다양한 능동적인 기술을 사용한다.

전문가의 한마디

개인주의 상담의 상담치료 과정은 정보제공, 교육, 안내, 격려 등에 초점을 둡니다.

제2과목 고급직업심리학

21

고용노동부 직업선호도검사(L형)에 포함되어 있는 하위검사가 아닌 것은?

① 흥미검사
② 직업적응검사
③ 성격검사
④ 생활사검사

알찬해설

고용노동부 직업선호도검사(워크넷 제공 직업선호도검사)

• 고용노동부 직업선호도검사는 L(Long)형과 S(Short)형이 있다. L형은 수검자가 어느 정도 시간적인 여유가 있는 상태에서 보다 상세한 정보를 얻고자 할 때 사용되는 반면, S형은 시간적인 여유가 없을 때 또는 필요한 정보만을 얻고자 할 때 사용된다.
• L형은 (직업)흥미검사, 성격검사, 생활사검사로 구성되는 반면, S형은 진로 및 직업상담 장면에서 가장 많이 활용되는 홀랜드(Holland)의 흥미이론을 기초로 한 흥미검사만으로 구성되어 있다.

전문가의 한마디

직업선호도검사(L형, S형)는 고용노동부와 한국고용정보원에서 개발한 직업심리검사 도구로, 현재 워크넷(www.work.go.kr)을 통해 서비스를 제공하고 있습니다.

22

직무 스트레스 대처를 위한 기본조건으로 틀린 것은?

① 적절한 스트레스는 우리에게 도움을 준다는 명제를 받아들여야 한다.
② 긴장방출률(TDR)을 최대한 높여야 한다.
③ 목표보다는 과정을 중시하도록 해야 한다.
④ 스트레스는 자신보다는 외부적 요인으로 주로 발생한다는 것을 인식해야 한다.

알찬해설

직무 스트레스 대처를 위한 기본조건

• 적절한 스트레스는 우리에게 도움을 준다는 명제를 받아들여야 한다.(①)
• 유스트레스(Eustress)는 적극적인 노력에 의해서만 획득될 수 있음을 인식해야 한다.
• 자신의 스트레스 상황을 의식하고 확인하는 일은 매우 중요하다.
• 스트레스 상황이 자신의 내면에 있다는 점을 인식해야 한다.
• 긴장방출률(TDR ; Tension Discharge Rate)을 최대한 높여야 한다.(②)
• 목표보다는 과정을 중시하도록 해야 한다.(③)

전문가의 한마디

스트레스(Stress)는 질병저항력을 높여 건강증진을 돕는 긍정적인 스트레스인 '유스트레스(Eustress)'와 질병저항력을 떨어뜨려 건강을 해치는 부정적인 스트레스인 '디스트레스(Distress)'로 구분됩니다. 참고로 유스트레스를 '쾌 스트레스', 디스트레스를 '불쾌 스트레스'로 부르기도 합니다.

23

Ginzberg가 제시한 진로발달단계에 있어서 현실기의 특징에 해당되는 것은?

① 일지향적 놀이를 통해 직업세계에 대한 최초의 가치판단을 반영한다.
② 직업선택에 대한 결정과 진로선택에 대한 책임의식을 깨닫게 된다.
③ 직업적인 열망과 관련하여 자신의 능력을 깨닫게 된다.
④ 탐색을 통해 자신의 진로선택을 2~3가지 정도로 좁혀간다.

만점 해설

④ 현실기(Realistic Period, 17세 이후~성인 초기 또는 청·장년기) 중 '탐색단계(Exploration Stage)'의 특징에 해당한다.
① 환상기(Fantasy Period, 6~11세 또는 11세 이전)의 특징에 해당한다.
② 잠정기(Tentative Period, 11~17세) 중 '전환단계(Transition Stage)'의 특징에 해당한다.
③ 잠정기(Tentative Period, 11~17세) 중 '능력단계(Capacity Stage)'의 특징에 해당한다.

전문가의 한마디

앞선 16번 문제 해설을 통해 긴즈버그(Ginzberg) 진로발달단계의 하위단계를 확인하시기 바랍니다.

24

경력개발 프로그램 중 '종업원 개발'에 해당되지 않는 것은?

① 훈련 프로그램
② 직무순환
③ 조기발탁제
④ 후견인 프로그램

알찬 해설

경력개발 프로그램 중 종업원 개발 프로그램
• 훈련 프로그램 : 컴퓨터와 관련된 교육에서부터 대인관계훈련까지 조직 내에서 실시하는 다양한 내용의 훈련 프로그램
• 후견인 프로그램 : 종업원이 조직에 쉽게 적응하도록 상사가 후견인이 되어 도와주는 프로그램
• 직무순환 프로그램 : 종업원에게 다양한 직무를 경험하게 함으로써 여러 분야의 능력을 개발할 수 있도록 하는 프로그램

전문가의 한마디

지문 ③번의 조기발탁제(Promotability Forecasts)는 잠재력이 높은 종업원을 조기에 발견하여 그들에게 특별한 경력경험을 제공하는 제도로서, 경력개발 프로그램 중 '종업원 평가'에 해당합니다.

25

경력개발의 목적과 가장 거리가 먼 것은?

① 우수인력 영입
② 개인의 성취동기 유발
③ 조직에 필요한 인력 확보
④ 개인과 조직의 목표달성 극대화

알찬해설

경력개발의 목적

개인적 차원	• 개인의 능력개발을 통해 경력욕구를 충족시키며, 자기개발을 통해 일로부터 심리적 만족을 얻도록 한다. • 직장에 대한 안정감을 가지고 개인의 능력을 발휘하도록 성취동기를 유발시킨다.
조직적 차원	• 조직 내의 적합한 곳에 개인능력을 활용함으로써 조직의 유효성을 높인다. • 조직의 인력계획, 교육훈련, 직무분석, 인사고과, 승진관리 등 여러 인적자원의 관리 과정 및 효율적인 확보·배치를 통해 조직의 효율성을 높인다.

전문가의 한마디

경력개발은 조직 내 인적자원의 효율적 관리를 통해 조직의 목표를 달성 가능하도록 하는 동시에 종업원들로 하여금 자신이 바라는 경력목표를 정하고 이를 달성하기 위해 노력할 수 있는 방법을 제시해 줍니다.

26

구성관련 타당도에 해당하는 것은?

① 수렴타당도, 변별타당도
② 안면타당도, 동시타당도
③ 예언타당도, 동시타당도
④ 내용타당도, 변별타당도

알찬해설

구성관련 타당도(구성타당도)의 분석(검증) 방법

수렴타당도 (집중타당도)	검사 결과가 이론적으로 해당 속성과 관련 있는 변수들과 어느 정도 높은 상관관계를 가지고 있는지를 측정한다. 따라서 상관계수가 높을수록 타당도가 높다.
변별타당도 (판별타당도)	검사 결과가 이론적으로 해당 속성과 관련 없는 변수들과 어느 정도 낮은 상관관계를 가지고 있는지를 측정한다. 따라서 상관계수가 낮을수록 타당도가 높다.
요인분석	검사를 구성하는 문항들의 상관관계를 분석하여 상관이 높은 문항들을 묶어주는 통계적 방법이다.

전문가의 한마디

'구성관련 타당도'는 '구성타당도', '구인타당도' 혹은 '개념타당도' 등으로도 불립니다. 검사가 해당 이론적 개념의 구성인자들을 제대로 측정하고 있는가에 관한 것으로, 특히 객관적인 관찰이 어려운 추상적인 개념(예 적성, 지능, 흥미, 직무만족, 동기 등)을 얼마나 잘 측정하는지를 나타냅니다.

2016

27

작업 스트레스에 대한 설명과 가장 거리가 먼 것은?

① 조직에서 스트레스를 일으키는 대부분의 원인들은 역할 속성과 관련되어 있다.
② 스트레스는 분노, 좌절, 적대, 흥분 등과 같은 보다 강렬하고 격앙된 정서상태를 일으킨다.
③ A유형의 종업원들이 B유형의 종업원들보다 스트레스를 덜 받는다.
④ 내적 통제형의 종업원들이 외적 통제형의 종업원들보다 스트레스를 덜 받는다.

만점해설

③ A유형의 종업원은 B유형의 종업원보다 높은 스트레스 수준을 유지한다. 이는 A유형의 사람이 평소 공격적·적대적이고 인내력이 부족한 데 반해, B유형의 사람은 수동적·방어적이고 느긋함과 평온함을 특징으로 하는 데 기인한다.

전문가의 한마디

A유형 행동을 보이는 사람은 짧은 시간 내에 더욱 더 많은 일을 성취하려고 하므로 일의 과정을 즐기지 못합니다. 또한 너무 많은 책임을 맡는 경향이 있는데, 그것이 자신의 능력으로 통제할 수 없다고 판단되는 스트레스 상황에 부딪히게 될 때 B유형의 사람보다 훨씬 더 빨리 과제를 포기하고는 보다 많은 무력감을 느끼게 됩니다.

28

다음은 무엇에 대한 설명인가?

> 이것은 자아의 이해와 일과 직업세계의 이해를 기초로 하여 자기 자신의 진로를 계획하고 선택하는 과정에서 동일 연령이나 발달단계에 있는 집단의 발달과업 수행 정도에서 차지하는 개인의 상대적인 위치를 말한다.

① 진로결정수준
② 진로정체감
③ 진로성숙
④ 진로결정 자기효능감

만점해설

① '진로결정수준'은 진로미결정과 진로결정을 양극단으로 하는 연속선상의 어느 한 지점을 지칭하는 것이다.
② '진로정체감'은 자신의 목표, 흥미, 성격, 재능 등에 관하여 개인이 가지고 있는 심상을 지칭하는 것이다.
④ '진로(결정) 자기효능감'은 진로행동의 어떤 측면과 관련한 효능감 기대가 진로선택 및 개인개발에 영향 요인으로 작용할 수 있는 가능성을 지칭하는 것이다.

전문가의 한마디

2018년 4회 필기시험(31번)에서는 '진로성숙' 대신 '진로의식 성숙'으로 지문을 제시하였습니다.

29

사회적 학습이론에서 "나는 할 수 있다" 혹은 "나는 할 수 있을 것 같다"라는 자기능력에 대한 예상이나 기대 또는 자기 이해에 대한 인지적인 상태를 설명하는 개념으로 가장 적합한 것은?

① 자신감
② 자존감
③ 자아개념
④ 자기효능감

알찬 해설

자기효능감(Self-efficacy)

• 개인이 어떤 행동이나 활동을 성공적으로 수행할 수 있는 자신의 능력에 대한 신념(믿음)을 의미한다.

• 반두라(Bandura)는 개인이 무엇을 할 수 있는가가 바로 행동의 실행으로 이어진다기보다는 무엇을 해낼 수 있다는 자신감이 행동의 실행을 결정한다고 가정하였다.

전문가의 한마디

자기효능감은 자기에 대해 개인이 갖고 있는 개념이라는 점에서 '자기개념(자아개념)'과 밀접하게 연관되나, 자기개념이 자기 자신에 대한 종합적인 개념을 의미한다는 점에서, 자기효능감은 자기개념의 한 부분으로 볼 수 있습니다. 또한 자기효능감은 '자기존중감(자존감)'과도 유사한데, 자기존중감이 자기의 가치에 대한 평가와 관련된다면, 자기효능감은 자기의 능력에 대한 평가와 연관된다는 점에서 차이가 있습니다.

30

진로개발과 관련하여 자기효능감과 가장 밀접한 관계가 있는 직업발달이론은?

① 정신분석이론
② 사회인지이론
③ 행동주의이론
④ 인본주의이론

알찬 해설

사회인지이론과 사회인지적 진로이론

• 반두라(Bandura)는 사회인지이론을 통해 개인이 주관적으로 자기효능감에 대해 어떤 개념을 가지고 있느냐가 중요하다고 강조하였다. 즉, 높은 자기효능감은 특정 과제를 수행할 수 있다는 강한 신념을 반영하는 반면, 낮은 자기효능감은 그 과제를 수행할 수 없다는 신념을 반영한다. 이는 동기부여와 자기효능감 사이에 정적 상관이 있음을 나타낸다.

• 사회인지적 진로이론은 반두라의 자기효능감 개념을 진로에 적용한 것으로, 진로발달과 선택에서 진로와 관련된 자신에 대한 평가와 믿음을 강조한다. 즉, 어떤 일을 성공적으로 성취할 수 있다는 스스로에 대한 믿음이 흥미와 가치, 능력에 영향을 미쳐 진로선택에 핵심적인 역할을 한다고 주장한다.

전문가의 한마디

반두라(Bandura)의 이론은 '사회학습이론(Social Learning Theory)' 또는 '사회인지이론(Social Cognitive Theory)'이라고도 합니다. 다만, 그의 주요 업적이 관찰과 모방에 의한 사회학습에 집중되어 있으므로 '사회학습이론'으로 보다 널리 알려져 있으며, 최근에는 '사회인지이론'으로도 널리 소개되고 있습니다.

31

형평이론에서 과소지급이나 과다지급과 같은 불형평상태를 형평상태로 변경시키는 방안에 대한 설명으로 틀린 것은?

① 개인의 여러 요인을 변경시키기 어려운 경우에는 타인의 투입이나 성과를 변경시키거나 인지적으로 왜곡할 수 있다.
② 개인이 비교하는 대상을 바꿀 수 있다.
③ 극단적인 과소지급의 경우 불형평을 해소하기 위해 현장을 떠날 수도 있다.
④ 과소지급의 경우 개인이 자신의 수행을 높이는 방안을 사용하여 불형평을 감소시키려 한다.

만점 해설

④ 과소지급(Underpayment)의 경우 개인이 자신의 수행, 즉 투입을 줄이는 방안을 사용하여 불형평을 감소시키려 한다.

불형평상태(불공평한 조건)에 대한 반응유형

조건 예

$$\frac{O_A}{I_A} > \frac{O_B}{I_B}$$

[단, I_A는 A의 투입, O_A는 A의 성과(산출), I_B는 B의 투입, O_B는 B의 성과(산출)]
- A는 투입을 증가시킨다.
- A는 성과(산출)의 감소를 요청한다.
- B는 투입을 감소시킨다.
- B는 성과(산출)의 증가를 요청한다.
- A 또는 B는 비교하는 대상을 바꾼다.
- A 또는 B는 형평성(공평성)의 존재를 합리화한다.
- A 또는 B는 상황을 벗어난다(현장을 떠난다).

전문가의 한마디

형평이론(공평성이론)에 따르면, 개인은 자신의 지각된 비율이 다른 사람의 그것과 다를 경우 그 비율을 형평상태로 회복시키기 위해 노력합니다. 형평이론은 형평상태를 회복하려는 노력이 작업동기를 유발하며, 이때 그 동기의 강도는 불형평(불공평)이 존재한다고 지각하는 정도에 비례한다고 주장합니다.

32

다음 중 직무분석을 위한 자료수집 방법에 대한 설명으로 옳은 것은?

① 관찰법은 종업원의 직무행동이 왜 일어나는지를 파악하기 용이하다.
② 면접법은 자료의 수집에 많은 시간과 노력이 들지만 수량화된 정보를 얻기가 쉽다.
③ 설문지법은 많은 사람들로부터 짧은 시간 내에 정보를 얻을 수 있고, 양적 정보를 얻을 수 있다.
④ 중요사건법은 사건과 관련된 종업원의 행동으로부터 지식, 기술, 능력들을 객관적으로 추론할 수 있다.

만점 해설

③ 설문지법(질문지법)은 많은 사람들로부터 짧은 시간 내에 정보를 얻을 수 있고, 관찰법이나 면접법과 달리 양적 정보를 얻을 수 있다. 다만, 직무분석에 사용될 설문지를 분석자 스스로 만드는 경우 먼저 관찰법이나 면접법을 통해 직무에 대한 어느 정도의 사전정보를 갖추어야 할 필요가 있다.
① 관찰법은 직무가 어떤 환경에서 어떻게 행해지는지를 몸소 체험할 수 있는 탁월한 방법이지만, 직무행동이 왜 일어나는지를 파악하기는 어렵다.
② 면접법은 자료의 수집에 많은 시간과 노력이 들고, 수량화된 정보를 얻기가 힘든 단점이 있다.
④ 중요사건법(결정적 사건법)은 사건과 관련된 종업원의 행동으로부터 지식, 기술, 능력들을 추론하는 과정에서 주관성이 문제시되는데, 그 주관성을 배제하기 위해 재할당 과정을 거치더라도 여전히 주관성이 문제될 수 있다.

전문가의 한마디

만약 표준화된 설문지를 구입하여 직무분석을 하고자 할 경우 신뢰성, 타당성, 만능성, 표준성, 실용성 등 몇 가지 평가준거를 고려하여 설문지를 선택해야 합니다.

33

직무평가의 방법 중 분류법의 장점이 아닌 것은?

① 직무의 수가 많을 때 주로 사용한다.
② 중소기업에서 활용하기에 적합하다.
③ 시간이 짧게 소요된다.
④ 내용이 단순하여 조직구성원을 이해시키기 용이하다.

알찬해설

분류법(Classification Method)

- 직무를 여러 가지 수준이나 등급으로 분류하여 표현하는 것으로, 사전에 만들어 놓은 등급에 각 직무를 맞추어 넣는 방법이다.
- 간단하고 이해하기 쉬우며, 결과가 비교적 만족할 만하다. 특히 직무내용이 충분히 표준화되어 있지 않은 직무의 경우에도 비교적 용이하게 평가할 수 있다.
- 다만, 상세한 분석이 불가능하고 분류기준이 명확하지 않은 경우가 많다. 특히 직무 내용이 복잡하고 직무의 수가 많은 경우 등급별 직무분류에 따른 서열순위를 명확히 규정하기 어려우며, 등급 설정이 고정적이므로 급격한 기술적·경제적인 변화에 탄력적이지 못하다.

전문가의 한마디

직무평가의 방법은 비양적 방법(Non-quantitative Method)과 양적 방법(Quantitative Method)으로 대별됩니다.

비양적 방법	직무수행에 있어서 난이도 등을 기준으로 포괄적 판단에 의해 직무의 가치를 상대적으로 평가하는 방법이다. 예 서열법, 분류법 등
양적 방법	직무분석에 따라 직무를 기초적 요소 또는 조건으로 분석하고 이들을 양적 계측의 분석적 판단에 의해 평가하는 방법이다. 예 점수법, 요소비교법 등

34

다음 중 작업동기의 3가지 중요한 구성요소가 아닌 것은?

① 의도(Intention)
② 방향(Direction)
③ 지속기간(Duration)
④ 강도(Intensity)

알찬해설

작업동기의 중요 구성요소

- 방향(Direction) : 어떤 활동에 노력을 기울일지에 대한 선택을 의미한다.
- 강도(Intensity) : 선택한 활동에 노력을 기울이는 정도를 의미한다.
- 지속기간(Duration) : 동기가 얼마 동안이나 지속되는지를 의미한다.

전문가의 한마디

작업동기(Work Motivation)는 개인의 작업관련 행동을 일으키며, 작업관련 행동의 형태, 방향, 강도, 지속기간 등을 결정하는 역동적 힘의 집합으로 볼 수 있습니다. 이러한 작업동기는 개인 내에서 자생적으로 발생할 수도, 외부 자극에 의해 발생할 수도 있습니다.

35

한 검사 내에서 하위검사들의 점수 분포는 서로 다르기 때문에 이것들을 직접 비교하기가 어렵다. 이 문제를 극복하기 위해 각 하위검사의 평균과 표준편차를 일치시킨 후 변환시킨 점수는?

① 백분위 점수
② 원점수
③ 표준점수
④ 규준점수

만점해설

③ 표준점수는 원점수를 주어진 집단의 평균을 중심으로 표준편차 단위를 사용하여 분포상 어느 위치에 해당하는가를 나타낸 것이다.
① 백분위 점수는 원점수의 분포에서 100개의 동일한 구간으로 점수들을 분포하여 변환점수를 부여한 것이다.
② 원점수는 실시한 심리검사를 채점해서 얻는 최초의 점수를 말한다.
④ 개인의 점수를 다른 사람들의 점수와 비교하고 해석하는 과정에서 비교대상이 되는 집단을 '규준집단'이라고 하며, 개인의 원점수를 규준에 따라 상대적으로 해석할 수 있도록 변환한 점수를 '규준점수'라고 한다.

전문가의 한마디

표준점수(Standard Scores)는 서로 다른 체계로 측정한 점수들을 동일한 조건에서 비교할 수 있도록 해 줍니다. 대표적인 표준점수로 Z점수와 T점수가 있는데, 이 둘을 구분하기 위해 Z점수를 '표준점수'로, T점수를 '표준화점수'로 부르기도 합니다.

36

다음의 사례에 해당하는 준거관련 문제는?

> 어느 회사에서 비서직무의 수행을 평가하기 위하여 인사고과 항목들을 개발하였다. 그러나 비서들이 하루에도 여러 번씩 전화를 받는 일을 함에도 불구하고 인사고과 항목 중에는 비서들이 전화를 얼마나 친절하게 받는지에 관한 항목이 포함되어 있지 않았다.

① 준거오염
② 준거오류
③ 준거결핍
④ 준거편파

만점해설

③ 준거결핍은 실제준거가 개념준거를 나타내지 못하고 있는 정도를 나타낸다.
① 준거오염은 실제준거가 개념준거와 관련되어 있지 않은 부분으로, 실제준거가 개념준거가 아닌 다른 어떤 것을 측정하고 있는 정도를 나타낸다.
② 준거오염 중 오류(Error)는 실제준거가 어떤 것과도 관련되어 있지 않은 정도를 나타낸다.
④ 준거오염 중 편파(Bias)는 실제준거가 체계적으로 혹은 일관성 있게 개념준거가 아닌 다른 것을 측정하고 있는 정도를 나타낸다.

전문가의 한마디

실제준거와 개념준거의 관계에 관한 내용은 2019년 4회 36번 문제 해설을 살펴보시기 바랍니다.

37

형평성이론에 따르면, 제조업에서 시간급으로 일하는 종업원들이 원래 시간당 정해진 금액보다 더 많이 임금을 받았을 때 취할 행동으로 가장 적합한 것은?

① 품질이 낮은 제품을 더 많이 생산하려고 할 것이다.
② 품질이 낮은 제품을 더 적게 생산하려고 할 것이다.
③ 품질이 좋은 제품을 더 많이 생산하려고 할 것이다.
④ 품질이 좋은 제품을 더 적게 생산하려고 할 것이다.

만점해설

③ 과다지급(Overpayment)의 경우 개인이 자신의 수행, 즉 투입을 늘리는 방안을 사용하여 불형평을 감소시키려 한다.

전문가의 한마디

이 문제는 앞선 31번 문제와 연관된 문제입니다. 형평성이론(형평이론)은 기본적으로 노력과 보상 간의 산출 대 투입비가 일치할 때 만족하게 된다고 가정합니다. 즉, 보상이 작다고 느끼면 편익 증대를 요구하거나 자신의 노력을 줄여 투입을 감소시키고, 반대로 보상이 크다고 느끼면 편익 감소를 요구하거나 자신의 노력을 늘려 투입을 증가시킨다는 것입니다. 물론 이에 대해 보상이 많다고 불평할 사람이 과연 있겠느냐는 지적도 있으나, 그럼에도 불구하고 수행하는 일에 비해 더 많은 보상을 받음으로써 그들의 성과를 향상시킬 수 있다는 주장도 있습니다.

38

특정 검사점수의 해석에 필요한 규준(Norm)을 얻는 방법과 가장 거리가 먼 것은?

① 표준화 집단에서 특정 원점수 이하에 떨어지는 사례의 비율을 구한다.
② 정상분포를 이루는 점수들의 표준편차를 이용하여 개인점수가 평균으로부터 벗어난 정도를 구한다.
③ 소규모의 집단에서 얻어진 원점수를 비교한다.
④ 개인의 점수를 규준집단에 있는 사람들의 연령과 비교해서 몇 살에 해당되는지 해석한다.

만점해설

③ 규준(Norm)은 기본적으로 특정 모집단을 대표하는 표본을 구성하고 이들에게 검사를 실시하여 얻은 점수를 체계적으로 분석해서 만들게 된다.

전문가의 한마디

규준 제작을 위해 검사를 실시하는 표본을 규준집단(혹은 표준화 집단)이라고 하는데, 이와 같은 규준집단을 구성할 때 중요한 것은 모집단에 대한 대표성을 확보할 수 있는 적절한 표본추출방법을 이용하는 것입니다.

2016

39

Gottfredson의 직업포부 발달이론에서 직업과 관련된 개인발달 4단계에 포함되지 않는 것은?

① 힘과 크기 지향성
② 성역할 지향성
③ 사회적 가치 지향성
④ 관계 지향성

고트프레드슨(Gottfredson)의 직업포부 발달단계

- 제1단계(3~5세) : 힘과 크기 지향성(Orientation to Power and Size)
  사고과정이 구체화되며 어른이 된다는 것의 의미를 알게 된다.
- 제2단계(6~8세) : 성역할 지향성(Orientation to Sex Roles)
  자아개념이 성의 발달에 의해서 영향을 받게 된다.
- 제3단계(9~13세) : 사회적 가치 지향성(Orientation to Social Valuation)
  사회계층과 사회질서에 대한 개념이 발달하기 시작하면서 '상황 속 자기(Self-in-Situation)'를 인식하기에 이른다.
- 제4단계(14세 이후) : 내적, 고유한 자아 지향성(Orientation to Internal, Unique Self)
  자아성찰과 사회계층의 맥락에서 직업적 포부가 더욱 발달하게 된다.

전문가의 한마디

고트프레드슨(Gottfredson)의 직업포부 발달단계를 순서대로 기억해 두시기 바랍니다. 이와 관련된 문제가 2013년 2회 필기시험에 출제된 바 있습니다.

40

다음의 직업적성과 가장 관련이 높은 Holland의 유형은?

> 자료를 기록, 정리, 조직하는 일을 좋아하고 사무적 계산능력이 뛰어나다.

① 현실형
② 탐구형
③ 예술형
④ 관습형

홀랜드(Holland)의 인성이론에 의한 성격유형 및 적합직업

성격유형	특 징	적합 직업
현실형 (Realistic)	분명하고 질서정연하고 체계적인 활동을 좋아하며, 기계를 조작하는 활동 및 기술을 선호하는 흥미유형	기술직 · 토목직, 전기 · 기계기사, 농부, 목수, 트럭운전사 등
탐구형 (Investigative)	관찰적 · 상징적 · 체계적이며, 물리적 · 생물학적 · 문화적 현상의 창조적인 탐구활동을 선호하는 흥미유형	화학자, 수학자, 분자공학자, 심리학자, 인류학자, 의사 등
예술형 (Artistic)	예술적 창조와 표현, 변화와 다양성을 선호하고 틀에 박힌 활동을 싫어하며, 자유롭고 상징적인 활동을 선호하는 흥미유형	문학가, 작곡가, 미술가, 무용가, 무대감독, 디자이너 등
사회형 (Social)	타인의 문제를 듣고, 이해하고, 도와주고, 치료해 주는 활동을 선호하는 흥미유형	사회복지사, 교사, 상담사, 직업상담원, 간호사, 목회자 등
진취형 (Enterprising)	조직의 목적과 경제적 이익을 얻기 위해 타인을 지도, 계획, 통제, 관리하는 일과 그 결과로 얻게 되는 명예, 인정, 권위를 선호하는 흥미유형	사업가, 기업실무자, 상품판매원, 보험설계사, 정치가 등
관습형 (Conventional)	정해진 원칙과 계획에 따라 자료를 기록, 정리, 조직하는 활동을 좋아하고 사무능력, 계산능력을 발휘하는 것을 선호하는 흥미유형	사무직근로자, 경리사원, 비서, 사서, 은행원, 회계사, 세무사 등

전문가의 한마디

홀랜드(Holland)의 인성이론 혹은 흥미이론에 의한 성격 유형(흥미유형)의 우리말 명칭은 교재에 따라 약간씩 다르게 제시되기도 합니다. 예를 들어, 현실형(Realistic)은 '실재형', 탐구형(Investigative)은 '연구형', 진취형(Enterprising)은 '설득형' 혹은 '기업가형', 관습형(Conventional)은 '인습형' 등으로도 번역되고 있습니다.

제3과목 고급직업정보론

41

민간직업정보에 관한 옳은 설명을 모두 고른 것은?

> ㄱ. 필요한 시기에 최대한 활용되도록 한시적으로 신속하게 생산되어 운영한다.
> ㄴ. 정보생산자의 임의적 기준에 따라 또한 관심이나 흥미 위주로 직업을 분류한다.
> ㄷ. 특정 시기에 국한하지 않고 지속적으로 조사, 분석하여 제공된다.
> ㄹ. 정보 자체의 효과가 큰 반면 부가적인 파급효과는 적다.

① ㄱ, ㄴ, ㄷ
② ㄱ, ㄴ, ㄹ
③ ㄴ, ㄷ, ㄹ
④ ㄱ, ㄴ, ㄷ, ㄹ

만점해설

ㄷ. 공공직업정보의 일반적인 특성에 해당한다.

전문가의 한마디

민간직업정보의 일반적인 특성은 2020년 4회 54번 문제 해설을, 공공직업정보의 일반적인 특성은 2017년 4회 41번 문제 해설을 살펴보시기 바랍니다.

42

한국표준직업분류에서 직업활동에 해당하는 경우는?

① 예금 인출, 보험금 수취, 차용 또는 토지나 금융자산을 매각하여 수입이 있는 경우
② 명확한 주기는 없으나 계속적으로 동일한 형태의 일을 하여 수입이 있는 경우
③ 이자, 주식배당, 임대료(전세금, 월세금) 등과 같은 자산 수입이 있는 경우
④ 연금법, 국민기초생활보장법, 국민연금법 및 고용보험법 등의 사회보장에 의한 수입이 있는 경우

알찬해설

직업으로 보지 않는 활동 [출처 : 한국표준직업분류 (2018)]

• 이자, 주식배당, 임대료(전세금, 월세) 등과 같은 자산 수입이 있는 경우(③)
• 연금법, 국민기초생활보장법, 국민연금법 및 고용보험법 등의 사회보장이나 민간보험에 의한 수입이 있는 경우(④)
• 경마, 경륜, 경정, 복권 등에 의한 배당금이나 주식투자에 의한 시세차익이 있는 경우
• 예·적금 인출, 보험금 수취, 차용 또는 토지나 금융자산을 매각하여 수입이 있는 경우(①)
• 자기 집의 가사 활동에 전념하는 경우
• 교육기관에 재학하며 학습에만 전념하는 경우
• 시민봉사활동 등에 의한 무급 봉사적인 일에 종사하는 경우
• 사회복지시설 수용자의 시설 내 경제활동
• 수형자의 활동과 같이 법률에 의한 강제노동을 하는 경우
• 도박, 강도, 절도, 사기, 매춘, 밀수와 같은 불법적인 활동

전문가의 한마디

이 문제는 앞선 2020년 4회 필기시험(59번)에 출제된 바 있습니다.

43

다음 사례의 산업분류로 가장 적합한 것은?

> 금융기관이나 자산관리공사 등으로부터 부동산을 구입하여 이를 기초로 증권을 발행하고 일반투자자들에게 증권을 판매하여 마련한 자금으로 부동산 구입비용을 충당하고, 구입한 부동산을 임대 및 처분한 수익금으로 증권을 구입한 투자자에게 상환하는 것이 주된 산업활동이다.

① 681 : 부동산 임대 및 공급업
② 6420 : 투자기관
③ 68221 : 부동산 자문 및 중개업
④ 711 : 법무관련 서비스업

만점해설

이 문제는 한국표준산업분류(KSIC)의 개정 전 내용에 해당하므로, 해설의 내용을 간단히 살펴본 후 넘어가도록 한다.
① '681 부동산 임대 및 공급업'은 한국표준산업분류(KSIC) 제9차 개정(2008) 및 제10차 개정(2017)에서 동일하게 분류되고 있다.
② 제9차 개정(2008)에서 '6420 투자기관'은 제10차 개정(2017)에서 '6420 신탁업 및 집합 투자업'으로 제시되고 있다. 신탁업 및 집합 투자업은 각종 자금을 자기계정으로 유가증권 및 기타 금융자산에 투자하는 기관을 말한다.
③ 제9차 개정(2008)에서 '68221 부동산 자문 및 중개업'은 제10차 개정(2017)에서 산업 규모를 고려하여 '68221 부동산 중개 및 대리업'과 '68222 부동산 투자 자문업'으로 세분되었다.
④ '7110 법무관련 서비스업'은 의뢰인을 대리하여 민·형사 및 기타 사건에 대한 소송, 변호, 조언 및 상담, 법적 문서 작성, 특허권, 저작권 및 기타 권리 보호, 공증 및 심판 중재, 회계 및 세무관련 등의 각종 법무관련 서비스를 제공하는 산업활동을 말한다.
참고로 문제 출제 당시 정답은 ①로 발표되었다.

전문가의 한마디

한국표준산업분류(KSIC) 제10차 개정(2017)에 따른 '부동산 중개 및 대리업'과 '부동산 투자 자문업'은 다음과 같습니다.

부동산 중개 및 대리업 (68221)	수수료 또는 계약에 의해 건물, 토지 및 관련 구조물 등을 포함한 모든 형태의 부동산을 구매 또는 판매하는 데 관련된 부동산 중개 또는 대리 서비스를 제공하는 산업활동
부동산 투자 자문업 (68222)	수수료 또는 계약에 의해 건물, 토지 및 관련 구조물 등을 포함한 모든 종류의 부동산을 구매 또는 판매하는 데 관련된 부동산 투자 자문 서비스를 제공하는 산업활동(단, 부동산 중개 및 대리와 관련된 자문 서비스는 제외)

44

한국표준직업분류에서 한 사람이 전혀 상관이 없는 두 가지 이상의 직업에 종사하고 있을 경우 그 직업을 결정하는 일반적 원칙을 우선순위에 따라 바르게 나열한 것은?

> ㄱ. 수입이 많은 직업을 택한다.
> ㄴ. 취업시간이 많은 직업을 택한다.
> ㄷ. 조사 시 최근의 직업을 택한다.

① ㄱ → ㄴ → ㄷ
② ㄴ → ㄱ → ㄷ
③ ㄷ → ㄴ → ㄱ
④ ㄴ → ㄷ → ㄱ

알찬해설

다수 직업 종사자의 분류원칙 [출처 : 한국표준직업분류(2018)]
• 취업시간 우선의 원칙 : 가장 먼저 분야별로 취업시간을 고려하여 보다 긴 시간을 투자하는 직업으로 결정한다.
• 수입 우선의 원칙 : 위의 경우로 분별하기 어려운 경우는 수입(소득이나 임금)이 많은 직업으로 결정한다.
• 조사 시 최근의 직업 원칙 : 위의 두 가지 경우로 판단할 수 없는 경우에는 조사시점을 기준으로 최근에 종사한 직업으로 결정한다.

전문가의 한마디

'다수 직업 종사자'란 한 사람이 전혀 상관성이 없는 두 가지 이상의 직업에 종사할 경우를 의미합니다.

45

다음과 같은 직무를 수행하는 한국표준직업분류의 대분류는?

> 주로 자료의 분석과 관련된 직종으로 다양한 분야에서 높은 수준의 전문적 지식과 경험을 기초로 과학적 개념과 이론을 응용하여 해당 분야를 연구, 개발 및 개선하고 집행한다.

① 대분류 1 : 관리자
② 대분류 2 : 전문가 및 관련 종사자
③ 대분류 3 : 사무 종사자
④ 대분류 4 : 서비스 종사자

만점해설

② '대분류 2 전문가 및 관련 종사자'는 특정 분야의 전문지식과 경험을 바탕으로 개념과 이론을 이용하여 해당 분야에 대한 연구 · 개발, 자문, 지도(교수) 등 전문 서비스를 제공하는 자를 말한다. 주로 자료의 분석과 관련된 직종으로 물리, 생명과학 및 사회과학 분야에서 높은 수준의 전문적 지식과 경험을 기초로 과학적 개념과 이론을 응용하여 해당 분야를 연구하고 개발 및 개선하며 집행한다.

① '대분류 1 관리자'는 의회의원처럼 공동체를 대리하여 법률이나 규칙을 제정하거나 정부조직의 장으로서 정부를 대표 · 대리하며 정부 및 공공이나 이익단체의 정책을 결정하고 이에 대해 지휘 · 조정한다. 정부, 기업, 단체 또는 그 내부 부서의 정책과 활동을 기획, 지휘 및 조정하는 직무를 수행한다.

③ '대분류 3 사무 종사자'는 관리자, 전문가 및 관련 종사자를 보조하여 경영방침에 의해 사업계획을 입안하고 계획에 따라 업무추진을 수행하며, 당해 작업에 관련된 정보(Data)의 기록, 보관, 계산 및 검색 등의 업무를 수행한다. 또한 금전취급 활동, 법률 및 감사,

상담, 안내 및 접수와 관련하여 사무적인 업무를 수행한다.

④ '대분류 4 서비스 종사자'는 공공안전 및 신변보호를 위한 보안 관련 서비스, 돌봄 및 보건 · 복지 관련 서비스, 이 · 미용, 혼례 · 장례 등 개인 생활서비스, 운송 및 여가 · 스포츠 관련 서비스, 조리 및 음식 관련 서비스 등 대인 서비스를 제공하는 업무를 수행한다.

전문가의 한마디

한국표준직업분류(KSCO) 제7차 개정(2018)은 대분류 명칭에 있어서 제6차 개정(2007)과 차이가 없습니다.

46

다음 중 응시하고자 하는 종목에 관한 기술기초이론 지식 또는 숙련기능을 바탕으로 복합적인 기초기술 및 기능업무를 수행할 수 있는 능력 보유 여부를 평가하는 국가기술자격 등급은?

① 기능장
② 기능사
③ 기 사
④ 산업기사

알찬해설

국가기술자격 검정의 기준(국가기술자격법 시행령 제14조 제1항 및 별표 3 참조)

· 기술사 : 해당 국가기술자격의 종목에 관한 고도의 전문지식과 실무경험에 입각한 계획 · 연구 · 설계 · 분석 · 조사 · 시험 · 시공 · 감리 · 평가 · 진단 · 사업관리 · 기술관리 등의 업무를 수행할 수 있는 능력 보유

· 기능장 : 해당 국가기술자격의 종목에 관한 최상급 숙련기능을 가지고 산업현장에서 작업관리, 소속 기능인력의 지도 및 감독, 현장훈련, 경영자와 기능인력을 유기적으로 연계시켜 주는 현장관리 등의 업무를 수행할 수 있는 능력 보유

· 기사 : 해당 국가기술자격의 종목에 관한 공학적 기술이론 지식을 가지고 설계 · 시공 · 분석 등의 업무를 수행할 수 있는 능력 보유

· 산업기사 : 해당 국가기술자격의 종목에 관한 기술기초이론 지식 또는 숙련기능을 바탕으로 복합적인 기

초기술 및 기능업무를 수행할 수 있는 능력 보유
- 기능사 : 해당 국가기술자격의 종목에 관한 숙련기능을 가지고 제작 · 제조 · 조작 · 운전 · 보수 · 정비 · 채취 · 검사 또는 작업관리 및 이에 관련되는 업무를 수행할 수 있는 능력 보유

전문가의 한마디

위의 해설 내용은 다음과 같이 간략히 암기해 두시기 바랍니다.
- 기술사 : 고도의 전문지식
- 기능장 : 최상급 숙련기능
- 기사 : 공학적 기술이론
- 산업기사 : 기술기초이론+숙련기능
- 기능사 : 숙련기능

47
직업정보에 대한 일반적인 평가기준을 모두 고른 것은?

> ㄱ. 누가 만든 것인가
> ㄴ. 언제 만들어진 것인가
> ㄷ. 누구를 대상으로 한 것인가
> ㄹ. 어떤 목적으로 만든 것인가
> ㅁ. 자료를 어떤 방식으로 수집했는가

① ㄱ, ㄹ, ㅁ
② ㄴ, ㄷ, ㄹ
③ ㄱ, ㄴ, ㄷ, ㅁ
④ ㄱ, ㄴ, ㄷ, ㄹ, ㅁ

알찬해설

직업정보의 일반적인 평가 기준(Hoppock)
- 언제 만들어진 것인가?
- 어느 곳을(누구를) 대상으로 한 것인가?
- 누가 만든 것인가?
- 어떤 목적으로 만든 것인가?
- 자료를 어떤 방식으로 수집하고 제시했는가?

전문가의 한마디

이 문제는 앞선 2019년 4회 필기시험(53번)에 출제된 바 있습니다.

48
직업정보에 관한 설명으로 틀린 것은?

① 직업적 기회나 직업 자체에 관련된 사실의 기술이나 설명도 포함된다.
② 직업에 필요한 자질과 훈련, 직업의 전망 등과 같이 일의 세계에 관련된 넓은 사실을 기술, 설명, 전망하는 정보이다.
③ 직업정보에는 취업기회, 소요인원, 장래성, 직장의 근무조건, 보수, 필요한 자격과 직업에 요청되는 행동특성도 포함될 수 있다.
④ 직업정보는 잘못된 직업선택에 따른 개인적 · 사회적 비용을 개인에게 전가하는 데 목적이 있다.

만점해설

④ 직업정보는 노동시간 및 노동력에 관한 정보, 자격 및 훈련에 관한 정보, 취업에 관한 정보, 구인업체에 관한 정보 등을 제공함으로써 구직자들로 하여금 올바르게 진로를 결정하도록 하는 한편, 잘못된 직업선택에 따른 개인적 · 사회적 비용을 최소화하는 데 목적이 있다.

전문가의 한마디

"평생직장은 없어도 평생직업은 있다"는 말이 있죠. 최근 평생직업의 개념이 보편화되어 직장이동이 활발히 이루어지는 상황에서, 신속하고 정확한 직업정보는 직장이동이나 신규 노동시장 진입 시 발생하기 쉬운 실업의 장기화를 예방합니다.

49

한국표준산업분류의 산업결정방법에 관한 설명으로 틀린 것은?

① 생산단위의 산업활동은 그 생산단위가 수행하는 주된 산업활동의 종류에 따라 결정된다.

② 계절에 따라 정기적으로 산업을 달리하는 사업체의 경우에는 조사대상 기간 중 산출액이 많았던 활동에 의하여 분류된다.

③ 휴업 중 또는 자산을 청산 중인 사업체의 산업은 영업 중 또는 청산을 시작하기 전의 산업활동에 의해 결정된다.

④ 단일사업체의 보조단위는 그 사업체와는 별도의 사업체로 처리한다.

만점 해설

④ 단일사업체의 보조단위는 그 사업체의 일개 부서로 포함하며, 여러 사업체를 관리하는 중앙 보조단위(본부, 본사 등)는 별도의 사업체로 처리한다.

전문가의 한마디

2020년 4회 필기시험(44번)에서는 지문 ②번의 내용을 "계절에 따라 정기적으로 산업활동을 달리하는 사업체의 경우에는 조사시점에 경영하는 사업에 의하여 분류한다"로 변형하여 문제의 틀린 지문으로 제시한 바 있습니다.

50

금형기술자 직종에 구인자 수는 1,000명, 구직자 수는 5,000명, 취업자 수는 250명이라고 할 때 충족률은?

① 5%

② 25%

③ 50%

④ 75%

알찬 해설

충족률은 다음의 공식으로 나타낼 수 있다.

$$충족율(\%) = \frac{취업건수}{신규구인인원} \times 100$$

$$충족율(\%) = \frac{250(건)}{1,000(명)} \times 100 = 25(\%)$$

∴ 25%

전문가의 한마디

충족률은 각 업체가 구인하려는 사람의 충족 여부의 비율을 나타냅니다. 즉, 신규구인인원 대비 취업건수의 비율로 업체들의 구인난 정도를 반영하며, 이 비율이 낮을수록 업체들의 구인난이 심화되어 있음을 의미합니다. 참고로 문제상의 '충족률'은 엄밀한 의미에서 '구인충족률'을 의미하며, 이는 '임금충족률' 등 다른 충족률과 구분되어야 합니다.

51

1,500명의 표본을 대상으로 국민들의 선호직업 조사를 하려할 때 최소의 비용으로 표집오차를 가장 효과적으로 감소시킬 수 있는 방법은?

① 표본 수를 10배로 증가시킨다.
② 모집단의 동질성 확보를 위한 연구를 한다.
③ 조사요원의 증원과 이들에 대한 훈련을 철저히 한다.
④ 전 국민을 대상으로 철저한 단순무작위 표집을 실행한다.

모집단의 동질성

• 변수들의 모집단 특성을 반영하기 위한 표본의 크기는 모집단의 크기는 물론 모집단이 가지고 있는 변수들의 동질성 정도에 따라 달라진다.

• 일반적으로 모집단이 크면 클수록 표본의 크기 또한 커야 하는데, 설령 모집단의 크기가 동일하다고 할지라도 모집단이 동질적이면 적은 수의 표본으로도 대표성이 유지될 수 있는 반면, 모집단이 이질적이면 그 정도를 고려하여 표본 수를 증가시켜야 한다.

• 표본의 크기를 증가시키는 것에는 시간과 비용의 제약이라는 현실적인 문제가 따르는데, 따라서 표본의 크기를 정하고 본 조사에 들어가기 전에 먼저 소규모의 예비조사를 통해 모집단의 동질성 여부를 파악하는 것이 효율적이다.

• 만약 모집단 특성이 이질적이라면 이를 몇 개의 층(Strata) 혹은 집단(Group)으로 나눔으로써 표본의 크기를 어느 정도 줄일 수 있다. 이는 집단 간 표본이 이질적이라 할지라도 집단 내 표본은 동질적이므로, 각 집단을 하나의 하위 모집단으로 보고 적은 수의 표본으로도 집단을 대표할 수 있게 되기 때문이다.

전문가의 한마디

표집오차 또는 표본오차(Sampling Error)는 표본의 선정 과정에서 발생하는 오차로서, 표본의 통계치(Statistic)와 모집단의 모수(Parameter) 간의 차이를 의미합니다. 연구자는 모집단을 정확하게 대표할 수 있는 최소한의 표본 수를 확보하여야 하는데, 그렇지 않을 경우 표집오차가 발생하게 됩니다.

52

다음 구인 · 구직 및 취업동향 자료에 대한 설명으로 틀린 것은?

(단위 : 만원)

구 분	2014년		2015년	
	제시임금	희망임금	제시임금	희망임금
경영 · 회계 · 세무 관련직	127.5	154.0	134.2	156.2
운전 및 운송 관련직	140.0	179.7	153.1	186.1
영업 및 판매 관련직	133.4	180.9	136.3	179.5

① 제시임금은 구인자가 구직자에게 제시하는 임금이다.
② 2014년에 비해 2015년 희망임금이 전 직종에 대해 높아졌다.
③ 2015년 경영 · 회계 · 세무 관련직의 희망임금충족률은 85.9%이다.
④ 희망임금은 구직자가 구인업체에 요구하는 임금이다.

만점해설

② 2014년에 비해 2015년 희망임금이 전 직종에 대해 높아진 것은 아니다. 영업 및 판매 관련직의 경우 2014년 180.9만원에서 2015년 179.5만원으로 낮아졌다.

전문가의 한마디

사실 문제상의 표는 《2010 워크넷 통계연보》에 제시된 수치입니다. 참고로 희망임금충족률의 공식은 다음과 같습니다.

$$희망임금충족율(\%) = \frac{평균\ 제시임금}{평균\ 희망임금} \times 100$$

53

한국표준산업분류의 분류구조 및 부호체계에 관한 설명으로 틀린 것은?

① 부호 처리를 할 경우에는 아라비아 숫자만을 사용한다.

② 분류구조는 대분류, 중분류, 소분류, 세분류, 세세분류의 5단계로 구성된다.

③ 중분류의 번호는 01부터 09까지 부여하였으며, 대분류별 중분류 추가여지를 남겨놓기 위하여 대분류 사이에 번호 여백을 두었다.

④ 권고된 국제분류 ISIC Rev.4를 기본체계로 하였으나, 국내 실정을 고려하여 국제분류의 각 단계 항목을 분할, 통합 또는 재그룹화하여 독자적으로 분류 항목과 분류 부호를 설정하였다.

만점해설

③ 중분류의 번호는 01부터 99까지 부여하였으며, 대분류별 중분류 추가여지를 남겨놓기 위하여 대분류 사이에 번호 여백을 두었다.

전문가의 한마디

앞선 2019년 4회 필기시험(56번)에서는 "중분류의 번호는 00부터 99까지 부여하였으며, 대분류별 중분류 추가여지를 남겨놓기 위하여 대분류 사이에 번호 여백을 두었다"를 문제의 틀린 지문으로 제시한 바 있습니다.

54

내용분석법을 통해 직업정보를 수집할 때의 장점이 아닌 것은?

① 조사대상의 반응성이 높다.

② 장기간의 종단연구가 가능하다.

③ 필요한 경우 재조사가 가능하다.

④ 역사연구 등 소급조사가 가능하다.

만점해설

① 내용분석법은 조사자의 관여에 따른 조사대상자(정보제공자)의 반응성을 유발하지 않는 장점이 있다.

전문가의 한마디

사회과학 연구의 조사대상자는 대개 인간입니다. 인간을 대상으로 하는 조사연구에서는 대상자가 자신이 특정한 연구의 대상임을 인식하면서 나타나는 조사 반응성(Research Reactivity)의 문제가 빈번히 발생하게 됩니다. 그 결과 스스로 조사대상자임을 인식하는 집단과 그렇지 않은 집단 간에는 반응성의 여부만으로도 이미 이질적인 차이를 보일 수 있는 것입니다.

55

국가기간 · 전략산업직종 훈련에 관한 설명으로 틀린 것은?

① 고용부 고용센터 등 직업안정기관에서 구직을 등록한 15세 이상 실업자는 훈련지원 대상이다.

② 직종은 훈련수요조사 연구결과 등에 따라 매년 고용노동부장관이 선정하여 고시한다.

③ 취업 및 창업을 목적으로 직업훈련이 필요한 구직 · 실업자에게 국비를 지원하여 실시하는 훈련제도이다.

④ 대상자에 따라 훈련장려금을 지급받을 수 있다.

알찬 해설

이 문제는 국민내일배움카드제 관련 행정규칙의 개정 전 내용에 해당하므로, 해설의 내용을 간단히 살펴본 후 넘어가도록 한다. 「실업자 등 직업능력개발훈련 실시규정」 및 「근로자 직업능력개발훈련 지원규정」이 2020년 1월 1일부로 「국민내일배움카드 운영규정」으로 통합되면서, 직업능력개발계좌제 방식으로 통합 운영되어온 국가기간·전략산업직종 훈련 또한 국민내일배움카드제의 관련 규정에 따라 운영되고 있다.

국가기간·전략산업직종 훈련

- 실업자 등 직업능력개발훈련 구분의 하나로 고용센터의 상담을 거쳐 훈련의 필요성이 인정된 구직자와 영세자영업자 등에게 국민내일배움카드를 발급하여 1인당 최대 500만원까지 훈련비를 지원한다.
- 국가의 기간산업 및 전략산업 등의 산업분야에서 부족하거나 수요가 증가할 것으로 예상되는 직종에 대한 직업능력개발훈련을 실시하여 기업에서 필요로 하는 기술·기능 인력을 양성·공급한다.
- 실업자, 비진학 예정 고교 3학년 재학생, 대학졸업예정자, 사업기간 1년 이상이면서 연매출 1억5천만원 미만인 사업자, 특수형태근로종사자, 중소기업 노동자, 기간제 및 단시간 노동자 등을 대상으로 국민내일배움카드를 발급한다.
- 훈련기관에는 훈련비 전액을 지원하며, 훈련생에게는 단위기간별 출석률이 80% 이상인 경우 훈련장려금을 지원한다.

전문가의 한마디

이 문제의 정답은 출제 당시 ④로 발표되었으나, 이는 엄밀한 의미에서 출제오류로 볼 수 있습니다. 당시 행정규칙인 「실업자 등 직업능력개발훈련 실시규정」에 따라 국가기간·전략산업직종 훈련에 참여하는 훈련생 중 일정한 요건을 갖춘 훈련생에게 훈련장려금을 지급하도록 하였기 때문입니다. 참고로 고용노동부의 주요 정책 및 세부적인 사업 내용은 수시로 변경되는 경향이 있으므로, 이점 감안하여 학습하시기 바랍니다.

56

고용안정사업 중 고용촉진지원에 해당하는 것은?

① 세대간상생고용지원금
② 유망창업기업지원금
③ 시간제일자리지원금
④ 정규직전환지원금

알찬 해설

이 문제는 고용장려금 지원제도의 개편 이전 내용에 해당하므로, 해설의 내용을 간단히 살펴본 후 넘어가도록 한다. 2021년 기준 고용장려금 지원제도는 다음과 같다.

고용창출장려금	• 일자리 함께하기 지원 • 국내복귀기업 지원 • 신중년 적합직무 고용 지원 • 고용촉진장려금 지원
고용안정장려금	• 정규직 전환 지원 • 워라밸일자리 장려금 지원 • 일·가정 양립 환경개선 지원 • 출산육아기 고용안정장려금 지원
고용유지지원금	• 고용유지지원금 • 무급 휴업·휴직 고용유지지원금
청년·장년 고용장려금	• 청년내일채움공제 • 청년 추가고용 장려금 • 60세 이상 고령자 고용지원금 • 고령자 계속고용 장려금
고용환경개선장려금	• 직장어린이집 인건비 및 운영비 지원 • 직장어린이집 설치비 지원 • 고령자 고용환경 개선자금 융자 • 일·생활 균형 인프라 구축비 지원
지역고용촉진지원금	지역고용촉진지원금 지원

참고로 문제 출제 당시 정답은 ①로 발표되었다. 유망창업기업지원금, 시간제일자리지원금, 정규직전환지원금은 고용안정사업 중 고용창출지원에 포함되어 있었다.

전문가의 한마디

임금피크제 도입, 임금체계 개편 등 세대 간 상생고용 노력과 더불어 청년 정규직을 신규 채용한 기업에 지원금을 지급하는 '세대간상생고용지원금'은 2018년 7월 31일 고용노동부가 발표한 '일자리사업 평가 및 개선방안'에 따라 성과저조로 폐지되었습니다.

57

다음은 한국표준산업분류에서 무엇의 정의인가?

> 각 생산단위가 노동, 자본, 원료 등 자원을 투입하여, 재화 또는 서비스를 생산 또는 제공하는 일련의 활동과정

① 산업활동
② 산 업
③ 사업활동
④ 기업활동

알찬 해설

산업, 산업활동, 산업분류의 정의 [출처 : 한국표준산업분류(2017)]

산 업	유사한 성질을 갖는 산업활동에 주로 종사하는 생산단위의 집합이다.
산업활동	각 생산단위가 노동, 자본, 원료 등 자원을 투입하여, 재화 또는 서비스를 생산 또는 제공하는 일련의 활동과정이다.
산업분류	생산단위가 주로 수행하고 있는 산업활동을 그 유사성에 따라 유형화한 것이다.

전문가의 한마디

이 문제는 2018년 4회 48번 문제의 변형된 형태로 볼 수 있습니다.

58

한국표준직업분류의 대분류와 관련된 직업이 잘못 짝지어진 것은?

① 전문가 및 관련 종사자 – 웹 디자이너
② 기능원 및 관련 기능 종사자 – 용접원
③ 장치 · 기계 조작 및 조립 종사자 – 갑판원
④ 단순노무 종사자 – 벌목원

만점해설

④ '62012 벌목원'은 한국표준직업분류(KSCO)의 '대분류 6 농림 · 어업 숙련 종사자'로 분류된다.
① '28551 웹 디자이너'는 한국표준직업분류(KSCO)의 '대분류 2 전문가 및 관련 종사자'로 분류된다.
② '7430 용접원'은 한국표준직업분류(KSCO)의 '대분류 7 기능원 및 관련 기능 종사자'로 분류된다.
③ '갑판장', '갑판원', '기관부원'은 한국표준직업분류(KSCO) 제7차 개정(2018)에서 '선박부원'으로 통합되었다. '87601 선박부원'은 '대분류 8 장치 · 기계 조작 및 조립 종사자'로 분류된다.

전문가의 한마디

한국표준직업분류(KSCO) 제7차 개정(2018)에서 '벌목원'은 다음과 같이 분류됩니다.

분류체계	분류번호	분류항목
대분류	6	농림 · 어업 숙련 종사자
중분류	62	임업 숙련직
소분류	620	임업 관련 종사자
세분류	6201	조림 · 산림경영인 및 벌목원
세세분류	62011	조림원 및 산림경영인
	62012	벌목원

59

워크넷(직업 · 진로)에서 제공하는 학과정보의 자연계열에 해당하는 것은?

① 천문 · 기상학과
② 소방방재학과
③ 항공학과
④ 조경학과

만점 해설

② · ③ · ④ 공학계열에 해당하는 학과이다.

전문가의 한마디

워크넷(직업 · 진로)에서 학과정보 계열별 검색에 제시된 자연계열의 주요 학과는 다음과 같습니다.

• (애완)동물학과	• 가정관리학과
• 농업학과	• 물리 · 과학과
• 산림 · 원예학과	• 생명과학과
• 수산학과	• 수의학과
• 수학과	• 식품영양학과
• 식품조리학과	• 의류 · 의상학과
• 지구과학과	• 천문 · 기상학과
• 통계학과	• 화학과 등

60

한국직업사전의 부가 직업정보 중 작업환경에 해당하지 않는 것은?

① 고 온
② 위험내재
③ 소음 · 진동
④ 실 내

만점 해설

④ '실내', '실외', '실내 · 외'는 한국직업사전의 부가 직업정보 중 '작업장소'에 해당한다.

전문가의 한마디

한국직업사전(2020)의 부가 직업정보 중 '작업환경'은 해당 직업의 직무를 수행하는 작업자에게 직접적으로 물리적, 신체적 영향을 미치는 작업장의 환경요인을 나타낸 것으로, 여기에는 '저온', '고온', '다습', '소음 · 진동', '위험내재', '대기환경미흡' 등이 포함됩니다.

제4과목　노동시장론

61

불경기에는 실망노동자효과(Discouraged Worker Effect)와 부가노동자효과(Added Worker Effect)가 동시에 나타난다. 다른 사정이 일정할 때 경제활동참가율이 낮아지는 경우는?

① 실망노동자효과가 부가노동자효과보다 클 때이다.
② 실망노동자효과가 부가노동자효과보다 작을 때이다.
③ 실망노동자효과와 부가노동자효과가 같을 때이다.
④ 실망노동자효과와 부가노동자효과의 합이 0일 때이다.

알찬 해설

실망노동자효과와 부가노동자효과

실망노동자 효과	• 경기침체 시 구인자의 수보다 구직자의 수가 많으므로 상당수가 취업의 기회를 얻지 못하고 실망한 결과 경제활동가능인력이 구직활동을 단념함으로써 비경제활동인구로 전락하는 것을 말한다. • 이 경우 실업자의 수는 비경제활동인구화된 실망실업자를 포함하지 않으므로 실제로 과소평가되어 있다.(→ 실업률 감소).
부가노동자 효과	• 가구주가 불황으로 실직하게 되면서 가족구성원 중 배우자(주부)나 자녀(학생)와 같이 비경제활동인구로 되어 있던 2차적 노동력이 구직활동을 함으로써 경제활동인구화되는 것을 말한다. • 이 경우 구직활동 중 경기가 좋지 않아 취업이 쉽지 않으므로 실직상태에 놓이게 되어 실업률이 증가한다. 따라서 그 시점의 실업자 수는 사실상의 고용기회의 수보다 과대평가되어 있을 수 있다.

전문가의 한마디

실망노동자효과는 경기침체 시 실업률이 높아질 때 경제활동인구를 감소시키는 효과로 볼 수 있습니다. 이와 같이 경제활동인구가 비경제활동인구화함으로써 통계상 실업률을 떨어뜨리게 됩니다.

62

힉스(Hicks)의 교섭모형과 아쉔펠타-존슨(Ashenfelter and Johnson)의 파업모형에 공통적으로 나타나는 곡선은?

① 노조의 저항곡선
② 사용자의 양보곡선
③ 사용자 이윤의 현재가치곡선
④ 노조의 위협곡선

알찬 해설

힉스의 교섭모형과 아쉔펠타-존슨의 파업모형

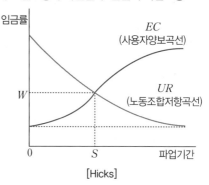

[Hicks]

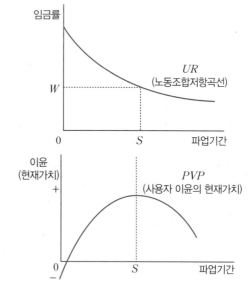

[Ashenfelter and Johnson]

전문가의 한마디

아쉔펠타-존슨의 파업모형은 단체교섭 과정에서의 불확실성을 경시한 힉스의 교섭모형에 대한 대안으로 제안된 모형입니다. 요컨대, 아쉔펠타와 존슨은 단체교섭 과정에서의 비대칭적 정보를 강조하였습니다. 즉, 노동조합은 기업의 경영상태나 지불능력에 대한 정보가 부족한 반면, 기업은 그것에 대해 잘 알고 있다는 것입니다. 따라서 노동조합은 파업 이전에 상대방에 대한 불완전한 정보로 인해 비현실적인 임금률을 요구할 수 있으나, 기업으로부터 지불능력에 대한 신호를 얻은 후 자신들의 최초의 요구안이 비현실적인 것임을 깨닫고 요구임금수준을 낮추게 된다는 것입니다.

63

직능급 임금체계에 대한 설명으로 틀린 것은?

① 근로자의 직무능력을 중심으로 임금을 결정한다.
② 개별 근로자에 대한 동기부여 효과가 강하다.
③ 직무급처럼 적정배치가 반드시 전제되어야 한다.
④ 연공급의 속인적 요소와 직무급의 직무적 요소를 결합한 것이다.

알찬해설

직무급과 직능급에서 적정배치의 필요 여부

• 직무급 임금체계에서 종업원은 아무리 높은 능력이나 자격수준을 가지고 있다고 해도 실제로 그 직무를 맡고 있지 않다면 그의 초과되는 능력이나 자격수준은 원칙적으로 임금에 반영되지 않는다. 따라서 직무급 도입을 위해서는 적정배치가 불가결한 전제조건이 된다.
• 직능급 임금체계에서도 적정배치가 요구되기는 하지만 그것이 불가결한 전제조건은 아니다. 적정배치가 잘 되어 있지 않은 기업에서도 종업원의 능력을 평가하여 이를 토대로 임금을 결정하게 되므로, 적정배치가 불충분하더라도 종업원의 사기에 미치는 영향이 직무급의 경우보다 완화될 수 있다.

전문가의 한마디

일부 교재에서는 직능급의 단점으로 "적정배치를 전제로 함"을 제시하고 있는데, 이는 틀린 말이 아닙니다. 다만, 적정배치가 일반적인 전제조건이 되느냐 아니면 불가결한 전제조건이 되느냐를 구분하여야 합니다. 이와 관련하여 '김병숙, 『직업상담심리학』, 시그마프레스 刊'의 '임금결정이론 및 연봉제도'에 관한 장을 살펴보시기 바랍니다.

64

다음 중 가장 높은 수준의 노동자의 의사결정 참가유형은?

① 품질관리
② 자율작업팀
③ 노사협의회에의 참가
④ 노동자대표의 이사회 참가

알찬해설

근로자의 의사결정 참가유형(경영참가형태)

• 단체교섭에 의한 참가
  노사 간의 단체교섭에 의해 경영참가가 이루어지는 형태로서, 특히 노사의 자율결정이 강조되는 국가에서 나타난다. 그러나 이와 같은 단체교섭에 의한 경영참가가 노사 간의 대립관계를 토대로 한다는 점에서 문제점이 제기된다.
• 노사협의회에 의한 참가
  노사협의회는 근로자와 사용자 간의 참여와 협력을 기초로 근로자의 복지증진 및 기업의 건전한 발전을 도모하기 위해 구성하는 협의기구를 말한다. 즉, 노사협의회는 대립적 노사관계를 전제로 하는 단체교섭과 달리 협력적 노사관계를 전제로 한다.
• 근로자중역, 감사역제에 의한 참가
  근로자 측의 중역을 중역회 및 감사역회에 참가하도록 하는 형태로서, 근로자로 하여금 기업경영의 의사결정에 직접적으로 참가한다는 의미에서 가장 적극적인 경영참가형태로 볼 수 있다.

전문가의 한마디

'근로자중역제(勤勞者重役制)'란 기업 상층기구(예 이사회 등)에의 참가를 의미하는 것으로, 기업의 최고의사결정기구에 근로자가 참여하는 것을 말합니다.

65

고임금경제가 존재할 때의 노동수요에 대한 설명으로 틀린 것은?

① 노동의 수요곡선이 보다 가파른 모습을 띠게 된다.
② 노동의 한계생산력이 임금의 영향을 받는 것으로 가정한다.
③ 임금 상승 시의 고용 감소폭이 고임금경제가 존재할 때 더 크다.
④ 임금이 상승하면 노동의 한계생산력이 상승하게 된다.

만점해설

③ 고임금경제하에서는 고임금의 경제가 존재하지 않을 때에 비해 임금상승에 따른 고용감소 효과가 상대적으로 작다.

전문가의 한마디

이 문제는 앞선 2017년 4회 70번 문제와 유사하므로, 해당 문제 해설을 살펴보시기 바랍니다.

66

개별 기업수준에서 노동수요곡선을 이동시키는 요인과 가장 거리가 먼 것은?

① 기술의 변화
② 최종생산물의 가격변화
③ 비노동소득의 변화
④ 노동 이외의 타 생산요소의 가격변화

알찬해설

노동수요곡선을 이동(Shift)시키는 주요 요인
• 최종생산물의 가격변화 : 노동의 한계생산물가치(VMP_L)는 노동의 한계생산량(MP_L)에 생산물가격(P)을 곱한 값이다($VMP_L = P \cdot MP_L$). 따라서 산출물의 시장가격이 변화하는 경우 한계생산물가치가 변화하고, 그 결과 노동수요곡선이 이동하게 된다.
  예 사과가격이 상승하는 경우 과수원 인부들의 한계생산물가치가 상승하여 과수원 인부들의 노동에 대한 수요가 증가할 것이다. → 노동수요곡선의 우측 이동
• 기술의 변화 또는 노동생산성의 변화 : 기술진보는 노동시장에 매우 중요한 의미를 지니는데, 노동의 한계생산성을 증가시키고 그 결과 노동수요를 증가시킨다.
• 노동 이외 다른 생산요소의 가격변화 : 한 생산요소의 공급량이 변화함에 따라 다른 요소의 한계생산량이 영향을 받을 수 있다.
  예 사다리의 공급이 부족한 경우 과수원 인부들의 한계생산량이 감소하고, 그 결과 과수원 인부들에 대한 수요가 감소하게 될 것이다.

전문가의 한마디

2017년 2회 필기시험(61번)에서는 이윤극대화를 추구하는 경쟁기업의 단기 노동수요곡선을 이동시키는 요인을 묻는 문제가 출제된 바 있습니다. 본래 '단기(Short Run)'는 자본이나 토지 등과 같은 고정 생산요소가 존재하는 기간을 가정하는데, 이때 기술의 변화 또한 비교적 오랜 기간에 걸친 것으로 간주하므로, 그와 같은 요소들을 단기 노동수요곡선의 이동에 결부시켜 설명하지는 않습니다.

67

1차적 노동시장과 2차적 노동시장의 임금격차 발생요인으로 가장 적합한 것은?

① 근로조건의 보상적 차이
② 노동공급 탄력성의 차이
③ 기술수준의 차이
④ 생산물의 가격탄력성 차이

이중노동시장의 임금격차 발생요인

• 1차 노동시장은 반복적이고 단순한 작업이 주를 이루는 2차 노동시장과 달리 근로자들의 산출물을 관측하기 어렵고 근로자들을 감시하는 데 비용이 많이 소요되므로, 근로자들로부터 적정수준의 노력을 이끌어내기 위한 보상제도로 효율임금을 채택할 가능성이 높다.

• 1차 노동시장에서는 시장균형임금보다 더 높은 수준의 효율임금을 지급하여 장기고용관계가 관행화되고 대기실업이 관찰되는 반면, 2차 노동시장에서는 시장균형임금을 지급하거나 준고정적 노동비용을 줄이기 위해 비정규직을 채용하는 경우가 많으므로, 이중노동시장에서 근로자 간 현격한 임금격차가 지속된다.

전문가의 한마디

저부가가치 · 저성장기업의 노동자들은 이직을 통해 효율임금을 지급하는 고부가가치 · 고성장기업에로 취업하고자 하는데, 이때 대기기간이 발생한다는 의미에서 '대기실업(Wait Unemployment)'이라는 용어를 사용합니다. 이러한 대기실업은 노동력 수급의 불균형현상에 의해 야기된다는 점에서 구조적 실업(Structural Unemployment)으로 간주하기도 하나, 엄밀한 의미에서 구조적 실업은 비자발적 실업인 데 반해, 대기실업은 자발적 실업이라는 점에서 차이가 있습니다.

68

효용함수가 $U = M^{0.6} H^{0.4}$이고 총 이용가능시간(T)은 6시간이며 시장임금(W)은 2만원이다. 근로자의 효용을 극대화시키는 근로시간(L)은? (단, U = 효용, M = 근로소득, H = 여가시간)

① 2.2시간
② 2.4시간
③ 3.4시간
④ 3.6시간

효용극대화 노동공급의 결정

• 여가－소득의 선택모형에서 개인은 여가와 소득을 소비하여 개인이 누릴 수 있는 효용을 극대화하는 것으로 상정된다.

• 근로자의 특정 기간의 총 이용가능시간을 'T'라 하고, 총 이용가능시간을 근로시간(L)과 여가시간(H)으로 분배한다면 '$T = L + H$'가 되며, 이때 시장임금을 'W'라고 하면, 다음의 식이 성립된다.

$$WT = WL + WH = M + WH$$
(단, 'M'은 근로소득)

• 근로자의 효용함수는 무차별곡선으로 나타낼 수 있는데, 무차별곡선의 기울기가 상대가격인 임금(W)과 접하는 지점에서 노동공급이 결정되므로, 이때 근로자의 효용을 극대화시키는 근로시간(L)은 '$H' - T$'가 된다. 결국 총 이용가능시간(T) 6시간에서 효용극대화가 이루어지는 근로시간은 여가시간($H^{0.4}$)을 제외한 나머지 시간, 즉 3.6시간이 된다.

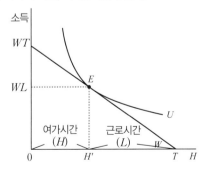

전문가의 한마디

무차별곡선에 그은 접선의 기울기를 '*MRS*'로 표기하는데, 이는 여가와 근로 사이에 존재하는 한계대체율(Marginal Rate of Substitution)을 의미합니다. 한계대체율은 무차별곡선상에서 한 재화의 변화량과 그에 따른 타 재화의 변화량의 비율을 나타냅니다.

69

실질임금 산정에 중요한 의미를 가지는 것은?

① 소비자물가지수
② 도매물가지수
③ GNP 디플레이터
④ 지니계수

알찬 해설

실질임금(Real Wages)
기준연도와 비교연도 사이에 소비자물가가 상승한 경우 물가 상승의 효과를 제거한 실질적인 임금액 또는 임금의 실질적인 구매력으로 평가한 것으로, 다음의 공식으로 나타낼 수 있다.

$$실질임금 = \frac{명목임금}{소비자물가지수} \times 100$$

전문가의 한마디

소비자물가의 상승효과를 제거하기 위해 사용되는 물가지수는 보통 전도시소비자물가지수입니다.

70

노동조합의 교섭모형 중 효율적 계약모형(Efficient Contract Model)의 특징이 아닌 것은?

① 주어진 노동수요에서 노조의 효용을 극대화하도록 임금과 고용이 결정되는 교섭모형이다.
② 독점적 노동조합모형의 교섭 결과에 비해 파레토개선을 이룰 수 있다.
③ 임금뿐 아니라 고용까지도 교섭영역에 포함되는 계약영역이 존재한다.
④ 노동수요곡선의 오른쪽에서 교섭이 이루어질 수 있어, 단체협약에는 초과노동 창출의 협약이 포함된다.

알찬 해설

효율적 계약모형(Efficient Contract Model)
• 노사 양측은 임금과 고용 양자를 교섭함에 있어서 다른 쪽을 더 나쁘게 만들지 않으면서 한쪽이 더 좋아지도록 하거나 혹은 서로의 이익이 향상되도록 협상할 수 있는데, 이는 노동수요곡선상에 놓여있지 않은 임금과 고용의 계약을 낳을 수 있다.
• 이와 같이 노조와 기업이 서로의 이익이 향상될 수 있도록 경우에 따라 노동수요곡선을 벗어난 균형해(Equilibrium Solution)를 성립시키는데, 이를 '효율적 계약(Efficient Contract)'이라고 한다.

전문가의 한마디

효율적 계약모형에서 '효율적(Efficient)'이라는 표현은 노사 두 당사자들의 후생수준이 개선될 수 있다는 의미일 뿐 사회 전체가 이득을 본다는 의미는 아닙니다. 일반적으로 효율적 계약모형에서 노조는 고용을 확장하는 역할을 수행하는데, 이는 우리나라 공공부문에서 볼 수 있듯 과다고용(Feather-bedding) 문제를 야기하기도 합니다.

71

이중노동시장이론에서 1차 노동시장의 특성으로 옳은 것은?

① 노동이동률이 상대적으로 높다.
② 직업훈련의 기회가 상대적으로 부족하다.
③ 근로조건이 상대적으로 열악하다.
④ 고용이 상대적으로 안정적이다.

알찬 해설

1차 노동시장 및 2차 노동시장의 주요 특징

1차 노동시장	2차 노동시장
• 고임금 • 고용의 안정성 • 승진 및 승급 기회의 평등 (공평성) • 양호한 근로조건 • 합리적인 노무관리 등	• 저임금 • 고용의 불안정성(높은 노동이동) • 승진 및 승급 기회의 결여 • 열악한 근로조건 • 자의적인 관리감독 등

전문가의 한마디

노동시장을 1차 노동시장과 2차 노동시장으로 구분하는 의미는 양 시장 간 근로자의 이동이 제한적이고 서로 독립적이어서 각기 다른 조건하에서 고용과 임금 등이 결정된다는 점, 그리고 그로 인해 양 시장 간 차이점에 기초하여 노동정책 또한 달라져야 한다는 인식이 내재되어 있습니다.

72

다음 중 노동조합의 노동공급권이 독점되어 그 세력이 대단히 강하고 단체교섭에도 유리한 입장한 갖게 되는 숍 제도는?

① 클로즈드 숍   ② 유니언 숍
③ 오픈 숍   ④ 에이전시 숍

만점 해설

① 클로즈드 숍(Closed Shop)은 노동조합 가입이 고용조건의 전제가 됨으로써 노동조합 측에 가장 유리한 제도이다. 회사와 노동조합 간의 단체협약으로 노동조합이 고용에 직접 관여함으로써 노동조합의 조직 안정성 확보 및 조직의 확대를 기대할 수 있다.
② 유니언 숍(Union Shop)은 오픈 숍(Open Shop)과 클로즈드 숍(Closed Shop)의 중간 형태이다. 고용주가 노동조합의 조합원 가입 여부와 관계없이 신규인력 채용이 가능하나 채용 후 일정기간 중 반드시 노동조합에 가입하도록 해야 하는 제도이다.
③ 오픈 숍(Open Shop)은 고용주가 노동조합에 가입한 조합원이나 가입하지 않은 비조합원이나 모두 고용할 수 있는 제도이다. 근로자의 노동조합 조합원 가입 여부가 고용이나 해고의 조건에 아무런 영향을 미치지 않으므로, 노동조합 조직의 확대에 가장 불리하다.
④ 에이전시 숍(Agency Shop)은 조합원이 아니더라도 모든 종업원에게 단체교섭의 당사자인 노동조합이 조합회비를 징수하는 제도이다. 근로자들이 비조합원으로서 조합비 납부를 회피하는 반면 타 조합원들과 동일한 혜택을 향유하려는 심리를 줄일 수 있으며, 동시에 노동조합은 조합원 수를 늘리게 됨으로써 안정을 가져올 수 있는 방법이다.

전문가의 한마디

클로즈드 숍(Closed Shop)은 조합원 자격의 보유를 고용계약의 체결 및 존속을 위한 요건으로 하는 제도입니다. 이 경우 사실상 노동조합을 통하지 않고는 어떤 근로자도 취업할 수 없게 되므로, 노동조합의 노동공급권이 독점되어 그 세력이 막강하고 교섭에서도 유리한 입장에 서게 됩니다.

73

노동의 평균생산(AP_L)과 한계생산(MP_L)에 대한 설명으로 옳은 것은? (단, 생산함수는 3차 함수이다)

① 평균생산이 증가하면 한계생산은 반드시 증가한다.

② 한계생산이 감소하면 평균생산도 반드시 감소한다.

③ 평균생산이 가장 높은 수준에 도달하면, 평균생산값과 한계생산값이 일치한다.

④ 한계생산이 최고 수준을 지나면 평균생산도 최고 수준을 지난다.

알찬해설

노동의 평균생산(AP_L)과 한계생산(MP_L)

• 기업이 노동을 추가적으로 고용하여 생산을 하게 되면 총생산량은 증가하게 되는데, 이와 같은 고용 증가에 따른 생산량에 대한 노동의 기여는 노동의 평균생산(AP_L ; Average Product of Labor)과 노동의 한계생산(MP_L ; Marginal Product of Labor)으로 나타낼 수 있다.

• 다음의 그래프는 고용량을 증가시킬 때 노동의 한계생산(MP_L)이 먼저 정점에 도달하고 그 이후에 감소되는 반면, 노동의 평균생산(AP_L)의 정점은 그보다 더 많은 고용량에서 일어나고 있음을 보여 준다. 특히 노동의 평균생산(AP_L)이 가장 높은 수준에 도달하면, 평균생산값과 한계생산값이 일치하는 양상을 보이게 된다.

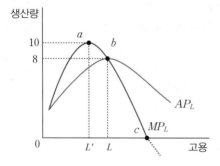

전문가의 한마디

기업의 생산기술에 변화가 없고 자본의 투입량이 고정되어 있을 때, 노동의 투입이 많아짐에 따라 차츰 한계생산물이 체감하는 양상을 보이게 되는데, 이를 '한계생산물체감의 법칙(Law of Diminishing Marginal Product)' 또는 '수확체감의 법칙(Law of Diminishing Returns)'이라고 합니다.

74

어떤 나라의 생산가능인구는 1,000만명이고, 이 중 경제활동인구는 800만명이다. 600만명이 취업자일 때 이 나라의 고용률은 몇 %인가?

① 80%

② 60%

③ 40%

④ 25%

알찬해설

고용률은 다음의 공식으로 나타낼 수 있다.

$$고용율(\%) = \frac{취업자\ 수}{15세\ 이상\ 인구\ 수} \times 100$$

15세 이상 인구는 생산가능인구를 의미하므로, 문제상에서 주어진 조건을 위의 공식에 대입하면,

$$고용율(\%) = \frac{6,000,000(명)}{10,000,000(명)} \times 100 = 60(\%)$$

따라서 고용률은 60%이다.

전문가의 한마디

취업률은 경제활동인구 중 취업자의 비율로, 실업률은 경제활동인구 중 실업자의 비율로 정의됩니다. 즉, 취업률이나 실업률은 그 분모가 경제활동인구인 데 반해, 고용률은 그 분모가 비경제활동인구를 포함한 '15세 이상 인구(또는 생산가능인구)'임을 혼동하지 않도록 주의합시다.

75

노동수요의 탄력성에 대한 설명으로 틀린 것은?

① 생산물의 수요가 생산물의 가격 변화에 민감하게 반응할수록 노동수요가 탄력적으로 된다.
② 총생산비 중 노동비용이 차지하는 비중이 클수록 노동수요가 탄력적으로 된다.
③ 생산에서 노동을 다른 요소로 대체할 수 있는 가능성이 작을수록 노동수요가 비탄력적으로 된다.
④ 노동 이외의 생산요소의 공급이 탄력적일수록 노동수요가 비탄력적으로 된다.

알찬 해설

노동수요의 (임금)탄력성 결정요인

• 생산물 수요의 탄력성(최종생산물 수요의 가격탄력성) : 생산물의 수요가 탄력적일수록 노동수요는 더 탄력적이 된다.
• 총생산비에 대한 노동비용의 비중 : 총생산비에서 차지하는 노동비용의 비중(비율)이 클수록 노동수요는 더 탄력적이 된다.
• 노동의 대체가능성 : 노동과 다른 생산요소 간의 대체가 용이할수록 노동수요는 더 탄력적이 된다.
• 노동 이외의 생산요소의 공급탄력성 : 노동 이외의 생산요소의 공급탄력성이 클수록 노동수요는 더 탄력적이 된다.

전문가의 한마디

'노동수요의 탄력성'은 '노동수요의 임금탄력성(Wage Elasticity of Labor Demand)'으로 부르는 것이 보다 정확한 표현입니다. 그 이유는 임금의 변화에 따른 노동수요의 변화를 나타내는 것이기 때문입니다. 다만, 직업상담사 시험에서는 이와 같은 용어들이 혼용되어 제시되고 있으므로, 이점 착오 없으시기 바랍니다.

76

근로소득세의 부과가 노동공급에 미치는 영향으로 가장 적합한 것은?

① 대체효과만 발생하기 때문에 노동공급을 감소시킨다.
② 소득효과만 발생하기 때문에 노동공급을 증가시킨다.
③ 노동공급을 증가시킬지, 아니면 감소시킬지 알 수 없다.
④ 소득효과가 대체효과보다 크다면, 노동공급이 증가할 것이다.

만점 해설

③ 근로소득세의 부과가 노동공급에 어떤 영향을 미칠 것인가는 대체효과와 소득효과의 크기에 달려있다. 예를 들어, 소득효과가 대체효과보다 큰 경우 근로소득세의 도입이 노동공급시간을 오히려 연장시키는 효과가 있다. 그러나 그 두 가지 효과 중 어느 것이 더 클 것인지는 사전적으로 말할 수 없으므로, 실제로 노동공급이 증가할 것인지 감소할 것인지 알 수 없다.

전문가의 한마디

만약 근로소득세율이 20% 인상된다면, 평소 시간당 10,000원을 받던 근로자는 세금 공제 후 8,000원만 받게 됩니다. 이때 근로자의 만족수준을 나타내는 무차별곡선이 새롭게 조정되는데, 그 근로자는 상실된 임금을 만회하기 위해 노동시간을 늘리는 선택을 할 수 있습니다. 그러나 이 경우에도 대체효과와 소득효과의 상대적인 크기에 따라 실제 노동시간을 늘일 수도, 그렇지 않을 수도 있습니다.

77

기업이 효율임금(Efficiency Wage)을 지급하는 이유와 가장 거리가 먼 것은?

① 이직률을 줄일 수 있기 때문이다.
② 노동조합 구성을 막을 수 있기 때문이다.
③ 근로자의 태만을 방지할 수 있기 때문이다.
④ 우수한 근로자를 채용할 수 있는 기회가 많아지기 때문이다.

알찬 해설

기업이 효율임금을 지급하는 이유

- 고임금에 따라 우량기업이라는 기업의 명예와 신용이 높아지면, 신규근로자의 채용 시에 보다 양질의 근로자를 고용할 수 있다.(④)
- 고임금은 근로자의 사직을 감소시켜서 신규근로자의 채용 및 훈련비용을 감소시킨다.(①)
- 고임금은 근로자의 직장상실 비용을 증대시켜서 근로자로 하여금 작업 중 태만하지 않고 열심히 일하게 한다.(③)
- 대규모 사업장에서는 통제 상실을 미연에 방지하는 차원에서 고임금을 지불하여 근로자로 하여금 열심히 일하도록 유도할 수 있다.
- 근로자는 고임금을 사용자가 주는 일종의 선물로 간주하고 이러한 은혜에 보답하기 위해 작업노력을 증대시킨다.

전문가의 한마디

이 문제는 2019년 4회 78번 문제 해설과 같이 "효율임금이 고생산성을 가져오는 원인"을 묻는 방식으로 출제될 수 있습니다.

78

동작 연구와 시간 연구 등과 같은 과학적 관리기법을 이용하여 정확한 직무평가를 통해 임금 수준을 결정하는 임금형태에 해당하는 것은?

① 토웬(Towen)의 이익분배제
② 로완(Rowan)의 할증제
③ 테일러(Taylor)의 복률생산급제
④ 할시(Halsey)의 할증보너스제

알찬 해설

복률성과급으로서 테일러(Taylor)의 차별성과급제

- 과학적으로 결정된 표준작업량을 토대로 고저(高低) 두 종류의 임률로써 임금을 계산하는 방식이다.
- 종업원이 표준 성과기준 이상의 과업수행실적을 나타내는 경우 정상적인 임률보다 높은 임률을 적용하는 반면, 그에 미치지 못하는 저조한 과업수행실적을 나타내는 경우 낮은 임률을 적용한다.
- 이 제도는 단순성과급보다 자극력이 더 강하므로 능력 있는 종업원에게는 동기부여를 할 수 있지만 초보자에게는 대단히 불리하며, 표준시간의 설정이 어렵다는 단점을 가지고 있다.

전문가의 한마디

단순성과급은 생산수준에 관계없이 성과급이 일정하게 지급되는 방식인 반면, 복률 및 할증성과급은 생산수준에 따라 성과급이 달리 지급되는 방식입니다. 참고로 복률성과급에는 테일러식 차별성과급제, 메리크식 복률성과급제, 그리고 일급보장 성과급제(맨체스터 플랜) 등이 있습니다.

정답 77 ② 78 ③

79

인구의 노동력 상태에 관한 설명으로 옳은 것은?

① 전일제 학생은 비경제활동인구에 속한다.
② 취업률과 고용률은 동일한 의미의 용어이다.
③ 실업률 계산에서 부가노동자는 배제한다.
④ 실망노동자가 부가노동자보다 많으면 실업률을 높이게 된다.

만점해설

① 비경제활동인구(Economically Inactive Population)는 만 15세 이상 인구 중 조사대상기간에 취업도 실업도 아닌 상태에 있는 사람을 말하는 것으로서, 구직단념자, 취업준비자, 가사 또는 육아를 전담하는 주부, 학교에 다니는 학생, 일을 할 수 없는 연로자 및 심신장애인, 자발적으로 자선사업이나 종교 단체에 관여하는 자 등이 포함된다.
② 취업률은 경제활동인구 중 취업자가 차지하는 비율을 말하는 반면, 고용률은 만 15세 이상 인구(생산가능인구) 중 취업자가 차지하는 비율을 말한다.
③ 실업률 계산에서 부가노동자는 포함하나, 실망노동자는 배제한다.
④ 실망노동자가 부가노동자보다 많으면 실업률은 낮아지게 된다.

전문가의 한마디

경제활동가능인력이 구직활동을 단념하여 비경제활동인구로 전락할 때 실망노동자 수가 증가하게 됩니다. 이들은 실업률 산정에서 제외됩니다.

80

다음 중 수요부족실업(경기적 실업)을 감소시키는 정책과 가장 거리가 먼 것은?

① 대규모의 공공근로사업을 실시한다.
② 적극적인 직업훈련을 실시한다.
③ 시중에 통화공급을 증가시킨다.
④ 확대 재정정책을 실시한다.

만점해설

② 구조적 실업을 감소시키는 정책에 해당한다.

경기적 실업을 감소시키는 정책

• 재정금융정책을 통한 총수요 증대정책(유효수요의 확대)
• 세율 인하, 통화공급 증가 등의 경기활성화 정책
• 공공사업 등의 고용창출사업 확대
• 교대근무, 연장근무, 휴일근무 등 근무제도 변경방법 등

전문가의 한마디

경기적 실업의 원인을 묻는 문제가 2017년 2회 필기시험(75번), 2020년 4회 필기시험(78번)에 출제된 바 있습니다.

제5과목 **노동관계법규**

81

고용정책기본법에서 대량 고용변동의 신고기준의 내용인 "1개월 이내의 기간에 이직하는 근로자의 수"에 해당되는 자는?

① 일용근로자
② 수습 사용된 날부터 6월 이내의 사람
③ 자기의 사정 또는 귀책사유로 이직하는 사람
④ 상시 근무를 요하지 아니하는 사람으로 고용된 사람

알찬해설

대량 고용변동의 신고 시 이직하는 근로자 수에 포함되지 않는 사람(고용정책기본법 시행규칙 제6조 제1항 참조)
• 일용근로자 또는 기간을 정하여 고용된 사람(단, 일용근로자 또는 6개월 미만의 기간을 정하여 고용된 사람으로서 6개월을 초과하여 계속 고용되고 있는 사람, 6개월을 초과하는 기간을 정하여 고용된 사람으로서 해당 기간을 초과하여 계속 고용되고 있는 사람은 이직근로자 수에 포함)(①)
• 수습으로 채용된 날부터 3개월 이내의 사람(②)
• 자기의 사정 또는 자기에게 책임이 있는 사유로 이직하는 사람(③)
• 상시 근무가 필요하지 않은 업무에 고용된 사람(④)
• 천재지변이나 그 밖의 부득이한 사유로 사업을 계속할 수 없게 되어 이직하는 사람

전문가의 한마디

사업주가 생산설비의 자동화, 신설 또는 증설이나 사업규모의 축소, 조정 등으로 근로자를 해고할 경우 사업 또는 사업장 내에 대량 고용변동이 있을 수 있습니다. 고용정책기본법령은 그로 인해 이직하는 근로자의 수가 일정 수준 이상에 달할 때 그 사실을 직업안정기관의 장에게 신고하도록 하고 있습니다. 다만, 어느 정도 사업주의 입장을 고려하여 이직근로자 수에서 제외시키는 경우들을 단서로 명시하고 있습니다. 결국 이 문제에서

는 "포함되는 사람"과 "포함되지 않는 사람"을 구분하는 것이 핵심입니다.

82

남녀고용평등과 일·가정 양립 지원에 관한 법률상 직장 내 성희롱의 금지 및 예방에 관한 설명으로 틀린 것은?

① 사업주는 직장 내 성희롱 예방을 위한 교육을 연 1회 이상 하여야 한다.
② 사업주는 성희롱 예방 교육을 고용노동부장관이 지정하는 기관에 위탁하여 실시할 수 있다.
③ 사업주는 직장 내 성희롱 발생이 확인된 경우 지체 없이 행위자에 대하여 징계나 그 밖에 이에 준하는 조치를 하여야 한다.
④ 사업주는 직장 내 성희롱과 관련하여 피해를 입은 근로자 또는 성희롱 피해 발생을 주장하는 근로자에게 직장질서 문란을 이유로 불이익한 조치를 취할 수 있다.

알찬해설

직장 내 성희롱 발생 사실을 신고한 근로자 및 피해근로자 등에 대한 불리한 처우의 금지(남녀고용평등과 일·가정 양립 지원에 관한 법률 제14조 제6항)
사업주는 성희롱 발생 사실을 신고한 근로자 및 피해근로자 등에게 다음의 어느 하나에 해당하는 불리한 처우를 하여서는 아니 된다.
• 파면, 해임, 해고, 그 밖에 신분상실에 해당하는 불이익 조치
• 징계, 정직, 감봉, 강등, 승진 제한 등 부당한 인사조치
• 직무 미부여, 직무 재배치, 그 밖에 본인의 의사에 반하는 인사조치
• 성과평가 또는 동료평가 등에서 차별이나 그에 따른 임금 또는 상여금 등의 차별 지급
• 직업능력 개발 및 향상을 위한 교육훈련 기회의 제한
• 집단 따돌림, 폭행 또는 폭언 등 정신적·신체적 손상을 가져오는 행위를 하거나 그 행위의 발생을 방치하는 행위

2016

• 그 밖에 신고를 한 근로자 및 피해근로자 등의 의사에 반하는 불리한 처우

전문가의 한마디

사업주가 직장 내 성희롱 발생 사실을 신고한 근로자 및 피해근로자 등에게 불리한 처우를 한 경우 3년 이하의 징역 또는 3천만원 이하의 벌금에 처해집니다(법 제37조 제2항 제2호).

83

직업안정법령상 직업정보제공사업자의 준수사항으로 옳은 것은?

① 구인자의 연락처를 신원이 불확실한 사서함으로 표시하며 구인광고에 게재할 것
② 직업정보제공매체의 구인·구직의 광고에는 구인·구직자의 주소 또는 전화번호를 기재할 것
③ 직업정보제공매체에는 "무료취업상담·취업추천·취업지원"의 표현을 사용할 것
④ 구직자의 이력서 발송을 대행하거나 구직자에게 취업추천서를 발부할 것

알찬해설

직업정보제공사업자의 준수사항(직업안정법 시행령 제28조)

직업정보제공사업을 하는 자 및 그 종사자가 준수하여야 할 사항은 다음과 같다.

• 구인자의 업체명(또는 성명)이 표시되어 있지 아니하거나 구인자의 연락처가 사서함 등으로 표시되어 구인자의 신원이 확실하지 아니한 구인광고를 게재하지 아니할 것(①)
• 직업정보제공매체의 구인·구직의 광고에는 구인·구직자의 주소 또는 전화번호를 기재하고, 직업정보제공사업자의 주소 또는 전화번호는 기재하지 아니할 것(②)
• 직업정보제공매체 또는 직업정보제공사업의 광고문에 "(무료)취업상담", "취업추천", "취업지원" 등의 표

현을 사용하지 아니할 것(③)
• 구직자의 이력서 발송을 대행하거나 구직자에게 취업추천서를 발부하지 아니할 것(④)
• 직업정보제공매체에 정보이용자들이 알아보기 쉽게 직업정보제공사업의 신고로 부여받은 신고번호를 표시할 것
• 「최저임금법」에 따라 결정 고시된 최저임금에 미달되는 구인정보, 「성매매알선 등 행위의 처벌에 관한 법률」에 따른 금지행위가 행하여지는 업소에 대한 구인광고를 게재하지 아니할 것

전문가의 한마디

이 문제는 2019년 4회 91번 문제의 변형된 형태로 볼 수 있습니다.

84

고용보험법상 고용보험기금의 용도에 해당하지 않는 것은?

① 보험료의 반환
② 징수금의 대납
③ 일시 차입금의 상환금과 이자
④ 고용보험법과 보험료징수법에 따른 업무를 대행하거나 위탁받은 자에 대한 출연금

알찬해설

고용보험기금의 용도(고용보험법 제80조 제1항)

고용보험기금은 다음의 용도에 사용하여야 한다.

• 고용안정·직업능력개발 사업에 필요한 경비
• 실업급여의 지급
• 국민연금 보험료의 지원
• 육아휴직 급여 및 출산전후휴가 급여 등의 지급
• 보험료의 반환(①)
• 일시 차입금의 상환금과 이자(③)
• 고용보험법과 고용산재보험료징수법에 따른 업무를 대행하거나 위탁받은 자에 대한 출연금(④)
• 그 밖에 이 법의 시행을 위하여 필요한 경비로서 대통령령으로 정하는 경비와 고용안정·직업능력개발 사

업 및 실업급여의 지급의 수행에 딸린 경비

전문가의 한마디

고용보험기금의 용도에 관한 고용보험법 제80조 제1항의 제7호에서 "대통령령으로 정하는 경비"란 다음의 경비를 말합니다(시행령 제107조 제1항).

- 보험사업의 관리 · 운영에 드는 경비
- 고용보험기금의 관리 · 운용에 드는 경비
- 고용산재보험료징수법에 따른 보험사무대행기관에 대한 교부금
- 고용보험법과 고용산재보험료징수법에 따른 사업이나 업무의 위탁수수료 지급금

85

고용상 연령차별금지 및 고령자고용촉진에 관한 법령령상 제조업의 고령자 기준고용률은?

① 상시근로자 수의 100분의 1
② 상시근로자 수의 100분의 2
③ 상시근로자 수의 100분의 3
④ 상시근로자 수의 100분의 6

알찬해설

고령자 기준고용률(고용상 연령차별금지 및 고령자고용촉진에 관한 법률 시행령 제3조 참조)

- 제조업 : 그 사업장의 상시근로자 수의 100분의 2
- 운수업, 부동산 및 임대업 : 그 사업장의 상시근로자 수의 100분의 6
- 그 외의 산업 : 그 사업장의 상시근로자 수의 100분의 3

전문가의 한마디

고령자 기준고용률은 직업상담사 시험에 거의 매해 출제되고 있으므로 반드시 암기해 두시기 바랍니다.

86

헌법상 노동관계조항에 대한 설명으로 틀린 것은?

① 국가는 근로자의 고용 증진과 적정임금의 보장에 노력하여야 한다.
② 근로조건의 기준은 인간의 존엄성을 보장하도록 법률로 정한다.
③ 여자의 근로는 특별한 보호를 받는다.
④ 연소자의 근로는 법률이 정하는 바에 의하여 우선적으로 근로의 기회를 부여받는다.

알찬해설

헌법 제32조(근로의 권리)

- 모든 국민은 근로의 권리를 가진다. 국가는 사회적 · 경제적 방법으로 근로자의 고용의 증진과 적정임금의 보장에 노력하여야 하며, 법률이 정하는 바에 의하여 최저임금제를 시행하여야 한다.(①)
- 모든 국민은 근로의 의무를 진다. 국가는 근로의 의무의 내용과 조건을 민주주의원칙에 따라 법률로 정한다.
- 근로조건의 기준은 인간의 존엄성을 보장하도록 법률로 정한다.(②)
- 여자의 근로는 특별한 보호를 받으며, 고용 · 임금 및 근로조건에 있어서 부당한 차별을 받지 아니한다.(③)
- 연소자의 근로는 특별한 보호를 받는다.(④)
- 국가유공자 · 상이군경 및 전몰군경의 유가족은 법률이 정하는 바에 의하여 우선적으로 근로의 기회를 부여받는다.

전문가의 한마디

헌법상 연소자의 근로보호는 근로기준법상 15세 미만인 사람(중학교에 재학 중인 18세 미만인 사람을 포함)에 대한 사용 금지(제64조), 18세 미만인 사람의 도덕상 또는 보건상 유해 · 위험한 사업에 대한 사용 금지(제65조), 18세 미만인 사람의 야간근로 및 휴일근로에 대한 사용 제한(제70조) 등 다양한 규정을 통해 실현되고 있습니다.

87

장애인고용촉진 및 직업재활법상 국가 및 지방자치단체의 장은 원칙적으로 장애인을 소속 공무원 정원의 얼마 이상 고용해야 하는가?

① 100분의 1 이상   ② 100분의 2 이상
③ 100분의 3 이상   ④ 100분의 4 이상

국가와 지방자치단체의 장애인 고용 의무(장애인고용촉진 및 직업재활법 제27조 제1항)
국가와 지방자치단체의 장은 장애인을 소속 공무원 정원에 대하여 다음의 구분에 해당하는 비율 이상 고용하여야 한다.

• 2017년 1월 1일부터 2018년 12월 31일까지 : 1천분의 32
• 2019년 이후 : 1천분의 34

전문가의 한마디

과거 국가와 지방자치단체의 장애인 상시 근로자 의무고용률은 소속 공무원 정원의 3.0%였습니다. 그러나 2016년 12월 27일 법 개정에 따라 2017년 1월 1일부로 의무고용률이 단계적으로 상향되어 2019년 이후 3.4%에 이르렀습니다. 따라서 출제 당시 정답은 ③이었으나, 현행 기준으로 정답은 없습니다.

88

근로기준법상 취업규칙에 관한 설명으로 틀린 것은?

① 취업규칙에서 정한 기준에 미달하는 근로조건을 정한 근로계약은 그 부분에 관하여는 무효로 한다. 이 경우 무효로 된 부분은 취업규칙에 정한 기준에 따른다.
② 상시 10명 이상의 근로자를 사용하는 사용자는 동법이 정하는 사항에 관한 취업규칙을 작성하여 고용노동부장관에게 승인을 받아야 한다.

③ 취업규칙에서 근로자에 대하여 감급(減給)의 제재를 정할 경우에 그 감액은 1회의 금액이 평균임금의 1일분의 2분의 1을, 총액이 1임금지급기의 임금 총액의 10분의 1을 초과하지 못한다.
④ 사용자는 취업규칙의 작성 또는 변경에 관하여 해당 사업 또는 사업장에 근로자의 과반수로 조직된 노동조합이 있는 경우에는 그 노동조합, 근로자의 과반수로 조직된 노동조합이 없는 경우에는 근로자의 과반수의 의견을 들어야 한다. 다만, 취업규칙을 근로자에게 불리하게 변경하는 경우에는 그 동의를 받아야 한다.

만점해설

② 상시 10명 이상의 근로자를 사용하는 사용자는 동법이 정하는 사항에 관한 취업규칙을 작성하여 고용노동부장관에게 신고하여야 한다. 이를 변경하는 경우에도 또한 같다(근로기준법 제93조 참조).
① 동법 제97조
③ 동법 제95조
④ 동법 제94조 제1항

전문가의 한마디

승인(承認)은 일정한 사실을 인정하는 것, 즉 긍정적 의사를 표시하는 것으로서, 공법상으로는 국가 또는 지방자치단체의 기관이 다른 기관이나 개인의 특정한 행위에 대해 부여하는 동의·승인의 의미로 사용됩니다. 반면, 신고(申告)는 국가 또는 지방자치단체나 기타 공공단체에 법률사실이나 어떤 사실에 대해 서면으로 작성된 서류를 제출하는 행위를 말합니다. 특히 신고는 자기완결적 행위로서 적법한 요건을 갖추어 행정기관에 도달하면 그 효력이 발생하며, 신고와 별도로 행정청이 수리해야만 효력이 발생하는 것은 아닙니다.

89

장애인고용촉진 및 직업재활법에 관한 설명으로 틀린 것은?

① 장애인이란 신체 또는 정신상의 장애로 장기간에 걸쳐 직업생활에 상당한 제약을 받는 자로서 대통령령으로 정하는 기준에 해당하는 자를 말한다.
② 국가와 지방자치단체는 장애인의 고용촉진 및 직업재활에 관하여 사업주 및 국민 일반의 이해를 높이기 위하여 교육·홍보 및 장애인 고용촉진 운동을 지속적으로 추진하여야 한다.
③ 사업주는 근로자가 장애인이라는 이유로 채용·승진·전보 및 교육훈련 등 인사관리상의 차별대우를 하여서는 아니 된다.
④ 장애인의 직업인으로서의 자립 노력은 면제된다.

알찬 해설

장애인의 자립 노력 등(장애인고용촉진 및 직업재활법 제6조)

- 장애인은 직업인으로서의 자각을 가지고 스스로 능력개발·향상을 도모하여 유능한 직업인으로 자립하도록 노력하여야 한다.
- 장애인의 가족 또는 장애인을 보호하고 있는 자는 장애인에 관한 정부의 시책에 협조하여야 하고, 장애인의 자립을 촉진하기 위하여 적극적으로 노력하여야 한다.

전문가의 한마디

「장애인고용촉진 및 직업재활법」에서는 법의 목적을 달성하기 위해 국가와 지방자치단체의 책임(제3조), 사업주의 책임(제5조)과 함께 장애인의 자립 노력(제6조) 등을 규정하고 있습니다.

90

남녀고용평등과 일·가정 양립 지원에 관한 법률상 분쟁의 예방과 해결에 대한 설명으로 틀린 것은?

① 고용노동부장관은 남녀고용평등 이행을 촉진하기 위하여 그 사업장 소속 근로자 중 명예고용평등감독관을 직권으로 위촉할 수 있다.
② 고용노동부장관은 차별, 직장 내 성희롱, 모성보호 및 일·가정 양립 등에 관한 상담을 실시하는 민간단체에 필요한 비용의 일부를 예산의 범위에서 지원할 수 있다.
③ 사업주는 임금, 승진 등의 사항에 관하여 근로자가 고충을 신고하였을 때에는 해당 사업장에 설치된 노사협의회에 고충의 처리를 위임하는 등 자율적인 해결을 위하여 노력하여야 한다.
④ 동법과 관련한 분쟁해결에서 입증책임은 사업주가 부담한다.

만점 해설

① 고용노동부장관은 사업장의 남녀고용평등 이행을 촉진하기 위하여 그 사업장 소속 근로자 중 노사가 추천하는 사람을 명예고용평등감독관으로 위촉할 수 있다(남녀고용평등과 일·가정 양립 지원에 관한 법률 제24조 제1항).
② 동법 제23조 제1항
③ 사업주는 모집과 채용, 임금, 임금 외의 금품, 교육·배치 및 승진, 정년·퇴직 및 해고, 그 밖에 직장 내 성희롱의 금지 및 예방, 모성 보호, 일·가정의 양립 지원 등 법령에 따른 사항에 관하여 근로자가 고충을 신고하였을 때에는 「근로자참여 및 협력증진에 관한 법률」에 따라 해당 사업장에 설치된 노사협의회에 고충의 처리를 위임하는 등 자율적인 해결을 위하여 노력하여야 한다(동법 제25조).
④ 동법 제30조

전문가의 한마디

명예고용평등감독관의 위촉·해촉 및 운영 등에 필요한 사항은 「명예고용평등감독관 운영규정」에서 구체적으로 규정하고 있습니다.

91

고용정책기본법상 고용정책심의회를 효율적으로 운영하고 심의사항을 전문적으로 심의하도록 하기 위한 분야별 전문위원회가 아닌 것은?

① 사회적기업육성전문위원회
② 외국인고용촉진전문위원회
③ 장애인고용촉진전문위원회
④ 근로복지전문위원회

알찬 해설

고용정책심의회의 전문위원회(고용정책기본법 시행령 제7조 제1항 참조)

• 지역고용전문위원회
• 고용서비스전문위원회
• 사회적기업육성전문위원회(①)
• 적극적고용개선전문위원회
• 장애인고용촉진전문위원회(③)
• 건설근로자고용개선전문위원회

전문가의 한마디

2019년 10월 29일 시행령 개정에 따라 고용정책심의회의 전문위원회로서 종전 '근로복지전문위원회'가 삭제되고, '지역고용전문위원회'와 '고용서비스전문위원회'가 신설되었습니다. 따라서 출제 당시 정답은 ②였으나, 현행 기준으로 ④ 또한 정답으로 볼 수 있습니다.

92

다음 중 헌법에 의해 보장되는 노동3권에 해당하지 않는 것은?

① 준법투쟁
② 직장폐쇄
③ 임금인상을 위한 단체교섭 요구
④ 노동조합의 가입

알찬 해설

노동3권(근로3권)

• 근로자는 근로조건의 향상을 위하여 자주적인 단결권 · 단체교섭권 및 단체행동권을 가진다(헌법 제33조 제1항).
• 사용자는 헌법 제33조 제1항에 규정된 노동3권의 주체가 될 수 없다. 그 이유는 노동3권은 근로자의 권리이기 때문이다.
• 사용자가 사용자단체를 결성하는 것은 노동3권의 행사가 아닌 결사의 자유의 행사이다.
• 사용자의 직장폐쇄는 근로자의 단체행동권의 행사에 대응한 사용자의 재산권의 행사로 파악하여야 할 것이다.

전문가의 한마디

「노동조합 및 노동관계조정법」에서는 '쟁의행위'를 다음과 같이 정의하고 있습니다.

> '쟁의행위'라 함은 파업 · 태업 · 직장폐쇄 기타 노동관계 당사자가 그 주장을 관철할 목적으로 행하는 행위와 이에 대항하는 행위로서 업무의 정상적인 운영을 저해하는 행위를 말한다(법 제2조 제6호).

그러나 헌법 제33조 제1항은 단체행동권의 주체를 '근로자'로 명시하고 있고 '사용자'는 이에 포함되지 않으므로, 사용자 측의 단체행동권을 인정하지 않는 것으로 볼 수 있습니다. 따라서 현행 「노동조합 및 노동관계조정법」이 근로자의 쟁의행위에 대한 사용자의 대항수단으로서 '직장폐쇄'를 동일한 범주의 쟁의행위로 포함시키고 있는 것은 위헌의 소지가 있다고 볼 수 있습니다.

93

파견근로자 보호 등에 관한 법률상 근로자파견사업 허가의 유효기간은?

① 1년 ② 2년
③ 3년 ④ 5년

알찬 해설

허가의 유효기간(파견근로자 보호 등에 관한 법률 제10조 제1항)
근로자파견사업 허가의 유효기간은 3년으로 한다.

전문가의 한마디

근로자파견사업 허가의 유효기간이 끝난 후 계속하여 근로자파견사업을 하려는 경우 갱신허가를 받아야 하는데, 이때 갱신허가의 유효기간은 그 갱신 전의 허가의 유효기간이 끝나는 날의 다음 날부터 기산하여 3년으로 합니다(법 제10조 제2항 및 제3항).

94

고용보험법상 취업촉진 수당이 아닌 것은?

① 조기재취업 수당
② 구직급여
③ 직업능력개발 수당
④ 광역 구직활동비

알찬 해설

취업촉진 수당의 종류(고용보험법 제37조 제2항 참조)
· 조기재취업 수당
· 직업능력개발 수당
· 광역 구직활동비
· 이주비

전문가의 한마디

'구직급여', '훈련연장급여', '특별연장급여', '여성고용촉진장려금' 등은 고용보험법령상 취업촉진 수당에 해당하지 않습니다. 이를 틀린 지문으로 제시하여 문제를 출제하고 있습니다.

95

직업안정법규상 유료직업소개사업의 시설기준으로 옳은 것은?

① 전용면적 10제곱미터 이상의 사무실
② 전용면적 15제곱미터 이상의 사무실
③ 전용면적 20제곱미터 이상의 사무실
④ 전용면적 25제곱미터 이상의 사무실

알찬 해설

유료직업소개사업의 시설기준(직업안정법 시행령 제21조 제5항 및 시행규칙 제18조)
유료직업소개사업의 등록을 하고자 하는 자는 전용면적 10제곱미터 이상의 사무실을 갖추어야 한다.

전문가의 한마디

2018년 10월 18일 시행규칙 개정에 따라 유료직업소개사업소 등록요건 중 사무실 면적기준이 "전용면적 20제곱미터 이상"에서 "전용면적 10제곱미터 이상"으로 완화되었습니다. 이는 소자본 사업자의 창업 활성화를 도모하기 위한 취지에서 비롯됩니다. 따라서 출제 당시 정답은 ③이었으나, 현행 기준으로 정답은 ①에 해당합니다.

96

근로기준법상 정의된 용어에 대한 설명으로 틀린 것은?

① 근로자란 직업의 종류와 관계없이 임금을 목적으로 사업이나 사업장에서 근로를 제공하는 자를 말한다.

② 근로계약이란 근로자가 사용자에게 근로를 제공하고 사용자는 이에 대하여 임금을 지급하는 것을 목적으로 체결된 계약을 말한다.

③ 근로란 사업 또는 사업장에서의 육체노동만을 말한다.

④ 임금이란 사용자가 근로의 대가로 근로자에게 임금, 봉급, 그 밖에 어떠한 명칭으로든지 지급하는 일체의 금품을 말한다.

만점해설

③ '근로'란 정신노동과 육체노동을 말한다(근로기준법 제2조 제1항 제3호).

① 동법 제2조 제1항 제1호

② 동법 제2조 제1항 제4호

④ 동법 제2조 제1항 제5호

전문가의 한마디

근로기준법상 근로는 정신노동, 육체노동, 사무노동 등의 구별이 문제시 되지 않으며, 상용직, 일용직, 임시직, 촉탁직 등 근무형태가 근로자 여부를 판단하는 기준이 되지 않습니다. 또한 불법체류 외국인근로자라 하더라도 근로자성 자체가 부정되는 것은 아닙니다.

97

근로기준법상 상시 4명 이하 근로자를 사용하는 사업 또는 사업장에 적용되지 않는 규정은?

① 강제 근로의 금지

② 근로조건의 명시

③ 경영상 이유에 의한 해고의 제한

④ 금품 청산

만점해설

③ 상시 4명 이하의 근로자를 사용하는 사업 또는 사업장에 대하여 강제 근로의 금지(제7조), 근로조건의 명시(제17조), 금품 청산(제36조) 등은 적용되지만, 경영상 이유에 의한 해고의 제한(제24조), 부당해고의 구제신청(제28조) 등은 적용되지 않는다(근로기준법 시행령 제7조 및 별표 1 참조).

전문가의 한마디

상시 4명 이하의 근로자를 사용하는 사업 또는 사업장에 대하여 해고의 예고(제26조)는 적용합니다. 즉, 경영상 이유에 의한 해고를 포함하여 사용자가 근로자를 해고하려면 적어도 30일 전에 예고를 하여야 하고, 30일 전에 예고를 하지 아니하였을 때에는 30일분 이상의 통상임금을 지급하여야 합니다.

98

근로자직업능력개발법상 직업능력개발훈련의 기본원칙이 아닌 것은?

① 근로자의 고용안정 촉진 및 고용평등의 증진을 위해 실시되어야 한다.
② 민간의 자율과 창의성이 존중되도록 하여야 한다.
③ 모든 근로자에게 균등한 기회가 보장되도록 하여야 한다.
④ 근로자 개인의 희망·적성·능력에 맞게 근로자의 생애에 걸쳐 체계적으로 실시되어야 한다.

만점해설

② 직업능력개발훈련은 민간의 자율과 창의성이 존중되도록 하여야 하며, 노사의 참여와 협력을 바탕으로 실시되어야 한다(근로자직업능력개발법 제3조 제2항).
③ 직업능력개발훈련은 근로자의 성별, 연령, 신체적 조건, 고용형태, 신앙 또는 사회적 신분 등에 따라 차별하여 실시되어서는 아니 되며, 모든 근로자에게 균등한 기회가 보장되도록 하여야 한다(동법 제3조 제3항).
④ 직업능력개발훈련은 근로자 개인의 희망·적성·능력에 맞게 근로자의 생애에 걸쳐 체계적으로 실시되어야 한다(동법 제3조 제1항).

전문가의 한마디

고용정책기본법 제5조(근로자 및 사업주 등의 책임과 의무)는 근로자의 고용안정 촉진 및 고용평등의 증진 등을 위한 사업주의 노력의무와 함께 노동조합과 사업주 단체의 협조의무를 규정하고 있습니다.

99

파견근로자 보호 등에 관한 법률에서 사용하는 용어의 정의로 틀린 것은?

① '근로자파견'이라 함은 파견사업주가 근로자를 고용한 후 그 고용관계를 유지하면서 근로자파견계약의 내용에 따라 사용사업주의 지휘·명령을 받아 사용사업주를 위한 근로에 종사하게 하는 것을 말한다.
② '근로자파견계약'이라 함은 파견사업주와 파견근로자 간에 약정하는 계약을 말한다.
③ '파견사업주'라 함은 근로자파견사업을 행하는 자를 말한다.
④ '사용사업주'라 함은 근로자파견계약에 의하여 파견근로자를 사용하는 자를 말한다.

알찬해설

② '근로자파견계약'이란 파견사업주와 사용사업주 간에 근로자파견을 약정하는 계약을 말한다(파견근로자 보호 등에 관한 법률 제2조 제6호).
① 동법 제2조 제1호
③ 동법 제2조 제3호
④ 동법 제2조 제4호

전문가의 한마디

근로자파견은 파견사업주, 사용사업주, 파견근로자의 3자 관계로 구성되며, 파견사업주와 사용사업주 간에는 '근로자파견계약' 관계가, 파견사업주와 파견근로자 간에는 '고용계약' 관계가, 그리고 사용사업주와 파견근로자 간에는 '지휘명령' 관계가 존재하게 됩니다.

100

근로기준법상 우선 재고용에 관한 설명으로 옳은 것은?

① 경영상의 해고와 징계해고를 당한 근로자에 게도 적용된다.
② 사용자가 해고 당시 담당한 업무와 다른 업무 에 근로자를 채용하는 경우 적용된다.
③ 해고된 날로부터 3년 이내에 사용자가 채용 하는 경우라는 시기적 제한이 있다.
④ 해고된 근로자의 의사에 관계없이 사용자는 재고용을 해야 한다.

알찬 해설

우선 재고용(근로기준법 제25조 제1항)
① 경영상 이유에 의해 근로자를 해고한 사용자는 ③ 근로자를 해고한 날부터 3년 이내에 해고된 근로자가 ② 해고 당시 담당하였던 업무와 같은 업무를 할 근로자를 채용하려고 할 경우 ④ 해고된 근로자가 원하면 그 근로자를 우선적으로 고용하여야 한다.

전문가 의 한마디

근로기준법상 경영상 이유에 의한 해고, 즉 '정리해고'는 '징계해고'나 '통상해고'와는 다릅니다. 이와 관련하여 2017년 2회 85번의 '전문가의 한마디'를 살펴보시기 바랍니다.

제1과목 **고급직업상담학**

01
직업상담 시 내담자가 보이는 '불확실함'과 관련된 정서만을 가장 적절하게 제시한 것은?

① 당황한, 혼란한, 의혹의, 모호한, 성가신
② 당황한, 걱정한, 가식의, 미결정한, 무력한
③ 놀라운, 환멸의, 좌절한, 의심스러운, 불확실한
④ 혼합된, 위험한, 낙심의, 절망의, 가식의, 당황한

알찬해설

상담에서 사용되는 정서 관련 단어들

정 서	관련 단어
행 복	흥분된, 스릴의, 기쁨의, 행복한, 쾌활한, 즐거운, 만족한, 조용한 등
슬 픔	절망의, 우울한, 낙심의, 당황한, 환멸의, 외로운, 실망한, 좌절한 등
공 포	당황한, 공포의, 근심의, 걱정한, 긴장의, 불안의, 위협의, 신경질적인 등
불확실	당황한, 혼란한, 가식의, 혼합된, 의혹의, 모호한, 미결정한, 성가신 등
분 노	난폭한, 적대적, 격노한, 보복적인, 공격적인, 짜증난, 당황한, 성가신 등
강함/잠재력	강력한, 권위적, 강압적, 유력한, 용감한, 확신의, 확고한, 강한 등
약함/부적절	부끄러운, 취약한, 무력한, 귀찮은, 무능한, 흔들리는, 암전한, 약한 등

전문가의 한마디

정서 관련 단어들이 특정 정서에 국한되어 사용되는 것은 아닙니다. 예를 들어, '당황한'은 슬픔, 공포, 불확실, 분노에서도 나타납니다.

02
진로탐색 프로그램에 포함해야 할 내용과 가장 거리가 먼 것은?

① 자신의 희망직업을 알아본다.
② 직업정보를 수집한다.
③ 직업의 위신과 가치를 알아본다.
④ 자신의 능력과 적성을 알아본다.

알찬해설

진로탐색 프로그램의 구체적인 과정
- 제1단계 : 희망직업 목록 작성
- 제2단계 : 희망직업 목록 확장
- 제3단계 : 희망, 관심 조사
- 제4단계 : 희망직업 계속 탐색
- 제5단계 : 흥미검사 결과 평가
- 제6단계 : 직업정보 수집
- 제7단계 : 희망직업 분류
- 제8단계 : 직업 탐색과정 검토
- 제9단계 : 가치관과 직업의 탐색
- 제10단계 : 능력과 적성에 의한 희망직업 검토
- 제11단계 : 교육투자에 의한 희망직업 검토
- 제12단계 : 5개의 희망직업 선정
- 제13단계 : 면담 실시
- 제14단계 : 3개의 희망직업 선정
- 제15단계 : 최적 희망직업 결정

전문가의 한마디

총 15단계에 이르는 진로탐색 프로그램의 구체적인 과정은 크게 두 과정, 즉 자신의 마음에 드는 직업을 찾아서 그것을 희망직업 목록에 첨가해 가는 과정, 그리고 희망직업 목록의 직업 중 자신과 맞지 않는 것들을 삭제해 나가는 과정으로 구분할 수 있습니다.

03

해결중심 상담에서 동기수준에 따라 분류한 내담자의 유형에 관한 설명으로 옳은 것은?

① 해결중심 상담에서는 방문자, 불평자, 실험자, 고객 등 4가지 유형으로 구분한다.
② 방문자는 내담자 유형 중 상담에 대한 동기가 가장 높은 사람들을 지칭한다.
③ 불평자란 상담서비스에 대한 불평보다는 자기 주변의 다른 사람이 문제가 많다고 불평하는 사람이다.
④ 실험자란 여러 종류의 상담을 받으면서 가장 적합한 서비스를 실험을 통해 찾는 사람을 지칭한다.

알찬 해설

해결중심 상담에서 상담자–내담자 관계유형

방문형 (Visitor)	• 흔히 자신의 의사와 상관없이 상담을 받으러 온 비자발적 내담자에게서 주로 나타난다. • 내담자는 문제를 인식하고 있지 않거나, 문제가 자신이 아닌 다른 사람에게 있다고 생각한다. • 내담자는 상담자와 함께 공동으로 문제를 인식하거나 상담의 목표를 발견하기가 어렵다.
불평형 (Com-plainant)	• 상담자와 내담자 간 대화 속에 불평이 있는 경우 혹은 문제를 공동으로 확인하였으나 해결책을 구축해 나가는 데 있어서 내담자의 역할을 확인하지 못한 경우에 나타난다. • 내담자는 대화 속에서 문제와 해결의 필요성에 대해 상세히 설명하지만, 아직 자신을 문제해결의 일부로 보지 않는다. • 내담자는 대체로 문제해결이 자신이 아닌 다른 사람(예 배우자, 부모, 자녀, 친구, 동료 등)의 변화를 통해 이루어질 수 있다고 생각한다.
고객형 (Customer)	• 상담자와 내담자가 문제와 함께 도달하고자 하는 해결책을 공동으로 확인했을 때 이루어진다. • 내담자는 자신을 문제해결의 일부로 생각하면서, 문제해결을 위해 무엇인가 할 의지를 보인다. • 내담자는 상담을 통해 무엇을 이루고자 하는지에 대해 생각해 보았으며, 이를 달성하기 위해 자신의 노력이 필수적임을 잘 알고 있다.

전문가의 한마디

스티브 드 세이저(Steve de Shazer)와 인수 김 버그(Insoo Kim Berg)는 해결중심 상담에서 내담자의 관계유형을 '방문형(Visitor)', '불평형(Complainant)', '고객형(Customer)'으로 구분하였습니다.

04

직업상담에서 활용하는 직업카드분류에 관한 설명으로 틀린 것은?

① 다른 심리검사에 비해 유대감을 이루는 데 큰 도움이 된다.
② 카드의 수는 카드가 제공하는 정보의 양에 따라 다양할 수 있다.
③ 표준화된 흥미검사와 같은 수준의 정보를 얻을 수 있는 또 다른 방법이다.
④ 내담자가 다양한 종류의 주제, 아이디어, 가치, 느낌 등에 따라 직업 제목을 분류하는 활동이 가능하다.

만점 해설

③ 표준화된 흥미검사는 내담자가 제한적으로 반응하도록 구성되어 있는 반면, 직업카드분류는 내담자의 선택과 표현이 자유롭다. 따라서 직업카드분류는 표준화된 흥미검사에 비해 내담자의 여러 특징에 대한 의미 있는 정보를 얻을 수 있다.

전문가의 한마디

직업카드분류는 기존의 표준화 검사로 대표되는 표준화 평가, 전통적 평가, 객관적 평가와 대비되는 질적 평가, 대안적 평가, 자기 평가의 영역에 속합니다.

05

자신이 받아들이기 어려운 느낌, 생각, 충동 등을 무의식적으로 타인에게 귀인시킴으로써 자신을 보호하는 자아 방어기제는?

① 억 압
② 부 정
③ 투 사
④ 치 환

만점해설

① 억압(Repression)은 죄의식이나 괴로운 경험, 수치스러운 생각을 의식에서 무의식으로 밀어내는 것으로서 선택적인 망각을 의미한다.
② 부정 또는 부인(Denial)은 감당하기 어려운 고통이나 욕구를 무의식적으로 부정하는 것이다.
④ 치환 또는 전치(Displacement)는 자신이 어떤 대상에 대해 느낀 감정을 보다 덜 위협적인 다른 대상에게 표출하는 것이다.

전문가의 한마디

투사(Projection)는 자신의 심리적 속성이 타인에게 있는 것처럼 생각하고 행동하는 것입니다. 자기가 화가 난 것을 의식하지 못한 채 상대방이 자기에게 화를 낸다고 생각하는 경우를 예로 들 수 있습니다.

06

발달적 직업상담이론에 관한 설명으로 옳은 것은?

① 역할연기, 대화연습, 과장해서 표현하기 등의 상담기법을 사용한다.
② 직업선택의 과정은 결정이 이루어지는 성인기에 시작되어 은퇴할 때까지 계속된다.
③ 직업선택의 과정은 아동기에서 시작하여 은퇴할 때까지 계속되는 연속적 과정이다.
④ 내담자의 진로발달에 초점을 맞추지만 일반적 발달에는 관심이 없다.

만점해설

② · ③ 수퍼(Super)는 직업선택의 과정을 아동기에서 시작하여 일의 세계를 은퇴할 때까지 계속되는 연속적 과정으로 보았으며, 따라서 개인의 과거와 현재는 물론 미래까지 동시에 고려해야 한다고 강조하였다.
① 형태주의 상담(게슈탈트 상담)의 상담기법에 해당한다.
④ 발달적 직업상담은 내담자의 진로발달과 일반적 발달 모두를 향상시키는 것을 목표로 한다.

전문가의 한마디

발달적 직업상담은 직업상담을 통한 내담자의 직업적응 향상이 일상생활에서의 전반적인 적응에도 긍정적인 효과를 가져올 것으로 기대합니다.

07

다음에서 설명하고 있는 것은?

> 인간중심적 상담의 기법 중 내담자를 구별하거나
> 비교하거나 선택하는 과정으로 평가 · 판단하지
> 않고, 내담자가 나타내는 어떤 감정이나 행동특성
> 들을 있는 그대로 수용하여 존중하는 상담자의 태
> 도를 말한다.

① 공감적 이해
② 무조건적 긍정적 존중
③ 진솔한 태도
④ 직면하기

알찬 해설

인간중심적 상담관계의 핵심이 되는 상담자의 태도

- 일치성과 진실성 : 상담자가 내담자와의 관계에서 순
  간순간 경험하는 자신의 감정과 태도를 있는 그대로
  솔직하게 인정하고, 경우에 따라 솔직하게 표현하는
  것이다.
- 공감적 이해 : 상담 과정에서 상담자와 내담자가 상호
  작용하는 동안에 발생하는 내담자의 경험과 감정들은
  물론 그 순간순간에 내담자가 갖는 의미를 상담자가
  민감하고 정확하게 이해하려고 노력하는 것이다.
- 무조건적 긍정적 관심 또는 존중 : 상담관계에서 내담
  자를 구별하거나 비교하거나 선택하는 과정으로 평
  가 · 판단하지 않고, 내담자가 나타내는 어떤 감정이
  나 행동특성들을 있는 그대로 수용하여 존중하는 것
  이다.

전문가의 한마디

인간중심적 상담(내담자중심 상담)에서 상담자가 갖추
어야 할 태도는 교재마다 약간씩 다르게 제시되고 있으
나 내용상 큰 차이는 없습니다. 로저스(Rogers)는 상담
자가 진실하고 솔직하며 인간적 존중과 공감적 이해의
태도를 내담자에게 전달하여 신뢰할 만하고 수용적인
분위기를 조성할 때 내담자의 성장 잠재력이 발현된다
고 보았습니다.

08

Harren의 의사결정 유형 특징 중 합리적인 유형
의 특징으로만 짝지은 것은?

> ㄱ. 의사결정 과정에서 뚜렷한 목표를 가지고 있다.
> ㄴ. 의사결정의 과정에서 중요한 타인의 의견을
>   필요로 한다.
> ㄷ. 직관적인 생각과 느낌이 의사결정 과정에 중
>   요한 영향을 미친다.
> ㄹ. 목표를 달성하는 데는 여러 가지 대안이 있음
>   을 알고 있다.
> ㅁ. 여러 대안 중 순위를 배정하기 위한 지침이나
>   규칙이 있음을 믿고 있다.

① ㄱ, ㄷ, ㅁ
② ㄱ, ㄹ, ㅁ
③ ㄴ, ㄷ, ㄹ
④ ㄴ, ㄹ, ㅁ

알찬 해설

하렌(Harren)의 의사결정 유형(양식)

합리적 유형 (Rational Style)	• 자신과 상황에 대해 정확한 정보를 수집하고, 신중하면서 논리적으로 의사결정을 수행해 나가며, 의사결정에 대한 책임을 자신이 진다. • 의사결정 과업에 대해 논리적이고 체계적으로 접근하며, 결정에 대한 책임을 수용하는 유형이다.
직관적 유형 (Intuitive Style)	• 의사결정의 기초로 상상을 사용하며, 현재의 감정에 주의를 기울이면서 정서적 자각을 사용한다. • 개인 내적인 감정적 상태에 따라 의사결정을 내리는 유형으로, 결정에 대한 책임은 수용하지만 미래에 대한 논리적 예견이나 정보수집을 위한 활동을 거의 하지 않는다.
의존적 유형 (Dependent Style)	• 합리적 유형 및 직관적 유형과 달리 의사결정에 대한 개인적 책임을 부정하고 그 책임을 외부로 돌리는 경향이 있다. • 의사결정 과정에서 타인의 영향을 많이 받고 수동적 · 순종적이며, 사회적 인정에 대한 욕구가 높은 유형이다.

전문가의 한마디

문제의 보기에서 'ㄴ'은 의존적 유형, 'ㄷ'은 직관적 유형
의 특징에 해당합니다.

09

Carl Rogers가 제시한 '충분히 기능하는 인간'의 내용에 해당하지 않는 것은?

① 경험에 대해 보다 개방적이다.
② 성장을 기꺼이 지속하려 한다.
③ 자신을 신뢰한다.
④ 도덕적 의무감에 따라 행동과 결과에 따른 책임을 진다.

알찬해설

충분히(완전히) 기능하는 인간(Fully Functioning Person)의 특징

- 경험에 대해 보다 개방적이다.
- 자신을 신뢰한다.
- 내적 기준에서 평가할 수 있다.
- 성장을 기꺼이 지속하려고 한다.

전문가의 한마디

충분히(완전히) 기능하는 인간의 특징은 교재에 따라 약간씩 다르게 제시되고 있으나 내용상 큰 차이는 없습니다. 참고로 '한재희, 「상담 패러다임의 이론과 실제」, 교육아카데미 刊'에서는 '경험에 대한 개방성', '실존적인 삶', '자신의 유기체에 대한 신뢰', '자유 의식', '창조성'을 그 특징으로 제시하고 있습니다.

10

프로그램 개발 및 평가 과정에 대한 설명으로 틀린 것은?

① 새롭게 개발된 프로그램의 효과를 증진시키기 위해 프로그램이 완성되기 전에 실시되는 평가를 형성평가라고 한다.
② 요소연구란 프로그램을 개발, 개선하기 위해 프로그램 내에서 식별 가능한 최소의 내용단위 또는 과정단위나 그 조합의 효과성을 목표에 비추어 검증하는 절차이다.
③ 프로그램 개발 과정에서 대체로 요구사정이 가장 먼저 실시된다.
④ 개별 프로그램의 효과를 평가하기 위해서 가장 강력한 연구설계방식은 메타분석방법이다.

만점해설

④ 메타분석(Meta-analysis)은 개별 연구결과들을 종합할 목적으로 다수의 개별적 연구결과들을 통계적 방법을 사용하여 분석하는 방법이다. 프로그램 개발 및 평가에서 개별 프로그램들이 서로 상이한 효과들을 나타내 보이는 경우 그에 대해 보다 신뢰롭고 타당한 결론을 내리기 위해 사용한다.

전문가의 한마디

메타분석은 개별 연구결과들을 종합하여 효과의 크기의 평균치를 계산함으로써 단일 연구결과에서 계산하는 효과의 크기보다 더욱 신뢰할만한 결론을 도출할 수 있습니다.

2016

11

상담에서의 질문에 대한 설명으로 틀린 것은?

① 질문은 구체적으로 한다.
② "왜"라는 질문은 가능한 피한다.
③ 질문이 필요할 때는 폐쇄질문이 효과적이다.
④ 이중질문은 피한다.

만점 해설

③ 상담에서는 내담자로부터 제한적인 정보를 명확하게
하기 위한 경우를 제외하고는 주로 개방형 질문이 효
과적으로 사용된다.

전문가의 한마디

폐쇄형 질문은 상담 초기 단계에서 사실적인 정보를 탐
색하기 위해 사용되는데, 자주 사용할 경우 내담자에게
권위적인 인상을 주거나 관심이 적은 인상을 줄 수 있으
며, 대화가 자연스럽지 않고 단절될 위험이 있습니다.

12

인지정서행동 상담(REBT) 과정에서 비합리적 사
고를 판단하는 기준과 가장 거리가 먼 것은?

① 부정적 정서 유발
② 경험적 일치성
③ 논리성의 여부
④ 실용적 가치

알찬 해설

합리적 사고와 비합리적 사고의 주요 판단 기준

구 분	합리적 사고	비합리적 사고
논리성 (논리적 일치성)	논리적으로 모순이 없다.	논리적으로 모순이 있다.
현실성 (경험적 일치성)	경험적 현실과 일치한다.	경험적 현실과 일치하지 않는다.
실용성 (실용적 가치)	삶의 목적 달성에 도움이 된다.	삶의 목적 달성에 방해가 된다.

전문가의 한마디

논리성, 현실성, 실용성 외에 융통성(→ 융통성 여부), 파
급효과(→ 정서 및 행동에 미치는 영향) 등을 합리적 사고
와 비합리적 사고의 판단 기준에 포함시키기도 합니다.

13

생애기술 상담에서 개인에게 요구되는 생애기술이 아닌 것은?

① 반응성
② 실재성
③ 관계성
④ 책임성

알찬 해설

생애기술 상담에서 개인에게 요구되는 생애기술

- 반응성(Responsiveness) : 실존적 인식, 감정 인식, 내적 동기 인식 등을 포함한다.
- 실재성(Realism) : 대처적 자기진술과 이미지 작업과 연관된다.
- 관계성(Relating) : 노출하기, 경청하기, 관심 기울이기, 자기주장하기, 분노 조절하기, 관계성 문제 해결하기 등을 포함한다.
- 보상적 활동(Rewarding Activity) : 흥미 있는 작업기술, 학업기술, 여가기술의 파악을 비롯하여 신체적 건강기술의 획득을 포함한다.
- 옳고 그름(Right & Wrong) : 한 개인의 즉각적 환경 및 도덕적 삶을 초월하는 사회적 관심과 연관된다.

전문가의 한마디

생애기술 상담 혹은 생애기술 심리치료는 심각한 정서 장애나 정신과적 장애를 가진 사람들보다 일반인들을 대상으로 일상생활의 문제에 대해 교육적인 접근을 펼치는 상담방법입니다. 인본주의적 실존주의의 철학적 기초하에 인간의 발전 가능성과 창조성을 강조하는 한편, 인지행동적 접근을 통해 사고와 행동의 변화를 유도하고, 현재와 미래 생활에 도움이 되는 효과적인 기술들을 습득하도록 돕는 것을 목표로 합니다.

14

행동주의 상담이론의 기법 중 학습촉진기법에 해당하지 않는 것은?

① 강 화
② 반조건형성
③ 대리학습
④ 변별학습

만점 해설

② 반조건형성(Counterconditioning)은 직업결정과 관련하여 내담자의 '말(Talk)'과 '불안'으로 이어지는 '조건-반응'의 연합을 끊기 위해 새로운 조건 자극인 '촉진적 상담관계'를 형성함으로써 내담자의 불안을 감소시키는 불안감소기법이다.

① 강화(Reinforcement)는 상담자가 내담자의 직업선택이나 직업결정 행동에 대해 적절하게 긍정적 반응이나 부정적 반응을 보임으로써 내담자의 바람직한 행동을 강화시키는 학습촉진기법이다.

③ 사회적 모델링과 대리학습(Social Modeling & Vicarious Learning)은 타인의 직업결정 행동에 대한 관찰 및 모방에 의한 학습을 통해 내담자로 하여금 자신의 직업결정 행동을 학습할 수 있도록 하는 학습촉진기법이다.

④ 변별학습(Discrimination Learning)은 직업선택이나 직업결정 능력을 검사나 기타 다른 도구들을 이용하여 살펴보도록 함으로써 내담자로 하여금 자신의 능력과 태도 등을 변별하고 비교해 보도록 하는 학습촉진기법이다.

전문가의 한마디

행동주의 (직업)상담의 학습촉진기법과 불안감소기법은 다음과 같이 구분할 수 있습니다.

학습촉진기법	강화, 변별학습, 사회적 모델링과 대리학습, 행동조성(조형), 토큰경제(상표제도) 등
불안감소기법	체계적 둔감법, 금지조건형성(내적 금지), 반조건형성(역조건형성), 홍수법, 혐오치료, 주장훈련(주장적 훈련), 자기표현훈련 등

15

행동주의적 직업상담 기법 중 사회적 모델링에 관한 설명으로 옳은 것은?

① 타인의 직업결정 행동과 그 결과를 관찰해서 직업결정 행동을 학습하게 한다.
② 내담자의 직업선택 행동에 대하여 정적 또는 부적 반응을 적절하게 보여 주어 내담자의 바람직한 행동을 강화시킨다.
③ 직업결정에 대한 내담자의 말을 무조건적으로 수용하고 부드럽게 대하여 내담자가 편안한 감정을 경험하게 한다.
④ 사회적으로 모범적인 직업선택 모형을 마련하여 집중훈련을 통해서 안내한다.

만점해설

①·④ 사회적 모델링과 대리학습(Social Modeling & Vicarious Learning)은 내담자로 하여금 타인들이 실제 어떻게 직업선택을 하고 있는지를 보여 줌으로써 관찰학습이 이루어지도록 한다.
② 강화(Reinforcement)의 내용에 해당한다.
③ 반조건형성(Counterconditioning)의 내용에 해당한다.

전문가의 한마디

이 문제는 앞선 14번 문제와 연관되므로 함께 학습하시기 바랍니다.

16

집단상담의 기본 전제와 가장 거리가 먼 것은?

① 자기노출은 친밀성을 형성하는 열쇠이다.
② 감정을 표현하는 것은 위험스러운 일이 아니다.
③ 원하는 것을 얻기 위해서는 솔직성이 필요하다.
④ 집단문화는 다문화적이기보다 보편적이어야 한다.

알찬해설

집단상담의 기본 전제

• 위험을 무릅쓰는 행동이 성장과 변화에 반드시 필요하다.
• 감정을 표현하는 것은 위험스러운 일이라기보다는 건강한 일이다.(②)
• 스스로 선택하는 것이 타인의 기준으로 사는 것보다 좋다.
• 자기노출과 약점을 표현하는 것은 집단에서 친밀성과 신뢰성을 형성하는 열쇠이다.(①)
• 독립심과 자율을 위한 노력이 주된 목표이다.
• 원하고 필요로 하는 것을 다른 사람에게 전달하는 데 있어서 솔직성이 필요하다.(③)

전문가의 한마디

집단상담에 있어서 다문화적 인식이 요구되며, 상담자 또한 내담자의 다양한 문화적 배경을 이해하기 위해 노력해야 합니다.

17

다음 중 직업상담에 관한 설명으로 가장 적합한 것은?

① 직업상담 과정에서 최종결정과 선택은 직업상담사의 의견에 따른다.
② 직업상담사는 개인상담의 경우와는 달리 비밀유지의 윤리적 의무가 없다.
③ 특수집단(다문화권자, 장애인, 고령자 등) 구성원들과의 직업상담은 적합하지 않다.
④ 인간관계기술을 훈련시킴으로써 직장에서의 잠재적 갈등을 해결할 수 있도록 돕는다.

알찬 해설

직업상담자의 역할 (출처 : 미국경력개발협회, NCDA)
• 상담 과정을 통해 내담자들로 하여금 인생과 직업의 목표를 명확히 할 수 있도록 돕는다.
• 내담자들의 능력, 흥미, 적성 등을 평가하며, 각 내담자가 선택할 수 있는 직업대안들을 찾기 위해 관련 검사들을 실시하고 해석한다.
• 과제물 이행, 직업계획 작성 등 내담자의 직업에 대한 탐색활동을 장려한다.
• 직업계획시스템이나 직업정보시스템을 활용하여 내담자로 하여금 직업세계에 대해 더 잘 이해할 수 있도록 돕는다.
• 의사결정기술을 향상시킬 수 있는 기회를 제공한다.
• 내담자가 자신의 직업계획을 개발할 수 있도록 돕는다.
• 내담자에게 직업탐색의 전략 및 기술을 가르치며, 스스로 이력서를 작성할 수 있도록 돕는다.
• 인간관계기술을 훈련시킴으로써 직장에서의 잠재적 갈등을 해결할 수 있도록 돕는다.(④)
• 직업과 삶에서의 역할들 간 통합을 이해하고 수용할 수 있도록 돕는다.
• 직무 스트레스, 직무 상실, 직업전환 등으로 인해 낙담한 내담자들을 지지해 준다.

전문가의 한마디

직업상담사가 갖추어야 할 자질 또는 능력으로 "특수집단에 대한 직업상담 지식과 기술"이 포함됩니다. 이와

관련하여 2017년 2회 15번 문제 해설을 살펴보시기 바랍니다.

18

다음 중 인지적 상담에 대한 설명으로 틀린 것은?

① 정신분석적 상담에 비해 단기로 이루어진다.
② 상담의 목표가 구체적이고 명확하다.
③ 개인의 심층적인 사고방식이나 신념체계를 다루므로 효과가 단기적이다.
④ 문제중심적 접근이다.

만점 해설

③ 정신분석적 상담이 무의식과 같은 심층적인 사고에서 비롯되는 문제들의 원인으로서 과거를 강조한다면, 인지적 상담은 구체적인 지금-여기의 인지들이 모델링이나 상상적 기법들과 같은 구체적인 절차들을 통해 변화되는 과정에 주목한다. 이와 같이 인지적 상담은 직접적이고 능동적인 참여로 비교적 단기간의 구조적인 치료 과정을 거치나, 내담자의 인지에 대한 질적 변화를 촉진함으로써 내담자로 하여금 자신의 어려움을 극복하고 더욱 성장할 수 있도록 돕는다.

전문가의 한마디

인지적 상담은 하나의 개별적이고 독자적인 상담 유형이라기보다는 인지적 측면을 강조하는 다양한 접근들의 포괄적인 범주 유형으로 볼 수 있습니다. 예를 들어, 엘리스(Ellis)의 인지 · 정서 · 행동치료(REBT), 벡(Beck)의 인지치료(Cognitive Therapy), 마이켄바움(Meichenbaum)의 인지 · 행동 수정(Cognitive-behavioral Modification), 라자루스(Lazarus)의 중다양식치료(Multimodal Therapy) 등이 인지적 상담의 범주에 포함됩니다.

19

내담자의 진술 중에서 "내 생각이 옳아요", "사람들은 나를 의기소침하게 만들지요", "내가 믿고 있는 것과 정반대지요"와 같은 진술은 전이된 오류 중 어떠한 오류에 해당하는가?

① 정보의 오류
② 한계의 오류
③ 논리적 오류
④ 감정적 오류

알찬 해설

전이된 오류의 유형 중 정보의 오류

이야기 삭제	내담자의 경험을 이야기함에 있어서 중요한 부분이 빠졌을 때 예 내 생각이 옳아요. → 무엇에 대한 생각말인가요?
불확실한 인물의 인용 (사용)	내담자가 명사나 대명사를 잘못 사용했을 때 예 사람들은 나를 의기소침하게 만들지요. → 누가 특히 더 그럴지요?
불분명한 동사의 사용	내담자가 모호한 동사를 사용했을 때 예 내가 믿고 있는 것과 정반대지요. → 어떻게 된 일인지 설명해 보세요.
참고자료 (구체적 진술자료)의 불충분	내담자가 어떤 사람이나 장소, 사건을 이야기할 때 구체적으로 말하지 않는 경우 예 나는 확신할 수가 없어요. → 무엇을 확신할 수 없다는 거죠?
제한된 어투의 사용	내담자가 한계를 표현하는 말을 사용하면서 자기 자신의 세계를 제한하려고 하는 경우 예 나는 이렇게 해야만 해요. → 만약 하지 않는다면 어떻게 되는 건가요?

전문가 의 한마디

'감정적 오류'나 '정의의 오류'는 직업상담에서 발생하는 전이된 오류의 유형에 포함되지 않습니다.

20

체계적 둔감법은 어떤 개념에 근거하여 개발된 기법인가?

① 인지적 조건화
② 고전적 조건화
③ 조작적 조건화
④ 사회적 조건화

알찬 해설

고전적 조건화와 조작적 조건화

고전적 조건화 (고전적 조건 형성)	• 파블로프(Pavlov)에 의해 체계화된 법칙이다. • 인간이나 동물의 무의식적 반응이 자극에 의해 자동적 혹은 수동적으로 조건화되고 학습될 수 있음을 설명한다. • 체계적 둔감법, 근육이완훈련, 반조건형성 등이 고전적 조건화 원리를 이용한다.
조작적 조건화 (조작적 조건 형성)	• 스키너(Skinner)에 의해 체계화된 법칙이다. • 인간이나 동물의 행동이 단순히 제시된 자극에 의해서만 유발되는 것이 아닌 유기체 스스로 자발적 혹은 능동적인 조작행위에 의해 이루어질 수 있음을 설명한다. • 강화, 행동조성(조형), 토큰경제(상표제도) 등이 조작적 조건화 원리를 이용한다.

전문가 의 한마디

고전적 조건화가 외적 자극에 의해 자연적으로 유발된 반응으로서 반응행동을 설명한다면, 조작적 조건화는 외적 자극을 받지 않고도 자발적으로 이루어지는 반응으로서 조작행동을 설명합니다.

제2과목   **고급직업심리학**

21

Holland의 관습적(Conventional) 유형의 직업으로 적합한 것은?

① 항공기조종사
② 공인회계사
③ 교 사
④ 상담사

 알찬해설

홀랜드(Holland)의 직업적 성격모형의 대표적 직업분야

구 분	직업분야
현실형 (Realistic)	기술자, 정비사, 엔지니어, 전기·기계기사, 항공기조종사, 트럭운전사, 조사연구원, 농부, 목수, 운동선수 등
탐구형 (Investiga- tive)	과학자, 생물학자, 화학자, 물리학자, 인류학자, 지질학자, 의료기술자, 의사, 심리학자, 분자공학자 등
예술형 (Artistic)	예술가, 작곡가, 음악가, 무대감독, 작가, 배우, 소설가, 미술가, 무용가, 디자이너 등
사회형 (Social)	사회복지사, 사회사업가, 교육자, 교사, 종교지도자, 상담사(카운슬러), 바텐더, 임상치료사, 간호사, 언어재활사 등
진취형 (Enterpris- ing)	정치가, 사업가, 기업경영인, 판사, 영업사원, 상품구매인, 보험회사원, 판매원, 관리자, 연출가 등
관습형 (Conven- tional)	사서, 사무원, 은행원, 행정관료, 공인회계사, 경리사원, 경제분석가, 세무사, 법무사, 감사원, 안전관리사 등

전문가의 한마디

홀랜드(Holland)의 인성이론에 따른 6가지 직업모형의 각 직업분야는 교재에 따라 약간씩 다르게 제시될 수도 있습니다. 이는 특정 직업을 오로지 하나의 영역에 국한하여 설명하는 것이 사실상 어렵기 때문입니다.

22

다음 사례와 같은 스트레스 관리법은?

> 서비스 조직에서 무례한 고객 때문에 나는 화가 많이 났다. 이 스트레스를 벗어나기 위하여 나는 고객이 왜 그런 무례한 행동을 했는지에 대해서 심사숙고하였다. 결국 나는 고객의 행동이 내 책임이 아니라 고객 자신의 성격 때문이라고 결론을 내렸다.

① 감정이입법
② 감정왜곡법
③ 인지재구성
④ 분노관리법

 알찬해설

인지재구성(Cognitive Restructuring or Reframing)

• '상황에 대한 재정의(Situational Redefinition)'라고도 부르는 것으로, 상황을 다시 구성하여 스트레스를 받지 않는 방향으로 생각을 바꾸는 것이다.

• 어떤 사건을 다양한 관점에서 바라보는 것으로, 이를 통해 보다 자유롭게 새로운 해결책을 가지고 당면한 문제를 재검토하게 된다.

전문가의 한마디

이 문제는 앞선 2020년 4회 필기시험(31번)에 출제된 바 있습니다.

23

Tiedeman의 진로발달이론에 관한 설명으로 틀린 것은?

① 자아정체감이 발달할 때 진로에 적합한 의사결정 능력도 개발된다.
② 자기발달에 역점을 두면서 개인의 전체적인 인지발달과 의사결정을 강조한다.
③ 어떤 직업의 계속된 수용이나 거부 등으로 자신의 의사를 분명히 표현하는 것이 직업선택에서 중요하다.
④ 생애진로이론을 지지한다.

만점해설

③ 어떤 직업을 인식하고 계속된 수용이나 거부 등으로 자기를 비교해 보는 것만이 진로선택의 중요한 결정요인이라 주장한 것은 홀랜드(Holland)의 인성이론이다. 홀랜드는 직업선호와 자신의 견해를 합치시키는 것을 '직업적 성격유형(Vocational Personality Type)'이라 하였다.

전문가의 한마디

타이드만과 오하라(Tiedeman & O'Hara)는 진로발달을 직업정체감(Vocational Identify)을 형성해 가는 과정으로 보았습니다. 개인은 분화(Differentiation)와 통합(Integration)의 과정을 거치면서 자아정체감을 형성해 가며, 그와 같은 자아정체감은 직업정체감 형성에 중요한 기초요인이 됩니다.

24

두 변인 간 상관의 정도에 영향을 미치는 요인이 아닌 것은?

① 범위의 축소
② 단위의 변경
③ 집단의 구분
④ 극단값

만점해설

② 두 변인 간 상관의 정도는 '−1'에서 '+1' 사이의 값으로 변환된 상관계수(Correlation Coefficient)를 통해 나타낸다. 이러한 상관계수는 두 변인 사이의 관련된 정도를 나타내는 것일 뿐, 측정단위의 변경에 의해 영향을 받지 않는다.

전문가의 한마디

상관계수는 한 변인이 변해감에 따라 다른 변인이 얼마만큼 함께 변하는가를 보여주는 것이므로 단위와 아무런 관련이 없습니다. 예를 들어, 키 180cm를 1.8m 또는 1,800mm로 바꾸어도 상관계수에는 아무런 영향을 미치지 않습니다. 또한 두 변인을 서로 바꾸어도 상관계수의 값은 동일합니다. 예를 들어, 키와 몸무게의 상관계수는 몸무게와 키의 상관계수와 동일합니다.

25

진로발달이론 중 인지적 정보처리이론의 주요 전제에 해당되지 않는 것은?

① 진로선택에서는 개인의 가치부여가 개입되어서는 안 된다.
② 진로를 선택하는 것은 일종의 문제해결 과정이다.
③ 진로문제 해결은 고도의 기억력을 요구하는 과제이다.
④ 진로발달은 지식구조의 끊임없는 변화를 포함한다.

알찬 해설

인지적 정보처리이론의 주요 전제

• 진로선택은 인지적 및 정의적 과정들의 상호작용의 결과이다.
• 진로를 선택하는 것은 일종의 문제해결 과정(활동)이다.(②)
• 진로문제 해결자의 잠재력은 지식뿐만 아니라 인지적 조작의 가용성에 달려있다.
• 진로문제 해결은 고도의 기억력을 요구하는 과제이다.(③)
• 동기의 근원을 앎으로써 자신을 이해하고 만족스런 진로선택을 하려는 욕망을 갖게 된다.
• 진로발달은 지식구조의 끊임없는 변화를 포함한다.(④)
• 진로정체성은 자기를 얼마나 아느냐에 달려있다.
• 진로성숙은 진로문제를 해결할 수 있는 개인의 능력에 달려있다.
• 진로상담의 최종목표는 정보처리 기술의 신장을 촉진함으로써 달성된다.
• 진로상담의 최종목표는 진로문제 해결자이자 의사결정자인 내담자의 잠재력을 증진시키는 데 있다.

전문가의 한마디

인지적 정보처리이론의 주요 전제는 진로개입의 주요 책략들이 학습기회를 제공함으로써 개인의 처리능력을 발전시킬 수 있다는 점을 강조합니다.

26

직무수행평가에서 행동기준 평정척도에 관한 설명으로 틀린 것은?

① 중대사건법과 평정척도법을 혼합한 것이다.
② 수행은 척도상에 평정되지만 척도점들에 행동적 사건들이 제시되어 있다.
③ 평가자는 일정기간 동안 종업원을 관찰하고, 중대사건의 빈도를 평정한다.
④ 중요사건들이 해당 차원에서 얼마나 효과적인지를 척도상에 평정한다.

만점 해설

③ 행동관찰척도(BOS ; Behavioral Observation Scales)의 특징에 해당한다.

행동기준 평정척도와 행동관찰척도

행동기준 평정척도 (BARS)	• 직무를 수행함에 있어서 어떤 중요사건에서 반드시 행해야 하는 행동을 기록해 두었다가, 이를 바람직한 행동에서 바람직하지 못한 행동까지 몇 개의 등급으로 구분된 척도로써 평가하는 방식이다. • 중요사건에서 추출된 행동이 척도로 구분되어 있고, 피평가자가 수행하리라 기대되는 정도를 평가받게 된다.
행동관찰 척도 (BOS)	• 평가설계 시 업무수행 행위의 모습 중 하나를 선택하는 것이 아니라, 직무성과 달성을 위해 요구되는 행동의 빈도를 몇 단계 척도로써 측정하는 방식이다. • 평가자들이 평소 종업원들의 행동을 관찰하여 얼마나 자주 발생하는 일인지를 기록해 둠으로써 중요한 사건들에서 피평가자의 행동을 평가하게 된다.

전문가의 한마디

행동기준 평정척도(Behaviorally Anchored Rating Scales)와 행동관찰척도(Behavioral Observation Scales)는 서스톤(Thurstone) 접근법과 리커트(Likert) 접근법의 차이와 유사합니다. 행동기준 평정척도(BARS)의 경우 척도점들에 행동적 사건들이 제시되는 반면, 행동관찰척도(BOS)의 경우 척도상 행위의 빈도가 5점 척도로 제시됩니다.

행동기준 평정척도(BARS)의 예 - 업무수행의 의지와 욕구

7 ┌ 자신의 업무를 마친 후 자발적으로 다른 사람의
: │ 일을 도울 것으로 기대된다.
1 └ 남들보다 일을 빠르고 능숙하게 수행하는 동료를
　　 비판할 것으로 기대된다.

행동관찰척도(BOS)의 예 - 변화관리

(1) 종업원에게 변화의 내용을 상세히 설명한다.

거의 안 한다	1	2	3	4	5	항상 그렇다

:

27

다음 중 부적 강화의 예로 가장 적합한 것은?

① 수강생이 조용한 학습태도를 보일 때 칭찬해 준다.
② 수강생이 계속 떠들면, 강의실 뒤의 의자에 혼자 뒤돌아 앉아 있게 한다.
③ 교실에서 조용히 하지 않으면, 학생에게서 상으로 받은 스티커를 회수한다.
④ 어머니의 계속되는 잔소리가 듣기 싫어서 학생이 책상에 앉아서 공부를 한다.

만점해설

① 바람직한 행동을 할 때마다 보상을 주어 그 행동을 강화시키는 것은 정적 강화(Positive Reinforcement)에 해당한다.
② 문제행동을 중지시킬 목적으로 문제가 일어나는 상황으로부터 내담자를 일정시간 분리시키는 것은 타임아웃(Time-out)에 해당한다.
③ 내담자가 바람직한 행동을 했을 때 토큰을 나누어 주거나 바람직하지 못한 행동을 했을 때 토큰을 회수하는 것은 토큰경제(Token Economy)에 해당한다.

전문가의 한마디

잔소리는 부적 강화물의 한 예로 볼 수 있습니다. 만약 학생이 컴퓨터게임을 하다가 어머니의 계속되는 잔소리가 듣기 싫어서 컴퓨터를 끄고 책상에 앉아서 공부를 시작하자 어머니가 그때까지 계속하던 잔소리를 멈춘다면, 학생이 책상에 앉아서 공부할 가능성은 증가하게 됩니다. 결국 불쾌 자극(예 잔소리)을 제거하여 바람직한 반응(예 공부)의 확률을 높인 것입니다.

28

다음 중 작업동기의 3가지 구성요소에 해당하지 않는 것은?

① 기 대
② 방 향
③ 강 도
④ 지속기간

알찬해설

작업동기의 중요 구성요소

• 방향(Direction) : 어떤 활동에 노력을 기울일지에 대한 선택을 의미한다.
• 강도(Intensity) : 선택한 활동에 노력을 기울이는 정도를 의미한다.
• 지속기간(Duration) : 동기가 얼마 동안이나 지속되는지를 의미한다.

전문가의 한마디

2016년 2회 필기시험(34번)에서는 '의도(Intention)'를 문제의 틀린 지문으로 제시한 바 있습니다.

29

최대수행검사에 해당되는 것은?

① 성격검사   ② 흥미검사
③ 직업적성검사   ④ 구직욕구검사

알찬 해설

최대수행검사와 습관적(전형적) 수행검사의 주요 종류

최대수행검사	지능검사, 적성검사, 성취도검사, 사고능력검사, 인지능력검사, 심리언어검사, 장애진단검사 등
습관적(전형적) 수행검사	성격검사, 흥미검사, 태도검사, 적응검사, 동기검사, 구직욕구검사, 인지양식검사, 작업환경검사 등

전문가의 한마디

최대수행검사는 능력을 재는 검사이므로 '성능검사'에 해당하는 반면, 습관적(전형적) 수행검사는 일상생활에서 나타나는 개인의 습관적(전형적) 행동을 사정하는 검사이므로 '성향검사'에 해당합니다.

30

직무평가(Job Evaluation)의 목적으로 가장 적합한 것은?

① 정상적인 임금격차 확립
② 합리적 선발, 고용, 배치
③ 교육훈련
④ 직무설계

만점 해설

① 직무평가의 목적은 조직 내에서 직무들의 내용과 성질을 고려하여 직무들 간의 상대적인 가치를 결정함으로써 여러 직무들에 대해 서로 다른 임금수준을 결정하는 데 있다.
② · ③ · ④ 직무분석 결과로부터 얻은 정보의 활용용도에 해당한다.

전문가의 한마디

직무분석(Job Analysis)의 목적은 해당 직무에서 어떤 활동이 이루어지고 작업조건이 어떠한지를 기술하고, 직무를 수행하는 사람에게 요구되는 지식, 기술, 능력 등의 정보를 활용하는 데 있습니다.

31

직업적응이론에 관한 설명으로 틀린 것은?

① 직무만족을 위한 개인과 환경 간의 상호작용을 중시한다.
② 직업적응과 관련된 다양한 검사도구가 잘 개발되어 있다.
③ 직업적응은 개인이 주어진 환경에 맞추어 가는 과정이다.
④ 강화요인은 대체적으로 개인을 둘러싸고 있는 환경으로부터 제공받는다.

알찬 해설

직업적응이론(TWA ; Theory of Work Adjustment)
- 직업적응은 개인이 직업환경과 조화를 이루어 만족하고 유지하도록 노력하는 역동적인 과정이다.
- 직업적응이론은 개인의 욕구와 능력을 직업환경에서의 요구사항과 연관지어 직무만족이나 직무유지 등의 진로행동에 대해 설명한다.
- 개인과 직업환경은 서로가 원하는 것을 충족시켜 줄 때 조화롭다고 할 수 있다. 즉, 개인은 환경이 원하는 기술을 가지고 있고, 직업환경은 개인의 욕구를 충족시켜 줄 강화인을 가지고 있을 때 조화로운 상태가 된다.

전문가의 한마디

이 문제는 앞선 2020년 4회 필기시험(25번)에 출제된 바 있습니다.

32

자기효능감을 3개 문항, 10점 만점으로 구성하여 측정하고 각 문항의 점수를 표준점수(Z)로 환산하였을 때, 환산된 자기효능감의 평균은?

① 0
② 5
③ 10
④ 15

알찬 해설

표준점수(Z점수)
원점수를 평균이 0, 표준편차가 1인 Z분포상의 점수로 변환한 점수이다. 예를 들어, Z점수 0은 원점수가 정확히 평균값에 위치한다는 의미이며, Z점수 −1.5는 원점수가 참조집단의 평균으로부터 하위 1.5표준편차만큼 떨어져 있다는 것이다.

전문가의 한마디

이 문제는 표준점수로서 Z점수의 특징에 관한 문제로 볼 수 있습니다. 원점수를 표준점수(Z)로 환산하였을 때 표준점수(Z)의 평균은 항상 '0'이 되고, 표준편차는 항상 '1'이 됩니다. 이와 같은 특징으로 측정방법을 달리한 여러 가지 분포의 측정치들을 서로 비교할 수 있는 것입니다.

33

Levinson의 경력개발이론에 관한 설명으로 틀린 것은?

① 생애 단계를 성인 이전, 성인 초기, 성인 중기, 성인 후기 단계로 구분하였다.
② 각 단계는 안정시기와 변환시기로 구성된다.
③ 여성은 성인 초기에 가정과 경력개발 간의 갈등을 겪게 된다고 주장했다.
④ 성인 경력을 이해하는 데는 친밀, 생산, 자아통합이 중요한 주제라고 했다.

만점 해설

④ 에릭슨(Erikson)의 심리사회성 발달이론의 특징에 해당한다. 에릭슨은 심리사회적 발달단계를 제시하면서, 성인의 경력을 이해하는 데 관련되는 세 가지로 친밀, 생산, 자아통합 등을 중요한 발달과제로 강조하였다.
① 레빈슨(Levinson)은 생애 단계를 크게 '성인 이전 또는 전성인기(0~22세)', '성인 초기 또는 성인 전기(17~45세)', '성인 중기(40~65세)', '성인 후기(60세 이후)'의 사계절 또는 4개의 시대로 구분하였다.
② 각 시대는 대략 5년 정도 지속되는 몇 개의 시기들의 계열로 이루어지며, 각 시기들의 계열은 안정과 변환의 순환원리에 의해 진행된다.
③ 성인 초기는 결혼과 사회생활 속에서 자신의 위치를 결정짓는 직업을 선택해야 하는 시기인데, 특히 이 시기에 여성은 결혼과 직업을 양립하는 가운데서 독자적인 꿈을 실현하는 데 어려움을 겪게 된다.

전문가의 한마디

레빈슨(Levinson)은 생애 단계가 안정과 변환의 시기로 구성된다고 보았는데, 이는 어떤 생애구조도 영원히 바람직한 상태로 남아 있는 것은 아니라는 점을 강조합니다. 개인은 확립된 생애구조에 의문을 제기하고 이를 재평가하며, 자신의 삶에서 변화를 고려하기 위해 대략 5년 정도 지속되는 변환시기를 거치게 됩니다.

34

형평이론에서 불형평을 감소시키는 인지적 방식이 아닌 것은?

① 자신의 투입이나 성과를 왜곡한다.
② 타인의 투입이나 성과를 왜곡한다.
③ 자신의 투입을 변화시킨다.
④ 비교대상을 변경한다.

불형평을 감소시키는 방식

인지적 방식	• 자신의 투입이나 성과를 왜곡한다. • 타인의 투입이나 성과를 왜곡한다. • 비교대상을 변경한다.
행동적 방식	• 자신의 투입을 변화시킨다. • 자신의 성과를 변화시킨다. • 타인이 투입이나 성과를 변화시키도록 한다. • 보다 형평한 직무를 찾기 위해 직무를 그만둔다.

전문가의 한마디

개인이 자신의 투입을 변화시킨다는 것은 과소지급(과소보상)일 때 노력을 감소시키고, 과다지급(과다보상)일 때 노력을 증가시키는 것으로 생각할 수 있습니다.

35

다음에 해당하는 Super의 진로발달단계는?

> • 욕구가 지배적이며 자신의 역할수행을 중시한다.
> • 개인 취향에 따라 목표를 선정한다.
> • 흥미와 욕구보다는 능력을 중시한다.

① 성장기　　　　② 탐색기
③ 확립기　　　　④ 유지기

수퍼(Super)의 진로발달단계 중 성장기(Growth Stage)의 하위단계

환상기 (Fantasy Substage, 4~10세)	• 욕구가 지배적이며, 환상적인 역할수행이 중시된다. • 아동은 호기심을 통해 직업세계를 접하게 되는데, 이때 아동이 관심을 갖게 되는 직업은 현실적인 직업이라기보다는 환상 속에 존재하는 직업이다.
흥미기 (Interest Substage, 11~12세)	• 진로의 목표와 내용을 결정하는 데 있어서 흥미(개인의 취향)가 중요 요인이 된다. • 아동은 관심직업에 대한 보다 구체적인 정보를 수집하며, 이를 통해 일의 세계와 관련된 자신의 이해를 넓혀간다.
능력기 (Capacity Substage, 13~14세)	• 능력을 더욱 중시하며, 직업의 요구조건 또한 고려한다. • 아동은 관심직업의 현실적인 정보를 보다 풍부하게 축적하면서 직업적 성공의 요건으로 능력의 중요성을 인식하게 되며, 직업에 필요한 훈련이나 자격요건 등을 생각하게 된다.

전문가의 한마디

수퍼(Super)의 진로발달단계(직업발달단계)는 다음과 같습니다. 참고로 '시행기'는 탐색기에서 확립기로 넘어가는 과도적 단계로, 수퍼는 그 과정에서 진로선택의 수정이 이루어질 수 있다고 주장하였습니다.

• 성장기(출생~14세) : 환상기(4~10세), 흥미기(11~12세), 능력기(13~14세)
• 탐색기(15~24세) : 잠정기(15~17세), 전환기(18~21세), 시행기(22~24세)
• 확립기(25~44세) : 시행기(25~30세), 안정기(31~44세)
• 유지기(45~64세)
• 쇠퇴기(65세 이후)

36

Jahoda가 제시한 고용이 초래하는 중요한 잠재적 결과에 해당하지 않는 것은?

① 하루 일과에 규칙적인 시간 부여
② 개인의 생활에 목표 및 목적 부여
③ 개인의 지위 및 정체감 획득
④ 여가시간의 활용

고용으로 인한 잠재효과(Jahoda)

- 시간의 구조화 : 일상의 시간을 구조화하도록 해 준다.(①)
- 사회적인 접촉 : 핵가족 밖의 다른 사람들과 접촉하도록 해 준다.
- 공동의 목표 : 개인적인 목표 이상의 것들을 추구하도록 해 준다.(②)
- 사회적 정체감과 지위 : 사회적인 정체감과 지위를 확인시켜 준다.(③)
- 활동성 : 유의미한 정규적 활동을 수행하도록 해 준다.

전문가의 한마디

야호다(Jahoda)의 박탈이론(Deprivation Theory)은 실업을 취업이 제공하는 심리적 이득들이 박탈당하는 것으로 전제합니다. 즉, 취업은 금전적 수입 외에도 몇 가지 잠재적 효과(기능)를 가져다준다는 것입니다.

37

각기 다른 직업에 종사하는 사람들은 서로 다른 성격을 가지며, 이러한 성격의 차이는 어린 시절 부모와의 심리적 관계에서 기인한다고 보는 이론은?

① Roe의 욕구이론
② Holland의 성격유형이론
③ Osipow의 의사결정이론
④ Lent의 사회인지이론

만점해설

① 로(Roe)는 욕구이론을 통해 성격과 직업분류를 통합하고자 하였다. 그는 직업과 기본욕구 만족의 관련성에 대해 논의하면서, 여러 가지 다른 직업에 종사하고 있는 사람들이 각기 다른 욕구를 가지고 있으며, 이러한 욕구의 차이는 어린 시절(12세 이전의 아동기)의 부모-자녀 관계에 기인한다고 주장하였다.
② 홀랜드(Holland)는 개인의 직업적 흥미가 곧 개인의 성격을 반영한다고 주장하면서, 개인의 행동이 그들의 성격에 부합하는 직업환경 특성들 간의 상호작용에 의해 결정된다는 개인-환경 적합성(Person-Environment Fit) 모형을 제시하였다.
③ 오시포(Osipow)는 진로상담과 진로지도에 있어서 의사결정을 핵심적인 요소로 간주하고, 진로결정 상태에 관한 연구를 통해 진로결정척도(CDS ; Career Decision Scale)와 진로미결정척도(CDDQ ; Career Decision-Making Difficulties Questionnaire)를 개발하였다.
④ 렌트(Lent)는 브라운(Brown), 헥케트(Hackett) 등과 함께 진로개발과 관련하여 자기효능감(Self-efficacy)의 개념을 도입함으로써 진로선택에 있어서 개인의 평가와 믿음의 인지적 측면을 강조한 사회인지적 조망을 제안하였다.

전문가의 한마디

이 문제는 앞선 2020년 4회 필기시험(24번)에 출제된 바 있습니다.

38

직무분석의 과정도구(AET)에서 직무요구분석에 해당하지 않는 것은?

① 지각에 대한 요구 ② 결정의 차원
③ 작업대상 ④ 반응·활동의 요구

직무분석의 과정도구(AET)

• 작업체계분석

작업대상	• 재료적 작업대상(재료의 물리적 조건, 특성 등) • 작업대상에 대한 힘과 정보 • 사람, 동물, 작업대상에 대한 계획
장비	• 작업장비(장비, 도구, 기계, 운송수단 등) • 기타 장비
작업환경	• 물리적 환경 • 조직적·사회적 환경 • 보수의 원칙과 방법

• 과제분석
 – 재료적 작업대상 관련 과제
 – 추상적 작업대상 관련 과제
 – 인간 관련 과제
 – 과제의 수와 반복성

• 직무요구분석

지각에 대한 요구	• 지각모형(시각, 청각, 촉각, 후각 등) • 절대적 지각정보의 평가 • 지각의 정확성
결정의 차원	• 결정의 복잡성 • 시간의 압력 • 요구하는 지식
반응·활동의 요구	• 신체동작 • 정지된 작업 • 무거운/가벼운 육체적 작업 • 이동의 격렬함과 운동

전문가의 한마디

'AET'는 'Arbeitswissenschaftliche Erhebungsverfahren zur Tätigkeitsanalyse'의 약자로, 인간공학적 직무분석 과정도구를 의미합니다.

39

다음 논리에 의해서 문제 상황을 제시하고 여러 해결책의 실현 가능성이나 적용 가능성을 평정하도록 하는 검사는?

> 실제 작업상황에서의 문제들은 하나의 정답을 갖지는 않는다. 따라서 여러 대안 중에서 오직 하나만의 정답이 존재하는 것이 아니라 어떤 답은 다른 답보다 단지 실현 가능성이나 적절성이 더 할 뿐이다.

① 주제통각검사
② 상황판단검사
③ 자기보고검사
④ 수행능력평가

상황판단검사(SJT ; Situational Judgment Test)

• 수검자에게 문제의 상황을 제시하고 이에 대한 여러 가지 가능한 해결책의 실현 가능성이나 적용 가능성을 평정하도록 하는 검사이다.
• 선발 장면에서는 지원자들에게 자신이 지원하는 업무 환경에서 접할 수 있는 상황들을 지필이나 시각적인 형태로 제시하여 각 상황에 대한 대안을 선택하게 하는 선발도구로 활용된다.

전문가의 한마디

상황판단검사(SJT)의 지시문 유형은 '행동경향(Behavior Tendency)'과 '지식형(Knowledge)'으로 구분됩니다. 행동경향 지시문은 제시된 상황에서 가장 할 것 같은 행동이나 가장 하지 않을 것 같은 행동을 묻는 유형인 반면, 지식형 지시문은 제시된 상황에서 가장 최선의 대안인지 아니면 최악의 대안인지를 묻는 유형입니다.

2016

40

직무 스트레스의 대처전략 중 직접적 대처에 해당하는 것은?

① 억 압
② 억 제
③ 공격행동
④ 합리화

알찬 해설

직무 스트레스의 대처전략

직접적 대처	• 공격적 행동과 표현 • 태도 및 포부수준의 조절 • 철 수
방어적 대처	• 부정(Denial) • 억압(Repression) • 억제(Suppression) • 합리화(Rationalization) • 반동형성(Reaction Formation) • 투사(Projection) • 퇴행(Regression) • 전위(Displacement) • 승화(Sublimation) • 동일시(Identification) • 주지화(Intellectualization)

전문가의 한마디

직무 스트레스의 대처전략으로서 직접적 대처는 스트레스 상황을 변화시키기 위해 취하는 행동과 연관된 반면, 방어적 대처는 무의식적 갈등을 해소하려는 심리적 반응으로서 방어기제와 연관됩니다. 참고로 억압(Repression)은 의식 속에 존재하는 용납되지 않는 욕구나 충동을 무의식으로 밀어내는 무의식적 정신기제인 반면, 억제(Suppression)는 현재 어떤 갈등이나 욕구가 적절히 다루어질 수 없는 상황에서 이를 적절히 다룰 수 있을 때까지 그에 대한 관심을 보류하고 문제해결을 지연시키는 의식적 혹은 반의식적 정신기제에 해당합니다.

41

한국표준직업분류(2007)에 대한 설명으로 틀린 것은?

① 대분류는 국제 비교성을 위해 국제표준직업분류를 따르기로 원칙을 정하고, 중분류 이하는 우리나라 노동시장 현실을 반영하였다.
② 국제표준직업분류(ISCO-08) 개정 내용을 한국표준직업분류에 반영하고, 우리나라 노동시장의 구조와 조사의 편리성을 고려하여 전문가 및 준전문가(기술공)는 통합하고, 중분류 이하는 직능유형(Skill Specialization)에 보다 중점을 두어 분류하였다.
③ 한국표준직업분류와 고용직업분류 간의 불일치에 따른 문제점 해소를 위해 고용자 수 등을 감안하여 고용직업분류의 소분류 명칭을 일치시켰다.
④ 직업관련 정책수립에 필요한 통계의 생산 및 활용성 제고를 위하여 세분류는 고용자 수가 최소 1,000명 이상인 경우만 설정하였다.

알찬 해설

이 문제는 한국표준직업분류(KSCO)의 개정 전 내용에 해당하므로, 해설의 내용을 간단히 살펴본 후 넘어가도록 한다. 현행 한국표준직업분류(KSCO) 제7차 개정(2018)의 개정 방향은 다음과 같다.

한국표준직업분류(2018)의 개정 방향

• 지난 개정 이후 시간 경과를 고려하여 전면 개정 방식으로 추진하되, 중분류 이하 단위 분류 체계를 중심으로 개정을 추진하였다.
• 국제표준직업분류(ISCO)의 분류 기준, 적용 원칙, 구조 및 부호 체계 등 직업분류 기본 틀은 기존 체계를 유지하였으며, 특히 2007년 7월 개정작업에 이어 국제표준직업분류(ISCO-08) 개정 내용을 추가로 반영하였다.

- 국내 노동시장 직업구조의 변화 특성을 반영하여 전문 기술직의 직무영역 확장 등 지식 정보화 사회 변화상을 반영하고 사회 서비스 일자리 직종을 세분 및 신설하였다. 고용규모 대비 분류항목 수가 적은 사무 및 판매·서비스직 분류는 세분하고 자동화·기계화 진전에 따른 기능직 및 기계 조작직 분류는 통합하였다.
- 관련 분류 간 연계성, 통합성을 제고하고, 직업분류체계의 일관성을 유지하기 위해 2016년 9월 제정·고시된 한국표준교육분류(KSCED)와 2017년 1월 개정·고시된 한국표준산업분류(KSIC)의 내용을 명칭변경, 분류신설 등에 반영하였다. 또한 한국표준직업분류(KSCO)와 특수분류인 고용직업분류(KECO)가 세분류 수준에서 일대일로 연계될 수 있도록 복수연계 항목을 세분하였다.

참고로 문제 출제 당시 정답은 ③으로 발표되었다.

전문가의 한마디

한국표준직업분류(KSCO) 제6차 개정(2007)에서는 한국표준직업분류와 고용직업분류 간의 불일치에 따른 문제점 해소를 위해 고용자 수 등을 감안하여 고용직업분류의 세분류 명칭을 일치시킨 바 있습니다.

42

한국표준직업분류에서 직종 분류를 위한 기능원과 기계 조작원의 직무능력 관계에 대한 설명으로 틀린 것은?

① 기능원은 재료, 도구, 수행하는 일의 순서와 특성 및 최종제품의 용도를 알아야 한다.
② 기능원은 제품 명세서가 바뀌거나, 새로운 제조기법이 도입될 때 이를 적용할 수 있는 직무능력을 갖추고 있어야 한다.
③ 직무능력 형태의 차이를 고려하여 장인(匠人) 및 수공 기예성(技藝性) 직업은 '대분류 7 기능원 및 관련 기능 종사자'로 분류하고 제품의 가공을 위한 기계 지향성(機械 志向性) 직업은 '대분류 8 장치·기계 조작 및 조립 종사자'에 분류한다.
④ 기계 조작원은 복잡한 기계 및 장비의 사용방법이나 기계에 어떤 결함이 발생 시 이를 대체하는 방법을 알아야 한다.

만점해설

② 기능원은 재료, 도구, 수행하는 일의 순서와 특성 및 최종제품의 용도를 알아야 하는 반면에, 기계 조작원은 복잡한 기계 및 장비의 사용방법이나 기계에 어떤 결함이 발생할 때 이를 대체하는 방법을 알아야 한다. 또한 기계 조작원은 제품 명세서가 바뀌거나, 새로운 제조기법이 도입될 때 이를 적용할 수 있는 직무능력을 갖추고 있어야 한다.

전문가의 한마디

하나의 제품이 기능원에 의해 제조되는지 또는 대량 생산기법을 유도하는 기계를 사용해서 제조되는지에 따라 필요로 하는 직무능력에 대단한 영향을 미치므로, 기능원과 기계 조작원의 직무능력 관계를 살펴볼 필요가 있는 것입니다.

43

직업능력지식포털(HRD-Net)에서 제공하는 정보가 아닌 것은?

① 훈련정보
② 국가기술자격정보
③ 구인정보
④ 고용보험통계

알찬 해설

직업훈련포털(HRD-Net) 제공 주요 정보

훈련과정	• 국민내일배움카드 훈련과정 • 디지털 신기술 훈련과정 • K-디지털 크레딧 • 기업 훈련과정 • 일학습병행과정 • 정부부처별 훈련과정 • 유관기관 훈련과정
지원제도	• 정부지원사업안내 • 범부처 신기술 훈련사업 • 정부부처별 지원사업안내 • 법령/서식/규정 • 일학습병행 등
일자리 · 직업 정보	• 구인정보 • 자격정보 • 직업사전 • 학과정보 • NCS 분류체계 등
지식정보센터	• 인재뱅크 • 스타훈련교사 • 훈련기관평가정보 • 훈련/고용통계 등

전문가의 한마디

'HRD-Net'은 과거 '직업능력지식포털⁺'로 불렸으나, 최근에는 '직업훈련포털⁺'로 불리고 있습니다.

44

다음 중 '고용'을 주제로 하는 통계가 아닌 것은?

① 고용형태별근로실태조사
② 산업기술인력수급실태조사
③ 여성관리자패널조사
④ 사업체노동력조사

알찬 해설

이 문제는 통계청의 국가통계포털(KOSIS) 주제별 통계의 개정 전 내용에 해당하므로, 해설의 내용을 간단히 살펴본 후 넘어가도록 한다. 국가통계포털(KOSIS) 주제별 통계는 과거 '고용 · 노동 · 임금'이 '고용 · 임금'으로 변경된 바 있는데, 최근에는 이를 '노동'과 '임금'으로 분리하여 제시하고 있다. 2021년 7월 기준 '노동'을 주제로 하는 통계는 다음과 같다.

- 경제활동인구조사
- 지역별고용조사
- 이민자체류실태및고용조사
- 육아휴직통계
- 고용형태별근로실태조사(①)
- 사업체노동실태현황
- 사업체노동력조사(④)
- 일자리행정통계
- 경력단절여성등의경제활동실태조사
- 노동생산성지수
- 직종별사업체노동력조사
- 장애인구인구직및취업동향
- 장애인경제활동실태조사
- 근로환경조사
- 여성관리자패널조사(③)
- 장애인고용패널조사
- 산업기술인력수급실태조사(②)
- 기업체장애인고용실태조사
- 고용허가제고용동향
- 전국노동조합조직현황
- 고령자고용현황
- 구직급여신청동향
- 장애인의무고용현황
- 산재보험통계
- 임금근로일자리동향행정통계
- 노사분규통계
- 작업환경실태조사
- 산재보험패널조사
- 기업직업훈련실태조사

- 박사인력활동조사
- 사업체기간제근로자현황조사
- 일자리이동통계
- 한국노동패널조사
- 고용보험통계
- 대졸자직업이동경로조사
- 워크넷구인구직및취업동향
- 청년패널조사

참고로 문제 출제 당시 정답은 ④로 발표되었다. '사업체노동력조사'는 과거 '고용 · 노동 · 임금'의 주제별 분류에서 '고용'이 아닌 '노동'을 주제로 하는 통계로 분류되었다.

전문가의 한마디

국가통계포털(KOSIS) 주제별 통계는 수시로 변경되는 경향이 있으므로, 이점 감안하여 학습하시기 바랍니다.

45
한국표준산업분류의 통계단위에서 하나 이상의 산업활동과 관련성이 가장 낮은 것은?

① 기업집단
② 기업체 단위
③ 활동유형 단위
④ 지역 단위

알찬 해설

통계단위 [출처 : 한국표준산업분류(2017)]
'통계단위'란 생산단위의 활동(생산, 재무활동 등)에 관한 통계작성을 위하여 필요한 정보를 수집 또는 분석할 대상이 되는 관찰 또는 분석단위를 말한다. 이러한 통계단위는 생산활동과 장소의 동질성의 차이에 따라 다음과 같이 구분된다.

구 분	하나 이상 장소	단일 장소
하나 이상 산업활동	기업집단 단위	지역 단위
	기업체 단위	
단일 산업활동	활동유형 단위	사업체 단위

전문가의 한마디

한국표준산업분류(KSIC)의 통계단위는 제9차 개정(2008)과 제10차 개정(2017)에서 내용상 별다른 차이가 없습니다. 다만, 제9차 개정의 경우 하나 이상의 장소에서 이루어지는 하나 이상의 산업활동으로 '기업집단'을 제시하였으나, 제10차 개정에서는 이를 '기업집단 단위'로 명시하고 있습니다.

46
워크넷 구인 · 구직 및 취업동향에서 사용하는 용어해설로 틀린 것은?

① 취업건수 – 금월 기간에 워크넷에 취업 등록된 건수
② 제시임금 – 구직자가 구인업체에 요구하는 임금
③ 구인배수 – 신규구인인원÷신규구직자 수
④ 신규구직건수 – 해당 월에 워크넷에 등록된 구직건수

만점 해설

② '제시임금'은 구인자가 구직자에게 제시하는 임금이다. 반면, 구직자가 구인업체에 요구하는(희망하는) 임금은 '희망임금'에 해당한다.

전문가의 한마디

과거에는 구인배수(구인배율)의 공식을 "신규구인인원÷신규구직자 수"로 제시했지만, 최근에는 "신규구인인원÷신규구직건수"로 나타내고 있습니다. 또한 '구인배율' 대신 '구인배수'의 명칭을 사용하고 있습니다. 다만, 《워크넷 구인 · 구직 및 취업동향》을 발간하는 한국고용정보원에서도 이 두 가지를 명확히 구분하고 있지 않습니다.

47

국가기술자격 기술사 등급의 응시자격으로 틀린 것은?

① 산업기사 자격을 취득한 후 응시하려는 종목이 속하는 동일 및 유사 직무분야에서 5년 이상 실무에 종사한 사람
② 응시하려는 종목이 속하는 동일 및 유사 직무분야의 다른 종목의 기술사 등급의 자격을 취득한 사람
③ 외국에서 동일한 종목에 해당하는 자격을 취득한 사람
④ 응시하려는 종목이 속하는 동일 및 유사 직무분야에서 7년 이상 실무에 종사한 사람

알찬 해설

국가기술자격 기술사 등급의 응시자격(국가기술자격법 시행령 제14조 제7항 및 별표 4의2 참조)

• 기사 자격을 취득한 후 응시하려는 종목이 속하는 동일 및 유사 직무분야에서 4년 이상 실무에 종사한 사람
• 산업기사 자격을 취득한 후 응시하려는 종목이 속하는 동일 및 유사 직무분야에서 5년 이상 실무에 종사한 사람(①)
• 기능사 자격을 취득한 후 응시하려는 종목이 속하는 동일 및 유사 직무분야에서 7년 이상 실무에 종사한 사람
• 관련학과의 대학졸업자 등으로서 졸업 후 응시하려는 종목이 속하는 동일 및 유사 직무분야에서 6년 이상 실무에 종사한 사람
• 응시하려는 종목이 속하는 동일 및 유사 직무분야의 다른 종목의 기술사 등급의 자격을 취득한 사람(②)
• 3년제 전문대학 관련학과 졸업자 등으로서 졸업 후 응시하려는 종목이 속하는 동일 및 유사 직무분야에서 7년 이상 실무에 종사한 사람
• 2년제 전문대학 관련학과 졸업자 등으로서 졸업 후 응시하려는 종목이 속하는 동일 및 유사 직무분야에서 8년 이상 실무에 종사한 사람
• 기사 수준 기술훈련과정 이수자로서 이수 후 응시하려는 종목이 속하는 동일 및 유사 직무분야에서 6년 이상 실무에 종사한 사람

• 산업기사 수준 기술훈련과정 이수자로서 이수 후 동일 및 유사 직무분야에서 8년 이상 실무에 종사한 사람
• 응시하려는 종목이 속하는 동일 및 유사 직무분야에서 9년 이상 실무에 종사한 사람(④)
• 외국에서 동일한 종목에 해당하는 자격을 취득한 사람(③)

전문가의 한마디

국가기술자격의 '등급'이란 기술인력이 보유한 직무수행능력의 수준에 따라 차등적으로 부여되는 국가기술자격의 단계로, 기술 · 기능 분야는 기술사, 기능장, 기사, 산업기사, 기능사 5개 등급으로 구분하여 시행하고 있으며, 서비스 분야는 1 · 2 · 3급 또는 단일등급으로 구분하여 시행하고 있습니다.

48

HRD-Net 훈련정보의 대상별 검색에 해당하지 않는 것은?

① 구직자 과정
② 재직자 과정
③ 기업 과정
④ 외국인 과정

알찬 해설

이 문제는 HRD-Net(직업훈련포털⁺) 사이트 개편 이전 내용에 해당하므로, 해설의 내용을 간단히 살펴본 후 넘어가도록 한다. 개편 전 HRD-Net 훈련정보의 대상별 검색으로 '구직자(실업자) 지원 과정', '재직자(직장인) 지원 과정', '기업(사업주) 지원 과정'이 있었으나, 현재는 메인페이지에서 '청년', '구직자', '재직자', '중장년', '여성'으로 대상을 구분하여 검색서비스를 제공하고 있다.

참고로 문제 출제 당시 정답은 ④로 발표되었다.

전문가의 한마디

HRD-Net(직업훈련포털⁺)에서 제공하는 주요 정보에 관한 사항은 2020년 4회 47번 문제 해설을 살펴보시기 바랍니다.

49

고용정보 수집을 위해 집단조사를 사용할 때의 장점이 아닌 것은?

① 비용과 시간을 절약하고 동일성을 확보할 수 있다.

② 조사자와 응답자 간 직접 대화할 수 있는 기회가 있어 질문지에 대한 오해를 최소로 줄일 수 있다.

③ 면접 방식과 자기기입의 방식을 조합하여 실시할 수 있다.

④ 중립적인 응답의 가능성을 높일 수 있고, 집단을 위해 바람직하다고 생각되는 응답을 할 수 있다.

알찬해설

집단조사의 단점

• 응답의 왜곡 가능성 : 집단상황에서의 묵시적인 집단 압력은 "잘 모르겠다", "그저 그렇다" 등 중립적인 응답의 가능성을 높일 수 있고, 집단을 위해 바람직하다고 생각되는 응답을 할 수 있다.

• 응답자들에 대한 통제의 어려움 : 응답자들 간 의사교류의 기회가 마련되므로 조사자가 집단을 통제하기 어려우며, 일부 응답자들의 조사자에 대한 적대감이 집단 전체의 분위기에 부정적인 영향을 미칠 수도 있다.

• 조사 결과 활용에 있어서 부정적 인식 : 응답자들 중에는 집단조사를 승인해 준 당국이 조사 결과를 이용할 가능성이 있다고 인식할 수 있다. 이 경우 응답결과에 대한 비밀유지가 안 될 것이라는 염려 때문에 집단의 규범이나 이상 쪽으로 응답하여 자료를 왜곡시킬 수 있다.

전문가의 한마디

이 문제는 앞선 2020년 4회 필기시험(58번)에 출제된 바 있습니다.

50

한국표준산업분류의 적용원칙으로 틀린 것은?

① 생산단위는 산출물뿐만 아니라 투입물과 생산공정 등을 함께 고려하여 그들의 활동을 가장 정확하게 설명된 항목에 분류해야 한다.

② 수수료 또는 계약에 의하여 활동을 수행하는 단위는 자기계정과 자기책임하에서 생산하는 단위와 다른 항목에 분류되어야 한다.

③ 동일 단위에서 제조한 재화의 소매활동은 별개 활동으로 파악되지 않고 제조활동으로 분류되어야 한다.

④ 자기가 생산한 재화와 구입한 재화를 함께 판매한다면 그 주된 활동에 따라 분류한다.

만점해설

② 수수료 또는 계약에 의하여 활동을 수행하는 단위는 동일한 산업활동을 자기계정과 자기책임하에서 생산하는 단위와 같은 항목에 분류하여야 한다.

전문가의 한마디

"복합적인 활동단위는 우선적으로 최상급 분류단계(대분류)를 정확히 결정하고, 순차적으로 중, 소, 세, 세세분류 단계 항목을 결정하여야 한다"는 점을 반드시 기억해 두시기 바랍니다.

51

국가직무능력표준(NCS)에 관한 설명으로 틀린 것은?

① 산업현장에서 직무를 수행하기 위해 요구되는 지식·기술·태도 등의 내용을 국가가 체계화한 것이다.
② 24개 대분류는 한국고용직업분류를 참조하여 직능유형이 비슷한 분야로 분류했다.
③ 능력단위는 국가직무능력표준 분류의 하위단위로 NCS의 기본 구성요소에 해당된다.
④ 수행준거는 능력단위별로 성취여부를 확인하기 위해 도달해야 하는 수행의 기준을 제시한 것이다.

만점해설

④ 수행준거는 능력단위요소별로 성취여부를 판단하기 위하여 개인이 도달해야 하는 수행의 기준을 의미한다.

전문가의 한마디

'능력단위'는 NCS 세분류(직무)의 하위단위로 NCS의 기본 구성요소에 해당하는 것인 반면, '능력단위요소'는 능력단위를 구성하는 중요한 핵심 하위능력을 기술한 것을 말합니다.

52

한국표준산업분류의 산업 결정 방법에 대한 설명으로 틀린 것은?

① 생산단위의 산업활동은 그 생산단위가 수행하는 주된 산업활동(판매 또는 제공되는 재화 및 서비스)의 종류에 따라 결정된다.
② 단일사업체의 보조단위는 그 사업체의 일개 부서로 포함하며, 여러 사업체를 관리하는 중앙 보조단위(본부)는 별도의 사업체로 처리한다.
③ 계절에 따라 정기적으로 산업을 달리하는 사업체의 경우에는 조사시점에서 경영하는 사업에 따라 결정한다.
④ 휴업 중 또는 자산을 청산 중인 사업체의 산업은 영업 중 또는 청산을 시작하기 전의 산업활동에 의하여 결정한다.

만점해설

③ 계절에 따라 정기적으로 산업을 달리하는 사업체의 경우에는 조사시점에서 경영하는 사업과는 관계없이 조사대상 기간 중 산출액이 많았던 활동에 의하여 분류한다.

전문가의 한마디

이와 유사한 문제가 앞선 2020년 4회 필기시험(44번)에 출제된 바 있습니다.

53

다음은 한국직업사전에서 '동물사육사'의 부가 직업정보이다. 이에 대한 설명으로 틀린 것은?

- 정규교육 : 9년 초과~12년 이하(고졸 정도)
- 숙련기간 : 1년 초과~2년 이하
- 직무기능 : 자료(비교) / 사람(서비스 제공) / 사물(단순작업)
- 작업강도 : 힘든 작업
- 작업장소 : 실내 · 외
- 작업환경 : 대기환경미흡 / 위험내재
- 유사명칭 : 동물원사육사
- 관련직업 : 육식동물사육사, 초식동물사육사, 포육사
- 표준산업분류 : [R912]유원지 및 기타 오락관련 서비스업
- 조사연도 : 2005

① 종사자의 평균 학력은 고등학교 졸업 정도이다.
② 정규교육과정을 이수한 후 직무를 평균적인 수준으로 스스로 수행하기 위하여 1년 초과~2년 이하의 숙련기간이 필요하다.
③ 직무를 수행하는 데 최고 40kg의 물건을 들어 올리고 20kg 정도의 물건을 빈번히 들어 올리거나 운반한다.
④ 동물원사육사로 불리기도 한다.

만점 해설

① '정규교육'은 해당 직업의 직무를 수행하는 데 필요한 일반적인 정규교육수준을 의미하는 것으로, 해당 직업 종사자의 평균 학력을 나타내는 것은 아니다.

전문가의 한마디

'동물사육사'의 부가 직업정보 중 직무기능과 조사연도가 다음과 같이 변경되었습니다.

구 분	2012 한국직업사전 (제4판)	2020 한국직업사전 (제5판)
직무기능	자료(비교) / 사람(서비스 제공) / 사물(단순작업)	자료(조정) / 사람(서비스 제공) / 사물(수동조작)

조사연도	2005년	2017년

54

워크넷(직업 · 진로)에서 제공하는 성인 대상 심리검사가 아닌 것은?

① 성인용 직업적성검사
② 직업선호도검사 L형
③ 영업직무 기본역량검사
④ 사업적성검사

알찬 해설

워크넷(직업 · 진로) 제공 성인 대상 심리검사
- 직업선호도검사 S형
- 직업선호도검사 L형(②)
- 구직준비도검사
- 창업적성검사
- 직업가치관검사
- 영업직무 기본역량검사(③)
- IT직무 기본역량검사
- 준고령자 직업선호도검사
- 대학생 진로준비도검사
- 이주민 취업준비도 검사
- 중장년 직업역량검사
- 성인용 직업적성검사(①)

전문가의 한마디

직업선호도검사는 L(Long)형과 S(Short)형이 있습니다. L형은 (직업)흥미검사, 성격검사, 생활사검사로 구성되는 반면, S형은 진로 및 직업상담 장면에서 가장 많이 활용되는 홀랜드(Holland)의 흥미이론을 기초로 한 흥미검사만으로 구성되어 있습니다.

55

국가직무능력표준 사이트(www.ncs.go.kr)의 활용방법으로 틀린 것은?

① 분야별 능력단위를 검색할 수 있다.
② 분야별 학습모듈을 살펴볼 수 있다.
③ 직업기초능력을 살펴볼 수 있다.
④ 능력단위별 임금정보를 살펴볼 수 있다.

만점해설

① 'NCS 자료실'에서 연도별 NCS 능력단위(요소) 목록을 통해 분야별 능력단위를 살펴볼 수 있다.
② 'NCS 및 학습모듈 검색'에서 '분야별검색', '키워드검색', '코드검색' 서비스를 제공하고 있다.
③ 'NCS 및 학습모듈 검색'에서 직업기초능력 10개 영역 및 34개 하위영역을 살펴볼 수 있다.

전문가의 한마디

국가직무능력표준(NCS) 홈페이지의 내용은 수시로 변경되는 경향이 있으므로, 해당 홈페이지(www.ncs.go.kr)를 반드시 살펴보시기 바랍니다.

56

직업정보 가공 시 유의해야 할 사항으로 틀린 것은?

① 직업은 그 분야에서 전문적이므로 이용자가 이해할 수 있는 수준의 언어를 사용한다.
② 가장 최신의 자료를 활용한다.
③ 시청각의 효과를 부여한다.
④ 정보제공 방법별로 구분하지 않고 표준화된 형태로 제공한다.

알찬해설

직업정보 가공 시 유의사항

• 직업정보의 공유방법을 강구하는 과정이므로 이용자의 수준에 부합하는 언어로 가공한다.(①)
• 정보의 생명력을 측정하여 활용방법을 선정하고 이용자에게 동기를 부여할 수 있도록 구상한다.
• 가장 최신의 자료를 활용하되 표준화된 정보(한국직업사전, 한국표준직업분류, 한국표준산업분류)를 활용한다.(②)
• 직업에 대한 장단점을 편견 없이 제공한다.
• 객관성을 잃은 정보나 문자, 어투는 삼간다.
• 효율적인 정보제공을 위해 시각적(시청각) 효과를 부가한다.(③)
• 정보제공 방법에 적절한 형태로 제공한다.(④)

전문가의 한마디

2017년 2회 필기시험(54번)에서는 직업정보 분석 시 유의사항에 관한 문제가 출제된 바 있습니다.

57

한국직업전망(2015)의 분야별 고용전망으로 틀린 것은?

① 특수산업용기계, 금속공작 · 가공기계, 일반 산업용기계, 사무자동처리기계, 의료 · 정밀 측정제어기기, 자동차 분야의 고용은 증가할 것으로 전망된다.

② 미용사 외에도 피부미용사 및 체형관리사, 메 이크업아티스트, 스포츠 및 레크리에이션 강사 의 종사자 수는 다소 증가할 것으로 전망된다.

③ 향후 10년간 건축가(건축사) 및 건축공학기술 자, 토목공학기술자, 조경기술자, 측량기술 자 등의 고용은 증가할 것으로 전망된다.

④ 여행 관련 직종인 항공기 객실승무원과 여행 상품개발자, 여행사무원, 여행 및 관광통역안 내원의 고용은 다소 증가할 것으로 예상된다.

알찬 해설

이 문제는 한국직업전망의 개정 전 내용에 해당하므로, 해설의 내용을 간단히 살펴본 후 넘어가도록 한다. 현행 한국직업전망(2021)에 따른 향후 10년간 직종별(직업별) 일자리 전망 결과는 다음과 같다.

전 망	직업명	
증 가	• 변호사 • 심리상담전문가 • 내과의사 • 한의사 • 수의사 • 반려동물미용사	• 사회복지사 • 청소년지도사 • 성형외과의사 • 치과의사 • 간호사 • 요양보호사 및 간병인 등
다소 증가	• 경영 · 진단 전문가 • 회계사 • 상품기획자 • 산부인과의사 • 임상심리사 • 연예인매니저 • 음식배달원	• 노무사 • 세무사 • 직업상담사 • 약 사 • 안경사 • 미용사 • 방역원 등
유 지	• 관세사 • 회계사무원 • 비 서 • 보육교사 • 사 서 • 가사도우미 • 장례지도사 및 장례상담원 등	• 감정평가사 • 경리사무원 • 취업알선원 • 보건교사 • 이용사

다소 감소	• 손해사정사 • 대학교수 • 방송작가 • 웨딩플래너	• 은행사무원 • 일반의사 • 개그맨 및 코미디언 • 바텐더(조주사) 등
감 소	사무보조원	

참고로 문제 출제 당시 정답은 ③으로 발표되었다. 한국 직업전망(2015)에서 건축가(건축사) 및 건축공학기술자, 토목공학기술자, 조경기술자, 지적 및 측량기술자는 '유 지'로 전망되었다.

전문가의 한마디

한국직업전망서는 한국직업전망(2021)부터 주요 직종을 절반으로 나누어서 우선 9개 분야 220여개 직업에 대한 정보를 수록하고 2022년에 나머지 분야 및 해당 분야 직업에 대한 정보를 제공할 예정입니다. 참고로 한국직 업전망(2021)에 수록된 9개 분야는 다음과 같습니다.

- 경영 · 회계 · 사무
- 금융 · 보험
- 교육 및 연구
- 법률 · 경찰 · 소방
- 보건의료
- 사회복지
- 문화예술
- 디자인 및 방송
- 이 · 미용 및 개인서비스 경비

58

한국고용정보원에서 제공하는 고용 DB분석 자료
가 아닌 것은?

① 워크넷 구인 · 구직 및 취업동향
② 고용동향(경제활동인구조사)
③ 직업능력개발 통계연보
④ 고용보험통계현황

만점해설

② 경제활동인구조사는 국민의 경제활동 즉, 국민의 취
업, 실업 등과 같은 특성을 조사하여 거시경제 분석
과 인력자원의 개발 정책 수립에 필요한 기초 자료를
제공하기 위한 것으로, 매월 통계청 사회통계국에서
《고용동향》을 통해 그 결과를 공표하고 있다.

전문가의 한마디

《워크넷 구인 · 구직 및 취업동향》, 《직업능력개발 통계
연보》, 《고용보험통계현황》은 한국고용정보원의 고용동
향분석팀에서 담당하고 있습니다.

59

직업정보 수집을 위한 조사를 하려고 한다. 다음
중 일반적으로 가장 높은 응답률을 확보할 수 있
는 조사방법은?

① 우편설문법
② 직접면접법
③ 전화설문법
④ 전자서베이

만점해설

② 직접면접법과 같은 대인면접조사(대면면접조사)는
우편설문법이나 전화설문, 전자서베이에 비해 응
답률이 높은 편이다.

전문가의 한마디

면접법은 면접 목적에 따라 〈정보수집 면접 / 진단적 ·
결정적 면접 / 치료적 면접〉으로, 면접 형태에 따라 〈전
화면접 / 대인면접(대면면접)〉으로, 면접 내용의 구성형
식에 따라 〈표준화 면접 / 비표준화 면접 / 반표준화 면
접〉 등으로 분류하기도 합니다.

60

한국표준산업분류의 분류기준이 아닌 것은?

① 생산된 재화 또는 제공된 서비스의 특성
② 투입물의 특성
③ 소비활동의 일반적인 형태
④ 산출물의 물리적 구성 및 가공 단계

알찬해설

한국표준산업분류(KSIC) 제10차 개정(2017)의 분류기준
• 산출물(생산된 재화 또는 제공된 서비스)의 특성
  – 산출물의 물리적 구성 및 가공 단계
  – 산출물의 수요처
  – 산출물의 기능 및 용도
• 투입물의 특성
  원재료, 생산 공정, 생산기술 및 시설 등
• 생산활동의 일반적인 결합형태

전문가의 한마디

직업상담사 2급 필기시험에서는 이 문제의 틀린 지문으
로 종종 "생산단위의 활동형태"를 제시하고 있습니다.
이점 혼동하지 않도록 주의합시다.

61

외국인 노동자의 유입효과와 가장 거리가 먼 것은?

① 전체 고용량의 증가
② 임금 수준의 하락
③ 내국인 노동자의 취업 증가
④ 사회보장비용의 증가

알찬 해설

외국인 노동자 유입에 따른 노동시장의 양상

- 다음은 외국인 노동자 유입에 따른 노동시장의 양상을 나타낸 것으로, 그래프상에서 L_S^1은 국내노동공급을, L_S^2는 외국인 노동자의 유입(불법이주 외국인 노동자 포함)에 따른 총노동공급을, L_d는 노동수요를 의미한다.

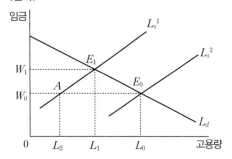

- 국내 노동시장에서 외국인 노동자는 보통 3D직종에 많이 유입되는데, 이들 외국인 노동자의 유입이 없다면 국내 노동자의 노동공급 감소로 노동공급곡선이 L_S^2에서 L_S^1으로 이동하여 임금은 W_1으로 상승하고, 고용량은 L_1으로 감소한다.
- 만약 국내 노동시장에 $A - E_0$ 만큼 외국인 노동자가 유입된다면, 총노동공급의 증가로 노동공급곡선이 L_S^1에서 L_S^2로 이동하여 임금은 W_0로 하락하고, 고용량은 L_0로 증가한다.
- 외국인 노동자 유입으로 내국인 노동자의 임금이 W_0로 하락함에 따라 내국인 노동자의 노동공급은 OL_2가 된다. 결국 국내 내국인 노동시장은 임금 하락($W_1 \rightarrow W_0$), 고용 감소($L_1 \rightarrow L_2$) 현상이 나타나게 된다.

전문가의 한마디

2021년 1회 직업상담사 2급 필기시험에서는 외국인 노동자 유입에 따른 3D직종의 노동시장 양상에 관한 문제가 출제된 바 있습니다. 외국인 노동자의 유입으로 내국인 노동자의 임금과 고용이 낮아진다는 점을 기억해 두시기 바랍니다.

62

다음은 무엇에 관한 설명인가?

> 노동자의 과거 생산기록에 의해 일정 생산량 완성에 필요한 표준시간을 설정한 후 작업이 표준시간보다 일찍 완성된 경우, 실제 작업시간에 대해서는 보장된 시간당 임금률을 지급하고, 표준시간보다 절약된 시간에 대해서는 절약된 시간의 일정 비율에 해당하는 임금을 프리미엄으로 지불하는 방식

① 로완(Rowan) 할증급제
② 할시(Halsey) 할증급제
③ 테일러(Taylor) 성과급제
④ 디머(Diemer) 할증급제

알찬 해설

할시제 혹은 할시 할증급제(Halsey Plan)

- 일급제나 이익분배제 등의 결함을 시정하기 위해 시간급임금과 생산고임금을 절충한 방식이다.
- 과거의 경험을 통해 정한 표준작업시간보다 시간을 단축하여 작업을 완수하는 경우 절약된 시간만큼 시간당 일정비율의 임률(賃率)을 적용하여 임금을 추가로 지급한다.
- 빠른 작업완수에 따라 절약된 직접비용의 일정비율은 회사에게 배분하며, 나머지 일정비율(예 1/2 또는 1/3)은 종업원에게 배분하게 된다.

전문가의 한마디

성과급제도를 크게 개인성과급제와 집단성과급제로 구분할 때, 문제의 선택지로 제시된 성과급제와 할증급제는 모두 개인성과급제에 포함됩니다.

63

기혼여성의 경제활동참가를 증가시키는 요인이
아닌 것은?

① 가구주 소득의 증가
② 시장임금의 상승
③ 보상요구임금의 하락
④ 가사노동시간의 감소

알찬해설

기혼여성의 경제활동참가율을 증가시키는 요인

• 법적 · 제도적 장치의 확충(육아 및 유아교육시설의
  증설)
• 시장임금의 상승
• 남편 소득의 감소(배우자의 실질임금 감소)(①)
• 자녀수의 감소(출산율 저하)
• 가계생산기술의 향상(노동절약적 가계생산기술의 향상)
• 고용시장의 유연화(시간제근무자 또는 단시간근무자
  에 대한 기업의 수요 증가)
• 여성의 높은 교육수준

전문가의 한마디

지문 ③번의 보상요구임금은 성별이나 결혼 유무를 떠
나 경제활동참가율을 증가시키거나 감소시키는 요인에
해당합니다. 즉, 여타 조건이 일정불변일 때 보상요구임금
이 높을수록 개인의 경제활동참가율은 낮아지게 됩니다.

64

그림에서 W_0와 E_0는 각각 시장균형임금과 균형
고용량이다. 최저임금을 W_1으로 설정할 때 발생
하는 비자발적 실업 중 최저임금 설정으로 인한
노동수요 감소분의 크기는 얼마인가?

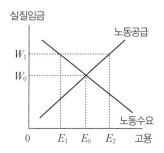

① OE_1
② E_1E_0
③ E_0E_2
④ E_1E_2

알찬해설

최저임금제도가 노동시장에 미치는 효과

• 경쟁시장에서는 노동공급곡선과 노동수요곡선이 만
  나는 W_0에서 시장균형임금이 결정되고, 그에 상응하
  여 E_0에서 균형고용량이 결정된다.
• 만약 정부에 의해 최저임금이 W_1으로 결정되면, 미숙
  련노동자들은 임금상승의 혜택을 보게 되지만, 기업
  은 인건비를 줄이기 위해 E_0에서 E_1으로 고용을 감소
  시키게 된다.
• 또한 새로운 임금조건하에서는 노동에 대한 초과공급
  이 발생하게 되는데, 즉 최저임금 때문에 노동공급이
  증대되어 E_0에서 E_2만큼 실업이 추가로 발생하게 된
  다는 것이다.

전문가의 한마디

최저임금은 $E_1 - E_2$의 잉여인력을 발생시키는데, 이때
'$E_0 - E_1$'와 '$E_0 - E_2$'는 서로 다른 성격을 지니므로, 최
저임금제 도입에 따른 고용감소효과인 '$E_0 - E_1$'와 새롭
게 상승된 임금률로 인한 추가노동공급효과인 '$E_0 - E_2$'
를 서로 구분하여 생각해야 합니다.

65

임금학설인 임금생존비설과 임금기금설에 관한 설명으로 틀린 것은?

① 임금생존비설은 노동수요 측을 무시한 이론이라는 비판을 받고 있다.

② 임금생존비설은 임금이 노동공급에 의해 결정된다고 보는 점에서 장기적 관점에 입각한 이론이다.

③ 임금기금설은 현실자본량으로 임금문제를 설명하기 때문에 단기적 관점에 입각한 이론이다.

④ 임금기금설은 임금생존비설을 부분적으로 계승한 것으로 노동공급 측을 강조하는 이론이다.

만점 해설

④ 노동공급측면의 역할을 강조한 것은 임금생존비설이다. 임금생존비설은 자본주의 사회에서 임금이 장기적으로 근로자의 최저생존비에 머무르지 않을 수 없다고 설명하였다. 그러나 상당한 시간이 경과하면서 임금수준이 생존의 최저수준에 머물러 있지 않다는 사실이 인식됨에 따라 학자들의 관심은 노동수요측면으로 전환하게 되었는데, 그 과정에서 임금기금설이 제기되었다. 임금기금설은 어느 한 시점에 근로자의 임금으로 지불될 수 있는 부의 총액 또는 기금은 정해져 있고, 이 기금은 시간이 지남에 따라 변화될 수 있다고 주장하였다.

전문가의 한마디

임금기금설을 한마디로 정리하면 다음과 같습니다.

$$임금수준 = \frac{임금기금}{근로자\ 수} \times 100$$

66

임금상승이 노동의 한계생산력을 향상시키는 고임금의 경제가 존재하면 노동의 수요탄력성은?

① 보다 탄력적이 된다.

② 보다 비탄력적이 된다.

③ 탄력성이 변하지 않는다.

④ 완전탄력적이 된다.

알찬 해설

고임금경제와 노동수요

• 고임금경제가 존재할 경우 : 노동수요는 보다 비탄력적이 되므로 임금상승에 따른 노동수요 감소 효과가 상대적으로 작아진다.

• 고임금경제가 존재하지 않을 경우 : 노동수요는 보다 탄력적이 되므로 임금상승에 따른 노동수요 감소 효과가 상대적으로 커진다.

전문가의 한마디

이 문제에 대한 보다 자세한 설명은 2017년 4회 70번 문제 해설을 살펴보시기 바랍니다.

67

생산성 임금제하에서 물가가 5% 상승하고 생산성이 2% 하락하였다면 명목임금은 얼마나 상승하여야 하는가?

① 3%
② 5%
③ 7%
④ 9%

해설

생산성 임금제에서 임금결정 방식

• 생산성 임금제는 명목(실질)임금 증가율을 명목(실질)생산성 증가율과 연계하여 임금인상을 결정하는 방식이다.

> 명목임금 증가율 = 명목생산성 증가율
> 실질임금 증가율 = 실질생산성 증가율

• 명목임금과 명목생산성은 각각 명목가격으로 표시된 임금과 취업자 1인당 생산액 또는 부가가치를 나타낸다. 반면, 실질임금은 명목임금을 기준연도의 가격으로, 즉 물가상승률을 감안한 실제구매력으로 평가한 임금을 말한다. 따라서 명목임금 증가율과 명목생산성 증가율을 산정할 때 실질임금 증가율과 실질생산성 증가율에 가격 증가율(여기서는 물가상승률)을 반영할 필요가 있다.

> 명목임금 증가율 = 실질임금 증가율 + 가격 증가율(물가상승률)
> 명목생산성 증가율 = 실질생산성 증가율 + 가격 증가율(물가상승률)

• 다만, 문제상에서 물가는 5% 상승하였으나 실질생산성은 −2% 하락하였으므로,

> 명목생산성 증가율 = 5% − 2% = 3%

이와 같이 생산성 임금제에 따라 명목생산성이 3% 증가하였으므로, 명목임금도 3% 인상되어야 한다.

전문가의 한마디

사실 적정 임금인상률의 산정지표는 물적 노동생산성보다는 부가가치 노동생산성이 적합한 것으로 알려져 있습니다. 예를 들어, 동일 기업 내에서 생산된 제품이 재고의 누적 없이 모두 판매된다면 물적 노동생산성이 증가하는 만큼 부가가치 노동생산성도 같은 비율로 증가하겠지만, 물적 노동생산성이 증가하여도 경기의 영향 등으로 제품의 판매가 부진하다면 부가가치 노동생산성이 하락한 것으로 오인될 수 있기 때문입니다.

68

던롭(Dunlop)의 노사관계 주요 환경과 가장 거리가 먼 것은?

① 기술적 특성
② 시장 또는 예산제약
③ 각 주체의 세력관계
④ 정부의 정책방향

해설

노사관계를 규제하는 3가지 여건 또는 환경(Dunlop)

• 기술적 특성 : 주로 생산현장에서의 근로자의 질이나 양 그리고 생산과정, 생산방법 등이 포함된다.
• 시장 또는 예산제약 : 제품시장의 형태와 기업을 경영하는 조건으로서 비용·이윤 등의 내용을 포괄한다.
• 각 주체의 세력관계 : 노사관계 주체들의 위신, 사회적 지위 또는 최고 권력자에 대한 접근가능성 등이 하나의 노사관계체계를 형성하고 그 형성을 제약하는 요인으로 작용한다.

전문가의 한마디

던롭(Dunlop)은 노사관계의 시스템이론으로 널리 알려져 있습니다. 시스템이론은 노사관계의 주체를 사용자 및 단체, 노동자 및 단체, 정부로 규정하고 이들 간의 관계가 기술, 시장 또는 예산상의 제약, 권력구조에 의해 결정된다는 이론입니다.

69

노동조합의 임금효과가 발생하는 경로 중 이전효과(Spillover Effect)는?

① 노동조합에 의해 임금이 상승할 때 발생하는 조직부문의 고용 감소가 비조직부문의 노동공급을 증가시켜 비조직부문의 임금을 인하시키는 효과
② 아직 노동조합이 조직되지 않은 부문에서 발생하는 노동조합 결성 가능성의 위협이 비조직부문의 임금을 인상시키는 효과
③ 비조직부문의 근로자들이 조직화된 기업에서 사직하고 실업상태에서 조직화로 임금이 높은 부문에 취업하기 위해 대기하는 효과
④ 조직화된 부문에서 노동조합의 위협으로 임금이 상승되는 효과

알찬해설

파급효과 또는 이전효과(Spillover Effect)
노동조합이 노동공급을 제한함으로써 노동조합 조직부문(노조부문)에서의 상대적 노동수요가 감소하고, 그 결과 실업노동자들이 비조직부문(비노조부문)으로 내몰려 비조직부문의 임금을 하락시키게 되는 효과이다.

전문가의 한마디

지문 ②번은 '위협효과(Threat Effect)', 지문 ③번은 '대기실업효과(Wait Unemployment Effect)'에 해당합니다.

70

노동력의 60%가 매년 구직활동을 하고 구직에 평균 2개월이 소요되는 경우 이 이유만으로 인한 실업률은?

① 약 5%
② 약 10%
③ 약 15%
④ 약 20%

알찬해설

직업탐색기간에 따른 마찰적 실업률
실업률은 취업을 희망하지만 취업하지 못한 사람들의 비율로서, 경제활동인구 중 실업자가 차지하는 비중을 말한다. 문제에서는 노동력의 60%가 매년 구직활동을 하고 구직에 평균 2개월이 소요된다고 제시되어 있다. 따라서 구직활동을 하는 사람들이 모두 2개월이 되는 시점에 취직을 한다고 가정하더라도, 일 년 중 후반기의 마지막 2개월에 해당하는 시점부터 구직활동을 시작하는 사람의 경우 그 다음 해에 취업을 한 것으로 간주될 것이다. 그로 인해 연간 실업률은 마지막 2개월의 기간 동안 구직활동을 시작한 사람에 한해 통계가 이루어지며, 이를 일년 평균으로 계산하면 다음과 같다.

$$연간실업률(\%) = \frac{2개월}{12개월} \times 60(\%) = 10(\%)$$

$\therefore$ 10%

전문가의 한마디

이 문제는 2017년 4회 75번 문제의 변형된 형태로 볼 수 있습니다.

71

근로자의 이직비용과 노동공급곡선에 관한 설명으로 틀린 것은? (단, 노동시장은 완전경쟁적이다)

① 근로자의 이직비용이 0인 경우 개별기업이 직면하는 노동공급곡선은 수평이 된다.
② 근로자의 이직비용이 0인 경우 개별기업은 임금수용자가 된다.
③ 근로자의 이직비용이 0보다 클 경우 개별기업이 직면하는 노동공급곡선은 우상향한다.
④ 근로자의 이직비용이 클수록 노동공급의 임금탄력성이 커진다.

만점해설

④ 근로자의 이직비용이 0보다 클 경우 개별기업이 직면하는 노동공급곡선은 우상향하며, 그 수치가 클수록 개별기업이 직면하는 노동공급곡선은 수직에 가까워지게 된다. 이 경우 노동공급의 임금탄력성이 작아져서(→ 덜 탄력적) 임금인상에 따른 노동공급은 작은 폭으로 증가하게 되고, 마찬가지로 임금인하에 따른 노동공급은 작은 폭으로 감소하게 된다.

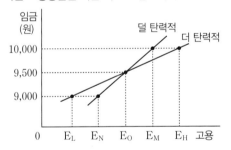

전문가의 한마디

이직비용(Turnover Cost)은 종업원이 자발적으로 기업을 떠나고, 해당 일자리가 신규인력으로 대체되는 과정에서 발생되는 제반 비용을 말합니다. 종업원의 입장에서는 현 직장에서 새 직장으로 이동하는 과정에서 공백기간에 대한 기회비용과 함께 새 직장에 대한 탐색비용이 소요될 것이고, 사용자의 입장에서는 이직을 앞둔 종업원의 생산성 저하로 인한 비용과 함께 신규인력의 확보에 필요한 비용이 소요될 것입니다.

72

노동공급곡선이 일정 임금 수준 이상에서 후방으로 굴절하는 이유는?

① 노동조합이 노동공급을 감소시키기 때문이다.
② 소득 증가에 따라 인구증가율이 감소하기 때문이다.
③ 노동공급의 대체효과가 소득효과보다 작기 때문이다.
④ 임금 상승에 따라 기업에서 노동을 자본으로 대체하기 때문이다.

알찬해설

대체효과와 소득효과에 따른 노동공급곡선의 변화

• 대체효과는 임금 상승에 따라 근로자가 여가시간을 줄이는 동시에 노동시간을 늘리는 것인 반면, 소득효과는 임금 상승에 따라 근로자가 노동시간을 줄이는 동시에 여가시간과 소비재 구입을 늘리는 것이다.
• 대체효과가 소득효과보다 클 경우 임금의 상승은 노동공급의 증가를 유발하며, 그에 따라 노동공급곡선이 우상향하는 양상을 보이게 된다. 그러나 소득효과가 대체효과보다 클 경우(→ 대체효과가 소득효과보다 작을 경우) 임금의 상승은 노동공급의 감소를 유발하며, 그에 따라 노동공급곡선이 후방굴절하는 양상을 보이게 된다.

전문가의 한마디

이 문제는 2017년 2회 76번 문제의 변형된 형태로 볼 수 있습니다.

73

힉스(Hicks)의 단체교섭이론에 관한 설명으로 틀린 것은?

① 노사 양측의 요구임금 및 제의임금의 수준이 파업기간에 따라 달라진다.
② 사용자들은 파업기간이 길어짐에 따라 점차 높은 임금을 지불하는 방향으로 양보할 수밖에 없다.
③ 노동조합은 파업이 진행됨에 따라 요구임금 수준을 낮출 수밖에 없다.
④ 파업이 발생하기 이전의 상태를 적절히 설명하는 이론이다.

만점해설

④ 힉스(Hicks)의 단체교섭이론은 파업이 발생하기 이전의 상태를 설명하는 이론이라기보다는 단체교섭이 결렬되고 파업이 개시된 이후의 사정을 설명하는 이론이라는 비판을 받고 있다.

전문가의 한마디

힉스(Hicks)의 단체교섭이론의 한계점에 대한 대안으로 제안된 것이 아쉔펠타-존슨(Ashenfelter and Johnson)의 파업모형입니다. 이와 관련된 내용은 2016년 2회 62번 문제 해설을 살펴보시기 바랍니다.

74

보상적 임금격차론에서 설명하는 바와는 달리 현실에서는 근로조건이 좋은 직종의 임금이 더 높은 이유와 가장 거리가 먼 것은?

① 고임금직종에서 요구되는 인적자본의 수준이 높으므로
② 고임금직종에서의 노동생산성이 높으므로
③ 고임금직종에서는 초과노동수요가 존재하므로
④ 고임금직종의 근로자들이 기업 성과에 미치는 영향이 더 크므로

알찬해설

가속적 임금격차(Accentuating Wage Differentials)
• 보상적 임금격차론에서 설명하는 바와 달리, 상대적으로 유리한 직종 특성과 임금 수준이 역(逆)이 아닌 정(正)의 상관관계로 나타난다는 원리이다.
• 가속적 임금격차의 발생원인에 대해서는 학자들 간에 의견이 분분하지만, 대체로 가속적 임금격차의 수혜 근로자들이 노동생산성이 높다거나 그들이 기업에 더 많은 이익이나 손실을 야기할 가능성이 있는 직무에 종사하기 때문에 기업으로서는 그들의 일탈적 행위를 막기 위한 의도로 고임금을 지급한다고 보고 있다.

전문가의 한마디

우리는 종종 쾌적한 사무실에서 비교적 힘이 덜 드는 일을 하는 사무직 근로자가 열악한 작업환경에서 비교적 힘든 육체노동을 하는 현장근로자보다 더 높은 임금을 받는 것을 볼 수 있습니다.

75

기업이 노동수요를 독점하는 경우의 임금 수준은? (단, 상품시장은 완전경쟁시장이다)

① 노동의 한계요소비용과 같게 된다.
② 노동의 평균요소비용과 같게 된다.
③ 노동의 총요소비용과 같게 된다.
④ 노동의 비용과 관계없이 노동수요에 의해 결정된다.

수요독점기업의 임금과 고용결정

• 한계요소비용(MFC ; Marginal Factor Cost)은 생산요소를 1단위 추가적으로 고용할 때 총요소비용의 증가분을 말하며, 평균요소비용(AFC ; Average Factor Cost)은 생산요소를 1단위당 고용할 때 지불하는 요소비용을 말한다.

• 한계요소비용(MFC)을 노동의 한계비용으로, 평균요소비용(AFC)을 노동의 평균비용으로 간주할 때, 시장노동공급곡선은 수요독점의 입장에서 보면 노동의 평균요소비용곡선(AFC_L)이다. 이는 노동을 L만큼 고용할 때 노동공급곡선을 따라 W만큼 근로자에게 임금이 지불되어야 하는데, 수요독점기업의 총노동비용은 '$W \times L$'이 되고, 평균노동비용은 '$(W \times L)/L$', 즉 W가 된다는 것이다.

• 요컨대, 노동시장이 수요독점 상태인 경우 수요독점기업이 임의로 시장임금을 조정할 수 있을 것이며, 이러한 조건하에서 고용량은 수요곡선과 공급곡선에 의해 결정되는 것이 아닌 노동의 한계요소비용(MFC_L)과 수요독점기업의 노동수요(D)에 해당하는 노동의 한계수입생산물(MRP_L ; Marginal Revenue Product of Labor)이 일치하는 수준(→ L_1)에서 결정된다. 이때 기업은 결정된 고용량 수준에 해당하는 공급곡선(S)의 높이만큼 임금을 지불하게 된다(→ W_1).

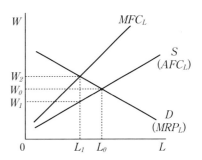

전문가의 한마디

평균값과 한계값은 다음의 원리에 기초합니다.

> • 평균값이 체증하는 구간 : 한계값 > 평균값
> • 평균값이 일정한 구간 : 한계값 = 평균값
> • 평균값이 체감하는 구간 : 한계값 < 평균값

이는 노동의 평균요소비용곡선(AFC_L)이 우상향할 때 노동의 한계요소비용곡선(MFC_L)이 그보다 더 높은 곳에 위치한다는 점을 시사합니다.

76

장기 노동수요함수와 관련된 효과에 해당하는 것은?

① 지역효과
② 규모효과
③ 상승효과
④ 충격효과

알찬 해설

대체효과와 규모효과(산출량 효과)

- 기업의 장기 노동수요곡선은 대체효과와 규모효과(산출량 효과)의 결합으로 유도된다. 대체효과는 생산요소 가운데 상대적으로 가격이 하락한 생산요소를 다른 생산요소와 대체시키는 효과이다. 예를 들어, 임금이 하락하여 자본의 가격에 비해 노동의 가격이 상대적으로 저렴해지는 경우 노동을 생산에 더욱 많이 투입시킬 수 있다.

- 반면, 규모효과(산출량 효과)는 임금의 상승 또는 하락에 의해 생산비와 생산량, 그로 인한 노동수요가 증가 또는 감소하는 효과를 말한다. 요컨대, 기업은 이윤극대화를 위해 한계비용(MC ; Marginal Cost)이 한계수입(MR ; Marginal Revenue)과 일치하는 지점에서 생산량 수준을 결정하게 된다. 그런데 만약 임금이 상승할 경우 한계비용(MC)은 증가하게 되고, 이는 이윤극대화를 위한 생산량 수준의 감소를 유도하게 되어 전반적인 자본수요 및 노동수요의 감소를 유발한다. 반면, 임금이 하락할 경우 한계비용(MC)은 감소하게 되고, 이는 이윤극대화를 위한 생산량 수준의 증가를 유도하게 되어 추가적인 자본투입과 함께 노동수요의 증가를 유발한다.

전문가의 한마디

기업의 장기 노동수요곡선은 대체효과와 소득효과의 결합이 아닌 대체효과와 규모효과(산출량 효과)의 결합으로 유도된다는 점을 기억해 두세요.

77

아래 표는 A기업의 노동공급(근로시간), 임금 및 한계수입생산을 나타내고 있다. 다음 중 옳은 것은?

노동공급	임 금	한계수입생산
5	6	–
6	8	50
7	10	38
8	12	26
9	14	14
10	16	2

① 노동공급 7일 때 한계노동비용은 20이다.
② 이윤을 극대화하기 위한 노동공급은 7이다.
③ 노동공급이 7일 때 임금탄력성은 0.5이다.
④ 이윤을 극대화하기 위한 한계노동비용은 26이다.

알찬 해설

이윤극대화 노동공급

- 한계노동비용(MC_L ; Marginal Cost of Labor)은 노동을 한 단위 추가할 때 드는 총노동비용의 변화분(증가분)을 나타내는 것으로, 다음의 공식으로 나타낼 수 있다.

$$MC_L = \frac{\Delta C}{\Delta L}$$

(단, ΔC는 총노동비용의 증가분, ΔL은 노동투입량의 증가분)

- 노동의 한계수입생산 또는 노동의 한계수입생산물(MRP_L ; Marginal Revenue Product of Labor)은 기업이 부가적 생산물을 판매하여 얻는 총수입의 변화, 즉 생산요소 한 단위를 더 투입함으로써 발생하는 한계수입의 변화분을 말하는데, 기업의 이윤극대화의 이해타산은 다음과 같이 나타낼 수 있다.

$MRP_L > MC_L$ 일 때 노동을 한 단위 추가로 고용하면 이윤 증가

$MRP_L < MC_L$ 일 때 노동을 한 단위 추가로 고용하면 이윤 감소

$MRP_L = MC_L$ 일 때 이윤극대화

- 이와 같이 노동의 한계수입생산(MRP_L)이 한계노동비용(MC_L)과 같은 지점에서 이윤극대화가 이루어지므로, 노동공급 단위당 한계노동비용을 구함으로써 이윤극대화 노동공급(노동투입량)을 알 수 있다.

노동 공급	시간당 임금		한계 노동 비용	한계 수입 생산
5	6		−	−
6	8	$\rightarrow \dfrac{(6 \times 8) - (5 \times 6)}{6 - 5}$	18	50
7	10	$\rightarrow \dfrac{(7 \times 10) - (6 \times 8)}{7 - 6}$	22	38
8	12	$\rightarrow \dfrac{(8 \times 12) - (7 \times 10)}{8 - 7}$	26	26
9	14	$\rightarrow \dfrac{(9 \times 14) - (8 \times 12)}{9 - 8}$	30	14
10	16	$\rightarrow \dfrac{(10 \times 16) - (9 \times 14)}{10 - 9}$	34	2

전문가의 한마디

지문 ①번에서 노동공급 7일 때 한계노동비용은 '22', 지문 ②번에서 이윤을 극대화하기 위한 노동공급은 '8', 지문 ③번에서 노동공급이 7일 때 임금탄력성은 '약 0.67'에 해당합니다.

78

이중노동시장구조에서 예측할 수 없는 것은?

① 인력난과 구인난이 동시에 존재한다.
② 저임금기업군에서 인력이 유출되어 장기간 대기실업 상태에 있을 수 있다.
③ 1차 노동시장에서 2차 노동시장으로 인력의 이동이 일어난다.
④ 고임금기업군에서는 인력난이 일어나지 않는다.

만점해설

③ 이중노동시장이론에서 노동시장을 1차 노동시장과 2차 노동시장으로 구분하는 의미는 양 시장 간 근로자의 이동이 제한적이고 서로 독립적이어서 각기 다른 조건하에서 고용과 임금 등이 결정된다는 점, 그리고 그로 인해 양 시장 간 차이점에 기초하여 노동정책 또한 달라져야 한다는 인식이 내재되어 있다.

전문가의 한마디

이중노동시장이론과 관련하여 앞선 2016년 2회 필기시험(71번)에서 1차 노동시장의 특성에 관한 문제가 출제된 바 있습니다.

79

역사적으로 가장 오래되고, 숙련노동자가 노동시장을 배타적으로 독점하기 위해 조직한 노동조합의 형태는?

① 기업별 노동조합   ② 산업별 노동조합
③ 일반 노동조합   ④ 직업별 노동조합

만점해설

④ 직업별 노동조합(Craft Union)은 동일직업, 동일직종에 종사하는 근로자가 산업·기업의 구별 없이 개인가맹의 형태로 결성한 노동조합으로, 직종별 혹은 직능별 노동조합이라고도 한다. 역사상 가장 오래된 조직으로서, 산업혁명 초기 숙련 근로자가 노동시장을 독점하기 위해 조직하였다.

① 기업별 노동조합(Company Union)은 하나의 기업에 종사하는 근로자들이 직종의 구별 없이 종단적으로 조직된 노동조합으로서, 하나의 기업이 조직상의 단위가 된다. 일반적으로 근로자의 의식이 아직 횡단적 연대의식을 뚜렷이 갖지 못하는 단계에서 조직되거나 동종 산업 또는 동일 직종이라 하더라도 그 단위기업 간의 시설규모나 지불능력의 차이로 말미암아 기업격차가 큰 곳에서 많이 나타난다.

② 산업별 노동조합(Industrial Union)은 동종의 산업에 종사하는 근로자들에 의해 직종과 기업을 초월하여 횡적으로 조직된 노동조합 형태이다. 산업혁명이 진행됨에 따라 대량의 미숙련 근로자들이 노동시장에 진출하면서 이들의 권익을 보호하기 위해 발달한 것으로, 오늘날 전 세계적으로 채택되고 있는 조직형태이다.

③ 일반 노동조합(General Union)은 제2차 세계대전 이후 노동조합의 연대에 합류하지 못한 노동자들로서 주로 완전 미숙련 노동자들이나 잡역 노동자들이 중심이 되어 전국의 노동자들을 규합함으로써 만들어진 단일 노동조합이다.

전문가의 한마디

직업별(직종별) 노동조합은 특별한 기능이나 직업 또는 숙련도에 따라 조직된 배타적이며 동일직업의식이 강한 노동조합에 해당합니다.

80

다음 중 마찰적 실업이 발생하는 이유는?

① 시장정보의 불완전성
② 기술혁신과 신기술 도입
③ 경기침체
④ 계절적인 변화

알찬해설

마찰적 실업(Frictional Unemployment)

• 신규 또는 전직자가 노동시장에 진입하는 과정에서 직업정보의 부족으로 인해 일시적으로 발생하는 실업으로서, 근로자의 자발적 선택에 의해 나타나는 자발적 실업이다.

• 실업과 미충원상태에 있는 공석이 공존하는 경우의 실업, 즉 노동시장의 정보가 불완전하여 구직자와 구인처가 적절히 대응되지 못하기 때문에 발생하는 실업이다.

• 사실 시장균형이나 완전고용상태에서도 노동시장의 마찰적 특성으로 정보의 불완전성이 잔존하기 때문에, 구직자와 구인을 원하는 사용자가 서로를 발견하는 데 시간과 노력이 소요되어 마찰적 실업이 발생하게 된다.

전문가의 한마디

지문 ②번은 '기술적 실업', 지문 ③번은 '경기적 실업', 지문 ④번은 '계절적 실업'의 발생원인에 해당합니다.

제5과목　노동관계법규

81

직업안정법상 신고나 등록사항에 관한 내용 연결이 틀린 것은?

① 국외 무료직업소개사업 – 고용노동부장관에게 신고
② 국내 무료직업소개사업 – 주된 사업소의 소재지를 관할하는 특별자치도지사·시장·군수 및 구청장에게 신고
③ 국내 유료직업소개사업 – 주된 사업소의 소재지를 관할하는 특별자치도지사·시장·군수 및 구청장에게 신고
④ 국외 유료직업소개사업 – 고용노동부장관에게 등록

만점 해설

③·④ 유료직업소개사업은 소개대상이 되는 근로자가 취업하려는 장소를 기준으로 하여 국내 유료직업소개사업과 국외 유료직업소개사업으로 구분하되, 국내 유료직업소개사업을 하려는 자는 주된 사업소의 소재지를 관할하는 특별자치도지사·시장·군수 및 구청장에게 등록하여야 하고, 국외 유료직업소개사업을 하려는 자는 고용노동부장관에게 등록하여야 한다. 등록한 사항을 변경하려는 경우에도 또한 같다(직업안정법 제19조 제1항).

①·② 무료직업소개사업은 소개대상이 되는 근로자가 취업하려는 장소를 기준으로 하여 국내 무료직업소개사업과 국외 무료직업소개사업으로 구분하되, 국내 무료직업소개사업을 하려는 자는 주된 사업소의 소재지를 관할하는 특별자치도지사·시장·군수 및 구청장에게 신고하여야 하고, 국외 무료직업소개사업을 하려는 자는 고용노동부장관에게 신고하여야 한다. 신고한 사항을 변경하려는 경우에도 또한 같다(동법 제18조 제1항).

전문가의 한마디

직업안정기관의 장 외의 자가 행하는 직업안정사업의 규제방식은 다음과 같습니다.

• 국내 무료직업소개사업 : 특별자치도지사·시장·군수 및 구청장에게 신고
• 국외 무료직업소개사업 : 고용노동부장관에게 신고
• 국내 유료직업소개사업 : 특별자치도지사·시장·군수 및 구청장에게 등록
• 국외 유료직업소개사업 : 고용노동부장관에게 등록
• 직업정보제공사업 : 고용노동부장관에게 신고
• 국외 취업자 모집 : 고용노동부장관에게 신고
• 근로자공급사업 : 고용노동부장관의 허가

82

근로기준법상 최우선변제되는 채권은?

① 최종 3년간의 임금
② 조세 및 공과금
③ 최종 3월간의 임금
④ 질권 또는 저당권에 의하여 담보된 채권

알찬 해설

근로기준법상 임금채권과 다른 채권의 우선순위(근로기준법 제38조 참조)

• 최종 3개월분의 임금 및 재해보상금(최우선변제)
• 질권·저당권 또는 담보권에 우선하는 조세·공과금
• 질권·저당권 또는 담보권에 따라 담보된 채권
• 최종 3개월분의 임금을 제외한 임금 및 기타 근로관계로 인한 채권
• 그 밖에 우선권이 없는 조세·공과금 및 다른 채권

전문가의 한마디

근로자퇴직급여보장법상 최종 3년간의 퇴직급여 또한 사용자의 총재산에 대하여 질권 또는 저당권에 의하여 담보된 채권, 조세·공과금 및 다른 채권에 우선하여 변제되어야 합니다(근로자퇴직급여보장법 제12조 제2항).

83

남녀고용평등과 일·가정 양립 지원에 관한 법률이 규정하고 있는 내용이 아닌 것은?

① 육아휴직 급여
② 배우자 출산휴가
③ 직장보육시설 설치
④ 출산전후휴가에 대한 지원

만점해설

② 사업주는 근로자가 배우자의 출산을 이유로 휴가(배우자 출산휴가)를 청구하는 경우에 10일의 휴가를 주어야 한다. 이 경우 사용한 휴가기간은 유급으로 한다(남녀고용평등과 일·가정 양립 지원에 관한 법률 제18조의2 제1항).

③ 사업주는 근로자의 취업을 지원하기 위하여 수유·탁아 등 육아에 필요한 어린이집(직장어린이집)을 설치하여야 한다(동법 제21조 제1항).

④ 국가는 「남녀고용평등과 일·가정 양립 지원에 관한 법률」에 따른 배우자 출산휴가, 「근로기준법」에 따른 출산전후휴가 또는 유산·사산 휴가를 사용한 근로자 중 일정한 요건에 해당하는 사람에게 그 휴가기간에 대하여 통상임금에 상당하는 금액(출산전후휴가 급여 등)을 지급할 수 있다(동법 제18조 제1항).

전문가의 한마디

'육아휴직 급여'는 「고용보험법」에서 규정하고 있습니다.

> 고용노동부장관은 「남녀고용평등과 일·가정 양립 지원에 관한 법률」에 따른 육아휴직을 30일(「근로기준법」에 따른 출산전후휴가기간과 중복되는 기간은 제외) 이상 부여받은 피보험자 중 육아휴직을 시작한 날 이전에 법령에 따른 피보험 단위기간이 합산하여 180일 이상인 피보험자에게 육아휴직 급여를 지급한다(고용보험법 제70조 제1항).

84

헌법 제32조(근로의 권리)에 관한 설명으로 틀린 것은?

① 근로조건의 기준은 인간의 존엄성을 보장하도록 법률로 정한다.
② 신체장애자는 법률이 정하는 바에 의하여 우선적으로 근로의 기회를 부여받는다.
③ 여자의 근로는 특별한 보호를 받으며, 고용·임금 및 근로조건에 있어서 부당한 차별을 받지 아니한다.
④ 국가는 사회적·경제적 방법으로 근로자의 고용의 증진과 적정임금의 보장에 노력하여야 하며, 법률이 정하는 바에 의하여 최저임금제를 시행하여야 한다.

알찬해설

헌법 제32조(근로의 권리)

· 모든 국민은 근로의 권리를 가진다. 국가는 사회적·경제적 방법으로 근로자의 고용의 증진과 적정임금의 보장에 노력하여야 하며, 법률이 정하는 바에 의하여 최저임금제를 시행하여야 한다.(④)
· 모든 국민은 근로의 의무를 진다. 국가는 근로의 의무의 내용과 조건을 민주주의원칙에 따라 법률로 정한다.
· 근로조건의 기준은 인간의 존엄성을 보장하도록 법률로 정한다.(①)
· 여자의 근로는 특별한 보호를 받으며, 고용·임금 및 근로조건에 있어서 부당한 차별을 받지 아니한다.(③)
· 연소자의 근로는 특별한 보호를 받는다.
· 국가유공자·상이군경 및 전몰군경의 유가족은 법률이 정하는 바에 의하여 우선적으로 근로의 기회를 부여받는다.

전문가의 한마디

헌법상 근로의 특별한 보호 또는 우선적인 근로기회 보장의 대상자로 명시되어 있는 자는 여자, 연소자, 국가유공자·상이군경 및 전몰군경의 유가족에 해당합니다. 주의해야 할 것은 고령자, 실업자, 재해근로자, 장애인 등은 그 대상으로 명시되어 있지 않다는 점입니다.

85

남녀고용평등과 일·가정 양립 지원에 관한 법령상 직장 내 성희롱 예방 교육에 관한 설명으로 틀린 것은?

① 상시 10명 미만의 근로자를 고용하는 사업장의 경우 간접교육(홍보물 게시·배포)도 가능하다.

② 성희롱 예방 교육 내용에는 직장 내 성희롱 발생 시 처리 절차와 조치 기준, 고충상담 및 구제 절차 등이 있다.

③ 단순히 교육자료 배포나 게시판 공지 등으로 교육 내용이 제대로 전달되었는지 확인이 곤란한 경우 예방 교육을 한 것으로 보지 않는다.

④ 직장 내 성희롱 예방을 위한 교육은 연 2회 이상 실시하여야 한다.

만점해설

④ 사업주는 직장 내 성희롱 예방을 위한 교육을 연 1회 이상하여야 한다(남녀고용평등과 일·가정 양립 지원에 관한 법률 시행령 제3조 제1항).

① 상시 10명 미만의 근로자를 고용하는 사업이나 사업주 및 근로자 모두가 남성 또는 여성 중 어느 한 성(性)으로 구성된 사업의 사업주는 교육자료 또는 홍보물을 게시하거나 배포하는 방법으로 직장 내 성희롱 예방 교육을 할 수 있다(동법 시행령 제3조 제4항).

② 직장 내 성희롱 예방 교육에는 직장 내 성희롱에 관한 법령, 해당 사업장의 직장 내 성희롱 발생 시의 처리 절차와 조치 기준, 해당 사업장의 직장 내 성희롱 피해 근로자의 고충상담 및 구제 절차, 그 밖에 직장 내 성희롱 예방에 필요한 사항이 포함되어야 한다(동법 시행령 제3조 제2항).

③ 직장 내 성희롱 예방 교육은 사업의 규모나 특성 등을 고려하여 직원연수·조회·회의, 인터넷 등 정보통신망을 이용한 사이버 교육 등을 통하여 실시할 수 있다. 다만, 단순히 교육자료 등을 배포·게시하거나 전자우편을 보내거나 게시판에 공지하는 데 그치는 등 근로자에게 교육 내용이 제대로 전달되었는지 확인하기 곤란한 경우에는 예방 교육을 한 것으로 보지 아니한다(동법 시행령 제3조 제3항).

전문가의 한마디

2020년 4회 필기시험(83번)에서는 "사업주는 성희롱 예방 교육을 분기별로 실시하여야 한다"를 문제의 틀린 지문으로 제시한 바 있습니다.

86

근로기준법상 상시 4명 이하의 근로자를 사용하는 사업 또는 사업장에 적용되는 것을 모두 고른 것은?

> ㄱ. 제74조(임산부의 보호)
> ㄴ. 제60조(연차 유급휴가)
> ㄷ. 제46조(휴업수당)
> ㄹ. 제26조(해고의 예고)

① ㄱ, ㄴ
② ㄱ, ㄹ
③ ㄴ, ㄷ
④ ㄷ, ㄹ

만점해설

② 상시 4명 이하의 근로자를 사용하는 사업 또는 사업장에 대하여 해고의 예고(제26조), 시간외근로(제71조), 갱내근로의 금지(제72조), 임산부의 보호(제74조) 등은 적용되지만, 휴업수당(제46조), 연차 유급휴가(제60조), 생리휴가(제73조) 등은 적용되지 않는다(근로기준법 시행령 제7조 및 별표 1 참조).

전문가의 한마디

근로기준법 시행령 제7조 및 별표 1에서 "상시 4명 이하의 근로자를 사용하는 사업 또는 사업장에 적용하는 법 규정"을 제시하고 있으나 지면 관계상 이를 모두 열거하기는 어려우므로, 위의 해설과 함께 2017년 2회 99번, 2017년 4회 83번 문제의 해설에 제시된 내용을 간략히 정리해 두시기 바랍니다.

87

고용보험법에서 사용하는 용어의 뜻으로 틀린 것은?

① 이직(離職)이란 피보험자와 사업주 사이의 고용관계가 끝나게 되는 것을 말한다.
② 실업이란 근로의 의사와 능력이 있음에도 불구하고 취업하지 못한 상태에 있는 것을 말한다.
③ 일용근로자란 매일 고용하고 그날 고용을 종료시키는 자를 말한다.
④ 실업의 인정이란 직업안정기관의 장이 수급자격자가 실업한 상태에서 적극적으로 구직노력을 하고 있다고 인정하는 것을 말한다.

만점 해설

③ '일용근로자'란 1개월 미만 동안 고용되는 사람을 말한다(고용보험법 제2조 제6호).
① 동법 제2조 제2호
② 동법 제2조 제3호
④ 동법 제2조 제4호

전문가 의 한마디

고용보험법령에 따른 예술인 및 노무제공자의 이직(離職)은 문화예술용역 관련 계약 또는 노무제공계약이 끝나는 것을 말합니다(법 제2조 제2호).

88

고용정책기본법상 명시된 기본원칙에 해당하지 않는 것은?

① 근로자의 직업선택의 자유와 근로의 권리가 확보되도록 할 것
② 사업주의 자율적인 고용관리를 존중할 것
③ 고용정책은 효율적이고 성과지향적으로 수립·시행할 것
④ 사업주의 채용의 자유 제한의 불가피성을 인정할 것

알찬 해설

국가고용정책의 기본원칙(고용정책기본법 제3조)

국가는 이 법에 따라 고용정책을 수립·시행하는 경우에 다음의 사항이 실현되도록 하여야 한다.

• 근로자의 직업선택의 자유와 근로의 권리가 확보되도록 할 것(①)
• 사업주의 자율적인 고용관리를 존중할 것(②)
• 구직자의 자발적인 취업노력을 촉진할 것
• 고용정책은 효율적이고 성과지향적으로 수립·시행할 것(③)
• 고용정책은 노동시장의 여건과 경제정책 및 사회정책을 고려하여 균형 있게 수립·시행할 것
• 고용정책은 국가·지방자치단체 간, 공공부문·민간부문 간 및 근로자·사업주·정부 간의 협력을 바탕으로 수립·시행할 것

전문가 의 한마디

이 문제는 앞선 2019년 4회 필기시험(95번)에 출제된 바 있습니다.

89

고용정책기본법상 근로복지공단이 고용노동부장관으로부터 실업대책사업을 위탁받아 실시하는 경우 허용되는 자금 조성 방법이 아닌 것은?

① 정부의 보조
② 정부의 출연(出捐)
③ 정부 외의 자의 출연 또는 보조
④ 기획재정부장관의 승인을 받은 자금의 차입

실업대책사업의 자금 조성(고용정책기본법 제35조 제1항)
근로복지공단은 법령에 따라 고용노동부장관으로부터 실업대책사업을 위탁받아 하는 경우에는 다음의 방법으로 해당 사업에 드는 자금을 조성한다.
• 정부나 정부 외의 자의 출연(出捐) 또는 보조
• 고용노동부장관의 승인을 받은 자금의 차입(借入)
• 그 밖의 수입금

전문가의 한마디

근로복지공단은 조성된 자금을 「근로복지기본법」에 따른 근로복지진흥기금의 재원으로 하여 관리·운용하여야 합니다(법 제35조 제2항).

90

고용보험법상 피보험자격의 취득일 및 상실일에 대한 설명으로 틀린 것은?

① 적용 제외 근로자이었던 자가 고용보험법의 적용을 받게 된 경우에는 그 적용을 받게 된 날 피보험자격을 취득한 것으로 본다.
② 보험관계 성립일 전에 고용된 근로자의 경우에는 그 고용된 날 피보험자격을 취득한 것으로 본다.
③ 피보험자가 적용 제외 근로자에 해당하게 된 경우에는 그 적용 제외 대상자가 된 날 피보험자격을 상실한다.
④ 피보험자가 이직한 경우에는 이직한 날의 다음 날 피보험자격을 상실한다.

고용보험법상 피보험자격의 취득일 및 상실일(고용보험법 제13조 및 제14조 참조)

취득일	• 근로자인 피보험자가 고용보험법이 적용되는 사업에 고용된 경우 : 그 고용된 날 • 적용 제외 근로자였던 사람이 고용보험법의 적용을 받게 된 경우 : 그 적용을 받게 된 날(①) • 고용산재보험료징수법에 따른 보험관계 성립일 전에 고용된 근로자의 경우 : 그 보험관계가 성립한 날(②) • 자영업자인 피보험자의 경우 : 그 보험관계가 성립한 날
상실일	• 근로자인 피보험자가 적용 제외 근로자에 해당하게 된 경우 : 그 적용 제외 대상자가 된 날(③) • 고용산재보험료징수법에 따라 보험관계가 소멸한 경우 : 그 보험관계가 소멸한 날 • 근로자인 피보험자가 이직한 경우 : 이직한 날의 다음 날(④) • 근로자인 피보험자가 사망한 경우 : 사망한 날의 다음 날 • 자영업자인 피보험자의 경우 : 그 보험관계가 소멸한 날

전문가의 한마디

이 문제는 앞선 2019년 4회 필기시험(97번)에 출제된 바 있습니다.

91

고용정책기본법상 근로자의 고용촉진 및 사업주의 인력확보 지원시책이 아닌 것은?

① 일용근로자 등의 고용안정 지원
② 사회서비스일자리 창출 및 사회적기업 육성
③ 취업취약계층의 고용촉진 지원
④ 업종별 · 지역별 고용조정의 지원

알찬 해설

근로자의 고용촉진 및 사업주의 인력확보 지원의 내용
(고용정책기본법 제23조 내지 제31조 참조)
- 구직자와 구인자에 대한 지원
- 학생 등에 대한 직업지도
- 청년 · 여성 · 고령자 등의 고용촉진의 지원
- 취업취약계층의 고용촉진 지원(③)
- 일용근로자 등의 고용안정 지원(①)
- 사회서비스일자리 창출 및 사회적기업 육성(②)
- 기업의 고용창출 등 지원
- 중소기업 인력확보지원계획의 수립 · 시행
- 외국인근로자의 도입

전문가의 한마디

지문 ④번의 '업종별 · 지역별 고용조정의 지원'은 고용정책기본법상 '고용조정지원 및 고용안정대책'의 내용에 해당합니다(법 제32조).

92

파견근로자 보호 등에 관한 법률에 관한 설명으로 틀린 것은?

① 근로자파견사업의 허가의 유효기간은 3년으로 한다.
② 파견사업주는 자기의 명의로 타인에게 근로자파견사업을 행하게 하여서는 아니 된다.
③ 파견사업주는 쟁의행위 중인 사업장에 그 쟁의행위로 중단된 업무의 수행을 위하여 근로자를 파견하여서는 아니 된다.
④ 사용사업주는 파견근로자를 사용하고 있는 업무에 근로자를 직접 고용하고자 하는 경우에는 당해 파견근로자를 우선적으로 고용하여야 한다.

만점 해설

④ 사용사업주는 파견근로자를 사용하고 있는 업무에 근로자를 직접 고용하려는 경우에는 해당 파견근로자를 우선적으로 고용하도록 노력하여야 한다(파견근로자 보호 등에 관한 법률 제6조의2 제4항).
① 동법 제10조 제1항
② 동법 제15조
③ 동법 제16조 제1항

전문가의 한마디

"～하여야 한다"와 "～노력하여야 한다"를 반드시 구분하시기 바랍니다. 전자는 '강제규정', 후자는 '노력규정'으로 불리는 것으로서, 강제규정이 강제적 의무를 부과하는 것인 반면, 노력규정은 최선의 노력의무를 요구하는 것으로 엄격한 법적 구속성이 없으며, 단지 훈시적 · 도의적 구속성만을 가집니다. 참고로 "～할 수 있다"는 '임의규정'으로 불리는 것으로서, 당사자의 자율적인 의사에 맡기는 것입니다.

93

직업안정법상 직업안정기관의 장이 구인신청의 수리(受理)를 거부하지 못하는 경우는?

① 구인신청의 내용이 법령을 위반한 경우
② 구인신청의 내용 중 임금이 통상적인 근로조건에 비하여 현저히 부적당하다고 인정되는 경우
③ 구인자가 구인조건을 밝히기를 거부하는 경우
④ 구인자가 자격증을 요구하는 경우

 알찬해설

구인의 신청(직업안정법 제8조)
직업안정기관의 장은 구인신청의 수리(受理)를 거부하여서는 아니 된다. 다만, 다음의 어느 하나에 해당하는 경우에는 그러하지 아니하다.

- 구인신청의 내용이 법령을 위반한 경우(①)
- 구인신청의 내용 중 임금, 근로시간, 그 밖의 근로조건이 통상적인 근로조건에 비하여 현저하게 부적당하다고 인정되는 경우(②)
- 구인자가 구인조건을 밝히기를 거부하는 경우(③)
- 구인자가 구인신청 당시 「근로기준법」에 따라 명단이 공개 중인 체불사업주인 경우

전문가의 한마디

위의 해설에서 단서의 내용은 직업안정기관의 장이 구인신청의 수리를 거부할 수 있는 경우에 해당합니다. 이와 같이 "거부할 수 있는 경우"와 "거부하지 못하는 경우"를 혼동하지 않도록 주의합시다.

94

근로기준법상 이행강제금에 대한 설명으로 틀린 것은?

① 노동위원회는 구제명령(구제명령을 내용으로 하는 재심판정 포함)을 받은 후 이행기한까지 구제명령을 이행하지 아니한 사용자에게 2천만원 이하의 이행강제금을 부과한다.
② 노동위원회는 이행강제금을 부과하기 60일 전까지 이행강제금을 부과·징수한다는 뜻을 사용자에게 미리 문서로써 알려 주어야 한다.
③ 노동위원회는 최초의 구제명령을 한 날을 기준으로 매년 2회의 범위에서 구제명령이 이행될 때까지 반복하여 이행강제금을 부과·징수할 수 있다. 이 경우 이행강제금은 2년을 초과하여 부과·징수하지 못한다.
④ 근로자는 구제명령을 받은 사용자가 이행기한까지 구제명령을 이행하지 아니하면 이행기한이 지난 때부터 15일 이내에 그 사실을 노동위원회에 알려줄 수 있다.

만점해설

② 노동위원회는 이행강제금을 부과하기 30일 전까지 이행강제금을 부과·징수한다는 뜻을 사용자에게 미리 문서로써 알려 주어야 한다(근로기준법 제33조 제2항).
① 동법 제33조 제1항
③ 동법 제33조 제5항
④ 동법 제33조 제8항

전문가의 한마디

근로기준법상 이행강제금은 부당해고 등(예 해고, 정직, 전직, 감봉 등)에 대한 구제명령에 대해 구제명령 이행 시까지 지속적으로 부과함으로써 구제명령이 확정된 것인지에 관계없이 사용자가 구제명령을 우선 이행하도록 하여 근로관계를 신속히 원상회복시키고자 마련된 제도입니다.

95

파견근로자 보호 등에 관한 법률상 근로자파견사업의 허가를 받을 수 있는 자는?

① 미성년자
② 금고 이상의 형(집행유예를 제외한다)의 선고를 받고 그 집행이 종료되거나 집행을 받지 아니하기로 확정된 후 2년이 경과된 자
③ 금고 이상의 형의 집행유예 선고를 받고 그 유예기간 중에 있는 자
④ 파산선고를 받고 복권되지 아니한 자

 알찬 해설

근로자파견사업 허가의 결격사유(파견근로자 보호 등에 관한 법률 제8조)

- 미성년자, 피성년후견인, 피한정후견인 또는 파산선고를 받고 복권되지 아니한 사람(① · ④)
- 금고 이상의 형(집행유예는 제외)을 선고받고 그 집행이 끝나거나 집행을 받지 아니하기로 확정된 후 2년이 지나지 아니한 사람(②)
- 이 법, 「직업안정법」, 「근로기준법」 제7조, 제9조, 제20조부터 제22조까지, 제36조, 제43조, 제44조, 제44조의2, 제45조, 제46조, 제56조 및 제64조, 「최저임금법」 제6조, 「선원법」 제110조를 위반하여 벌금 이상의 형(집행유예는 제외)을 선고받고 그 집행이 끝나거나 집행을 받지 아니하기로 확정된 후 3년이 지나지 아니한 자
- 금고 이상의 형의 집행유예를 선고받고 그 유예기간 중에 있는 사람(③)
- 허가의 취소에 관한 규정에 따라 해당 사업의 허가가 취소된 후 3년이 지나지 아니한 자
- 임원 중 위의 결격사유 중 어느 하나에 해당하는 사람이 있는 법인

전문가 의 한마디

근로자파견사업 허가의 결격사유와 관련된 법령의 규정은 다음과 같습니다.

근로기준법	제7조(강제 근로의 금지), 제9조(중간착취의 배제), 제20조(위약 예정의 금지), 제21조(전차금 상계의 금지), 제22조(강제 저금의 금지), 제36조(금품 청산), 제43조(임금 지급), 제44조(도급 사업에 대한 임금s 지급), 제44조의2(건설업에서의 임금 지급 연대책임), 제45조(비상시 지급), 제46조(휴업수당), 제56조(연장 · 야간 및 휴일 근로), 제64조(최저 연령과 취직인허증)
최저임금법	제6조(최저임금의 효력)
선원법	제110조(선원공급사업의 금지)

96

다음 (   ) 안에 알맞은 것은?

> 고용상 연령차별금지 및 고령자고용촉진에 관한 법령상 상시 (   ) 이상의 근로자를 사용하는 사업장의 사업주는 기준고용률 이상의 고령자를 고용하도록 노력하여야 한다.

① 50명
② 100명
③ 200명
④ 300명

알찬 해설

사업주의 고령자 고용 노력의무(고용상 연령차별금지 및 고령자고용촉진에 관한 법률 제12조 및 시행령 제10조 참조)

상시 300명 이상의 근로자를 사용하는 사업장의 사업주는 기준고용률 이상의 고령자를 고용하도록 노력하여야 한다.

전문가 의 한마디

상시 300명 이상의 근로자를 사용하는 사업주는 「고용정책기본법」에 따라 매년 근로자의 고용형태 현황을 공시하여야 하며(제15조의6 제1항), 「고용상 연령차별금지 및 고령자고용촉진에 관한 법률」에 따라 매년 고령자 고용현황을 고용노동부장관에게 제출하여야 합니다(제13조 제1항).

97

노동기본권의 제한과 정당성에 관한 설명으로 틀린 것은?

① 노동기본권은 전혀 제한할 수 없거나 그의 행사로 다른 기본권을 무한정 침해할 수 있는 절대적인 권리는 아니다.
② 노동기본권의 행사의 정당성이 있는 경우에 한하여 비록 그 행위가 민·형사책임의 구성요건에 해당될지라도 위법성이 조각되어 민·형사책임이 면제된다.
③ 헌법에서 단결권의 제한을 받는 근로자는 공무원, 주요방위산업체에 종사하는 근로자이다.
④ 단체교섭권을 가진 단위노조가 복수로 설립되어 배타적 교섭제도를 도입할 경우 단위 내 개별노동조합의 단체교섭권은 제한받게 된다.

만점 해설

③ 공무원인 근로자는 법률이 정하는 자에 한하여 단결권·단체교섭권 및 단체행동권을 가진다(헌법 제33조 제2항). 법률이 정하는 주요방위산업체에 종사하는 근로자의 단체행동권은 법률이 정하는 바에 의하여 이를 제한하거나 인정하지 아니할 수 있다(헌법 제33조 제3항).
① 노동기본권은 어떠한 경우에도 제한할 수 없는 절대적인 권리가 아니라 그 자체로 내재적인 한계를 갖고 있고, 권리의 주체 성질 및 헌법상의 기본원리 등에 의해 제한될 수 있는 상대적인 권리이다.
② 쟁의행위(爭議行爲)는 본래 민법상 의무불이행 또는 불법행위의 법률요건에 해당하거나 형법상 범죄구성요건에 해당하는 행위로서 위법한 행위이지만, 헌법이 보장하는 노동기본권으로서 단체행동권의 행사에 해당하므로 그 위법성이 조각되어 민·형사상의 책임이 면제된다.
④ 배타적 교섭제도는 단체교섭의 단위사업장에 존재하는 복수의 노동조합 중 모든 근로자의 투표에 의해 다수를 얻은 노동조합만이 단체교섭의 배타적 대표자로서 사용자와의 단체교섭권한을 독점하게 되는 제도이다.

전문가의 한마디

공무원 중 「국가공무원법」 및 「지방공무원법」에 의하여 사실상 노무에 종사하는 현업공무원은 단결권·단체교섭권 및 단체행동권을 행사할 수 있습니다. 그러나 「공무원의 노동조합 설립 및 운영 등에 관한 법률」에 따른 공무원노조는 단결권·단체교섭권을 행사할 수는 있으나 일체의 쟁의행위가 금지됩니다.

98

근로기준법상 사용자가 근로계약을 체결할 때 근로자에게 서면으로 명시하고 교부하여야 하는 근로조건이 아닌 것은?

① 임금의 구성항목
② 연차 유급휴가
③ 소정근로시간
④ 취업의 장소와 종사하여야 할 업무에 관한 사항

알찬 해설

근로조건의 명시(근로기준법 제17조 및 시행령 제8조 참조)

명시하여야 할 사항 (명시)	• 임금(구성항목·계산방법·지급방법) • 소정근로시간 • 휴일(주휴일) • 연차 유급휴가 • 취업의 장소와 종사하여야 할 업무에 관한 사항 • 취업규칙에서 정한 사항 • 기숙사 규칙에서 정한 사항(사업장의 부속기숙사에 근로자를 기숙하게 하는 경우)
교부하여야 할 사항 (명시+교부)	• 임금(구성항목·계산방법·지급방법) • 소정근로시간 • 휴일(주휴일) • 연차 유급휴가

전문가의 한마디

근로기준법령상 사용자가 근로계약 체결 시 명시하여야 할 사항과 이를 서면으로 명시하여 교부하여야 할 사항은 동일하지 않습니다. 이와 관련하여 2020년 4회 93번 문제를 살펴보시기 바랍니다.

99

고용상 연령차별금지 및 고령자고용촉진에 관한 법률에 대한 설명으로 틀린 것은?

① 고용노동부장관은 고령자의 고용촉진에 관한 기본계획을 관계 중앙기관의 장과 협의하여 5년마다 수립하여야 한다.
② 모집·채용 등에서 연령차별을 당한 사람은 노동위원회에 그 내용을 진정할 수 있다.
③ 고용노동부장관은 연령차별행위를 한 사업주에게 시정명령을 한 경우 그 시정명령의 이행상황을 제출할 것을 요구할 수 있다.
④ 피해자는 연령차별행위를 한 사업주가 시정명령을 이행하지 아니하면 고용노동부장관에게 신고할 수 있다.

만점해설

② 모집·채용 등에서의 연령차별 금지의 위반으로 연령차별을 당한 사람은 「국가인권위원회법」에 따라 국가인권위원회에 그 내용을 진정할 수 있다(고용상 연령차별금지 및 고령자고용촉진에 관한 법률 제4조의6 제1항).
① 동법 제4조의3 제1항
③ 동법 제4조의8 제1항
④ 동법 제4조의8 제2항

전문가의 한마디

고용상 연령차별금지 및 고령자고용촉진에 관한 법령에서는 고용상 연령차별을 금지하고 있으며, 간접차별, 차별의 진정 등을 이유로 보복행위를 한 차별을 금지하도록 명시하고 있습니다. 이와 관련하여 시정권고는 국가인권위원회, 시정명령은 고용노동부장관에게 권한을 두고 있습니다.

100

근로자직업능력개발법령상 근로자에게 작업에 필요한 기초적 직무수행능력을 습득시키기 위하여 실시하는 직업능력개발훈련은?

① 향상훈련
② 양성(養成)훈련
③ 전직(轉職)훈련
④ 혼합훈련

만점해설

① 향상훈련은 양성훈련을 받은 사람이나 직업에 필요한 기초적 직무수행능력을 가지고 있는 사람에게 더 높은 직무수행능력을 습득시키거나 기술발전에 맞추어 지식·기능을 보충하게 하기 위하여 실시하는 직업능력개발훈련이다(근로자직업능력개발법 시행령 제3조 제1항 제2호).
③ 전직훈련은 근로자에게 종전의 직업과 유사하거나 새로운 직업에 필요한 직무수행능력을 습득시키기 위하여 실시하는 직업능력개발훈련이다(동법 시행령 제3조 제1항 제3호).
④ 혼합훈련은 집체훈련, 현장훈련, 원격훈련 중 2가지 이상 병행하여 실시하는 방법이다(동법 시행령 제3조 제2항 제4호).

전문가의 한마디

직업능력개발훈련은 다음과 같이 구분됩니다(시행령 제3조).

훈련의 목적	양성훈련, 향상훈련, 전직훈련
훈련의 실시방법	집체훈련, 현장훈련, 원격훈련, 혼합훈련

좋은 책을 만드는 길 독자님과 함께하겠습니다.

도서나 동영상에 궁금한 점, 아쉬운 점, 만족스러운 점이
있으시다면 어떤 의견이라도 말씀해 주세요.
시대교육은 독자님의 의견을 모아 더 좋은 책으로 보답하겠습니다.

www.sidaegosi.co.kr

직업상담사 1급 1차 필기 기출문제해설

초 판 발 행	2022년 01월 07일 (인쇄 2021년 08월 09일)
발 행 인	박영일
책 임 편 집	이해욱
저 자	직업상담연구소 · 이용석
편 집 진 행	박종옥 · 노윤재
표지디자인	김도연
편집디자인	하한우 · 최혜윤
발 행 처	(주)시대고시기획
출 판 등 록	제10-1521호
주 소	서울시 마포구 큰우물로 75 [도화동 538 성지 B/D] 9F
전 화	1600-3600
팩 스	02-701-8823
홈 페 이 지	www.sidaegosi.com
I S B N	979-11-383-0410-8 (13320)
정 가	28,000원

직업상담사 합격을 위한 **최고의 선택!**
시대에듀 온라인 강의로 합격을 준비하세요.

합격 최적화!
단계별 세분화 커리큘럼

합격에 ✓꼭 필요한
내용만 담았습니다.

2. 문제풀이

출제 예상 문제 풀이를
통해 실전 문제에
대비하는 단계

4. 기출문제

단원별 기출문제를
통해 출제경향을
완벽히 파악하는 단계

1. 기본이론

과목별 기본이론 정리로
핵심 개념을 습득하는 단계

3. 온라인강의

시대에듀 직업상담사
동영상강의로 학습의
효율성을 더 높이는 단계

직업상담사 2급
단계별 합격 로드맵

P.S. 전략적으로 단계별 교재를 선택하기 위한 팁!

핵심기출 합격공략

기출문제를 심층분석해 만든 합격비밀!
출제유형에 맞춰 반복출제되는 문제만 모아
'70점으로 합격하기 프로젝트'가
시작됩니다.

1차 필기·2차 실기
동시대비기본서

기출문제 정복으로 실력다지기

꼼꼼하게 실전마무리

1단계

2단계

3단계

한권으로 끝내기!

시험에 출제되는 핵심이론부터
최근 기출문제, 필기부터 실기까지
한권에 담았습니다.

동영상 강의 교재
1차 필기 최신 기출 무료 동영상

1차 필기 기출문제해설

알찬 해설과 전문가의 한마디로 개념정리
부터 공부 방향까지 한 번에 잡을 수 있으며
'빨·간·키'를 통해 출제경향을 파악할 수
있습니다.

1차 필기 최종모의고사

최신 내용이 반영된 최종모의고사 10회분을
통해 합격에 가까이 다가갈 수 있습니다.

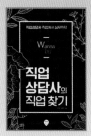
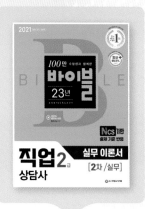
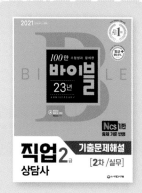
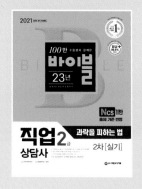

AI면접
이젠, 모바일로

기업과 취준생 모두를 위한 평가 솔루션 윈시대로! 지금 바로 시작하세요.

www.winsidaero.com

본 도서는 항균잉크로 인쇄하였습니다.

항균➕
99.9%
안심도서

항균잉크(V-CLEAN99)의 특징

◉ 바이러스, 박테리아, 곰팡이 등에 항균효과가 있는 산화아연을 적용

◉ 산화아연은 한국의 식약처와 미국의 FDA에서 식품첨가물로 인증받아 **강력한 항균력**을
구현하는 소재

◉ 황색포도상구균과 대장균에 대한 테스트를 완료하여 **99.9%의 강력한 항균효과** 확인

◉ 잉크 내 중금속, 잔류성 오염물질 등 **유해 물질 저감**

TEST REPORT

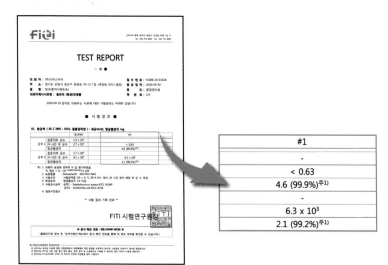

#1
-
< 0.63
4.6 (99.9%)주1)
-
6.3 x 10³
2.1 (99.2%)주1)

시대교육그룹

항균잉크란?

KB168454

코로나19 바이러스
"친환경 99.9% 항균잉크 인쇄"
전격 도입

언제 끝날지 모를 코로나19 바이러스
99.9% 항균잉크(V-CLEAN99)를 도입하여 「안심도서」로
독자분들의 건강과 안전을 위해 노력하겠습니다.

시대교육그룹

Clean Zone